陈平原 著

触摸历史与进入五四

北京大学出版社
PEKING UNIVERSITY PRESS

图书在版编目（CIP）数据

触摸历史与进入五四/陈平原著. —北京：北京大学出版社，2018.10
（陈平原著作系列）
ISBN 978-7-301-29782-7

Ⅰ.①触…　Ⅱ.①陈…　Ⅲ.①五四运动－研究　Ⅳ.① K261.107

中国版本图书馆 CIP 数据核字（2018）第 179418 号

书　　　名	触摸历史与进入五四
	CHUMO LISHI YU JINRU WUSI
著作责任者	陈平原 著
责 任 编 辑	张文礼　张凤珠
标 准 书 号	ISBN 978-7-301-29782-7
出 版 发 行	北京大学出版社
地　　　址	北京市海淀区成府路 205 号　100871
网　　　址	http://www.pup.cn　　　新浪微博：@ 北京大学出版社
电 子 信 箱	pkuwsz@126.com
电　　　话	邮购部 62752015　发行部 62750672　编辑部 62767315
印 刷 者	北京中科印刷有限公司
经 销 者	新华书店
	650 毫米 ×980 毫米　16 开本　28.25 印张　377 千字
	2018 年 10 月第 1 版　2020 年 9 月第 3 次印刷
定　　　价	98.00 元（精装）

目　次

导言　文本中见历史　细节处显精神

在很多才华横溢的研究者看来，作为课题的"五四新文化"，早已是明日黄花，不值得格外关注。原因呢，据说是研究著作汗牛充栋，该说的都说了，很难再有新的发现；经过八十多年的争夺，论题及证据多被意识形态"污染"；三十年河东，三十年河西，该轮到长期被压抑的晚清引领风骚了。可我还是认定，这一曾经十分时尚、如今略显落寞的题目，仍然蕴含着无限生机。

正如美国学者舒衡哲所说的，"五四的回忆史"之所以值得我们认真面对，就因为这些五花八门的"陈述"，并不是严格意义上的"历史"，更多的是表达某种政见和立场。"在中国大陆和台湾，纪念和回忆一直错综复杂地联系着。个人的回忆从未摆脱社会历史的需要，1949年之后更是如此。"[1]这是问题的一个方面。另外，由于五四运动具有极高的知名度与合理性，经由一次次纪念仪式的召唤，当事人的"回忆"日渐清晰，而且"想象力忽然丰富得可惊可喜以至可怕"[2]。所有这些，

---

[1]　微拉·施瓦支(Vera Schwarcz)著、李国英等译：《中国的启蒙运动——知识分子与五四遗产》308页，太原：山西人民出版社，1989年。

[2]　钱锺书《写在人生边上·重印本序》称："我们在创作中，想象力常常贫薄可怜，而一到回忆时，不论是几天还是几十年前、是自己还是旁人的事，想象力忽然丰富得可惊可喜以至可怕。"《写在人生边上》5页，北京：中国社会科学出版社，1990年。

都对阅读、理解、诠释作为思想潮流／文学革命／政治运动的五四，构成了某种巨大的障碍。即便如此，无论是一场纷纭复杂的政治运动，还是一本版本确凿的著述，诠释活动潜在的无限性，并不意味着其无所归依，可以像流水一样毫无约束地随意蔓延[1]。毫无疑问，受各种主客观条件的限制，诠释者对事件以及文本的解读，总是不尽如人意。但同是诠释，有高低雅俗之分。更重要的是，学者们的诠释活动，反过来会影响当事人对于事件（比如五四）的追忆。

并非抹杀官方与民间在"五四记忆"上的巨大差异，也不回避左派与右派都喜欢拿五四做文章，我只是强调，每个研究"现代中国"的学者，都可能参与到建构五四传统的行列中。不管你是主张继承，还是希望反叛，直面五四，是我们的共同命运。十二年前，在北京大学召开的"纪念五四学术研讨会"上，我做了题为《走出"五四"》的专题发言，其中提到：

> "五四"除了作为历史事件本身的意义，很大程度成了 20 世纪中国人更新传统、回应西方文化挑战的象征。每代人在纪念"五四"、诠释"五四"时，都不可避免地渗入了自己时代的课题和答案。但另一方面，以"五四"命名的新文化运动，又有其相对确定的历史内涵。其文化口号、其学术思路，萌芽于晚清，延续至今日——可以这么说，在思想文化领域，我们今天仍生活在

---

[1]　我同意符号学家兼小说家艾柯的意见："说诠释（'衍义'的基本特征）潜在地是无限的并不意味着诠释没有一个客观的对象，并不意味着它可以像水流一样毫无约束地任意'蔓延'。""在神秘的创作过程与难以驾驭的诠释过程之间，作品'本文'的存在无异于一支舒心剂，它使我们的诠释活动不是漫无目的地到处漂泊，而是有所归依。"参见艾柯等著、王宇根译《诠释与过度诠释》28、108 页，北京：三联书店，1997 年。

"五四"的余荫里。[1]

时至今日，我仍坚持这一看法：所谓"超越五四"，首先是深入理解五四那代人的历史语境、政治立场、文化趣味以及学术思路。

人类历史上，有过许多"关键时刻"，其巨大的辐射力量，对后世产生了决定性影响。不管你喜欢不喜欢，你都必须认真面对，这样，才能在沉思与对话中，获得前进的方向感与原动力。在我看来，"'事件'早已死去，但经由一代代学人的追问与解剖，它已然成为后来者不可或缺的思想资料"[2]。对于20世纪中国思想文化进程来说，五四便扮演了这样的重要角色。作为后来者，我们必须跟诸如五四（包括思想学说、文化潮流、政治运作等）这样的关键时刻、关键人物、关键学说，保持不断的对话关系。这是一种必要的"思维操练"，也是走向"心灵成熟"的必由之路。

与五四对话，可以是追怀与摹写，也可以是反省与批判；唯一不能允许的，是漠视或刻意回避。在这个意义上，五四之于我辈，既是历史，也是现实；既是学术，更是精神。

必须说明的是，本书之谈论五四，有个明显的特点，那就是兼及晚清（如探究《新青年》的编辑方针、章太炎的白话文、傅斯年之批注《国故论衡》、梁启超的谈论中学国文教学等）。这不仅仅是具体的论述策略，更是作者一以贯之的学术立场。谈论五四时，格外关注"'五四'中的'晚清'"；反过来，研究晚清时，则努力开掘"'晚清'

---

[1] 参阅拙文《走出"五四"》，见拙著《学者的人间情怀》69—75页，珠海：珠海出版社，1995。文中，我将五四建立起来的学术范式简要概括为："西化的思想背景；专才的教育体制；泛政治的学术追求；'进化'、'疑古'、'平民'为代表的研究思路。"

[2] 参见拙文《无法回避的"1968"》，《万象》创刊号，1998年11月；拙著《茱萸集》113—124页，沈阳：春风文艺出版社，2001年。

中的'五四'"。因为，在我看来，正是这两代人的共谋与合力，完成了中国文化从古典到现代的转型。

在 1988 年出版的《中国小说叙事模式的转变》一书的"导言"中，我专门谈道：

> 毫无疑问，五四作家和被他们称为"老新党"的"新小说"家有很大的差别——从思想意识到具体的艺术感受方式。但我仍然把梁启超、吴趼人、林纾为代表的"新小说"家和鲁迅、郁达夫、叶圣陶为代表的五四作家放在一起论述，强调他们共同完成了中国小说叙事模式的转变。[1]

十年后，我撰述并出版了《中国现代学术之建立——以章太炎、胡适之为中心》，在"导论"中再次强调：

> 承认晚清新学对于当代中国文化的发展具有某种潜在而微妙的制约，这点比较容易被接受。可本书并不满足于此，而是突出晚清和五四两代学人的"共谋"，开创了中国现代学术的新天地。……
>
> 讨论学术范式的更新，锁定在戊戌与五四两代学人，这种论述策略，除了强调两代人的"共谋"外，还必须解释上下限的设定。相对来说，上限好定，下限则见仁见智。在我看来，1927 年以后的中国学界，新的学术范式已经确立，基本学科及重要命题已经勘定，本世纪影响深远的众多大学者也已登场。另一方面，随着舆论一律、党化教育的推行，晚清开创的众声喧

---

[1] 参见拙著《中国小说叙事模式的转变》30—31 页，上海：上海人民出版社，1988 年。

哗、思想多元的局面也不复存在，取而代之的是立场坚定、旗帜鲜明的党派与主义之争，二十世纪中国学术从此进入了一个新的时代。[1]

正因为兼及五四与晚清，这种学术视野，使得我必须左右开弓——此前主要为思想史及文学史上的晚清争地位；最近十年，随着晚清的迅速崛起，学者颇有将五四漫画化的，我的工作重点于是转为着力阐述五四的精神魅力及其复杂性。

活跃于1880—1930年代这半个世纪的文人学者，大致上可分为"戊戌的一代"和"五四的一代"，前者如黄遵宪、林纾、康有为、梁启超、谭嗣同等，后者则有蔡元培、陈独秀、鲁迅、周作人、胡适等。这确实是两代人，可思想学说以及文学趣味上有大量重叠或互相衔接的成分。正是这两代人，共同创造了我们今天所再三评说的"新文化"。因此，我更愿意把这两代人放在一起论述，既不独尊五四，也不偏爱晚清。

随着话题的转移，有时晚清，有时五四，这很好理解；考虑到新文化的多面向，在不同学科之间来回穿梭，有时文学、政治，有时艺术、教育，这也不难说明。需要略加解释的是，何以如此重要的话题，最后竟落实在若干个案的辨析上——谈论五四新文化，入手处竟然是一场运动、一份杂志、一位校长、一册文章以及一本诗集等。这样的论述策略，能否承担引领读者"进入五四"的重任？

对于五四新文化运动这样众说纷纭的话题，确实是"横看成岭侧成峰，远近高低各不同"。作为研究者，你可以往高处看，往大处看，

---

[1]　参见拙著《中国现代学术之建立——以章太炎胡适之为中心》6—8页，北京：北京大学出版社，1998年。

也可以往细处看，往深处看。我采取的是后一种策略——于文本中见历史，于细节处显精神。

所谓"触摸历史"，不外是借助细节，重建现场；借助文本，钩沉思想；借助个案，呈现进程。讨论的对象，包括有形的游行、杂志、大学、诗文集，也包括无形的思想、文体、经典、文学场。入口处小，开掘必须深，否则意义不大；不是所有琐琐碎碎的描述，都能指向成功的历史重建。我曾经引胡适和王国维关于学问的两段话，辨析学术研究中的"大"与"小"。一说"学问是平等的"，一说"考据颇确，特事小耳"，抽离具体的历史语境，呈现出某种张力。单就学术训练而言，只要干脆利落地解决某一课题，便该得满分；可治学毕竟不同于做习题，应该还有更高一层的追求。这个时候，所谓的"事大""事小"，便可能影响价值评判。当然，这里所说的大与小，并非指事物本身的体积，而在于其能否牵一发而动全身，有无深入发掘与阐释的可能，以及是否切合自家心境与文化理想。[1]

选择新文化运动中几个重要的关节点，仔细推敲，步步为营，这一研究思路，受到了鲁迅先生的启示。选择"药·酒·女·佛"来谈论汉魏六朝文章，这是一种学术上的冒险，可鲁迅成功了。"舍弃了面面俱到的评说，抓住几个突出的文化现象'小题大做'，不只需要学力深厚，更需要思想家透视历史的敏锐目光。"[2]我之谈论五四新文化，选择广场上的学生运动、《新青年》中的文体对话、蔡元培的大学理念、章太炎的白话试验、北大的文学史教学，还有新诗的经典化过程等，

---

[1]　参见《现代中国》第二辑（武汉：湖北教育出版社，2002 年 3 月）的《编后》。所引胡适文字见《〈水浒传〉后考》，王国维文字见姚名达《哀余断忆》。

[2]　参阅《作为文学史家的鲁迅》，见拙著《文学史的形成与建构》14—55 页，南宁：广西教育出版社，1999 年。

不见得十分到位，但都有自家面目。

记得本书第一章单独发表时，便有台湾朋友询问：是否借鉴了年鉴学派或新历史主义。我的回答很坦然：确实读过一点斯蒂芬·葛林伯雷（S. Greenblatt）、海登·怀特（Hayden White）以及布罗代尔（F. Braudel）、勒高夫（J. le Goff）等人的著作，但不敢胡乱攀附。我之所以如此述学，主要受三位中国学者的启示。

本书第六章的题目，明眼人一看都知道，这是在追摹钱锺书的随笔集《写在人生边上》。并非追求"业余消遣者的随便和从容"，而是意识到五四新文化"这本书真大！一时不易看完"，与其像钱先生所嘲笑的那些"负有指导读者、教训作者的重大使命"的书评家那样，"无须看得几页书，议论早已发了一大堆"，还不如"不慌不忙地浏览"，"随手在书边的空白上注几个字"，留下若干属于自己的真切感受。[1] 这种拒斥过分的体系化、注重真切感受的论述策略，在《谈艺录》《管锥编》等名著中清晰可见。

其实，我之倾向于在"边"上做文章，还有另外一个来源，那就是金克木的抓"边"。在《说"边"》一文，金先生开宗明义："现在的人喜欢讲中心，不大讲边，其实边上大有文章可作。没有边，何来中心？中心是从边上量出来的。"有空间的边，那就是边疆；有时间的边，那就是新旧交替；还有"现象和意义之间的边，作者和读者之间的边，演员和观众之间的边"——所有这些"边"，都值得认真琢磨。[2]

---

[1]　参见钱锺书《写在人生边上·序》，《写在人生边上》1—2页，北京：中国社会科学出版社，1990年。

[2]　参见拙文《"〈读书〉时代"的精灵——怀念金克木先生》，《读书》2000年12期；《茱萸集》78页，沈阳：春风文艺出版社，2001年。

至于在史学研究中，强调对于古人的同情与体贴，警惕"过度阐释"，则有陈寅恪的影响在内。陈先生在谈论哲学史写作时，说过这么一段话：

> 吾人今日可依据之材料，仅为当时所遗存最小之一部，欲借此残余断片，以窥测其全部结构，必须备艺术家欣赏古代绘画雕刻之眼光及精神，然后古人立说之用意与对象，始可以真了解。所谓真了解者，必神游冥想，与立说之古人，处于同一境界，而对于其持论所以不得不如是之苦心孤诣，表一种之同情，始能批评其学说之是非得失，而无隔阂肤廓之论。[1]

了解今人进入历史的困难，以及所谓历史重建的复杂性，不敢放言空论。或许，对于史学家来说，次序井然、因果明确、排列整齐、体系严密，不见得都是好事情。

至于像本书这样，借助若干自以为意味深长的细节、断片、个案，来钩稽并重建历史，固然可以避免"宏大叙事"的某些缺陷，但也可能走到另一个极端，那就是将一场生气淋漓的文化运动，拆解成"一地鸡毛"。这是我所最为警惕的。换句话说，有趣的人物及故事背后，依然有作者潜藏着的理论意识：包括重建现场时多声部与主旋律的关系、晚清与五四两代人如何既合力又竞争、新文化运动中垄断舆论与提倡学术的张力、现代中国大学理想的生成与展开、媒介的作用与文体的意义等。

今人所接触到的，永远只能是"文明的碎片"；在这个意义上，

---

[1] 陈寅恪：《冯友兰中国哲学史上册审查报告》，《金明馆丛稿二编》247 页，上海：上海古籍出版社，1980 年。

谈论历史而倚重省略号，其实是相当明智的。区区六章，只是勾勒了五四新文化的某一侧面。若能给读者些许真切的感受，帮助其"进入五四"，则于愿足矣。

2005 年 6 月 9 日于京西圆明园花园

第一章　五月四日那一天

——关于五四运动的另类叙述

一　关于五四运动

在 20 世纪中国，五四运动是个使用频率极高的专有名词，老百姓耳熟能详，学界更是了如指掌。作为一门新崛起的显学（相对于四书五经或唐诗宋词），关于五四的研究著作，确实称得上"车载斗量"。八十年来，当事人、反对者、先驱、后学，无不激扬文字，留下各自心目中的五四。仔细分梳这些色彩斑斓而又互相抵牾的图景，那是专家学者的工作；至于一般读者，只需要对这场影响极为深远、不断被后人挂在嘴边的群众运动，有个大致的了解。

于是，我选择了权威的《简明不列颠百科全书》，希望能得到一个简明扼要的答案。因为，与"成一家之言"的专家著述不同，辞书讲究准确、简要、平实。谁都知道，若想尽快进入某一特定语境，没有比借助辞书更合适的了。可不看不知道，一看吓一跳。纷纭复杂的五四，固然并非三言两语就能打发；可"百科全书"出现如此多的错漏，毕竟出人意料。看来，"耳熟能详""了如指掌"云云，需要打点折扣。

以下抄录《简明不列颠百科全书》中"五四运动"这一词条，然后略做补充、辨析。文中 * 号为笔者所加，目的是提供对照阅读的线索。

五四运动（May Fourth Movement）　1919 年 5 月 4 日中国发生的一次群众运动，其宗旨在反对帝国主义和北洋军阀政府。一般认为，这次运动是现代中国的一场文化和思想上的启蒙运动 *。1919 年 1 月，各协约国谈判对德和约，消息传到中国，中国人得悉和会决定将原德国在中国山东省的特权转交给日本，同时日本政府对以军阀袁世凯为首的北京政府发出最后通牒，提出二十一条要求，企图独自支配全中国 *。当北洋政府即将签订和约并答应二十一条要求的消息传开时，北京 13 所大专院校的3000 余名学生举行罢课 *，提出"外争国权，内惩国贼"、"取消二十一条"、"拒绝和约签字"等口号，同时举行游行示威。政府军警对运动实行镇压，逮捕学生 32 人，这立即引起北京各校学生举行总罢课，随后全国各地学生纷纷走上街头，举行示威游行，召开宣传大会，并实行抵制日货。6 月 3—4 日，北洋政府进行了大规模逮捕，仅北京一地，即有千名学生被捕。运动声势波及各大城市，上海、南京、天津及其他各地的工人举行罢工，上海各家商店举行罢市，以声援学生和工人，全国文化界也表达了对这次群众性斗争的同情，斗争随即发展成为全国性的革命运动。北洋政府最后被迫释放全部被捕学生，将三名亲日的内阁总长撤职 *，并答应将不签订和约及二十一条要求 *。

五四运动前夕，一些激进的知识分子如李大钊、陈独秀、毛泽东开始创办刊物、发表文章，提倡民主和科学，批判中国传统文化，传播马克思主义思想，推动新文化 *。温和派知识分子以胡适为代表，反对马克思主义，却强烈支持文学改革，主张用白话文代替古文；提倡婚姻自由，反对父母包办；主张取缔娼妓；

并以实用主义代替儒家学说*。五四运动既加速了国民党的改组，也为共产党的建立提供了理论上和组织上的基础。

——录自《简明不列颠百科全书》（北京·上海：中国大百科全书出版社，1986年）

关于五四运动，不同政治立场及思想倾向的论者，会有相去甚远的解释。注重思想启蒙的，会突出《新青年》的创办、北京大学的改革以及新文化运动的勃兴对"五四事件"的决定性影响，因此，论述的时间跨度，大约是1917—1921年；表彰爱国主义的，则强调学生及市民之反对北洋军阀统治，抵制列强霸权，尽量淡化甚至割裂5月4日的政治抗议与此前的新文化运动的联系。但不论哪一种，都不会只讲"文化和思想"，而不涉及"政治和社会"。承认5月4日天安门前的集会游行具有标志性意义，那么，所论当不只是"思想启蒙"，更应该包括"政治革命"。

"二十一条"乃日本帝国主义妄图灭亡中国的秘密条款，由日驻华公使于1915年1月当面向袁世凯提出。同年5月7日，日本提出最后通牒，要袁世凯在48小时内答复。两天后，袁除对五号条款声明"容日后商议"外，基本接受日本要求。1919年1月，中国代表在巴黎和会上，要争取的是废除"二十一条"，归还山东，取消列强在华特权等，而不是是否答应"二十一条"。另外，袁世凯死于1916年6月6日，"同时"一说，令人误会1919年的中国，仍由袁执政。其时中华民国的总统乃徐世昌，总理为钱能训，外交部长则是率团出席巴黎和会的陆徵祥。

"北京13所大专院校的3000余名学生"举行的不是"罢课"，而是示威游行——事件发生在1919年的5月4日。由于政府采取高压政策，逮捕了32名学生，第二天方才有各专门以上学校的学生代表集会，决议自即日起一律罢课，同时通电全国并上书大总统。而《上大总统书》上签字的北京专门以上学校有23所，代表9860名学生。

北洋政府被迫释放全部被捕学生，是在6月7日。免去曹汝霖、章宗祥、陆宗舆的职务，则是6月10日。不过，三位亲日派，并非如文中所说都是"内阁总长"——曹时任交通总长，章乃驻日公使，陆则是币制局总裁。

罢免亲日派曹、章、陆后，北洋政府仍然准备对列强屈服：17日电令和谈代表签字，23日改为让代表"相机行事"。因国内压力日益增大，徐世昌总统25日方才通知在巴黎的中国代表团，可以拒绝签字。根据当时的通讯条件，政府的电报6月28日夜里才送达，而和约则定在当天上午签字。据陆徵祥、顾维钧日后撰写的回忆录，他们的拒绝签字纯属"自作主张"。另据《时事新报》和《民国日报》大同小异的报道，28日那一天，众多旅法华工和学生包围了专使寓所，"以致专使等不能赴会签字"。

《晨报》1919年7月5日发表《我国拒绝签字之经过》，介绍7月3日晚收到的陆徵祥等6月28日所发电文，至此，国人对于拒签经过方才有比较详细的了解。陆等称"不料大会专横至此，竟不稍顾我国几微体面，曷胜愤慨"，"不得已当时不往签字"，作为和谈代表，未能尽职，只好辞职并准备接受惩戒。7月11日《晨报》刊出《政府训电专使之内容》："某方面消息云，政府前日（9日）电巴黎专使转各国云：中国之不签字，系国民反对甚烈，政府愿全民意，是以拒绝签字。唯中国极希望于得满意之妥协后，当即行补签。望和会延长期限，俾得从容讨论云云。"不难想象，此则被公开曝光的"训令"，激起了极大的公愤。5月15日《晨报》又发《政府对外态度之近讯》，称国际上确有要求中国政府"补签"的巨大压力，日本舆论表现得尤其露骨，"唯政府方面对于训令补签之说，仍极力否认；据云，政府本无签字之成心"——如果说前者真假难辨，后者则是公开撒谎。

谈论影响五四运动之得以形成与展开的"知识分子"，李、陈、毛的排列顺序令人费解。就算排除"温和派"的蔡元培与胡适，影响最大的"激进派"，也仍非陈独秀莫属。尤其是谈论"创办刊物"，还有比陈之主编《新青年》更值得夸耀的吗？至于毛泽东在湖南主办的学联刊物《湘江评论》，总共只出版了五册（1—4号，加上临时增刊1号，刊行于1919年7—8月），文章质量再高，也无法挤进五四时期重要刊物的前三名。更值得注意的是，《湘江评论》创刊号出版于1919年7月14日，将其放在"五四运动前夕"论述，无论如何不恰当。

作为一种思想方法的"实用主义"，与作为一种价值体系的"儒家学说"，二者并不完全对等。五四时期，批判"儒家学说"的，远不止胡适一派；而胡适之接受西学，也不局限于"实用主义"。谈"问题与主义"之争，"实用主义"可以派上很大用场；可新文化人之"打倒孔家店"，从终极目标到理论武器，均与"实用主义"没有多大关系。将五四时期的思想潮流，简化为李大钊为代表的马克思主义与胡适为代表的实用主义两大流派的斗争，此乃1950年代全国上下批胡适留下的后遗症。

这里仅就史实考辨而言；至于意识形态与解释框架如何制约着五四运动的意义阐发，牵涉的问题更多，暂不涉及。

其实，以上所述，没有惊世骇俗的高论，也谈不上独创性。之所以选择具有权威性而又代表一般知识体系的"百科全书"，目的只是说明一点：纪念了几十年的五四，未必真的为大众与学界所了解。

那么，五四运动到底是如何爆发，又如何被后世纪念与诠释的呢？

二　五月四日那一天

谈论影响整个 20 世纪中国人精神生活与社会变迁的五四运动，思路及策略千变万化：可以长时段研究，也可以瞬间描述；可以全景透视，也可以私人叙述；可以理性分析，也可以感性复原。鉴于有关五四的研究成果多偏于前者，本文希望拾遗补阙，关注"瞬间""私人"与"感性"，希望从具体而微的角度，展现那不大为今人关注的另一种五四风貌。

本文假定读者对五四运动的产生与发展已有总体印象，需要了解的是，5 月 4 日那天发生在北京天安门前的政治抗议的具体细节。在众多关于五四运动的描述中，我选中《晨报》1919 年 5 月 5 日题为《山东问题中之学生界行动》的文章，作为基本的叙事线索。因其系记者的"现场报道"，虽也有明显的倾向性，但比起日后各路人马越来越丰富的追忆，显然更接近"真相"——假如承认有"真相"一说的话。以下的叙述，先引一段上述《晨报》文字，而后才是我的考辨与发挥。希望如此古今重叠，能帮助我们穿越历史时空，重睹当年情景。

花开春日

> 昨日为星期天，天气晴朗，记者驱车赴中央公园游览。至天安门，见有大队学生，个个手持白旗，颁布传单，群众环集如堵，天安门至中华门沿路，几为学生团体占满。记者忙即下车，近前一看……

1919 年的 5 月 4 日乃"星期天"，这点至关重要。因为，学生之所以游行至东交民巷，目的是向美英等国公使递交说帖，表明誓死收回山东权益的民意，并"请求贵公使转达此意于贵国政府、于和平会议，予吾中国以同情之援助"[1]。寄希望于美、英等国主持公道，是否过于天真，这且不论。倘若并非星期天，起码美国公使可以出面接纳说帖，若如是，学生之激愤将得到很大缓解，事件很可能不会进一步激化。无论是当时文件，还是日后追忆，都表明学潮的组织者事先并无"火烧赵家楼"的计划。

历史本来就是"万花筒"，充满各种偶然因素。当初事态紧急，群情激昂，没人顾及星期天是否有人接受说帖这样的细节，后人更无另做假设的权利。相对于无可争辩的"星期天"，伸缩度很大的"天气晴朗"，更值得留意。一心救国的青年学生，不会分心考虑阴晴冷暖；可游行当天的天气情况，切实制约着大规模群众集会的效果。尤其是集会天安门前、受气东交民巷、火烧赵家楼等戏剧性场面，实际上都与天气状况不无关系。

更何况，对于后人之进入五四的规定情境，需要虚拟的，第一便是此并非无关紧要的"天气晴朗"。

五四那天的天气，不受时人及史家的关注。不像6月3日——那天北京学生大规模上街演讲，军警包围北大三院，将其作为临时监狱——竟以"狂风怒号""黑云遮天"进入史册。军警捕人与狂风怒号，二者刚好配对，很容易大做文章。先是6月5日《晨报》发表"时评"：

> 前天下午，北京的天气，忽然间大变起来，狂风怒号，阴云密布，继之以打雷，闪电，下雨，一时天地如晦。本馆的电话也坏了，电灯也灭了。记者这个时候，不禁发了悲天悯人的感想。何以故呢？因为当老天大怒的时候，正是那几百位青年学生被围的时候。记者此时想到北河（沿）一带的光景，不觉于电光闪闪

---

[1]　《学生团上美公使说帖》，《晨报》1919年5月6日。

之中，发了一声长叹，说道：咳！这是什么景象。[1]

接着，6月8日出版的《每周评论》25号，又有陈独秀以"只眼"笔名发表的文章，提及政府派军警抓捕上街演说的学生：

> 这时候陡打大雷刮大风，黑云遮天，灰尘满目，对面不见人，是何等阴惨暗淡！[2]

这既是写实，也属象征，特别适合表达某种政治倾向。故史家在论及"六三"时，均喜欢引用陈等颇带文学色彩的描述。6月3日那天确有风雨，但似乎不像《晨报》记者和陈独秀说的那么严重。《鲁迅日记》对天气的记载，历来很仔细；那天的日记是："晴，下午昙。同徐吉轩往护国寺一带看屋。晚大风一阵后小雨。"[3]

　　同样依据《鲁迅日记》，我们可以大致复原1919年5月初的天气：1日有雨，2日放晴，3日夜里起风，4日"昙"（即多云）。[4]这样的天气，无疑很适合室外活动。1919年的5月4日，农历四月初五，立夏前两天，气候宜人。旧京风俗，四月初一至十五，妙峰山举行庙会，据称"香火之盛，实可甲于天下矣"[5]；另一盛事则是四月初八的浴佛会，"街衢寺院搭苫棚座，施茶水盐豆，以黄布帛为悬旌，书曰普结

[1]　《咳，这是什么景象》，《晨报》1919年6月5日。

[2]　只眼（陈独秀）：《六月三日的北京》，《每周评论》25号，1919年6月8日。

[3]　《鲁迅全集》第14卷358页，北京：人民文学出版社，1981年。

[4]　同上书，355页。

[5]　富察敦崇：《燕京岁时记》，《帝京岁时纪胜　燕京岁时记》63页，北京：北京古籍出版社，1981年。

良缘"[1]。五四时期的中国，古都北京的气候及习俗，与清代没有多大变异。春夏之交，依然最值得留恋，最适合于郊游。

就像郁达夫所说的，北国的春天，来得迟，去得早："春来也无信，春去也无踪，眼睛一眨，在北平市内，春光就会同飞马似的溜过。屋内的炉子，刚拆去不久，说不定你就马上得去叫盖凉棚的才行。"[2]正因为北京的"春光"稍纵即逝，"踏青"成了雅俗共赏的游戏。称"妙峰山虽热闹，尚无暇瞻仰"的周作人[3]，对北京人之热心于游春，也颇为欣赏。

只是1919年的5月，国难当头，绝非表达文人雅兴的恰当时刻。可有趣的是，日后回忆，时常会带出春天的芬芳。五四当天被捕的学生之一杨振声，日后撰写文章，称："五月四日是个无风的晴天，却总觉得头上是一天风云。"[4]这"一天风云"的说法，大概属于象征，与鲁迅日记中的"多云"没有多大关系。另一个北大学生范云，风云之外，终于注意到周围环境："一九一九年的五月初，在北京是春暖花香的日子，人们的爱国热情也在一天天地高涨。"[5]还是不满足于写实，非要将"春暖花开"作为"爱国热情"的起兴不可。

大概也只有文学家，才会如此关注这些日常生活细节。冰心四十年后追忆，念念不忘的是"那天窗外刮着大风，槐花的浓香熏得头痛"[6]。王统照的描述更仔细：

---

[1] 潘荣陛：《帝京岁时纪胜》，《帝京岁时纪胜　燕京岁时记》18 页。

[2] 郁达夫：《北平的四季》，《北平一顾》，上海：宇宙风社，1936 年。

[3] 周作人：《北平的春天》，《风雨谈》，上海：北新书局，1936 年。

[4] 杨振声：《回忆五四》，《人民文学》1954 年 5 期。

[5] 范云：《五四那天》，《北京日报》1957 年 5 月 4 日。

[6] 冰心：《回忆五四》，《人民文学》1959 年 5 期。

天安门前，正阳门里大道两旁的槐柳，被一阵阵和风吹过摇曳动荡，而从西面中山公园（那时叫中央公园）的红墙里飘散出来各种花卉的芬芳，如在人稀风小的时候，也还可以闻到。[1]

当然，就像王统照补充说明的，那天学生们并没有赏花的"闲情逸致"，一心想着的是"国亡了，同胞起来呀！"可对于复原历史事件的现场气氛，红墙里飘散出来的芬芳，并非可有可无的闲笔。清末民初的北京城，"本来就是一个只见树木不见屋顶的绿色的都会"，春天里，最让郁达夫难以忘怀的，就是"城厢内外的那一层新绿，同洪水似的新绿"[2]。代表着春天的花木之鉴赏，北京人历来十分敏感。所谓"花名玫瑰，色分真紫鹅黄；树长娑罗，品重香山卧佛"[3]；或者"四月花开时，沿街唤卖，其韵悠扬；晨起听之，最为有味"[4]。而据《中央公园廿五周年纪念刊》所列"本园花信表"，自四月中旬至五月中旬，该公园依次有下列花开迎宾：紫丁香、山芝兰、杏花、白丁香、紫荆、海棠、榆叶梅、月季、黄刺梅、藤萝、白牡丹、各色牡丹、蔷薇、芍药、玫瑰等。[5]"纪念刊"出版于十多年后，可"花信"不会有多大改变。

可惜的是，1919年的春天，却被北京人普遍冷落。迫在眉睫的亡国危机，使得世人的目光，转而投向天安门前呐喊的青年学生。

以红墙为背景而又无意于观花赏木的三千青年学生，手举白旗，列队示威，除了记录在案的标语口号，其衣着如何，是我们复原现场的另一重要因素。五四运动后十五年，钱玄同曾对孙伏园说："你穿着

[1] 王统照：《三十五年前的五月四日》，《人民文学》1954 年 5 期。

[2] 郁达夫：《北平的四季》，《北平一顾》，上海：宇宙风社，1936 年。

[3] 潘荣陛：《帝京岁时纪胜》，《帝京岁时纪胜 燕京岁时记》20 页。

[4] 富察敦崇：《燕京岁时记》，《帝京岁时纪胜 燕京岁时记》64 页。

[5] 《本园花信表》，《中央公园廿五周年纪念刊》122—123 页，北平：中央公园事务所，1939 年。

夏布大褂，戴着蒙古式毛绒帽子，我记得清清楚楚的。"孙当时没有反应，事后想想不对，很明显，五月初"还不会穿夏布大褂"[1]。可春夏之交北京的气候，实在说不准。用周作人的话来说，在北京，"春天似不曾独立存在，如不算他是夏的头，亦不妨称为冬的尾，总之风和日暖让我们着了单夹可以随意徜徉的时候真是极少，刚觉得不冷就要热了起来了"[2]。"一清早虽还有点微凉之感，午间却已烦热"，你爱穿什么衣服，其实无所谓。根据王统照的回忆，学生中"穿长袍的占大多数，也有穿短黑制服的"[3]。而上述那篇《晨报》的报道，提及步军统领李长泰出现在天安门红墙旁时，"身穿旧式天鹅绒织花马褂，褐色呢袍"。从现存照片看，确实是春夏衣着夹杂。

如果说考证衣着，只是为了视觉形象；衣着与天气配合，却关系游行者的心境。不少回忆文章都提到，那天中午以后，天气渐热——大热天里，在东交民巷等候将近两个小时，这对于"酝酿情绪"，不无帮助。借用《五四》一书的说法，便是："此一心一德三千学生同暴于烈日之下，虽无厌倦之容，难免忿恨之态。"[4]

集会天安门前

记者到时，学生不过六七百人。少顷，各大队学生手持白旗，纷纷由东西南各方云集而来。……（法政专门学校代表称）等大家到齐，我们便要游街示众，叫我们国民也都知道有这种事体。游街后再到东交民巷英、美、法、意各国使馆提出说帖，表示我们的意

---

[1] 孙伏园：《回忆五四当年》，《人民文学》1954 年 5 期。

[2] 周作人：《北平的春天》，《风雨谈》，上海：北新书局，1936 年。

[3] 王统照：《三十五年前的五月四日》，《人民文学》1954 年 5 期。

[4] 蔡晓舟、杨景工编《五四》，《五四爱国运动》上册 454—455 页，北京：中国社会科学出版社，1979 年。

思。完后还要转到这里，开会商议善后办法。……（教育部某司长劝说无效、步军统领李长泰出现在天安门红墙旁）学生代表又向李统领婉言曰：我们今天到公使馆，不过是表现我们爱国的意思，一切的行动定要谨慎，老前辈可以放心的。各学生大呼走走。李统领亦无言，旋取下眼镜，细读传单，半晌后对群众曰：那么，任凭汝们走么。可是，千万必要谨慎，别弄起国际交涉来了。言毕，嘱咐警吏数语，即乘汽车而去。学生全体亦向南出发。

以天安门红墙为背景举行集会，学生自然只能来自"东西南"三个方向，而不可能从北边的故宫冲杀出来。看来，记者的用词还是蛮讲究的，比起日后众多"四面八方"之类的概说，报道中之"找不着北"更为准确。可这不能理解为当年北京的专门以上学校均集中在天安门的东西南三个方向。恰恰相反，当天参加游行的13所学校，处在东西长安街以北的就有8所。这13所学校当年的校址以及学生数，现列图表如下。

北京大学	北沙滩、景山东街、北河沿	3000/2400人
北京高等师范学校	和平门外厂甸	925/700人
北京法政专门学校	西城太仆寺街	/700人
北京工业专门学校	西四牌北祖家街	200/150人
北京农业专门学校	阜成门外罗道庄	200/150人
北京医学专门学校	前门外后孙公园	200/130人
铁路管理学校	西单李阁老胡同	/200人
高等警官学校	北新桥以西	/300人
北京税务学校	朝阳门内大雅宝胡同	/320人
中国大学	前门内西城根	1400/1450人
汇文大学	崇文门内盔甲厂	/80人
民国大学	宣武门外储库营	300/300人
朝阳大学	东四海运仓	200/350人

图1

表中学生数目有二，均为略数（如"三百余人"以300人计），前者见静观《北京专门以上学校新调查》[1]，后者依据1919年5月5日学生所呈《上大总统书》上的签署[2]。至于校址，根据各种资料综合而成。

为了让读者对当年天安门前游行学生的"来龙去脉"有感性的了解，这里根据侯仁之先生主编《北京历史地图集》[3]中的"民国北京城"（1917），编制成"参加1919年5月4日天安门集会游行的北京13所学校位置示意图"。北京农业专门学校地处阜成门外，不在原图范围内；民国大学1917年方才正式招生，原图未来得及标上。余者，对照阅读附图，不难"按图索骥"。锁定各校位置，对于今人之想象学生如何走向天安门，相信不无帮助。

《晨报》文章提及参加集会的若干学校，可就是没有唱主角的北京大学。这反而证实了记者确系"有闻必录"，忠实于自己的眼睛。北大学生因与前来劝说的教育部代表辩论，耽误了不少时间，故最后一个到达天安门前。

记者所录法政学校代表的谈话，并未歪曲学生的意愿，最早的设计，确实就只是提交说帖，表达民意。这一点，从北大学生罗家伦所拟的《北京全体学界通告》，可以看得很清楚。罗不愧为胡适的高足，用白话文草拟群众集会的传单，显然更适合于传播。这份沿途散发的传单，"最简单明白"（《晨报》记者全文引录时所加的评判），故流传也最为广泛。

---

[1]　静观：《北京专门以上学校新调查》，《申报》1919年7月12日。

[2]　《上大总统书》，《晨报》1919年5月7日。

[3]　侯仁之主编：《北京历史地图集》，北京：北京出版社，1988年。

参加1919年5月4日天安门集会游行的
北京13所学校位置示意图

1. 北京大学
   （北沙滩、景山东街、北河沿）
2. 北京高等师范学校
   （和平门外厂甸）
3. 北京法政专门学校
   （西城太仆寺街）
4. 北京工业专门学校
   （西四牌北祖家街）
5. 北京农业专门学校
   （阜成门外罗道庄）
6. 北京医学专门学校
   （前门外后孙公园）
7. 铁路管理学校
   （西单李阁老胡同）
8. 高等警官学校（北新桥以西）
9. 北京税务学校
   （朝阳门内大雅宝胡同）
10. 中国大学（前门内西城根）
11. 汇文大学（崇文门内盔甲厂）
11. 民国大学（宣武门外储库营）
13. 朝阳大学（东四海运仓）

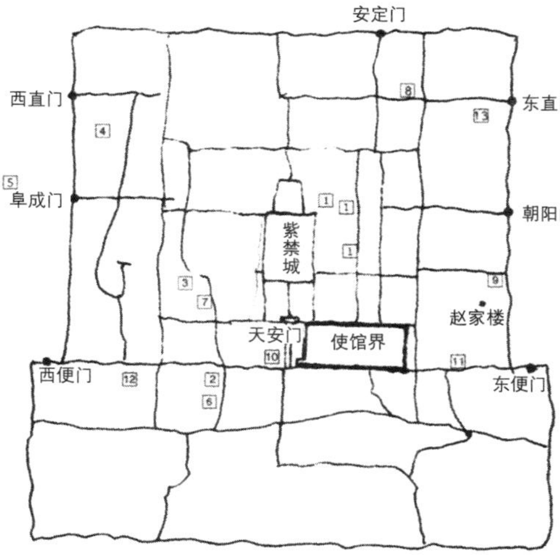

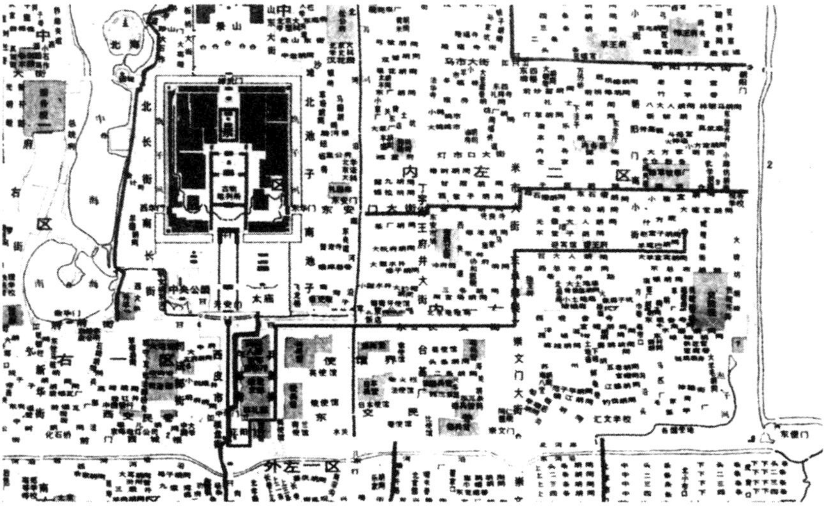

图2　参加1919年5月4日天安门集会游行的北京13所学校位置示意图

现在日本在万国和会要求吞并青岛，管理山东一切权利，就要成功了！他们的外交大胜利了！我们的外交大失败了！山东大势一去，就是破坏中国的领土！中国的领土破坏，中国就亡了！所以我们学界今天排队到各公使馆去要求各国出来维持公理。务望全国工商各界一律起来设法开国民大会，外争主权，内除国贼。中国存亡，就在此一举了！今与全国同胞立两个信条道：

中国的土地可以征服而不可以断送！

中国的人民可以杀戮而不可以低头！

国亡了，同胞起来呀！[1]。

此通告虽慷慨激昂，其实没有采取激烈行动的想法，只是呼吁国民起来关注青岛问题。所谓"外争主权，内除国贼"，也只是寄希望于"国民大会"之召开。相比之下，另一位北大学生许德珩所拟的《北京学生界宣言》，可就激进得多了。

我同胞有不忍于奴隶牛马之苦，极欲奔救之者乎？则开国民大会，露天演说，通电坚持，为今日之要着。至有甘心卖国，肆意通奸者，则最后之对付，手枪炸弹是赖矣。危机一发，幸共图之！[2]

虽然只是字面上的暴力除奸，游行学生并没真正准备"手枪炸弹"（据高师的匡互生称，他们有此设想，可并没弄到手）。晚清之侠风高扬，暗杀成风，国人记忆犹新。民国建立后，政府严禁会党活动，谴责政治暗杀（起码表面上如此），而"宣言"之放言"手枪炸弹"，与其时之流行无政府主义思潮，不无关系。两份主要文件的微妙差别，隐约可见学潮中的不同声音。

---

[1] 《北京全体学界通告》，《晨报》1919 年 5 月 5 日

[2] 《北京学生界宣言》，《时报》1919 年 5 月 6 日。

从步军统领李长泰的劝说看，当局最担心的是引起国际纠纷。显然，政府并未意识到即将到来的学潮的巨大能量，以及可能引发的严重的社会后果。也不是学生使用计谋蒙骗当局，游行一开始确实显得比较平和。如果不是被激怒的学生临时转向赵家楼，五四那天的游行，大概也不会出什么大事。可所有自发的群众运动，无不充满各种变数，随时可能改变方向。更何况，学生中还有温和派与激进派的区别。不只李统领预料不到事态的严重性，政府及军警也都没想到会如此急转直下。这才能解释何以曹汝霖已经知道街上学生的游行口号，仍没感觉到危险，参加完总统的午宴后照样回家。

学生之所以集会天安门前，因此处及西侧的中央公园，乃民初最为重要的公共活动空间。天安门附近，明清两代均为禁地。民国肇兴，方才对外开放，东西长街顿成通衢。"遂不得不亟营公园为都人士女游息之所。社稷坛位于端门右侧，地望清华，景物钜丽，乃于民国三年十月十日开放为公园。"[1]民国初年，京城里文人雅集，往往选择中央公园；至于大型群众集会，则非天安门前莫属。

天安门原名承天门，始建于明永乐十五年（1417），是皇城的正门。清顺治八年（1651）重建，并改用现名。此后三百多年，城楼的基本格局没有大的改变。从天安门到与之相对的中华门（即原大明门、大清门）之间，即为御道，两旁为明清两代的中央政府机关。即便进入民国，户部街、兵部街、司法部街等地名，依旧提醒你此处乃无可替代的政治中心。从皇帝举行颁诏仪式的神圣禁地，变为青年学生表达民意的公共场所，天安门的意义变了，可作为政治符号的功能没变。集会、演讲、示威于天安门前，必能产生巨大的社会影响，这几乎成了20世纪中国政治运作的一大诀窍。地方宽敞当然不无关系，可

---

[1]　朱启钤：《中央公园记》，《中央公园廿五周年纪念刊》131页。

更重要的，还是因其象征着政治权力。

天安门前的那对精美绝伦的华表，见识过多少激动人心的政治场面！远的不说，十九年前八国联军的炮火、七八年前隆裕太后之颁布溥仪退位诏，还有半年前北京六十多所大、中、小学校三万余名学生为庆祝协约国胜利举行盛大集会游行，都可由天安门前的华表作证。1918 年的 11 月 15、16 两天，也就是集会游行后的第二、三天下午，北京大学还在天安门前举行针对民众的演讲大会，由蔡元培、陈独秀、胡适、陶孟和、马寅初、陈启修、丁文江等轮流登台讲演。[1]

这一回的集会可大不一样，组织者既不是政府，也不是学校，是学生们自己。走上街头的学生，其抗议游行，既指向列强，也指向当局。集会上，最引人注目的标语，一是北大法科学生谢绍敏前天晚上咬破中指撕下衣襟血书的"还我青岛"四个大字；另一则是高师学生张润芝所撰挽联[2]：

卖国求荣，早知曹瞒遗种碑无字；
倾心媚外，不期章惇余孽死有头。
北京学界同挽。卖国贼曹汝霖、章宗祥遗臭千古

而这，恰好对应了"外争主权，内除国贼"的学界宣言及游行口号。

1919 年 7 月出版的《五四》一书，不只记载了上述宣言、传单、标语、挽联等，还用简捷的语言，渲染集会氛围：

---

[1] 参见《申报》1918 年 11 月 16 日及《北京大学日刊》1918 年 11 月 27 日的报道，以及《新青年》5 卷 5、6 号所刊蔡元培、李大钊、陶孟和、胡适等人的演讲稿。

[2] 参见宋宪亭《五四天安门大会上一副引人注目的对联之来历》，《五四运动与北京高师》，北京：北京师范大学出版社，1984 年。

> 最先至者为高师、汇文两校，北大因整队出发时，有教育部
> 代表及军警长官来劝阻，理论多时，故到天安门最迟。凡先到者
> 辄欢迎后来者以掌声，而后来者则应和之以摇旗，步法整齐，仪
> 容严肃，西人见者，莫不啧啧称赞。[1]

报以掌声、和以摇旗，以及"步法整齐，仪容严肃"等，作为一种政
治抗议的示威游行，其仪式已经基本确立。不同于一般"骚乱"，学生
游行并不妨碍"治安"，故被作为文明社会的表征，得到相当广泛的
同情。

至于偌大广场，没有扩音设备，三千学生如何集会？有称站在天
安门前石狮子头上作演讲的[2]，但我更倾向于王统照的说法，演讲者
是站在方桌上；而且，现场中大部分人实际上听不清演讲内容，只是
因为有很多标语，加上不时呼口号，知道大致意思[3]。但这已经足够
了，读过宣言，呼过口号，队伍开始向南、向东、向北移动。

受气东交民巷

> 学生欲通过（东）交民巷往东而行，该处警察竟然不许通行。
> 学生颇受激刺，不得已折而往北，出王府井大街，经东单牌楼，
> 向赵堂子胡同，入赵家楼曹汝霖之住宅。

关于五月四日学生游行的路线，众多事后追忆，差别不是很大。
起码东交民巷受阻、而后才转向赵家楼这一强烈印象，保证了所有回

---

[1] 蔡晓舟、杨景工编《五四》，《五四爱国运动》上册 454—455 页。

[2] 夏明钢：《五四运动亲历记》，见《五四运动与北京高师》。

[3] 王统照：《三十五年前的五月四日》，《人民文学》1954 年 5 期。

忆文章的大致方向不会有误。差别只在于转折的路口，以及经过的具体街巷。相对来说，记者的现场报道比较可靠；但比起原北洋政府陆军部驻署京师宪兵排长白歧昌的报告，还是小巫见大巫：

> 该学生团于午后二时三十分整队出天安门，折东进东交民巷西口，至美国使馆门首，遂被阻止。该代表等从事交涉，仍未允通行。后即转北往富贵街，东行过御河桥，经东长安街南行，经米市大街进石大人胡同，往南小街进大羊宜宾胡同，出东口北行，向东至赵家楼曹宅门首。[1]

职务所在，当年跟踪学生队伍的宪兵排长，其所提供的报告，应该说是"最具权威性"的。两点半方才起行，四点左右已到达赵家楼（这点为不少回忆文章所证实），那么，东交民巷耽搁的时间，就不可能像许多回忆录所说的"足足有两小时"。

即便如此，受阻于东交民巷，依旧是事件发生逆转的关键所在。宪兵排长只说学生代表交涉而未获允许，自是不如《晨报》之注意到"学生颇受激刺"。《五四》一书，更将游行队伍之转向赵家楼，直接归因于使馆界口的等待：

> 学生既在使馆界口鹄立两小时之久，而市民之加入者亦甚众，当时群众义愤填膺，急欲得卖国贼而一泄之。于是议定先寻曹氏，次寻章、陆。[2]

---

[1] 《五四爱国运动史料》，《历史教学》1951 年 6 月号。

[2] 蔡晓舟、杨景工编《五四》，《五四爱国运动》上册 454—455 页。

为何由使馆界口受挫，便"急欲得卖国贼而一泄之"？除了此次运动"外争主权，内除国贼"的宗旨，更因东交民巷这种"国中之国"，本身就是主权丧失的表征。恳求列强"维护公理"说帖没被接收，反而目睹使馆区骄横的巡捕、狰狞的兵营，更强化了中国人的耻辱感。

罗家伦等四位学生代表前往美国使馆交涉，公使不在，只是留下言辞恳切的"说帖"。其时国人对于美利坚合众国及其总统威尔逊大有好感，故"直率陈词"，"请求贵公使转达此意于本国政府，于和平会议予吾中国以同情之援助"。英、法、意诸国使馆也有学生代表前往交涉，可都只是答应代为转呈说帖。至于申请穿越使馆区游行，始终未得到允许。学生们之所以希望"往东"而不是"向北"，明显是冲着仅有一街之隔的日本使馆。三千热血沸腾的青年学生，被堵在狭隘的东交民巷西口，这景象，与半年前三万大中小学生集会天安门前庆祝协约国胜利时，美、英、法等国公使相继登台演说，形成了鲜明对比。这里有技术性的原因，各使馆确实星期天不办公，美国公使等并非故意回避；但巴黎和会上中国人合理权益之被出卖，也凸显了国际关系中的"弱肉强食"。而正是这一点，使得国人的民族主义情绪日渐高涨。

至于具体到东交民巷之不让游行队伍通过，有中国政府的关照，也有辛丑和约的限制。东交民巷最初叫东江米巷，明、清两代属于天安门前"五部六府"范围。乾嘉年间，出现供外国使臣临时居住的"迎宾馆"；鸦片战争以后，更陆续设立英、俄、德、法等国使馆。庚子事变中，那拉氏纵容甚至怂恿义和团围攻东交民巷使馆区，导致八国联军入侵北京。第二年，清廷被迫与八国联军签订丧权辱国的辛丑和约（1901），此后，东交民巷就成了变相的"租界"。清末仲芳氏《庚子记事》辛丑年五月十五日记曰：

东交民巷一带，东至崇文大街，西至棋盘街，南至城墙，北至东单头条，遵照条约，俱划归洋人地界，不许华人在附近居住。各国大兴工作，修建兵营、使馆，洋楼高接云霄。四面修筑炮台以防匪乱，比前时未毁之先雄壮百倍，而我国若许祠堂、衙署、仓库、民房，俱被占去拆毁矣。伤心何可言欤！[1]

除了"四面修筑炮台"，还在使馆区内建立了一整套独立于中国政府的行政、司法、经济、文化管理机构，再加上东西两端由外国军警日夜把守的铁门，这里成了道地的"国中之国"。不但中国官员、百姓不能随意进入，连人力车都得有特殊牌照才允许通行。在这个意义上，巡捕及警察之阻止学生队伍通过，并非故意刁难。

可对于青年学生来说，"和约"是一回事，"公理"又是一回事。没有大总统令以及外交照会就不准进入使馆区游行，此说依据的是"和约"；学生们要追问的是，如此不平等的"和约"符合"公理"吗？经过新文化运动的熏陶，新一代读书人已经学会独立思考："从来如此，就对吗？"东交民巷西口巡捕及警察的"合法"阻拦，不只没有平息学生的抗议活动，反而激起强烈反弹："学生已觉刺激不浅，以为国犹未亡，自家土地已不许我通行，果至亡后屈辱痛苦又将何如？"[2]四十年后，杨晦撰写回忆文章，再次强调游行队伍无法通过使馆区时学生们愤怒的心境：

青年学生的热血沸腾，但是摆在眼前的，却是一个铁一般的

---

[1] 仲芳氏：《庚子记事》，收入中国科学院历史研究所第三所编辑的《庚子记事》（北京：科学出版社，1959 年）一书。

[2] 蔡晓舟、杨景工编《五四》，《五四爱国运动》上册 454—455 页。

冷酷事实：使馆界，不准队伍通过！气炸了肺，也是无济于事的呀！为什么我们自己的国土，不准我们的队伍通过？使馆界！什么是使馆界？是我们的耻辱！[1]

正当"大家都十分气愤，也十分泄气"的时候，听说"还去赵家楼，情绪就又振奋了一下"。杨晦的这一描述，与"急欲得卖国贼而一泄之"的说法，不谋而合。

根据匡互生的回忆，长时间受阻于东交民巷的游行队伍，决定直扑曹汝霖家时，"负总指挥的责任的傅斯年，虽恐发生意外，极力劝阻勿去，却亦毫无效力了"[2]。傅斯年、罗家伦等"新潮社"同人，关注的主要是思想文化革新，对实际政治运动兴趣不太大，也不主张采取激烈的手段，其劝阻直扑赵家楼，自在意料之中。问题在于，学生之转向曹宅并采取暴力行动，是群情激奋呢，还是有人暗中策划？

曾为北京学联代表的高师学生熊梦飞，1930年代初撰文纪念匡互生，提及天安门前集会时，有往总统府、往外交部，还是往英美使馆之争（此说不太可信。学生游行之目的，"说帖"和"通告"都已表白无遗，直奔使馆区早在计划之中，无待天安门前表决），"互生是时，意固别有所在，集其死党为前驱"。到了东交民巷游行受阻，"前驱者大呼'直奔曹宅'！群情愤慨，和之，声震屋瓦"。[3]言下之意，将学生队伍引向赵家楼的，是匡互生及其"死党"，而且是蓄意谋划的。另一位高师同学俞劲，也提及游行队伍本该向总统府请愿，"但走在队伍前面的人（有些是参加五四前夕秘密会议的），却有目的地引导队伍浩

---

[1] 杨晦：《五四运动与北京大学》，《光辉的五四》，北京：中国青年出版社，1959年。

[2] 匡互生：《五四运动纪实》，《五四运动回忆录》，北京：中国社会科学出版社，1979年。

[3] 熊梦飞：《忆亡友匡互生》，《师大月刊》5期，1933年7月。

浩荡荡向赵家楼曹汝霖公馆走去"[1]。

然而，当时与匡互生同行的周予同和张石樵，都没提及匡转移游行队伍的努力。据周称，游行的前一天晚上，他们的小组织有过秘密集会，希望采取激烈手段而不是和平请愿。可游行当天，匡等并无到曹家的计划。"但当游行队伍经过东交民巷口以后，有人突然高呼要到赵家楼曹汝霖的住宅去示威。在群情激愤的时候，这响亮的口号得到了群众一致的拥护。"[2]而张石樵作为同窗好友，与匡互生一路同行，听说直奔曹家，认为有理，"也正合我们早就商量好的"惩罚卖国贼的计划[3]。这两位当事人，只是强调转赴赵家楼的提议符合自家意愿，并没提及匡所发挥的作用。

依我看，此等"神来之笔"，正是群众运动特有的魅力。说不清是谁的主意，你一言，我一语，群情互相激荡，一不小心，便可能出现"创举"。匡互生说得对，"这时候群众的各个分子都没有个性的存在，只是大家同样唱着，同样走着"[4]，很难确定谁影响谁。日后追根溯源，非要分出彼此，弄清是哪一个首先喊出"直奔曹宅"的口号，其实不太可能，也没必要。作为一个基本上是自发的群众运动，五四与日后众多由党派策动的学潮的最大区别，正在于其"著作权"的不明晰。

火烧赵家楼

时正下午四钟，且见火焰腾腾，从曹宅屋顶而出。起火原因如何，言人人殊，尚难确悉。……至六时许，火光始息，学生仍

---

[1]　俞劲：《对火烧赵家楼的一点回忆》，《五四运动回忆录》（续），北京：中国社会科学出版社，1979 年。

[2]　周予同：《五四回忆片断》，《展望》1959 年 17 期。

[3]　张石樵：《怀念五四壮士匡互生》，《五四运动与北京高师》。

[4]　匡互生：《五四运动纪实》，《五四运动回忆录》。

将整列散归，而警察乃下手拿人。学生被执者，闻有数十人之多。

游行队伍向北、向东、再向北、再向东……浩浩荡荡，扬起一路灰尘。"北京的街道在那时本来就是泥沙很多，正是春末夏初，阵风一起，加上这几千人的步行蹴踏，自然有一片滚滚的尘雾，直向鼻孔口腔中钻来。"[1] 只是群情激昂之际，没人顾及此等小事，学生们照样高呼口号，散发事先印好的传单。

下午四点半左右，据说仍然排列整齐的游行队伍，终于来到离外交部不远的赵家楼 2 号曹汝霖的住宅。这是一幢两层的西式洋房，所有门窗紧闭，周围有二百军警把守，按理说，不该出现如下戏剧性的场面：赤手空拳的学生破窗入室、打开大门，殴打章宗祥并火烧赵家楼。事后大总统徐世昌发表命令，责备警察"防范无方，有负责守"[2]；曹汝霖则认定是警察总监吴炳湘与他作对，纵容学生放手表现。将警察之"防范无方"，归咎于上司示意放水，或者像众多回忆录所说的，被学生的爱国热情所感化，恐怕均非事实。持枪的警察，面对如此果敢的学生，仓促之间，确实不知如何处置。

"赵家楼"这场戏，乃五四抗议游行的高潮，从事发当天到现在，出现无数版本，实在耐人寻味。其中有两个关键性的情节，历来众说纷纭，需要进一步确认。一是何人冒险破窗，二是何以放火烧房。

匡互生撰于 1925 年的《五四运动纪实》，只是说"那些预备牺牲的几个热烈同学，却乘着大家狂呼的时候，早已猛力地跳上围墙上的窗洞上，把铁窗冲毁，滚入曹汝霖的住宅里去"[3]。1930 年代初匡逝

---

[1] 王统照：《三十五年前的五月四日》，《人民文学》1954 年 5 期。

[2] 《大总统令》，《晨报》1919 年 5 月 8 日。

[3] 匡互生：《五四运动纪实》，《五四运动回忆录》。

世时，同学熊梦飞撰写纪念文章，称"互生纵身跃窗户，以拳碎其铁网而入"[1]。到了1950年代，匡的另一位高师同学周予同进一步证实："他首先用拳头将玻璃窗打碎，从窗口爬进入，再将大门从里面打开。"理由是，游行当晚，周回学校时，见匡满手鲜血，说是敲玻璃敲的。[2]后来，关于匡击破铁窗的故事，便越传越玄，几乎可与武侠小说相媲美。

1960年代初，高师学生俞劲在《对火烧赵家楼的一点回忆》中称："突然有领队某君（参加五四前夕秘密会人员之一，湖南人，高师数理部学生，曾习武术，膂力过人）奋不顾身，纵步跳上右边小窗户"。接下来，便是警察拉后腿，众学生帮忙解脱："某君头向里面一望，内面还有数十名警察，正枪口对着他"，于是开始演说，终于警察良心发现，把枪放下。[3]

1970年代末，另一位高师学生夏明钢（原名夏秀峰）《五四运动亲历记》的描述更精彩："匡济从西院窗口将铁栅扭弯了两根（匡在少年时就练就了一手好内工，他只要用手一捏，就能够把弯的铁门扣捏直，其气力之大有如此者），打开了一个缺口，他从缺口爬进去，摔开守卫的警察，将大门打开，群众便蜂拥而入。"[4]

1980年代中，又出现新的版本，开始注意曹宅院子的高墙。写作者仍是高师同学，名叫张石樵，在《怀念五四壮士匡互生》中称："匡互生发现曹宅有个窗户，他就利用从小练就的一身功夫，在同学们的帮托下，一拳打开了窗子，跃身而下。"[5]

---

[1] 《忆亡友匡互生》，《师大月刊》5期，1933年7月。

[2] 周予同：《五四回忆片断》，《展望》1959年17期。

[3] 俞劲：《对火烧赵家楼的一点回忆》，《五四运动回忆录》（续）。

[4] 夏明钢：《五四运动亲历记》，见《五四运动与北京高师》。

[5] 张石樵：《怀念五四壮士匡互生》，《五四运动与北京高师》。

但是，擅长武功的匡互生第一个跳进曹家院子的故事，受到另外两条材料的挑战。以下两篇文章的作者，也都是五四那天的活跃人物，而且均于当天被捕。一是匡的高师同学陈荩民（原名陈宏勋），在撰于1979年的《回忆我在五四运动的战斗行列里》中，有这么一段：

> 我身材较高，就踩在高师同学匡互生的肩上，爬上墙头，打破天窗，第一批跳入曹贼院内。我和同学把大门门锁砸碎，打开大门，于是，外面的同学一拥而入。[1]

另一个自称踩在匡君肩上爬上墙头的，是北大学生许德珩。在《五四运动六十周年》中，许称匡日休个子高，站在曹宅向外的两个窗户以下：

> 我们趁军警不备之际，踩上匡日休的肩膀，登上窗台把临街的窗户打开跳进去，接着打开了两扇大门，众多的学生蜂拥而入。[2]

陈自称"第一批"跳入曹家院里，而许所说登上窗台的是"我们"，都没有一口咬定是自己独自一人首开纪录。问题是，如果陈、许的说法属实，"甘当人梯"的匡互生，便不可能第一个跳进院里。可谁又能保证陈、许六十年后的回忆准确无误？

高师另一被捕学生初大告，大概意识到两种说法互相矛盾，于是兵分两路，互不干涉："高师同学匡日休奋勇踏着人肩从门房（传达室）

---

[1] 陈荩民：《回忆我在五四运动的战斗行列里》，《北京师大》1979年5月8日，又见《北京师范大学学报》1979年3期。

[2] 许德珩：《五四运动六十周年》，《五四运动回忆录》（续）。

后窗爬进，打开大门，另外一个高师同学陈荩民越墙而入，学生们一拥而入，发现曹汝霖等已经听到风声从后门逃走。"[1]陈分开突破，表面上解决了高师内部说法的矛盾，可还有北大学生许德珩的脚下到底何人，有待进一步考证。

比打开天窗更具有戏剧性、也更扑朔迷离的，是"火烧"赵家楼。1919 年 7、8 月间出版的《五四》和《青岛潮》，都反对学生放火一说。前者列举曹宅起火原因共四说，结论是："四说皆有理由，究竟如何起火，至今尚无人能证明之者。"[2]后者更将电线走火与曹家放火捏合在一起，创作出如下绝妙画面："时正酉正，电灯已燃。未几，火起，众大愤，始知曹将烧死学子，以为泄怨计。"[3]四十年后，杨晦还是一口咬定曹家自己放的火，理由很简单："这些无耻政客，国都可以卖，还有什么事做不出来？一放火，造成学生的刑事犯罪，岂不就可以逮捕法办了吗？"[4]杨文"政治正确"，但没提供任何新证据，曹家自己放火一说，很难坐实。

当年警察厅关于曹宅起火原因的调查，并无一定结论。因为，若断学生点火（不管是把曹宅床上的罗帐点着，还是将汽油倒在地毯上烧），势必追究学生的刑事责任；若说曹的家人点的火，准备趁火打劫，或曹授意家人纵火，以便烧死冲入曹宅的学生，则必须谴责甚至惩罚曹或曹家人。既然两头都不能得罪，可供选择的最佳方案，便是"电线走火"。这么一来，谁都没有责任，而且，所有取证、起诉、审判等麻烦手续，均可一笔勾销。英文《字林西报周刊》（1919

---

[1]　初大告：《五四运动纪实》，《五四运动与北京高师》。

[2]　蔡晓舟、杨景工编《五四》，《五四爱国运动》上册 454—455 页。

[3]　龚振黄编《青岛潮》，《五四爱国运动》上册 168 页。

[4]　杨晦：《五四运动与北京大学》，《光辉的五四》。

年 5 月 10 日）的描述最为精彩："当时与警察争执之际，竟将电灯打碎，电线走火，遂肇焚如。"该报还称，教育部为了息事宁人，也"答应以曹家着火乃因电线走火的说法以争取释放被捕学生"。5 月 7 日政府被迫释放学生，不再追问曹宅起火原因，似乎利用了这一绝妙的台阶。[1]

可正像当年就读北京工业专门学校的尹明德所说的，谁都明白，火确实是学生放的，只是不能承认。"当时在黑暗专制反动时期，学生不敢承认放火，恐贻反动派以口实，伪称系曹宅自行放火，借此驱散群众。军警机关既未在学生身上搜出火柴，也不敢贸然加以学生放火之罪。"[2] 当年为了政治斗争的需要，抵死不能承认学生放火；等到事过境迁，"火烧赵家楼"成了名扬四海的壮举，可又说不清到底是谁、用什么方式点的火了。

有说是学生们"搜索到下房，有人发现半桶煤油，就起了'烧这些杂种'的念头"[3]；也有人说是"群众找不着曹汝霖更加气愤，有人在汽车房里找到一桶汽油，大家高喊'烧掉这个贼窝'。汽油泼在小火炉上，当时火就烧起来了"[4]；还有说是"有一个同学抽烟，身上带有火柴，看到卧室太华丽，又有日本女人，十分气愤，就用火柴把绿色的罗纱帐点燃了，顿时室内大火，房子也就燃起来了"[5]。以上三家，均为在场的北大学生，既然都没指定具体的纵火者，可见闻见尚虚。

根据现有资料推断，纵火者大概非北京高师学生莫属。如此巨大

---

[1]　参阅 1919 年 7 月出版的《上海罢市救亡史》，见《五四爱国运动》下册 236 页，以及周策纵《五四运动：现代中国的思想革命》中译本 166 页，南京：江苏人民出版社，1996 年。

[2]　尹明德：《北京五四运动回忆》，《五四运动回忆录》（续）。

[3]　杨振声：《回忆五四》，《人民文学》1954 年 5 期。

[4]　范云：《五四那天》，《北京日报》1957 年 5 月 4 日。

[5]　许德珩：《五四运动六十周年》，《五四运动回忆录》（续）。

的光荣，似乎没有其他学校的学生前来争领。历来自居老大的北京大学，对此事也只能含糊其词；甚至还出现了北大中国文学门学生萧劳也都站出来作证，将"放火"的光荣拱手相让：

> 我行至曹家门外，看见穿着长衫的两个学生，在身边取出一只洋铁偏壶，内装煤油，低声说"放火"。然后进入四合院内北房，将地毯揭起，折叠在方桌上面，泼上煤油，便用火柴燃着，霎时浓烟冒起。我跟在他们后面，亲眼看见。大家认得他俩是北京高等师范的学生。[1]

至于高师的学生，早就不客气地将此壮举收归名下。差别只在于，到底是哪一位高师学生放的火。

高师学生张石樵自称："亲眼看到北京高师一同学用煤油把房子点着了，我还添了一把火，赵家楼顿时火起。……至今仍有不少人误把匡互生说成是烧国贼的放火者，这应该加以更正，真正放火者为俞劲（又名慎初）。我们不能为此而改写历史。"[2]可俞劲本人，1970年代末撰写《对火烧赵家楼的一点回忆》时，却将此光荣归诸匡互生。[3]匡互生呢？1925年写作《五四运动纪实》时，只提学生放火是"以泄一时的忿怒"，而没说火是谁点的。[4]

倒是1957年《近代史资料》重刊此文时，附有老同学周为群所作补充材料，确认曹宅的火确系匡互生所点。而且，还加了如下意味深

---

[1]　萧劳：《火烧赵家楼的片断回忆》，《五四运动与北京高师》。

[2]　张石樵：《怀念五四壮士匡互生》，《五四运动与北京高师》。

[3]　俞劲：《对火烧赵家楼的一点回忆》，《五四运动回忆录》（续）。

[4]　匡互生：《五四运动纪实》，《五四运动回忆录》。

长的一段话：

> 学生群众走进曹宅，先要找卖国贼论理，遍找不到，匡互生遂取出预先携带的火柴，决定放火。事为段锡朋所发现，阻止匡互生说："我负不了责任！"匡互生毅然回答："谁要你负责任！你也确实负不了责任。"结果仍旧放了火。[1]

段锡朋是北大的学生领袖，而北大又是学运中坚（当年即有"罢不罢，看北大"的说法），因而，段和游行总指挥傅斯年一样，自认是要对此次活动"负责任"的。可群众运动就是这么回事，总是有"组织者""领导者"控制不了的时候。理由很简单，既然敢于起来反抗权威，就不会将"临时指挥"的命令奉若神明。该自己做决定的时候，傅斯年也罢，段锡朋也罢，其实是左右不了局面的。那么，谁能左右局面？准确地说：没有。但最激进的口号和举动，在群众运动中最有诱惑力，在这个意义上，所谓的"局面"，容易受相对激进而不是温和的学生的影响。

当年对放火曹宅不以为然的，不只是段锡朋一人，据周予同回忆，"这一举动没有得到所有在场同学的赞同"。"有些同学，尤其是法政专门学校的学生，他们认为放火殴人是超出理性的行动，是违反大会决议案的精神，颇有些非议。"[2]可倘若不是这一把"超出理性"的无名之火，军警无法"理直气壮"地抓人，学生以及市民的抗议也就不会如火如荼地展开。那样，五四运动将是另一种结局。

在这个意义上，北大、法政等校学生的讲究"文明"与"理性"，

---

[1]　1957 年 2 期《近代史资料》重刊匡互生《五四运动纪实》时，附有此段文字，并称提供材料的是"某先生"；1979 年第 3 辑《新文学史料》再次刊发匡文，方才说明此老同学名为群。

[2]　周予同：《五四回忆片断》，《展望》1959 年 17 期。

反倒不及匡互生们不计一切后果的反抗来得痛快淋漓，而且效果显著。

夜囚警察厅

> 学生被执者，闻有数十人之多。但所执者，未必即为打人毁物之人。昨夕，已有人为之向警厅取释，以免再激动群情云……

就像匡互生所说的，等到军警正式捕人时，"那些攻打曹宅用力过多的人，这时多半也已经筋疲力尽地跑回学校休息去了"[1]。剩下少数维持秩序、零星掉队或围观的，在大批因警察总监及步军统领的督阵而变得积极起来的警察包围下，只好束手就擒。32 名被捕的学生中，北大 20 名、高师 8 名、工业学校 2 名、中国大学和汇文大学各 1 名。

当晚七点，游行学生被捕的消息传遍九城内外，各校学生纷纷举行集会，紧急商议营救策略——因传说被捕学生将被"军法从事"[2]。其中北大三院的集会气氛最为热烈，更因蔡元培校长出席讲话，对学生的爱国动机表示同情，而得到广泛的报道与追忆。

至于当晚的若干秘密会议，若曹汝霖与其党羽如何六国饭店窥测时势并确定反攻战略、钱能训总理又如何在家中与内阁成员商议惩戒大学处理学生，还有上述报道提及的保释被捕学生的努力（后者很可能指的是汪大燮、林长民等），因《晨报》乃梁启超这派政治文人所办，对"鼓动学潮"的国民外交协会之内情了解较多；而报道所提的保释理由，如"以免再激动群情""所执者未必即为打人毁物之人"等，与汪等第二天具呈警厅要求保释之文大致相同。

比起政界诸多说不清道不明的秘密活动，被捕学生的命运，更牵

---

[1]　匡互生：《五四运动纪实》，《五四运动回忆录》。

[2]　参见 1919 年 9 月出版的《学界风潮纪》上编第二节，《五四爱国运动》上册 375 页。

动时人及后世读者的心。狱中学生备受虐待，但依旧抗争——此类想当然的戏剧化描写，很难满足读者了解具体细节的欲望。当事人的回忆，让我们有身临其境的感觉，可未必准确。

被捕的高师学生陈荩民，在《回忆我在五四运动的战斗行列里》中，谈到被捕后关进步军统领衙门，当晚押解到警察厅。被捕学生分数间关押，"我和高师同学向大光及其他学校学生共七人关在一间牢房内，共用一盆洗脸水，待遇虽十分恶劣，但大家精神抖擞，毫不畏惧"[1]。而北大学生许德珩则称：

> 我们三十二人被囚禁在步军统领衙门的一间监房里，极其拥挤肮脏，只有一个大炕，东西两边各摆着一个大尿桶，臭气满屋。每半小时还要听他们的命令抬一下头，翻一个身，以证明"犯人"还活着。[2]

两相比较，自是许说更为精彩。其实，二说均有纰漏，合起来，方才是完整的图景。因为，五四那天被捕的学生初分两处（步军统领衙门12人，警察厅20人），到了深夜，方才全部集中到警厅。32人共一屋，那是第一夜的情况；六七人关在一间牢房，则是翌日的调整。至于待遇恶劣，也在情理之中。只是以此前此后监狱里之动辄刑讯拷打，想象五四被捕学生之悲惨命运，实多有差谬。

5月6日的《晨报》上，刊有《学生界事件昨闻》，共分九个小标题：昨日各校之罢课、被捕学生之姓名、学生被捕后之况状、各校长之会

---

[1]　陈荩民：《回忆我在五四运动的战斗行列里》，《北京师大》1979年5月8日，又见《北京师范大学学报》1979年3期。

[2]　许德珩：《五四运动六十周年》，《五四运动回忆录》（续）。

议、北京社会之不平、汪王林等请保释、教育厅长之辞职、六国饭店之会议、章宗祥之伤势。其中"学生被捕后之况状"一则，对我们了解被捕学生在狱中的生活状况，有直接的帮助：

> 各学生被捕入警厅后，前夕即由该厅略加讯问，未有结果。闻厅中对于学生尚不苛待，前夕共腾出房子三间，使三十二人者分居之。而学生则不愿分居，仍在一处住。昨日由该厅备饭，每餐分为五桌，每桌坐六人或七人。有前往看视者，学生皆告以我辈在此尚未所苦，唯外交问题如何则极为关念。中有托人带信，勉劝同学仍以国家为重者，并谓在厅阅报等尚颇自由云。[1]

是否《晨报》记者刻意美化当局，修饰血腥的监狱生活？恐怕未必。在整个五四运动期间，《晨报》始终旗帜鲜明地支持学生、抨击政府，即便屡被警厅告诫，也仍不改初衷。更何况，这篇报道的基本情节，可在陈独秀主编的《每周评论》上得到印证。

1919年5月11日的《每周评论》上，发表亿万的《一周中北京的公民大活动》，其中述及被捕学生在狱中的遭遇，与《晨报》所言大同小异：

> 游缉队捕几个人到步军统领衙门去，很虐待的，曾把他们放在站笼里登了几点钟。当晚十二点钟送到警察厅去了。巡警、宪兵捕去的稍好些。但是被捕之时，也不免捱几下打。到警察厅的第一天，很受罪，行动言语都不自由。第二天早晨吴炳湘去看，待遇就好些，可以在院子里自由活动。第三天给了一份《益世

---

[1] 《学生界事件昨闻》，《晨报》1919年5月6日。

触摸历史与进入五四

报》。从他们警厅方面看来，也算优待……[1]

牢房不比旅店，自是诸多不便。但我想说的是，步军统领衙门与警察厅，在对待学生的问题上，有相当明显的差别。孙伏园在《回忆五四当年》中称，被移送警厅后，学生们的情绪开始稳定。"这时同学有一个普遍的心情是：在步军统领衙门随时可以被枪毙或杀头，到京师警察厅以后可能要文明些了。"[2]

学生及传媒为何对警厅颇有恕词？除了当天在现场，警察厅总监吴炳湘本不想捕人，在曹汝霖的压力下方才下令镇压；第二天吴又亲自前往探监，并迅速改善学生待遇——移住较宽大之室、解除谈话禁例、赠送报纸以供消遣，以及伙食按警厅科员标准每人每餐费洋一毛有零等[3]，还有一点，后人一般不察，即清末民初的"警厅"，其实也属"新学"。倘若不是长官强令弹压，警察未必愿与学生为敌。

据报称，吴炳湘之所以主张"优待"被捕学生，是因深知"事体重大"，被捕学生"与寻常罪犯不同"。当然，还必须考虑到，政府对如何处理学潮举棋不定，社会各界又对滥捕爱国学生纷纷表示抗议，作为警察总监，自然有所忌惮。可为何步军统领衙门就没有此等顾忌，可以大打出手？其实，这涉及作为"新学"的警察厅之特殊地位。

民初京城的社会治安，一如清末，由步军统领衙门和警察厅共同管理。后者乃晚清新政的产物，创设于庚子事变之后，"乃效法近代文明国家而组织之警察机关"。1907 年，时任京师大学堂正教习的文学博士服部宇之吉，主编出版了囊括"有关北京的一切事项"的《北京

---

[1] 亿万：《一周中北京的公民大活动》，《每周评论》21 号，1919 年 5 月 11 日。

[2] 孙伏园：《回忆五四当年》，《人民文学》1954 年 5 期。

[3] 参见《五四》第二章，《五四爱国运动》上册 456—457 页。

史》。其中提到中国之公堂积弊丛生，而巡警厅的创立，"一扫贿赂之弊端"。强调新设立的"巡警厅"之不同于源远流长的"刑部"及"步军统领衙门"，在于其"能精勤其事务，洗雪冤枉，伸理屈辱"，或许太理想化了。但这种依靠"法律条文"——而不是诉诸行政长官的"贤明"或幕友书吏之"智慧"——来管理社会治安的思路及实践，毕竟透露了强烈的近代气息。故服部等人对此评价甚高，认为"此乃清国司法事务之可喜现象"。[1]

对待五四游行的学生，步军统领衙门的虐待与警察厅的相对宽容，并非偶然现象，而是与这两个暴力机关的不同渊源大有关系。5月8日的《晨报》上，有一则小文，题为《北京警察之爱国》，其中有云："此次逮捕学生一事，警厅举动极为文明，待遇亦佳，逮诸人释放后，北京全体学生联合会特派代表一人，持函前往致谢。"这大概不是"黑色幽默"。如果考虑到参加游行的13所学校中，还包括内务部直属的高等警官学校，更不敢将民初的警察说得一无是处。不过，《晨报》记者的社会设计，显然还是过于理想化。强调警察与学生之互相理解，似乎想表达这么一种信念：维持秩序与表达民意，各有各的道理，也各有各的权限。果真如此，双方的举动，确实"极为文明"。

可惜，北洋政府没有这种"雅量"，绝不允许年轻的学生挑战其权威，一开始就决定采取高压政策，因而激起日益强烈的反弹。于是，学生的思想越来越激进，政府的手段越来越卑鄙，二者互相激荡，最明显的后果，就是此后入狱的学生，不再像五四那次一样受到"特别优待"了。不只"斯文扫地"，而且"知识越多越反动"，在很长时间里，

---

[1] 《清末北京志资料》（即服部宇之吉主编《北京志》的中译本）122—123 页，北京：北京燕山出版社，1994 年。

学界成了警厅的重点防范对象。对于一个正常运转的社会来说，如此强烈的警、学对立，无疑是十分可悲的。

不满足于只是"纪实报道"，在《山东问题中之学生界行动》的结尾部分，热情洋溢的记者终于跳出现场，纵论起天下大势：

> 综观以上消息，学生举动诚不免有过激之处，但此事动机出于外交问题，与寻常骚扰不同。群众集合，往往有逸轨之事，此在东西各国数见不鲜。政府宜有特别眼光，为平情近理之处置，一面努力外交，巩固国权，谋根本上之解决，则原因既去，必不至再生问题矣。[1]

不幸的是，此后的事实证明，记者以及无数平民百姓的善良愿望彻底落空。政府未尝"谋根本上之解决"，学生举动也就"不免有过激之处"。需要有一种"特别眼光"，"平情近理"地看待五四那天的示威游行以及此后的无数学潮，《晨报》记者的呼吁，八十年后依然有效。

三　如何进入历史？

1919年5月20日的《晨报》，报道"北京学生联合会日前开会决议，从昨日起一律罢课，以为最后的力争"，并载录学生的《罢课宣言》和《上大总统书》。我感兴趣的是，上述两份文件已经正式使用"五四运动"这一概念。前者将五四运动的性质，定义为"外争国权，内除国贼"；后者则称曹、章、陆之卖国与攘权，"舆论不足以除奸，法律不

---

[1] 《山东问题中之学生界行动》，《晨报》1919年5月5日。

足以绝罪"，故"五四运动实国民义愤所趋"。[1] 这两份文件的作者不详，倒是 5 月 26 日出版的《每周评论》上，罗家伦以笔名"毅"发表《五四运动的精神》，开篇即是"什么叫做'五四运动'呢"。罗文着力表彰学生"奋空拳，扬白手，和黑暗势力相斗"的"牺牲精神"，并且预言："这样的牺牲精神不磨灭，真是再造中国之元素。"[2]

对于这场刚刚兴起的运动，国人投入极大的热情，报刊上的文章几乎一边倒，全都认定学生不但无罪，而且有功。而《上海罢市实录》（6 月）、《民潮七日记》（6 月）、《上海罢市救亡史》（7 月）、《五四》（7 月）、《青岛潮》（8 月）、《学界风潮记》（9 月）等书的出版，更令人惊讶出版界立场之坚定、反应之敏捷。

一个正在进行中的群众运动，竟然得到如此广泛的支持，而且被迅速"命名"和"定位"，实在罕见。从一开始就被作为"正面人物"塑造的五四运动，八十年来，被无数立场观点迥异的政客与文人所谈论，几乎从未被全盘否定过。在现实斗争中，如何塑造五四形象，往往牵涉到能否得民心、承正统，各家各派全都不敢掉以轻心。五四运动的"接受史"，本身就是一门莫测高深的大学问。面对如此扑朔迷离的八卦阵，没有相当功力，实在不敢轻举妄动。

于是，退而求其次，不谈大道理，只做小文章。相对于高举经过自家渲染与诠释的"五四旗帜"，若本文之"小打小闹"，只能自居边缘。

边缘有边缘的好处，那就是不必承担全面介绍、评价、反省五四运动的重任，而可以仅就兴趣所及，选取若干值得评说的人物与场面，随意挥洒笔墨。举个例子，谈论五四游行对于中国社会的巨大冲击，历来关注的是学生、市民、工人等群体的反应，而我更看重个体

---

[1] 《学界风潮越闹越大》，《晨报》1919 年 5 月 20 日。

[2] 毅（罗家伦）：《五四运动的精神》，《每周评论》23 号，1919 年 5 月 26 日。

的感觉。众多当事人及旁观者的回忆录，为我们进入历史深处——"回到现场"，提供了绝好的线索。几十年后的追忆，难保不因时光流逝而"遗忘"，更无法回避意识形态的"污染"。将其与当年的新闻报道以及档案资料相对照，往往能有出乎意料之外的好收获。

至于五四那天下午，在东交民巷的德国医院里陪二弟的冰心，从前来送换洗衣服的女工口中，知道街上有好多学生正打着白旗游行，"路旁看的人挤得水泄不通"[1]；在赵家楼附近的郑振铎午睡刚起，便听见有人喊失火，紧接着又看见警察在追赶一个穿着蓝布大褂的学生[2]；从什刹海会贤堂面湖的楼上吃茶归来的沈尹默，走在回家路上，"看见满街都是水流，街上人说道是消防队在救赵家楼曹宅的火，这火是北大学生们放的"[3]；游行的消息传到北京西郊的清华园，闻一多写了一张岳飞的《满江红》，当晚偷偷贴在食堂门口[4]……诸如此类生动有趣的细节，在为五四那天的游行提供证词的同时，也在引导我们进入"观察者"的位置。这些注重细节的追忆，对于帮助我们"触摸历史"，比起从新文化运动或巴黎和会讲起的高头讲章，一点也不逊色。

正如孙伏园所说的，"五四运动的历史意义，一年比一年更趋明显；五四运动的具体印象，却一年比一年更趋淡忘了"[5]。没有无数细节的充实，五四运动的"具体印象"，就难保不"一年比一年更趋淡忘了"。没有"具体印象"的五四，只剩下口号和旗帜，也就很难让一代代年轻人真正记忆。这么说来，提供足以帮助读者"回到现场"的细

[1] 冰心：《回忆五四》，《人民文学》1959 年 5 期。

[2] 郑振铎：《前事不忘》，《中学生》1946 年 5 月号。

[3] 沈尹默：《五四对我的影响》，《解放日报》1950 年 5 月 4 日。

[4] 闻一多：《五四历史座谈》，《闻一多全集》第 3 册 535 页，北京：三联书店，1982 年。

[5] 孙伏园：《回忆五四当年》，《人民文学》1954 年 5 期。

节与画面，对于五四研究来说，并非可有可无。

　　古希腊的哲人早就说过，人无法两次进入同一条河流。所谓"回到现场"，只能是借助于各种可能采取的手段，努力创造一个"模拟现场"。而创造的"过程"本身，很可能比不尽如人意的"结果"更为迷人。听学者们如数家珍，娓娓而谈，不只告诉你哪些历史疑案已经揭开，而且坦承好多细节众说纷纭，暂时难辨真伪。提供如此"开放性的文本"，并非不负责任，而是对风光无限的"回忆史"既欣赏，又质疑。对于五四运动的当事人来说，"追忆逝水年华"时所面临的陷阱，其实不是"遗忘"，而是"创造"。事件本身知名度极高，大量情节"众所周知"，回忆者于是容易对号入座。一次次的追忆、一遍遍的复述、一回回的修订，不知不觉中创作了一个个似是而非的精彩故事。先是浮想联翩，继而移步变形，最终连作者自己也都坚信不疑。面对大量此类半真半假的"五四故事"，丢弃了太可惜，引录呢，又不可靠。能考订清楚，那再好不过；可问题在于，有些重要细节，根本就无法复原。"并置"不同说法，既保留丰富的史料，又提醒读者注意，并非所有的"第一手资料"都可靠。

四　回到五四现场

　　半个世纪前，俞平伯在《人民日报》上发表《回顾与前瞻》，谈到作为当事人，"每逢'五四'，北京大学的同学们总来要我写点纪念文字，但我往往推托着、延宕着不写"。之所以如此"矜持"，表面的理由是作为"一名马前小卒，实在不配谈这光荣的故事"；可实际上，让他深感不安的是，关于五四的纪念活动，很大程度上已经蜕变成为"例行公事"。

从 1920 年 5 月 4 日《晨报》组织专版纪念文章起，谈论五四，起码在北京大学里，是"时尚"，也是必不可少的"仪式"。如此年复一年的"纪念"，对于传播五四运动的声名，固然大有好处；可反过来，又容易使原本生气淋漓的五四，简化成一句激动人心、简单明了的口号。这可是诗人俞平伯所不愿意看到的，于是，有了如下感慨：

> 在这古城的大学里，虽亦年年纪念"五四"，但很像官样文章，有些朋友逐渐冷却了当时的热情，老实说，我也不免如此。甚至于有时候并不能公开热烈地纪念它。新来的同学们对这佳节，想一例感到欣悦和怀慕罢，但既不曾身历其境，总不太亲切，亦是难免的。[1]

出于对新政权的体认，俞平伯终于改变初衷，开口述说起五四来，从此一发而不可收。几十年间，忠实于自己的感觉，拒绝随波逐流，基本上不使用大话、空话、套话，使得俞先生之谈论五四，始终卓然独立。读读分别撰于 1959 年和 1979 年的《五四忆往》《"五四"六十周年忆往事》，你会对文章的"情调"印象格外深刻，因其与同时代诸多"政治正确"的"宏文"味道迥异。

有趣的是，用如此笔墨谈论五四的，不只俞氏一人；以下所列十位当事人的回忆文章，大都有此倾向，只是作者的"兴致"与"才气"不一定像俞先生那么高而已。

---

[1]　俞平伯：《回顾与前瞻》，《人民日报》1949 年 5 月 4 日。

杨振声（1890—1956）北京大学学生

　　《五四与新文学》，《五四卅周年纪念专辑》，上海：新华书店，1949 年；

　　*《从文化观点上回首五四》，《观察》第 6 卷 13 期，1950 年 5 月；

　　*《回忆五四》，《人民文学》1954 年 5 月号。

孙伏园（1894—1966）北京大学学生

　　*《五四运动中的鲁迅先生》，《中国青年》1953 年 9 期；

　　*《回忆"五四"当年》，《人民文学》1954 年 5 月号。

王统照（1897—1957）中国大学学生

　　《"五四"之日》，《民言报》1947 年 5 月 4 日；

　　*《三十五年前的五月四日》，《人民文学》1954 年 5 月号。

许钦文（1897—1984）北京大学偷听生

　　*《五四时期的学生生活》，《文艺报》1959 年 8 期；

　　*《忆沙滩》，《文汇报》1959 年 5 月 4 日；

　　*《鲁迅在五四时期》，《人民文学》1979 年 5 期。

郑振铎（1898—1958）北京铁路管理学校学生

　　*《前事不忘——记五四运动》，《中学生》1946 年 5 月号；

　　《五四运动的意义》，《民主周刊》29 期，1946 年 5 月；

　　《"人"的发现——为纪念"五四"作》，《新民晚报》1948 年 5 月 4 日；

　　*《记瞿秋白早年的二三事》，《新观察》1955 年 12 期，6 月 16 日。

周予同（1898—1981）北京高等师范学校学生

《五四的前夕——悼互生兄》，载 1933 年出版的《追悼匡互生先生专号》，另见《五四运动与北京高师》，北京师范大学出版社，1984 年；

*《五四和六三》，《解放日报》1959 年 5 月 4 日；

*《五四回忆片断》，《展望》1959 年 17 期（1979 年所撰《火烧赵家楼》，大致同此）。

闻一多（1899—1946）清华学堂学生

《五四历史座谈》，《大路》第 5 号，1944 年；

《"五四"运动的历史法则》，《民主周刊》1 卷 20 期，1945 年 5 月 10 日；

《"五四"断想》，西南联大"悠悠体育会"《五四纪念特刊》，1945 年 5 月。

俞平伯（1900—1990）北京大学学生

《回顾与前瞻》，《人民日报》1949 年 5 月 4 日；

*《五四忆往——谈〈诗〉杂志》，《文学知识》1959 年 5 月；

《"五四"六十周年忆往事》（十首），《文汇报》1979 年 5 月 4 日。

冰心（1900—1999）北京协和女子大学学生

*《回忆"五四"》，《人民文学》1959 年 5 月号；

《回忆五四》，《文艺论丛》第八辑，上海文艺出版社，1979 年 9 月；

《从"五四"到"四五"》，《文艺研究》创刊号，1979 年 5 月。

川岛（1901—1981）北京大学学生

    *《少年中国学会》，《北大周刊》1950 年 5 月 4 日；

    *《五四回忆》，《文艺报》1959 年 8 期；

    *《五四杂忆》，《北京文艺》1959 年 9 期。

    （有 * 号者，已收入中国社会科学出版社 1979 年版《五四运动回忆录》及其"续编"，其中不少文章被编者删节或改题）

    五四运动值得纪念，这点毫无疑义；问题在于，采取何种方式更有效。大致说来，有三种策略可供选择。第一，"发扬光大"——如此立说，唱主角的必定是政治家，且着眼于现实需求；第二，"诠释历史"——那是学者的立场，主要面向过去，注重抽象的学理；第三，"追忆往事"——强调并把玩细节、场景与心境，那只能属于广义的"文人"。无论在政坛还是学界，前两者的声名远比个人化的"追忆"显赫；后者因其无关大局，始终处于边缘，不大为世人所关注。

    我之所以特别看重这些个人化的叙述，既基于当事人的精神需求，也着眼后世的知识视野。对于有幸参与这一伟大历史事件的文人来说，关于五四的记忆，永远不会被时间所锈蚀，而且很可能成为伴随终身的精神印记。1950 年代中期，王统照撰文追忆五四，称"我现在能够静静地回念三十五年前这一天的经过，自有特殊的兴感。即使是极冷静的回想起来，还不能不跃然欲起"；1970 年代末，当来客请周予同讲讲他参加五四运动的情况时，"他感慨地说：'老了老了！'激动地哭了，很久才平静下来"[1]。至于闻一多之拍案而起，与其发表

---

[1]   参见王统照《三十五年前的五月四日》（《人民文学》1954 年 5 期），云复、侯刚《访周予同先生》（《五四运动与北京高师》182 页）。

追忆五四运动的文章同步；冰心之谈论从"五四"到"四五"，更是预示着其进入 1980 年代以后的政治姿态。可以这么说，早年参加五四运动的历史记忆，绝不仅仅是茶余饭后的谈资，更可能随时召唤出青春、理想与激情。

至于俞平伯所说的"不曾身历其境"、虽十分仰慕但"总不太亲切"的后来者，其进入五四的最大障碍，不在理念的差异，而在实感的缺失。作为当事人，孙伏园尚且有"五四运动的具体印象，却一年比一年更趋淡忘了"的担忧，从未谋面的后来者，更是难识庐山真面目。借助俞、谢等先辈们琐碎但真切的"追忆"，我们方才得以比较从容地进入五四的规定情境。

倘若希望五四活在一代代年轻人的记忆中，单靠准确无误的意义阐发显然不够，还必须有真实可感的具体印象。对于希望通过"触摸历史"来"进入五四"的读者来说，俞平伯、冰心等人"琐碎"的回忆文字，很可能是"最佳读物"。

随着冰心老人的去世，我们与五四运动的直接联系，基本上已不再存在。三四十年代，活跃在中国政治、学术、文化舞台上的重要人物，大都与五四运动有直接间接的关联；五六十年代，五四的当事人依然健在，加上新政权的大力提倡，五四运动的历史意义家喻户晓。但随着时间的推移，我们距离五四的规定情境越来越远，更多地将其作为政治／文化符号来表彰或使用，而很少顾及此"血肉之躯"本身的喜怒哀乐。

对过分讲求整齐划一、干净利落的专家论述，我向来不无戒心。引入"私人记忆"，目的是突破固定的理论框架，呈现更加纷纭复杂的五四图景，丰富甚至修正史家的想象。而对于一般读者来说，它更可能提供一种高头讲章所不具备的"现场感"，诱惑你兴趣盎然地进入历史。当然，岁月流逝，几十年后的回忆难保不失真，再加上叙述者自身视角的限制，此类"追忆"，必须与原始报道、档案材料等相参照，方能真正发挥作用。

人们常说"以史为鉴"，似乎谈论五四，只是为了今日的现实需求。我怀疑，这种急功近利的研究思路，容易导致用今人的眼光来剪裁历史。阅读八十年来无数关于五四的研究著述，感触良多。假如暂时搁置"什么是真正的五四精神"之类严肃的叩问，跟随俞平伯等人的笔墨，轻松自如地进入历史，我敢担保，你会喜欢上五四，并进而体贴、拥抱五四的。至于如何理解、怎样评判，那得看各人的立场和道行，实在勉强不得。

开列十位当年北京学生的回忆文章（除周予同日后成为学者，余者均为作家；川岛和许钦文五四运动爆发半年多后才到北京，但仍能感受到那一时代特殊的精神氛围），目的是让对五四真感兴趣的读者，从当事人的眼光来解读那一场不只影响 20 世纪中国历史进程、而且注定成为下个世纪长期谈论的话题以及重要思想资源的伟大事件。

说白了，我的愿望其实很卑微，那便是：让五四的图景在年轻人的头脑里变得"鲜活"起来。

附　记

此章的主体部分，曾以《触摸历史与进入"五四"》为题，发表在台湾首次举办的关于五四运动的学术研讨会上（"五四运动八十周年学术研讨会"，政治大学文学院主办，1999 年 4 月 24、25 日），获得了广泛的好评；1999 年 4 月 26 日的《联合报》上，更刊出记者江中明撰写的专题报道《陈平原论文　重建五四现场》。经过一番修整，此文

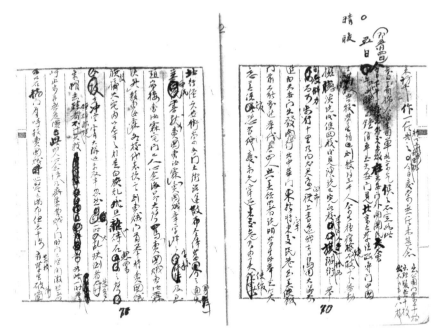

图3　陈其樵《自彊轩日记》手稿

收入我在台湾出版的《触摸历史与进入五四》(台北：二鱼文化，2003年)一书。位于高雄的"中山大学"中文系教授陈燕女士读后，给我写信，告知我她曾整理其父陈其樵先生1919年5月4日至12日的日记，刊于《传记文学》54卷6期(1989年6月)。此后，陈教授先后惠赠《传记文学》上的《七十年前"五四"参加者的日记——一个当时北京高师学生亲笔留下的见证》，以及陈其樵先生就读北京高等师范学校英语系一年级时的日记——《自彊轩日记》(己未孟春)——的影印件，让我得以印证当初的研究心得。比如，五四前一天，作者逛中央公园的印象，便可做拙文中"花开春日"一节的佐证：

下午两句半钟，赴公园，见牡丹花大半已残谢，唯来今雨轩前面，尚有数十株尚未凋残。丹园之西，有数株方盛开。凡盆中所栽者，则唯存绿叶，不着一花。尚忆去年春日，余至公园，所见者皆盆花也。花坞中，奇花异草，芬香扑鼻，小坐其中，颇觉神思清爽。

至于第二天那千余言的"见闻录"，更是我所见到的最为详尽的"五四日记"。现参照日记原稿及陈燕教授的整理本，重新校订，附录于此，以供学界参考。

五日（即五月四日）　晴　暖

前日着棉，今日着单，北京气候之不定如此。

今日下午一钟，为外交失败在天安门外开国民大会。

午饭后小睡二句钟，雇车至天安门。见北京大学、法政专门、中国大学及吾校学生均到，数约三千人。余以种痘发烧，不敢十分劳动，拟听演说后便回校。后见演说已完，各校学生人手一旗，将为游街之举；自度体力尚可步行十里，乃向尤君索一白布旗，上书"还我青岛"，同大队前进。

自天安门出发南行，出中华门东折，将穿东交民巷。至美使馆门前，不能前进。举代表四人与美领署说明学生此举之真意。美使馆恐有他虞，未允穿过东交巷。乃由美使馆北行，经长安街、崇文门大街。沿途散布全体学界之通告（另详），并白纸书就"卖国曹汝霖"、"卖国贼章宗祥"之字样。及至赵家楼曹汝霖宅门口，人心愈激昂，大声骂："卖国贼曹汝霖该死！""杀曹汝霖！"各校代表复言：到曹贼门首，举将卖国贼旗投掷其宅内以辱之。于是白旗乱飞，且杂以砖石，怒骂之声直冲云霄。

大队过未及半，忽然一时大乱，跌倒者甚多，弃帽丢鞋、碰碎眼镜者不计其数。如此，一时群呼止步，并无危险。此时人心愈愤，乃齐集曹氏之门。时门已坚闭，激烈者乃以石敲门，群呼杀卖国贼！时巡警已满布，但不干涉。有某校学生破街窗而入，开门纳众，于是大群涌入，将曹宅家具陈设捣毁一空。遍寻曹贼不见。旋见一日本人保护一人，有识之者大呼曰：此即卖国贼章宗祥！众怒不可遏，乃饱以老拳。头部已破，腰部亦伤，卒赖日本人保护，由后门送往日华同仁医院。大家四处寻曹汝霖，卒不可得，盖已由后门逃走矣。凡曹之妻妾子女，均放其逃走。众人正肆力捣毁之际，忽见宅内火起。巡警大呼火起，请学生速整队归去。于是大队纷纷散归。有力弱不能走者，巡警乃以武力逮捕（此时巡警已接段、吴等命令，令其相机逮捕）。当场逮去学生卅九人（北大廿三人，高师八人，工专八人）。

余当捣毁正凶时，乃同仲实绕道至墨卿处。当经过曹宅后门时，见巡警数十人持枪守住。至甘雨胡同口，遇墨卿、丹庭二人自市场归。至墨寓小坐，即同仲、丹赴大学公寓。见金梁、辰湘已早归，正吃饭。余以烧未大好，吃鸡子一个。

饭后，辰湘赴大学开会。墨卿、承庵相继至。辰湘旋归，报告开会情形：蔡孑民到会，言过去之事不必重提，但讨论善后办法，明日请学生安心上课，渠必至警厅保释被捕学生。学生提议：派人到各报馆接洽；派人到警厅安慰学生；联合各校取一致行动；派人到外交协会，请其辅助进行。

今晚，余同承庵相商，均在公寓过夜。墨卿先辞去。钟鸣一下始寝。

今日学生之举动，非原意之所及。一时激起众怒，始破扇而入，打伤贼头。若早有计画如此下手，则前后门同时把住，曹、章两贼恐难逃活命。章贼受伤甚重，性命不甚可保；曹贼虽未被打，想已胆破心惊矣。痛快！痛快！愿其余卖国贼看样！愿天下人从兹警醒！

出人力车费五枚。

第二章　思想史视野中的文学
——《新青年》研究

1919 年年底，《新青年》为重印前五卷刊登广告，其中有这么一句：
"这《新青年》，仿佛可以算得'中国近五年的思想变迁史'了。不独
社员的思想变迁在这里面表现，就是外边人的思想变迁也有一大部在
这里面表现。"[1]这则广告，应出自《新青年》同人之手，因其与半年
前所刊代表群益书社立场的《〈新青年〉自一至五卷再版预约》大不
相同，后者只是强调《新青年》乃"提倡新文学，鼓吹新思想，通前
到后，一丝不懈，可算近来极有精彩的杂志"[2]；不若前者之立意高
迈，直接从思想史角度切入。

四年后，胡适在其主编的《努力周报》上发表《与高一涵等四位
的信》，既是讲述历史，也在表达志向：

> 二十五年来，只有三个杂志可代表三个时代，可以说是创造
> 了三个新时代：一是《时务报》；一是《新民丛报》；一是《新青
> 年》。而《民报》与《甲寅》还算不上。[3]

---

[1] 《〈新青年〉第一、二、三、四、五卷合装本全五册再版》，《新青年》7 卷 1 号，1919 年 12 月。

[2] 《〈新青年〉自一至五卷再版预约》，《新青年》6 卷 5 号，1919 年 5 月。

[3] 胡适：《与高一涵等四位的信》，《努力周报》75 期，1923 年 10 月。

胡适并没解释为何谈论足以代表"一个时代"的杂志时，不提读者面很广的《东方杂志》或备受史家推崇的《民报》。我的推测是：可以称得上"创造了"一个时代的杂志，首先必须有明确的政治立场，这样方才可能直接介入并影响时代思潮之走向；其次必须有广泛而且相对固定的读者群；再则必须有较长的生存时间。依此三者衡量，存在时间很长的《东方杂志》与生气淋漓的《民报》，"还算不上"是"代表"并"创造了"一个新时代。[1]

十几年后，思想史家郭湛波正式坐实《新青年》同人的自我期待，称"由《新青年》可以看他（指陈独秀——引者按）个人思想的变迁，同时可以看到当时思想界的变迁"[2]。此后，从思想史的角度来评述《新青年》，成为学界的主流声音。政治立场迥异的学者，在论述《新青年》的历史意义时，居然能找到不少共同语言——比如同样表彰其对于"民主"与"科学"的提倡等。[3] 可作为一代名刊的《新青年》，毕竟不同于个人著述；如何在思想史、文学史、报刊史三者的互动中，理解其工作程序并诠释其文化／文学价值[4]，则有待进一步深入开掘。

---

[1] 参见拙文《杂志与时代》，《掬水集》140—142 页，天津：百花文艺出版社，2001 年。

[2] 郭湛波：《近五十年中国思想史》82 页，济南：山东人民出版社，1997 年（据 1936 年北平人文书店版重印）。

[3] 参看彭明《五四运动史》（修订本）第五章，北京：人民出版社，1998 年；萧超然《北京大学与五四运动》第二章，北京：北京大学出版社，1986 年；周策纵著、周子平等译《五四运动：现代中国的思想革命》第三章，南京：江苏人民出版社，1996 年；微拉·施瓦支著、李国英等译《中国的启蒙运动——知识分子与五四遗产》第二章，太原：山西人民出版社，1989 年。

[4] 《五四时期期刊介绍》第一集（北京：三联书店，1978 年），《〈新青年〉》章的最后一节专门讨论《新青年》与报刊工作；陈万雄《五四新文化的源流》（北京：三联书店，1997 年）第一章题为"《新青年》及其作者"；拙文《学问家与舆论家》（《读书》1997 年 11 期）关注《新青年》中的"通信"与"随感"；李宪瑜《〈新青年〉研究》（北京大学博士论文，2000 年，未刊）设五章"栏目与文体"。

陈独秀主编的《青年杂志》创刊于 1915 年 9 月 15 日；第 2 卷起改题《新青年》，杂志面貌日渐清晰。《新青年》第 2 卷最后一期出版时（1917 年 2 月），陈独秀已受聘为北京大学文科学长，故第 3 卷起改在北京编辑，出版发行则仍由上海群益书社负责。1920 年春，陈独秀因从事实际政治活动而南下，《新青年》随其迁回上海，后又迁至广州，1922 年 7 月出满九卷后休刊。1923—1926 年间出现的季刊或不定期出版物《新青年》，乃中共中央的理论刊物，不再是新文化人的同人杂志。故谈论作为五四新文化"经典文献"的《新青年》，我主张仅限于前九卷。

是否将瞿秋白主编的季刊或不定期出版物《新青年》纳入考察视野，牵涉到对该刊的宗旨、性质、人员构成以及运营方式的理解，将在以下的论述中逐渐展开。

一　同人杂志"精神之团结"

谈论作为一代名刊的《新青年》，首先必须将其置于晚清以降的报刊大潮中，方能理解其成败得失。不仅是主编陈独秀，几乎所有主要作者，在介入《新青年》事业之前，都曾参与报刊这一新生的文化事业，并多有历练。广为人知的，如陈独秀办《安徽俗话报》、蔡元培办《警钟日报》、吴稚晖办《新世界》、章士钊办《甲寅》、钱玄同办《教育今语杂志》、马君武协办《新民丛报》，高一涵编《民彝》、李大钊编《言治》、胡适编《竞业旬报》、刘叔雅编《民立报》、吴虞编《蜀报》，以及谢无量任《京报》主笔、苏曼殊兼《太平洋报》笔政、刘半农为《小说界》撰稿、周氏兄弟为《河南》《浙江潮》《女子世界》等撰稿并积极筹备《新生》杂志。周策纵曾提醒我们注意，"《新青年》是在中国近代第一份中文刊物出现整整一百年后创刊的"[1]，言下之意是必须关注晚清的办报热潮。这个提醒无疑是必要的，尤其对于刻意拔高《新青年》在报刊史上意义的流行思路，更有反拨作用。可我更愿意指出，中国知识者大量介入新兴的报刊事业，是戊戌变法前后方才开始的。《新青年》的作者群及编辑思路，与《清议报》《新民丛报》《民报》《甲寅》等清末民初著名报刊，有着千丝万缕的联系。也就是说，陈独秀等人所开创的事业，并不是建基于一张"可画最新最美图画"的白纸，而是在已经纵横交错的草图上删繁就简、添光加彩。如果承认这一点，我们努力寻觅的，便不是一般意义上的编辑技巧，而是陈独秀们如何修正前人的脚步，以便更有效地使用此一"传播文明之利器"。

清末民初迅速崛起的报刊，已经大致形成商业报刊、机关刊物、同人杂志三足鼎立的局面。不同的运作模式，既根基于相左的文化理念，也显示不同的编辑风格。注重商业利益的《申报》《东方杂志》等，一般来说眼观六路，耳听八方，立论力求"平正通达"；代表学会、团体或政党立场的《新民丛报》《民报》等，横空出世，旗帜鲜明，但容易陷于"党同伐异"；至于晚清数量极多的同人杂志，既追求趣味相投，又不愿结党营私，好处是目光远大，胸襟开阔，但有一致命弱点，那便是缺乏稳定的财政支持，且作者圈子太小，稍有变故，当即"人亡政息"。

陈独秀之创办《新青年》，虽然背靠群益书社，有一定的财政支持[2]，但走的是同人杂志的路子，主要以文化理想而非丰厚稿酬来聚集

---

[1]　参阅周策纵著、周子平等译：《五四运动：现代中国的思想革命》59 页。所谓百年，是从1815 年于南洋马六甲创办的《察世俗每月统记传》说起。

[2]　据汪原放《回忆亚东图书馆》（上海：学林出版社，1983 年）称，群益书社每月提供编辑费及稿费二百元（32 页）。

作者。前三卷的《投稿简章》规定，稿酬每千字2—5元，这在约略同期的书刊中，属于中等水平[1]；第4卷开始，方才取消所有稿酬，改由同人自撰。4卷3号的《新青年》上，赫然印着《本志编辑部启事》：

> 本志自第四卷一号起，投稿章程，业已取消。所有撰译，悉由编辑部同人，公同担任，不另购稿。[2]

这固然表明杂志对于自家能力的极端自信，更凸显同人做事谋义不谋利的情怀。

晚清以降，不乏具有如此高尚情怀的读书人，只是同人之间，难得有持之以恒的精诚合作。《新青年》的成功，很大程度得益于大批第一流知识者的积极参与。在吸纳人才方面，主编陈独秀有其独得之秘。前期的利用《甲寅》旧友，后期的依赖北大同事，都是显而易见的高招。以至日后谈论《新青年》，单是罗列作者名单，便足以让人心头一振。

《新青年》乃陈独秀独力创办的杂志，第2、3卷的封面甚至标明"陈独秀先生主撰"；但《新青年》从来不是个人刊物，始终依赖众多同道的支持。1915年9月15日创办的《青年杂志》，草创之初，带有明显的《甲寅》印记，自家面目并不突出。经过短暂休刊，调整了编辑方针并改名为《新青年》，方才给人耳目一新的感觉。2卷1号的《新青年》上，有两则通告，第一则是：

> 自第二卷起，欲益加策励，勉副读者诸君属望，因更名为《新青年》。且得当代名流之助，如温宗尧、吴敬恒、张继、马君武、

---

[1] 参见拙著《二十世纪中国小说史》第1卷76—81页，北京：北京大学出版社，1989年。

[2] 《本志编辑部启事》，《新青年》4卷3号，1918年3月。

胡适、苏曼殊诸君，允许关于青年文字，皆由本志发表。嗣后内容，当较前尤有精彩。此不独本志之私幸，亦读者诸君文字之缘也。[1]

聪明绝顶的陈独秀，将因刊名雷同而不得不重起炉灶这一不利因素，说成是因应读者要求而改名，且由此引申出新旧青年如何具天壤之别，不可同日而语[2]，刻意制造杂志的"全新"面貌。此举不但博得当年读者的极大好感，也让后世的史家马失前蹄[3]。

此"通告"开列的撰稿人名单，仅限于第 2 卷新加盟者，第 1 卷就有出色表现的高一涵、易白沙、高语罕、刘叔雅、谢无量等不在此列。预告即将出场的"当代名流"中，除张继落空外，其他各位均不曾食言。倒是当初没有预告，但在第 2 卷中渐露峥嵘的李大钊、刘半农、杨昌济、陶履恭、吴虞等，给人意外的惊喜。稍稍排列，不难发现，到第 2 卷结束时，日后名扬四海的《新青年》，其作者队伍已基本成型。

至于后人记忆中英才辈出的《新青年》作者群，尚未出场的，基本上是北大教授。1936 年上海亚东图书馆重印《新青年》前七卷，其《重印〈新青年〉杂志通启》，开列了一大串值得夸耀的作者：

---

[1]　《通告》，《新青年》2 卷 1 号，1916 年 9 月。

[2]　参见陈独秀《新青年》一文，刊《新青年》2 卷 1 号，1916 年 9 月。

[3]　萧超然《北京大学与五四运动》称"陈独秀应读者的希望，更名为《新青年》，添加一个'新'字，以与其鼓吹新思想、新文化的内容名实相符"（38 页），属于想当然的猜想。事情的缘起是，上海基督教青年会曾写信给群益书社，指责《青年杂志》与他们创刊于 1901 年的《上海青年》（周刊）雷同，陈子寿商得陈独秀同意，从第 2 卷起改名《新青年》（参见汪原放《回忆亚东图书馆》32—33 页）。

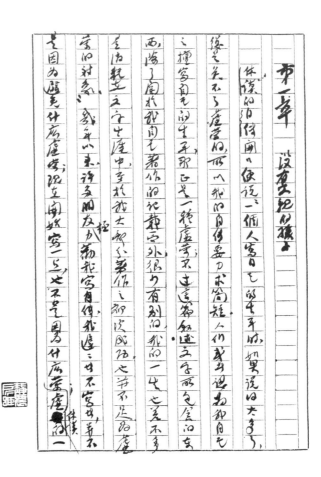

图 4 陈独秀手书
《自传》

　　如胡适、周作人、吴稚晖、鲁迅、钱玄同、陈独秀、刘半
农、苏曼殊、蔡元培、沈尹默、任鸿隽、唐俟、马君武、陈大
齐、顾孟余、陶孟和、马寅初等。

这自然是按书店老板的眼光来编排，有许多策略性考虑。以第 2 卷
方才加盟的胡适打头，可见其时胡氏声望之高；将创始人陈独秀夹
在中间，则是因陈氏正服刑狱中，不好过分宣扬。至于"唐俟"乃

周树人的另一笔名，不该与"鲁迅"重复，尚属小错；曾轮流主编的六君子中，竟然遗漏了李大钊和高一涵二位，实在不可饶恕。即便如此，一个杂志，能开列如此壮观的作者队伍，还是令后人歆羡不已。

更值得关注的是，这些日后真的成为"当代名流"的作者，是如何在恰当的时机恰当的地点"粉墨登场"的。第 1 卷的作者，多与主编陈独秀有密切的个人交往；第 2 卷开始突破皖籍为主的局面，但仍以原《甲寅》《中华新报》的编辑和作者为骨干。[1] 第 3 卷起，作者队伍迅速扩张，改为以北京大学教员为主体。此中关键，在陈独秀应聘出任北大文科学长，以及《新青年》编辑部从上海迁到北京。

作为同人杂志，《新青年》之所以敢于公开声明"不另购稿"，因其背靠当时的最高学府"国立北京大学"。第 3—7 卷的《新青年》，绝大部分稿件出自北大师生之手。至于编务，也不再由陈独秀独力承担。第 6 卷的《新青年》，甚至成立了由北大教授陈独秀、钱玄同、高一涵、胡适、李大钊、沈尹默六人组成的编委会，实行轮流主编[2]。

比起晚清执思想界牛耳的《新民丛报》《民报》等，《新青年》的特异之处，在于其以北京大学为依托，因而获得丰厚的学术资源。创刊号上刊载的《社告》称："本志之作，盖欲与青年诸君商榷将来所以修身治国之道"；"本志于各国事情学术思潮尽心灌输"；"本志执笔诸君，皆一时名彦"[3]，以上三点承诺，在其与北大文科携手后，变得轻而易举。晚清的新学之士，提及开通民智，总是首推报馆与学校。

---

[1] 参见陈万雄《五四新文化的源流》6、11—12 页。

[2] 参见《新青年》6 卷 1 号（1919 年 1 月）的"第六卷分期编辑表"。

[3] 《社告》，《青年杂志》1 卷 1 号，1915 年 9 月。

二者同为"教育人才之道"、"传播文明"之"利器"[1]，却因体制及利益不同，无法珠联璧合。蔡元培之礼聘陈独秀与北大教授之参加《新青年》，乃现代史上具有里程碑性质的大事。正是这一校一刊的完美结合，使新文化运动得以迅速展开。

以北大教授为主体的《新青年》同人，是个有共同理想但又倾向于自由表述的松散团体。谈论报刊与大学的合作，有一点必须注意——《新青年》从来不是"北大校刊"。6卷2号的《新青年》上，有一则重要启事：

> 近来外面的人往往把《新青年》和北京大学混为一谈，因此发生种种无谓的谣言。现在我们特别声明：《新青年》编辑和做文章的人虽然有几个在大学做教员，但是这个杂志完全是私人的组织，我们的议论完全归我们自己负责。和北京大学毫不相干。此布。[2]

如此辩解，并非"此地无银三百两"。有针对保守派的猛烈攻击，希望减轻校方压力的策略性考虑；但更深层的原因，恐怕还在于坚持以"杂志"为中心，不想依附其他任何势力。

同是从事报刊事业，清末主要以学会、社团、政党等为中心，基本将其作为宣传工具来利用；民初情况有所改变，出版机构的民间化、新式学堂的蓬勃发展，再加上接纳新文化的"读者群"日渐壮大，

---

[1]　参见郑观应《盛世危言·学校上》(《郑观应集》上册247页，上海：上海人民出版社，1982年) 及梁启超《自由书·传播文明三利器》(《饮冰室合集·专集》第2册41页，上海：中华书局，1936年)。

[2]　《〈新青年〉编辑部启事》，《新青年》6卷2号，1919年2月。

使得像《新青年》这样运作成功的报刊，除了社会影响巨大，本身还可以赢利。[1] 因此，众多洁身自好、独立于政治集团之外的自由知识者，借报刊为媒介，集合同道，共同发言，形成某种"以杂志为中心"的知识群体。[2]

到了这一步，"同人杂志"已超越一般意义上的大众传媒，而兼及社会团体的动员与组织功能。世人心目中的"《新青年》同人"，已经不仅仅是某一杂志的作者群，而是带有明显政治倾向的"文化团体"。看看1921年年初因杂志是否迁回北京所引发的争论中，《新青年》同人如何反对分裂，唯恐"破坏《新青年》精神之团结"[3]，可见此群体内部的凝聚力。

一旦成为"团体"或"准团体"，杂志的个人色彩以及主编的控制能力，必然明显下降。《新青年》前三卷各号的头条，均为陈独秀所撰；从第4卷开始，陈独秀的文章不再天然地独占鳌头。之所以由"陈独秀先生主撰"变成诸同人"共同编辑"，主要不是因文科学长太忙，而是作者群迅速扩大的结果。对于办刊者来说，面临两难的局面：广招天下豪杰，固然有利于壮大声势；可众多"当代名流"集合于此，又不可避免会削弱主编的权威。据周作人日记，1919年10月5日，《新青年》同人在胡适家聚会，商讨编辑事宜，结论是："自七卷始，由仲甫一人编辑。"[4] 尽管真正实行轮流主编的只有第6卷，但只要杂志还在北京，陈独秀必定受制于同人，无法像当初"主撰"时那样特立独

---

[1] 《青年杂志》初创时只发行一千份，改刊后印数上升，最多时月销一万五六千本，参见汪原放《回忆亚东图书馆》32页。

[2] 参见李宪瑜《〈新青年〉研究》的"绪论"第二节。

[3] 参见《关于〈新青年〉问题的几封信》，见张静庐辑《中国现代出版史料》甲编7—16页，北京：中华书局，1956年。

[4] 《周作人日记》中册52页，郑州：大象出版社，1996年。

行。之所以将《新青年》移回上海，有北京舆论环境恶化的原因，但也与陈独秀在京时被同人感情捆住手脚，无法实施改革方案有关。

与北大文科的联手，既是《新青年》获得巨大成功的保证，也是其维持思想文化革新路向的前提。重归上海后的《新青年》，脱离了北大同人的制约，成为提倡社会主义的政治刊物。1920 年 9 月 1 日出版的《新青年》8 卷 1 号，被改组为中国共产党上海发起组的机关刊物，与群益书社脱离关系，另组"新青年社"办理编辑、印刷和发行事务。不久，陈独秀南下广州，将《新青年》委托给与北京诸同人"素不相识"的陈望道来主编，这更激怒了胡适等。[1]

除了压在纸背的个人意气之争，第 8、9 卷的编辑方针确实与此前大相径庭，难怪北京诸同人要紧急商议。比如，8 卷 1 至 6 号以及 9 卷 3 号连续编发的"俄罗斯研究"，集中介绍苏俄的政治、经济、社会教育、女性地位等，共收文 35 篇。胡适抱怨"今《新青年》差不多成了 Soviet Russia 的汉译本"[2]，有"道不同不相与谋"的意味；可如此明显的党派意识，确实有违"同人杂志"宗旨 [3]。此前的《新青年》，也

---

[1] 胡适是这样陈述为何必须将《新青年》迁回北京："《新青年》在北京编辑或可以多逼迫北京同人做点文章。否则独秀在上海时尚不易催稿，何况此时在素不相识的人的手里呢？"（《关于〈新青年〉问题的几封信》，见《中国现代出版史料》甲编 9 页）后一句明显带有怨气，"素不相识"四字值得关注——可以体会到此次分裂中的"个人意气"成分。因此前陈独秀给李大钊、钱玄同、胡适等《新青年》同人的信中，通告他们："望道先生已移住编辑部，以后来稿请寄编辑部陈望道先生收不误"（参见《胡适来往书信选》上册 116 页，北京：中华书局，1979 年）。

[2] 参见《关于〈新青年〉问题的几封信》，见张静庐辑《中国现代出版史料》甲编 10 页。

[3] 当年在北大讲授新闻学的徐宝璜，在其代表作《新闻学》（北京：北京大学出版部，1919 年）中，特别强调："若仅代表一人或一党之意思，则机关报耳，不足云代表舆论也。新闻纸亦社会产品之一种，故亦受社会之支配。如愿为机关报，而显然发表与国民舆论相反的言论，则必不见重于社会，而失其本有之势力。"徐虽被蔡元培聘为北大文科教授兼校长室秘书，与《新青年》同人并无密切合作，但这段话有助于了解胡适等人的立场。

曾提倡"马克思学说",或者鼓吹"劳工神圣",可始终将其局限在思想文化层面。而且,作为整体的杂志,各种主义兼容并包。而今,"众声喧哗"转为"一枝独秀",独立知识分子的思考,被坚定的政党立场所取代,《新青年》因而面目全非。

作为一本曾在中国思想文化界独领风骚的杂志,《新青年》完全有权利适应时代需要,及时调转方向,以便继续保持其"新锐地位"。问题在于,《新青年》的这一转向,逐渐失去"同人杂志"的特色。8、9两卷的《新青年》中,虽继续刊发胡适、鲁迅、周作人、刘半农以及后起的陈衡哲、俞平伯等人作品,但属于不太要紧的诗文及小说;唱主角的,已变成周佛海、陈公博、李季、李达等左派论述,以及有关苏俄文件的译介。即便如此,由于胡适等人作品的存在,第8、9卷的《新青年》,依然具有"统一战线"的表面形式,可以算作此前事业的延续。至于1923—1926年间陆续刊行的季刊或不定期《新青年》,作为中共机关刊物,着力介绍列宁和斯大林著作,自有其价值;但已经与此前的"同人杂志"切断最后一丝联系,应另立门户加以论述。[1]

假如以"同人杂志"来衡量[2],在正式出版的9卷54期《新青年》中,依其基本面貌,约略可分为三个阶段,分别以主编陈独秀1917年春的北上与1920年春的南下为界标。因编辑出版的相对滞后,体现在杂志面貌上的变化,稍有延宕。大致而言,在上海编辑的最初两卷,

---

[1]　马列著作编译局主编的《五四时期期刊介绍》第一集从另一角度立论,批评出版于中国共产党成立后的第9卷《新青年》"也还没有完全消除这个统一战线性质的某些较微弱的痕迹",一直要到改成季刊后,《新青年》方才"成了纯粹以宣传马克思主义思想为目的的刊物"(29页)。
[2]　陈万雄称《新青年》1卷为"同仁杂志时期"(见《五四新文化的源流》第一章第一节),李宪瑜将《新青年》4—6卷命名为"北京大学的同人杂志"(见《〈新青年〉研究》第三章),我则倾向于将1—9卷的《新青年》全都作为"同人杂志"来分析。

主要从事社会批评，已锋芒毕露，声名远扬。最后两卷着力宣传社会主义，倾向于实际政治活动，与中国共产党的创建颇有关联。中间五卷在北京编辑，致力于思想改造与文学革命，更能代表北京大学诸同人的趣味与追求。

二　"仍以趋重哲学文学为是"

1920 年年初，陈独秀欣喜于新文化运动的顺利展开，但对时人之"富于模仿力"，竞相创办大同小异的杂志不以为然，因而借谈论新出版物的缺点，表述自家办刊体会：

> 凡是一种杂志，必须是一个人一团体有一种主张不得不发表，才有发行底必要；若是没有一定的个人或团体负责任，东拉人做文章，西请人投稿，像这种"百衲"杂志，实在是没有办的必要，不如拿这人力财力办别的急着要办的事。[1]

"杂志"之不同于"著作"，其最大特色本在于"杂"——作者众多、文体迥异、立场不求一致；为何陈独秀看不起那些"东拉人做文章，西请人投稿"的办刊方式？就因为在他看来，理想的杂志必须具备两大特征：一是"有一种主张不得不发表"，一是"有一定的个人或团体负责任"。后者指向同人杂志的形式，前者则凸显同人杂志的精神。

《新青年》之所以能吸引那么多目光，关键在于其"有一种主张不得不发表"，故态度决绝，旗帜鲜明。那么，到底什么是《新青年》同

---

[1]　独秀：《随感录七十五·新出版物》，《新青年》7 卷 2 号，1920 年 1 月。

人"不得不发表"的"主张"呢？这牵涉到《新青年》的另一特色：有大致的路向，而无具体的目标。可以这么说，作为民初乃至整个20世纪中国影响最大的思想文化杂志，《新青年》的发展路径不是预先设计好的，而是在运动中逐渐成形。因此，与其追问哪篇文章更多地隐含着其理论主张与生存密码，不如考察几个至关重要的关节点。

创刊号上的《社告》，除了表明杂志的拟想读者为"青年"，以及"本志于各国事情学术思潮尽心灌输，可备攻错"[1]，其他几点，属于具体的编辑技巧。要说办刊理想，陈独秀撰写的杂志"头条"《敬告青年》，倒有几分相似。对于新时代"青年"应有的六点陈述——"自主的而非奴隶的""进步的而非保守的""进取的而非退隐的""世界的而非锁国的""实利的而非虚文的""科学的而非想象的"[2]，最有新意的，当属首尾二者。首倡"人权平等之说"，希望借此"脱离夫奴隶之羁绊"；尾称"举凡一事之兴，一物之细，罔不诉之科学法则"。二者合起来，便是日后家喻户晓的"德先生"与"赛先生"的雏形：

> 国人而欲脱蒙昧时代，羞为浅化之民也，则急起直追，当以科学与人权并重。[3]

比起第二年为杂志改名而作的《新青年》一文来，这篇《敬告青年》更值得注意。前者虽常被作为"准发刊词"解读，但其激情澎湃，声调铿锵，属于没有多少实际内容的宣传鼓动文字[4]；不若后者之体大

---

[1]　《社告》，《青年杂志》1卷1号，1915年9月。

[2]　陈独秀：《敬告青年》，《青年杂志》1卷1号，1915年9月。

[3]　同上。

[4]　参见陈独秀《新青年》一文，载《新青年》2卷1号，1916年9月。

思精，日后大有发展余地。

1919 年 1 月，新文化运动如火如荼，为对抗社会上日益增加的讥骂与嘲讽，陈独秀撰《本志罪案之答辩书》，坦然承认世人对于《新青年》"破坏礼教"等罪名的指责。接下来的辩解，正是刊物所"不得不发表"的"主张"：

> 但是追本溯源，本志同人本来无罪，只因为拥护那德莫克拉西（Democracy）和赛因斯（Science）两位先生，才犯了这几条滔天的大罪。要拥护那德先生，便不得不反对礼教，礼法，贞节，旧伦理，旧政治。要拥护那赛先生，便不得不反对旧艺术，旧宗教。要拥护德先生又要拥护赛先生，便不得不反对国粹和旧文学。大家平心细想，本志除拥护德赛两先生之外，还有别项罪案没有呢？若是没有，请你们不用专门非难本志，要有力气有胆量来反对德赛两先生，才算是好汉，才算是根本的办法。[1]

认定只有德、赛二先生可以救治中国政治上、道德上、学术上、思想上一切的黑暗，陈独秀代表杂志同人宣誓："若因为拥护这两位先生，一切政府的压迫，社会的攻击笑骂，就是断头流血，都不推辞。"[2]

这两段文字见解精辟、表述生动，常为史家所征引。其实，除"德赛两先生"之外，《新青年》同人再也找不到"共同的旗帜"。《新青年》上发表的文章，涉及众多的思想流派与社会问题，根本无法一概而论。以《新青年》的"专号"而言，"易卜生""人口问题"与"马克思主义研究"，除了同是新思潮，很难找到什么内在联系。作为思想

---

[1]　陈独秀：《本志罪案之答辩书》，《新青年》6 卷 1 号，1919 年 1 月。

[2]　同上。

文化杂志，《新青年》视野开阔，兴趣极为广泛，讨论的课题涉及孔子评议、欧战风云、女子贞操、罗素哲学、国语进化、科学方法、偶像破坏以及新诗技巧等。可以说，举凡国人关注的新知识、新问题，《新青年》同人都试图给予解答。因此，只有这表明政治态度而非具体学术主张的"民主"与"科学"，能够集合起众多壮怀激烈的新文化人。

《新青年》同人第一次公开表明"公同意见"，迟至1919年12月。这篇刊于7卷1号上的《本志宣言》，显然是各方意见折中的产物。开篇之庄严肃穆，令人不能不耸起脊梁、打起精神认真倾听：

> 本志具体的主张，从来未曾完全发表。社员各人持论，也往往不能尽同。读者诸君或不免怀疑，社会上颇因此发生误会。现当第七卷开始，敢将全体社员的公同意见，明白宣布。就是后来加入的社员，也公同担负此次宣言的责任。

如此"明白宣布"，而且要求后来者也得承担"此次宣言的责任"，不大像是同人杂志的作为，倒有点"歃血为盟"的意味。好在以下的具体论述，涉及的领域极为宽广，包括政治、道德、科学、艺术、宗教、教育、文学的改革创新，以及破除迷信思想，维护女子权利等，尽可各取所需。

此宣言中，真正有意义的是以下两点：一是表明杂志同人破旧立新的强烈愿望，再就是表明对于政党政治的拒绝。前者乃新文化人的共同姿态，不难做到"宣言"所期待的"实验我们的主张，森严我们的壁垒"。后者则是个极有争议的话题——当初立说本就含混不清，日后更是众说纷纭。因其牵涉到对于《新青年》办刊宗旨的确认，值得认真辨析：

> 我们主张的是民众运动社会改造，和过去及现在各派政党，绝对断绝关系。

> 我们虽不迷信政治万能，但承认政治是一种重要的公共生活；……至于政党，我们也承认他是运用政治应有的方法；但对于一切拥护少数人私利或一阶级利益，眼中没有全社会幸福的政党，永远不忍加入。[1]

有意思的是，借发表"全体社员的公同意见"，来弥合同人间本就存在的缝隙，不只没有实际效果，反而使得矛盾进一步公开化。随后不久发生的刊物转向，使得此一"信誓旦旦"显得有点滑稽。

对《新青年》的转向政治运作，直接表示异议的，乃年少气盛的胡适。1921年1月，胡适写信给《新青年》诸编委，希望支持其"注重学术思想"的路向，并"声明不谈政治"；实在不行，则"另创一个专管学术文艺的杂志"。仍在北京的胡适、鲁迅、周作人、钱玄同等，与远走上海、广州，积极投身社会革命的陈独秀，对《新青年》的期待明显不同。就像周氏兄弟所说的，既然"不容易勉强调和统一"，也就只好"索性任他分裂"了。[2] 没有不散的筵席，文化转型期的分化与重组，更属正常现象。《新青年》同人中本就存在着不同的声音，既有基于政治理想的分歧（如对待苏俄的态度），也因其文化策略的差异（如是否直接参政）。五四运动后社会思潮的激荡以及学界的日益激进，使得引领风骚的《新青年》很难再局限于大学校园。

在这场意味深长的论争中，始作俑者胡适 [3]，其态度广为人知。

---

[1]　《本志宣言》，《新青年》7卷1号，1919年12月。

[2]　参见张静庐编《中国现代出版史料》甲编中《关于〈新青年〉问题的几封信》。

[3]　协调诸同人意见，并给陈独秀回信的是胡适；建议将《新青年》迁回北京，并"声明不谈政治"的也是胡适。

值得注意的，倒是其他几位的立场。在胡适要求诸同人表态的信上，钱玄同留下这么一段话："我以为我们对于仲甫兄的友谊，今昔一样，本未丝毫受伤。但《新青年》这个团体，本是自由组合的，即此其中有人彼此意见相左，也只有照'临时退席'的办法，断不可提出解散的话。"[1]三天后，意犹未尽的钱玄同给胡适写了一封私人信件，更清晰地表明了自己的立场：

> 因为《新青年》的结合，完全是彼此思想投契的结合，不是办公司的结合。所以思想不投契了，尽可宣告退席，不可要求别人不办。换言之，即《新青年》若全体变为《苏维埃俄罗斯》的汉译本，甚至于说这是陈独秀、陈望道、李汉俊、袁振英等几个人的私产，我们也只可说陈独秀等办了一个"劳农化"的杂志，叫做《新青年》，我们和他全不相干而已，断断不能要求他们停板。[2]

设想同人分手但不伤感情，这几乎不可能，因涉及众人好不容易打拼出来的《新青年》这一"金字招牌"。钱氏要求大家尊重创办者陈独秀的个人选择，"私产"二字虽然下得很重，可也不无道理。无论胡适等人如何认定《新青年》已经成为"公共财产"，仍无法抹去创办者强烈的个人印记。有意思的是，钱氏强调原先彼此的结合，乃基于"思想投契"。此乃《新青年》当初之得以迅速崛起以及今日之分道扬镳的根本原因。想清楚了这一点，钱玄同认同周氏兄弟的主张："与其彼此隐忍迁就的合作，还是分裂的好。"

---

[1] 参见《关于〈新青年〉问题的几封信》，张静庐编《中国现代出版史料》甲编 11 页。

[2] 《钱玄同致胡适》，见《胡适来往书信选》上册 122 页。

以鲁迅的思想深邃、目光如炬，当然明白胡适为保护《新青年》而提出的"声明不谈政治"是何等的天真——无论你如何韬光养晦，自有嗅觉灵敏的御用文人出来"戳穿伪装"。既然如此，何必束缚住自己的手脚？"这固然小半在'不甘示人以弱'，其实则凡《新青年》同人所作的作品，无论如何宣言，官场总是头痛，不会优容的。"如此带有明显鲁迅个人风格的杂文笔调，接下来的，竟是抒情味十足的祈使句：

> 此后只要学术思想艺文的气息浓厚起来——我所知道的几个读者，极希望《新青年》如此，——就好了。[1]

毕竟是国学大师章太炎的弟子，而且其时正撰写一代名著《中国小说史略》，虽然话说得很委婉，鲁迅显然也不希望《新青年》转变为一份纯粹的政治读物。日后，出于对某些"名人学者"喜欢借吹嘘学术崇高来打击青年学生的爱国热情，鲁迅经常故意对"学者"和"学问"表示不屑与不恭。但上引这段话，起码让我们明白，对于"学术思想艺文"，鲁迅骨子里还是很尊崇敬重的。[2]

在给胡适的信中，陈独秀称："《新青年》色彩过于鲜明，弟近亦不以为然"，而且表示同意"以后仍以趋重哲学文学为是"[3]，但拒绝将《新青年》迁回北京。对于杂志该不该介入实际政治，陈独秀的态度有过摇摆。早年的"批评时政，非其旨也"，以及"从事国民运动，

---

[1] 《致胡适》，《鲁迅全集》第 11 卷 371 页，北京：人民文学出版社，1981 年。

[2] 参见拙文《作为文学史家的鲁迅》，《文学史的形成与建构》14—55 页，南宁：广西教育出版社，1999 年。

[3] 参见《关于〈新青年〉问题的几封信》，张静庐编《中国现代出版史料》甲编 7 页。

第二章　思想史视野中的文学　　　　　　　　　　　　　　　　077

勿囿于党派运动"[1]，并非只是策略考虑；不管是孔教问题的论争，还是文学革命的提倡，在这些"趋重哲学文学"的话题上，陈独秀都更能发挥其"老革命党"的长处。关心国家命运，但从改革思想文化的角度切入——这种"大政治"的眼光，本是《新青年》同人的共识。不见得都像胡适那样，"打定二十年不谈政治的决心"，陈独秀、李大钊、高一涵等明显比胡适更关心现实政治；但"要想在思想文艺上替中国政治建筑一个革新的基础"[2]，确实形成了前七卷《新青年》的主导方向。

陈独秀身上强烈的"老革命党"气质，与胡适借思想文化解决问题的思路，着眼点明显有异，这就埋下了日后分裂的种子。同样都想拯世济民，问题在于，从何处入手更可行、更有效。在已经投身实际政治运动的陈独秀看来，依旧固守校园的书生，其见解即便不是完全错误，也都显得有点迂腐。陈独秀之所以拒绝将《新青年》移回北京，"老实说是因为近来大学空气不太好"[3]。话说到这份儿上，再无回旋的余地。政治家对于刊物的使命，另有一番诠释；再说，一旦成为"机关报"，必须服从集团利益，与当初的书生议政大不一样。这样的抉择，甚至不再是陈独秀个人所能一力主宰的了。

只要还在北京，北大教授们相互制约，《新青年》必然以学理探讨为主；一旦转移到上海，情势大变，不可能回到"趋重哲学文学"的老路。争论刊物办在北京还是上海，对于《新青年》来说，关系十分重大。以学院为根基，还是以社会为背景，二者几乎决定了其办刊方

---

[1] 参见王庸工、记者（陈独秀）《通信》（《青年杂志》1卷1号，1915年9月）以及陈独秀《一九一六年》（《青年杂志》1卷5号，1916年1月）。

[2] 参见胡适《我的歧路》（《努力周报》7期，1922年6月）、《纪念"五四"》（《独立评论》149号，1935年5月）和《胡适口述自传》第九章（北京：华文出版社，1992年）。

[3] 参见《关于〈新青年〉问题的几封信》，张静庐编《中国现代出版史料》甲编13页。

针与论述策略。正是在这个意义上，我倾向于将陈独秀的北上、南下作为《新青年》发展三阶段的标志。

1918年底《每周评论》的创刊，已开北大学人议政的先河；《新青年》8、9卷的转向，其实并不十分突然。只是因五四运动爆发，形势急转直下，知识者直接参政的热情迅速膨胀。而陈独秀作为中国共产党的创始人，对于《新青年》之由思想评论转为政治宣传，起决定性作用。虽然有了日后的分裂，综观1—9卷的《新青年》，其基本立场仍属于"有明显政治情怀的思想文化建设"。这一点，既体现在"民主"与"科学"这样响彻云霄的口号，也落实在"新文化"与"文学革命"的实绩。也就是说，在我看来，《新青年》的意义，首先在思想史，而后才是文学史、政治史等。换句话说，《新青年》的主导倾向，是在思想史的视野中，从事文学革命与政治参与。

三 以"运动"的方式推进文学事业

以思想文化革新为主旨的《新青年》，从一开始就着意经营文学作品。第1卷只有屠格涅夫小说《春潮》《初恋》以及王尔德"爱情喜剧"《意中人》的中译本，另加若干谢无量的旧体诗，实在是乏善可陈。第2卷虽有苏曼殊的小说、刘半农的笔记加盟，也都没有根本性变化。第3卷起，《新青年》在文学创作方面的成绩，方才令人刮目相看。胡适、沈尹默、刘半农、周作人、俞平伯、康白情等竞相"尝试"新诗，陈衡哲、胡适、陈绵等"练习"话剧写作，最令人兴奋的，当属鲁迅的出场——其刊于《新青年》上的短篇小说《狂人日记》《孔乙己》《药》《风波》《故乡》等，至今仍是中国现代短篇小说的经典之作。与其他新文学家有开创之功、但艺术技巧幼稚不同，作为小说家的鲁迅，一出手便博得满堂彩。至于将正襟危坐的"政论"，改造成寸铁杀人的"随感"，开启了现代中国的"杂文时代"，更是《新青年》的一大功绩。但有一点不该忘记，《新青年》上刊发的文学作品，是在"文学革命"大旗下展开的——即便特立独行的鲁迅，其小说创作也有"听将令"的成分。[1]

陈独秀本人并不擅长诗文小说，可作为主编，却对编发文学作品保有浓厚的兴趣。从创刊号起，《新青年》每期都有著译的小说、诗歌、戏剧等；头两卷显得捉襟见肘，但还是坚持下来了。中间五卷有北大师生撑腰，其有关"新文学"的提倡与实践，蔚为奇观。8、9两卷虽侧重苏俄文化宣传，也没有停止刊发新文化人的小说、诗歌。如此重视文学，包含《新青年》同人的苦心孤诣，但也与晚清开创的报刊体例大有关系。

1872年创办的《申报》上，已在新闻与论说之外，为"骚人韵士"的竹枝词、长歌短赋等预留了天地。[2]此后，只要你办报办刊，无论是综合类，还是以时事、学术、科学为中心，一般都会腾出一定篇幅，用来刊发文学作品。之所以大家都勉为其难地非要"文学"不可，基于以下几点考虑：第一，吸引读者；第二，作为改良群治的工具；第三，传播新知（即介绍西洋）的文学艺术；第四，如果可能的话，促成文学革命。四者兼及，最成功的例子，莫过于梁启超的提倡诗界革命、文界革命和小说界革命。其他报刊，限于自身能力或机遇，只好在某一层面上做文章。

陈独秀撰于1904年的《论戏曲》，基本上沿袭梁启超的思路，不外国事危急，须着力开通民智；办学堂嫌学生太少，开报馆又碰上国

---

[1]　参见《〈呐喊〉自序》，《鲁迅全集》第1卷419页。

[2]　参见《申报馆条例》，《申报》1872年4月30日。

人识字不多，唯有戏曲改良，乃"开通风气第一方便的法门"。此文有新意处，在于开列改良戏曲的五种途径："要多多的新排有益风化的戏"；"可以采用西法，戏中夹些演说，大可长人见识"；"不唱神仙鬼怪的戏"；"不可唱淫戏"；"除去富贵功名的俗套"。[1] 十年后重做冯妇，已经走出"改良戏曲"的陈独秀，主张径直以欧洲文学为榜样，重塑中国文学形象。《现代欧洲文艺史谭》先是开列"欧洲文艺思想之变迁"，如何从"古典主义"到"理想主义"到"写实主义"，再到"自然主义"，隐含着以最新潮流"自然主义"改造中国文学的思路。接下来关于文体等级的排列，隐约还能见到十年前注重"开通风气"的影子：

> 现在欧洲文坛第一推重者，厥唯剧本。诗与小说，退居第二流。以其实现于剧场，感触人生愈切也。至若散文，素不居文学重要地位。[2]

从强调文学的教化作用，到突出欧洲文学榜样，这一变化，很能体现清末民初两代人思考方式的差异。梁启超等人也引泰西成例，但立足点在于传统的教化说；陈独秀等也会谈论文学如何有益于国计民生，但更强调对于欧洲文艺的学习与借鉴。

接过胡适温和的"改良刍议"，陈独秀以其一贯的决绝口吻，将其上升到你死我活的"革命论"。其攻击传统中国的贵族文学、古典文学、山林文学的基本立场，在于"今日庄严灿烂之欧洲"。以下这段激情洋溢的论述，将时人推崇的明之前后七子以及追摹唐宋八大家的

---

[1]　三爱（陈独秀）：《论戏曲》，《陈独秀文章选编》上册57—60页，北京：三联书店，1984年。此文初刊《安徽俗话报》第11期，后以文言改写，刊《新小说》第2期。

[2]　陈独秀：《现代欧洲文艺史谭》，《青年杂志》1卷3号，1915年11月。

归、方、刘、姚称为"十八妖魔"，并将其置于由欧洲文学经典锻造的"四十二生的大炮"的猛烈轰击下：

> 予爱卢梭、巴士特之法兰西，予尤爱虞哥、左喇之法兰西；
> 予爱康德、赫克尔之德意志，予尤爱桂特、郝卜特曼之德意志；
> 予爱倍根、达尔文之英吉利，予尤爱狄铿士、王尔德之英吉利。
> 吾国文学界豪杰之士，有自负为中国之虞哥、左喇、桂特、郝卜
> 特曼、狄铿士、王尔德者乎？有不顾迂儒之毁誉，明目张胆以与
> 十八妖魔宣战者乎？予愿拖四十二生的大炮，为之前驱。[1]

如此以"气势"而非"论理"取胜，确实如胡适所说，很能体现陈独秀的"老革命党"气质。比起胡适对症下药的"八不主义"来，陈独秀的"三大主义"更像是关于"文学革命"的口号。[2] 陈氏甚至拒绝胡适"甚愿国中人士能平心静气与吾辈同力研究此问题"的"学究气"，斩钉截铁地表示："必不容反对者有讨论之余地，必以吾辈所主张者为绝对之是，而不容他人之匡正也。"理由是："改良中国文学当以白话为正宗之说，其是非甚明。"[3] 对于如此"武断的态度"，受过系统哲学训练的胡适不大以为然，但也不得不承认，正是"得着了这样一个坚强的革命家做宣传者，做推行者"，新文学方才可能摧枯拉朽般迅速推进。[4]

---

[1] 陈独秀：《文学革命论》，《新青年》2卷6号，1917年2月。

[2] 参见胡适的《文学改良刍议》（《新青年》2卷5号，1917年1月）和陈独秀的《文学革命论》（《新青年》2卷6号，1917年2月）。

[3] 胡适、独秀：《通信》，《新青年》3卷3号，1917年5月。

[4] 参见胡适《逼上梁山》，《中国新文学大系·建设理论集》27页，上海：良友图书印刷公司，1935年。

可也正是这种过于注重提倡、讲究策略、追求效果，而相对忽略细致入微的学理探究，日后成为《新青年》进一步发展时很难跨越的障碍。比如，关于文学的审美特征及其如何体现"国民精神"，《新青年》的众多讨论，甚至不及晚清的黄人、王国维、周作人[1]；同样主张"别求新声于异邦"，陈独秀刊于1915年的《现代欧洲文艺史谭》，就其对于域外文学的理解深度与阐释能力而言，无法与鲁迅撰于1907年的《摩罗诗力说》相比拟[2]；至于胡适的名文《论短篇小说》[3]，放在晚清以降小说革新大潮中审视[4]，也不见得格外出色。真正体现《新青年》同人文学趣味和理论贡献的，是其将文学革新推进到语言层面。

所谓"白话文学之为中国文学之正宗，又为将来文学必用之利器，

---

[1] 参见王国维《文学小言》（《教育世界》139号，1906年12月）、摩西（黄人）《〈小说林〉发刊词》（《小说林》1期，1907年2月）以及独应（周作人）的《论文章之意义暨其使命因及中国近时论文之失》（《河南》4、5期，1908年5、6月）等。

[2] 《摩罗诗力说》初刊1908年2、3月《河南》2、3期，署名令飞。据北冈正子《〈摩罗诗力说〉材源考》（何乃英译，北京：北京师范大学出版社，1983年），鲁迅撰述此文时多有借鉴，但此乃晚清介绍西学时的通例，不必苛求。值得注意的是，此文主旨十分明确，表彰"立意在反抗，指归在动作"的摩罗诗人，呼唤"精神界之战士"。而这两点，日后贯穿整个"鲁迅文学"。

[3] 参见胡适《论短篇小说》，《新青年》4卷5号，1918年5月。

[4] 关于晚清小说及小说观念的转变，近年著述颇多，可主要参阅拙著《中国小说叙事模式的转变》（上海：上海人民出版社，1988年）和《二十世纪中国小说史》第1卷（北京：北京大学出版社，1989年）、袁进《中国小说的近代变革》（北京：中国社会科学出版社，1992年）、康来新《晚清小说理论研究》（台北：大安出版社，1986年）、赖芳伶《清末小说与社会政治变迁》（台北：大安出版社，1994年）、黄锦珠《晚清时期小说观念之转变》（台北：文史哲出版社，1995年）、樽本照雄《清末小说论集》（京都：法律文化社，1992年），以及Milena Doleželová-Velingerová（editor），*The Chinese Novel at the Turn of the Century* (University of Toronto Press, 1980), David Der-wei Wang, *Fin-de-siecle Splendor: Repressed Modernities of Late Qing Fiction, 1849-1911*（Stanford University Press,1997）。

可断言也"[1]，此语确实成了引爆"文学革命"的"导火索"。不过，胡适在追忆这段光荣史时，只顾自家的冥思苦想，而忘记陈独秀的诱导之功。《文学改良刍议》刊于《新青年》2卷5号，而2卷2号上胡、陈之间的通信，已经透露玄机。胡适信中简要提及其拟想中"须从八事入手"的文学革命，这八事依次为不用典、不用陈套语、不讲对仗、不避俗字俗语、须讲求文法之结构、不作无病之呻吟、不摹仿古人语、须言之有物。陈独秀除对第五、第八两项略有疑义，"其余六事，仆无不合十赞叹，以为今日中国文界之雷音"。接下来的催稿，体现了陈独秀作为编辑家的敏锐与魄力：

> 倘能详其理由，指陈得失，衍为一文，以告当世，其业尤盛。[2]

胡适固然不负厚望，很快寄来调整充实后的《文学改良刍议》。八事次序重新排列，尤其是将"不避俗字俗语"放在文章最后着重论述[3]，并最终逼出"白话文学，将为中国文学之正宗"的结论，令陈独秀欣喜不已。[4] 作为杂志主编，陈独秀时刻警觉着，寻觅大有潜力的新作者与任何可能的突破口——这既是思想境界，也是出版压力。一旦找到，便不失时机地大力鼓噪，迅速推进。从一则读者来信中发现新说，当机立断，付诸行动，这需要舆论家的敏感与革命家的气魄——对于陈独秀来说，后人更多关注其革命家的气质，相对忽略了其编辑

---

[1]　胡适：《文学改良刍议》，《新青年》2卷5号，1917年1月。

[2]　胡适、独秀：《通信》，《新青年》2卷2号，1916年10月。

[3]　在《逼上梁山》一文中，胡适叙述其如何改动八事的次第，将"不避俗字俗语"放在最后，目的是"很郑重的提出我的白话文学的主张"，参见《中国新文学大系·建设理论集》25页。

[4]　参见胡适《文学改良刍议》及陈独秀的识语，见《新青年》2卷5号，1917年1月。

眼光及技巧。

《新青年》的编者其实非常注意"寻觅"乃至"制造"新的话题，但那么多次尝试，最成功的，还属白话文的讨论——既有理论意义，又有可操作性，将理想与现实如此巧妙地缝合在一起，真是千载难逢的机遇。白话文问题，远不只是"文学形式"或"表达工具"，而是牵涉到整个思想观念与文化传统的是非，这才可能吸引那么多论者参与辩难。比起"以平易语言表达深刻学理"这样的老生常谈，胡适们弄出个文（言）白（话）、死（文学）活（文学）二元对立模式，既简单明了，又切实可行。如果说五四时期的新旧思想／文学之争有什么不可逾越的鸿沟，那无疑是支持或反对白话文：

> 我总要上下四方寻求，得到一种最黑，最黑，最黑的咒文，先来诅咒一切反对白话，妨害白话者。即使人死了真有灵魂，因这最恶的心，应该堕入地狱，也将决不改悔，总要先来诅咒一切反对白话，妨害白话者。[1]

鲁迅的这段自白，表达的正是新文化人"态度的同一性"[2]，或曰"《新青年》精神之团结"。大敌当前，来不及深思熟虑，首先是表明立场，至于各自的理论分歧，只好暂时搁置一边，等尘埃落定、白话文运动取得胜利后，再仔细分辨，或做必要的自我调整。

这一"集团作战"的思路，对于思想／文学运动的推行十分有效。

---

[1] "即使人死了真有灵魂，因这最恶的心，应该堕入地狱，也将决不改悔，总要先来诅咒一切反对白话，妨害白话者。"鲁迅：《〈二十四孝图〉》，《鲁迅全集》第 2 卷 251 页。

[2] 汪晖在《预言与危机——中国现代历史中的"五四"启蒙运动》（《文学评论》1989 年 3—4 期）一文中，对五四启蒙运动的"态度的同一性"有精彩的论述，可参阅。

有晚清白话文运动做铺垫，胡适们登高一呼，竟然应者云集，"文学革命"出奇地顺利。如果说《建设的文学革命论》标志着文学革命和国语运动的合流[1]，1919 年教育部附属"国语统一筹备会"的成立，则预示着官方、民间改革力量的携手。此后，《新青年》同人刘复、胡适、周作人、钱玄同等在"统一会"开会时提出《国语统一进行方法》议案，以及教育部训令自 1920 年秋季起"凡国民学校一二年级先改国文为语体文，以期收言文一致之效"[2]，便都是顺理成章的了。这是一个有开头、有结尾、中间部分时而波澜起伏、时而峰回路转的曲折有趣的故事。正因为是"群众运动"而非"个人著述"，可以吸引无数英雄豪杰，因而也就有赖于所谓的"策划""组织"与"协调"。这对于"以杂志为中心"的同人来说，是再恰当不过的好题目。

比起挥洒个人才华的"文学创作"，或者需要天时地利人和的"制度变更"，以白话文为突破口的"文学革命"，因其兼及语言、文学、思想、文化等诸多领域，可以召唤诸多学者参与，更适合于杂志的实际操作。这就难怪后人提及《新青年》，最容易被记忆的，还是此功勋卓著的"文学革命"。所谓《新青年》"初提倡文学革命，后则转入共产"[3]，戈公振的评述无疑是片面的，但这恐怕不是由于资料残缺，而是代表时人的共识。只是随着学界对于五四新文化运动理解的日渐深入，《新青年》发起孔教问题、妇女问题、劳工问题等的讨论，其意义方才被逐渐发掘出来。

这里并不否认胡适提倡白话文的功绩，只是想指出，作为杂志主

---

[1]　参见王枫《新文学的建立与现代书面语的产生》（北京大学博士论文，2000 年，未刊）第四章"'国语运动'与'文学革命'"。

[2]　参见《教育杂志》12 卷 2 号（1920 年 2 月）及黎锦熙《国语运动史纲》卷二（上海：商务印书馆，1935 年）。

[3]　戈公振：《中国报学史》192 页，北京：三联书店，1955 年。

编，陈独秀是如何高瞻远瞩，善于寻找"最佳话题"，并加以大力扶植。除了撰写《文学革命论》与之呼应，陈独秀还用通信、论文、读者论坛等形式，不断激发公众参与讨论的热情。随着钱玄同、刘半农、傅斯年等学者的加盟，讨论日趋深入。但《新青年》同人还是略感寂寞，于是上演了影响极为深远的"双簧戏"。先是钱玄同化名王敬轩，集合众多反对言论，撰成一挑衅之文，再由刘半农逐一批驳。[1] 此举本身带有游戏意味，落笔时只求痛快，不问轻重，虽吸引了不少公众注意力，但其语调之刻薄，也容易引起反感，在不明就里的外人看来，自是有违"费厄泼赖"。可换一个角度，不从文章是否刻薄、而从运动能否推进来思考，这"双簧戏"未尝不可上演。相对于风云激荡的大时代，个人的道德品质与文章趣味是可以牺牲的——正是这种"集团意识"，支撑着《新青年》同人奋力进取。

同人间相互支持，并肩作战，撰文时你征我引，开口处我赞你叹，有效地"御敌于国门之外"。即便在局外人看来，新文化人的口气未免过于霸道；但在守旧势力依旧十分强大的 1910 年代，力主革新的弱势群体，不得不更多地"意气用事"。正是这王道、霸道并用，庄言、寓言杂出，招来林纾、梅光迪等论敌，使得整个讨论上升到思想史的层面。

切入口是文学形式，着眼点则是整个思想文化革命。将学者的书斋著述，转化为大众的公共话题，借以引起全社会的广泛关注，并进而推动讨论的深入展开。这种"从问题入手"的编辑方针，有效地聚集了人才与文化资源，将文学论争转化为思想革命。更重要的是，从第 2 卷开始发动的关于孔教问题和文学革命的两大论争，至此获得了某种内在联系。钱玄同由此推出的极端主张——"欲废孔学，不可不

---

[1]　参见王敬轩、半农《文学革命之反响》，《新青年》4 卷 3 号，1918 年 3 月。

先废汉文"[1]，不被《新青年》同人认可；倒是刘半农之比较"改良文学"与"破坏孔教"两大话题，颇为耐人寻味：

> 改良文学，是永久的学问。破坏孔教，是一时的事业。因文学随时世以进步，不能说今日已经改良，明日即不必改良。孔教之能破坏与否，却以宪法制定之日为终点。其成也固幸，其不成亦属无可奈何。故《青年杂志》对于文学改良问题，较破坏孔教更当认真一层。尤贵以毅力坚持之，不可今朝说了一番，明朝即视同隔年历本，置之不问。

刘氏乃文学家，"思想"与"政治"非其所长，如此立说，无可非议。再说，此信着重讨论"改良文学之事"，提了好多具体建议，故陈独秀并不计较其对于孔教讨论之蔑视，反而称"所示各条，均应力谋实行"。[2]当然，"文学革命"有破有立，留下很多可供后人品鉴的"实绩"，如白话文真的成了"文学必用之利器"，胡适、鲁迅等人关于新诗、话剧、小说的"尝试"奠定了现代中国文学的根基等。正因这一点，史家对于"文学革命"的评价，很快取得基本共识；至于《新青年》同人之反孔以及对传统纲常伦理的激烈批判，其功过得失，一直到今天仍有不少争议。

"孔教批判"与"文学革命"，二者表面上各自独立，但在深层次上，却不无互相沟通的可能——都根源于对"传统中国"的想象。这一点，不妨以戏曲讨论为例。《新青年》同人的文学理想，在当年确系振聋发聩。谈小说，辩诗文，胡适等全都得心应手。唯独到了评价传

---

[1]　钱玄同：《中国今后之文字问题》，《新青年》4卷4号，1918年4月。

[2]　参见刘半农、独秀《通信》，《新青年》3卷3号，1917年5月。

统戏曲，方才遭遇新文化人的"滑铁卢"。

4卷6号的《新青年》上，有一组关于旧戏的讨论，面对张厚载咄咄逼人的挑战，胡适、钱玄同、刘半农、陈独秀等人的答辩，显得苍白无力。所谓脸谱化的表演、"极喧闹的锣鼓""助长淫杀心理于稠人广众之中"[1]，均不足以置旧戏于死地。一个月后，快人快语的钱玄同，重新披挂上阵。先是引录朋友的话，"要中国有真戏，非把中国现在的戏馆全数关闭不可"。至于理由吗，其实很简单：

> 如其要中国有真戏，这真戏自然是西洋派的戏，决不是那"脸谱"派的戏。要不把那扮不象人的人，说不象话的话全数扫除，尽情推翻，真戏怎样能推行呢？[2]

以"注重写实"的西洋话剧——很奇怪，西洋歌剧从不在五四新文化人视野之内——为评价标准，充满虚拟性的中国戏曲，自是一无可取。

问题在于，宣判中国戏曲死刑的新文化人，不觉得有深入理解其表演程式的必要。那位声称"就技术而论，中国旧戏，实在毫无美学的价值"；"再就文学而论，现在流行的旧戏，颇难当得起文学两字"的傅斯年，在《戏剧改良各面观》里开宗明义：

> 第一，我对于社会上所谓旧戏，新戏，都是门外汉；
> 第二，我对于中国固有的音乐和歌曲，都是门外汉。

---

[1] 参见张厚载、胡适、钱玄同、刘半农、独秀《新文学及中国旧戏》，《新青年》4卷6号，1918年6月。

[2] 钱玄同：《随感录十八》，《新青年》5卷1号，1918年7月。

这可不是故作谦虚的套话，而是强调门内人陷溺深了，不能容纳改良与创造，"我这门外汉，却是不曾陷溺的人"，方才有资格谈论中国戏曲的命运。为何不懂戏的人更有资格谈戏，这种无端的骄傲，来自改革现实社会的激情："使得中国人有贯彻的觉悟，总要借重戏剧的力量；所以旧戏不能不推翻，新戏不能不创造。"[1] 可这么一来，不是又回到梁启超"欲新一国之民，不可不先新一国之小说"的老路上去了吗？[2]

胡适从文学进化观念有四层意义入手，论证中国旧戏确实没有任何保留价值，似乎显得很有学理性。可所谓缺乏"悲剧的观念"，不讲究"文学的经济方法"，对于旧戏的这两点指责，其实很难站得住脚。归根结底，问题的症结还在于对待西学的态度：

> 现在的中国文学已到了暮气攻心，奄奄断气的时候！赶紧灌下西方的"少年血性汤"，还恐怕已经太迟了；不料这位病人家中的不肖子孙还要禁止医生，不许他下药，说道："中国人何必吃外国药！"……哼！[3]

同样自称"门外汉"的周作人，其断言中国旧戏该废的理由，一是"从世界戏曲发达上看来，不能不说中国戏的野蛮"；二是中国旧戏"有害于'世道人心'"。而真正透出底牌的，是以下的这两句：

> 至于建设一面，也只有兴行欧洲式的新戏一法。……倘若亚

---

[1] 傅斯年：《戏剧改良各面观》，《新青年》5 卷 4 号，1918 年 10 月。

[2] 参见梁启超《论小说与群治之关系》，《新小说》1 号，1902 年。

[3] 胡适：《文学进化观念与戏剧改良》，《新青年》5 卷 4 号，1918 年 10 月。

洲有了比欧洲更进化的戏，自然不必去舍近求远；只可惜没有这样如意的事。

中间省略部分，不外将是否接纳"欧洲式的新戏"，转化成了自家擅长的"欧化"与"国粹"之争，难怪钱玄同拍案叫绝，称此乃"至精至确之论"。[1] 五四新文化人关于旧戏的论述，其实目标十分明确，即以西洋话剧取代中国戏曲；至于理由，首先来自思想史，而后才是文学史。

对传统戏曲充满偏见的嘲讽，基于《新青年》同人的思想立场——拥抱西学，改造中国。不懂，也不感兴趣，可照样大胆发言，而且理直气壮，因其着眼的是戏曲改革的思想史意义。这场很不成功的讨论，显示了新文化人的盲点：极端自信，注重集团形象，基于思想史立场，对西洋榜样及尺度缺乏必要的反省。

王晓明在其才气横溢的论文《一份杂志和一个"社团"》中，批评胡适等提倡文学革命的文章"读上去就仿佛一份施工报告"，作家们"没有充分意识到文学自身的独特性"，"先有理论的倡导，后有创作的实践"等。就现象描述而言，这些指责都很容易落实。但作者太急于"拨乱反正"，对研究对象缺乏必要的理解与同情，将 20 世纪中国文学的众多负面因素（如轻视文学自身特点、主张文学应有主流和中心、文学进程可以设计等），一股脑儿算到《新青年》头上[2]，将一份"完全是彼此思想投契的结合"的"同人杂志"，解读为执政党的"文艺政策"，似乎颇有偏差。

---

[1] 周作人、钱玄同：《论中国旧戏之应废》，《新青年》5 卷 5 号，1918 年 11 月。

[2] 参见王晓明《一份杂志和一个"社团"》，《刺丛里的求索》，上海：上海远东出版社，1995 年。

其实，《新青年》同人思维方式的最大特点，不在于"功利主义""绝对主义"或"以救世主自居"，而是力图将文学革命与思想革命统一起来，用发起运动的方式来促进文学革新。无论是杂志编排，还是话题设计，陈独秀等人都是希望兼及思想与文学。至于周作人的两则名文《人的文学》和《思想革命》[1]，更是将新文化人的这一意图表述得淋漓尽致。"五四文学革命"并非自然而然的历史进程，很大程度依赖于外力的推动；思想史意义的召唤，使得不少本不以文学见长的学者，也都投身"白话诗"的尝试。意识到的历史责任与个人审美趣味之间的矛盾，此乃改革者常常面临的两难境地。对于那些基于"中间物意识"，自觉扛住黑暗的闸门，放后人到光明的地方去的先行者，我更倾向于采取理解与同情的态度。

至于这一选择，是否一定严重伤害其文学成就，这要看当事人对此尴尬的境地有无清醒的认识。鲁迅曾提及其应钱玄同的邀请，为《新青年》撰写文章，"有时候仍不免呐喊几声，聊以慰藉那在寂寞里奔驰的猛士，使他不惮于前驱"。接下来的这段话，常被论者提及：

> 既然是呐喊，则当然须听将令的了，所以我往往不恤用了曲笔，在《药》的瑜儿的坟上平空添上一个花环，在《明天》里也不叙单四嫂子竟没有做到看见儿子的梦，因为那时的主将是不主张消极的。[2]

一看到"听将令"三字，马上断言其缺乏"文学价值"，我以为是不公

---

[1] 《人的文学》刊《新青年》5 卷 6 号，1918 年 12 月；《思想革命》初刊《每周评论》11 号（1919 年 3 月），署名仲密，1919 年 4 月出版的 6 卷 4 号《新青年》予以转载。

[2] 《〈呐喊〉自序》，《鲁迅全集》第 1 卷 419 页。

允的。鲁迅到底是"听"哪个"将"的"令"，陈独秀？胡适？资产阶级？马克思主义？我看都不像。感受到某种弥漫在空气中的时代精神，愿意与"完全是彼此思想投契的结合"的《新青年》同人共命运，在小说创作中略做呼应。我以为，这样的选择，实在无可非议。与时代潮流保持一种"必要的张力"，不即不离，在追随中反省——此乃鲁迅小说获得成功的一大诀窍。

不曾"为艺术而艺术"，以"运动"的方式推进文学事业，以至常有胡适"提倡有心，创造无力"那样的感叹，这确实是《新青年》所倡导的"文学革命"的基本特色。作为具体作家，过分清醒的思想史定位，很可能导致"主题先行"；但作为同人杂志，策划这么一场精彩的文学运动，实际上不可能不"理论优先"。这也是我们谈论《新青年》上的作品（鲁迅小说除外）时，更关注其"文学史意义"而不是"文学价值"的缘故。

四　文体对话与思想草稿

报刊业的迅速崛起，乃近代中国文学革命的关键因素。所谓"文集之文"与"报馆之文"的区别，以及"俗语之文学"的逐渐被认可，均与其时方兴未艾的报刊事业密不可分。[1] 报刊面对大众，讲求浅近通俗，因而文章没必要、也不可能过于渊雅。正是这一技术手段和拟想读者的变化，直接导致了晚清文坛风气的转移。这一点，学界已经普遍关注。问题的另一面，则还没有引起足够的重视。那便是，杂志无所不包，"总宇宙之文"，不同文体互相渗透的结果，导致文体变异

---

[1]　参见拙著《中华文化通志·散文小说志》192—198 页，上海：上海人民出版社，1998 年。

乃至新文体的诞生。1897 年 6 月，在《报章文体说》一文中，谭嗣同首次从正面阐发报章"总宇宙之文"的意义。在谭氏看来，天下文章三类十体，唯有报章博硕无涯，百无禁忌；至于俗士指责"报章繁芜阘茸，见乖体例"，乃井蛙之见。[1] 谭氏的远见卓识，在清末民初诸多报人的积极实践中，得到充分的证实。无论是梁启超之发起"文界革命""小说界革命"，还是陈独秀的提倡白话文与新文化，都大大得益于迅速崛起的近代报业。

从文学史而不是新闻史、思想史的角度审视《新青年》，需要关注的，主要不是其政治主张或传播范围，而是其表达方式。将一份存在时间长达七年、总共刊行 9 卷 54 号的"杂志"，作为一个完整且独立的"文本"来阅读、分析，那么，首先吸引我们的，是各种文体的自我定位及相互间的对话，还有这种对话所可能产生的效果。比起各专业刊物（如文艺杂志）的出现、各报纸副刊（如文艺副刊）的设置这样言之凿凿的考辨，《新青年》中不同文体间的对话、碰撞与融合，显得比较曲折与隐晦，需要更多的史实与洞见。以下的分析，即便做不到"每下一义，泰山不移"，也希望能为后来者打开思路。

大凡精明且成功的报人，其心目中的理想文章，应该是有"大体"而无"定体"，就像金人王若虚在《文辨》中所说的。那是因为，读者在变化，作者在变化，时局与市场也在变化，报章文体不可能一成不变。但一方面，万变不离其宗，主心骨不能动，否则东摇西摆，杂志很容易随风飘去。在这方面，陈独秀是老手，火候掌握得很好。胡适对陈独秀将编辑部转移到上海，以及搁下风头正健的新文学，转而介绍苏俄的政治革命很不以为然，那是因为胡适误解了陈独秀的趣味——自始至终，文学都不是仲甫先生的"最爱"。

---

[1] 参见谭嗣同《报章文体说》，《时务报》29、30 册，1897 年 6 月。

蔡元培为《中国新文学大系》撰写总序，曾提及："为怎么改革思想，一定要牵涉到文学上？这因为文学是传导思想的工具。"[1]包括陈独秀在内的《新青年》同人，大都认同这一思路。只不过对于编杂志的人来说，引入文学话题，还有吸引更多读者这一营销方面的考虑。除此之外，坚硬的政论与柔和的诗文之间的互补，可以调剂谈话的氛围，以及丰富杂志的形象。《新青年》的一头一尾，政论占绝对优势，姿态未免过于僵硬；只有与北大教授结盟那几卷，张弛得当，政治与文学相得益彰。但即便是最为精彩的3—7卷，文学依旧只是配角。一个明显的例子，总共54期杂志，只有1919年2月出版的6卷2号，将周作人的《小河》列为头条。依据此前一期刊出的《第六卷分期编辑表》，可知负责6卷2号编辑工作的，正是一贯语出惊人的钱玄同。在同时期的白话诗中，《小河》确实是难得的佳作，日后的文学史家对其多有褒扬。但我怀疑钱玄同的编排策略，乃是希望"出奇制胜"，而不是颠覆《新青年》以政论为中心的传统。

陈独秀等《新青年》同人，借助于版面语言，凸显议政、述学与论文，而相对压低文学创作，此举可以有以下三种解读：第一，"文以载道"的传统思路仍在延续；第二，《新青年》以思想革新为主攻方向；第三，即便"高谈阔论"，也可能成为好文章。表面上只是编辑技巧，实则牵涉到《新青年》的文化及文学理想。即便将眼光局限在"文章流变"，《新青年》的贡献也是有目共睹。黎锦熙1939年为钱玄同作传时，专门强调五四新文化人之提倡白话文，最大困难不在"文艺文"，而在"学术文"。胡适发表白话诗"算是创体，但属文艺"；"唯有规规矩矩作论文而大胆用白话"，对于当时的读书人，"还感到有点儿扭

---

[1] 蔡元培：《〈中国新文学大系〉总序》9页，《中国新文学大系·建设理论集》。

扭捏捏"。[1] 正是这一点，使得五四新文化人的"议政""述学"与"论文"，本身就具有"文章学"的意义。

有趣的是，一个以政论为中心的思想／文化杂志，真正引起社会上强烈关注的，却是其关于文学革命的提倡。当然，若依时论，只从文学角度解读《新青年》，难免买椟还珠之讥。五四新文化人之所以选择白话文作为文学革命的切入口，以及组织易卜生专号意图何在，鼓动女同胞出面讨论"女子问题"为何没有获得成功[2]，诸如此类大大小小的问题，只有放在政治史及思想史脉络上，才能得到较为完满的解释。可以这么说，《新青年》"提倡"新文学，确实功勋卓著；但"新文学"的建设，却并非《新青年》的主要任务。套用胡适的话，《新青年》的"文学史地位"，主要体现在"自古成功在尝试"。

"但开风气不为师"，这一思路决定了《新青年》的注意力集中在"提倡"而不是"实践"。与陈独秀们唱对台戏的《学衡》诸君，正是抓住《新青年》的这一弱点，称：

> 且一种运动之成败，除作宣传文字外，尚须出类拔萃之著作以代表之，斯能号召青年，使立于旗帜之下。……至吾国文学革

---

[1] 黎锦熙：《钱玄同先生传》，载曹述敬《钱玄同年谱》147—202页，济南：齐鲁书社，1986年。此处引文见《钱玄同年谱》170—171页。

[2] 6卷4号《新青年》（1919年4月15日）上，刊有一则"新青年记者启事"，标题是《女子问题》："本志于此问题，久欲有所论列。只以社友多属男子，越俎代言，虑不切当。敢求女同胞诸君，于'女子教育'、'女子职业'、'结婚'、'离婚'、'再醮'、'姑媳同居'、'独身生活'、'避孕'、'女子参政'、'法律上女子权利'等关于女子诸重大问题，任择其一，各就所见，发表于本志。一以征女界之思想，一以示青年之指针。无计于文之长短优劣，主张之新旧是非，本志一律汇登，以容众见。记者倘有一得之愚，将亦附骥尾以披露焉。"很可能是因其时女子教育没有充分开展，加上五四运动很快爆发，《新青年》邀请"女同胞诸君"讨论"女子问题"的设想并没有真正落实。

命运动，虽为时甚暂，然从未产生一种出类拔萃之作品。[1]

我们固然可以反唇相讥：《学衡》派的文学成绩更是乏善可陈；但胡先骕的责难其实必须认真面对。胡适在《〈中国新文学大系·建设理论集〉导言》中也称："一个文学运动的历史的估价，必须也包括他的出产品的估价。"那是因为：

> 文学革命产生出来的新文学不能满足我们赞成革命者的期望，就如同政治革命不能产生更满意的社会秩序一样，虽有最圆满的革命理论，都只好算作不兑现的纸币了。[2]

只是在胡适眼中，这问题早已解决。在撰于 1922 年的《五十年来中国之文学》中，胡适已将尚在进行的"文学革命"送入了文学史。鲁迅则没有那么乐观，他之所以在《〈中国新文学大系·小说二集〉导言》中专门提及《狂人日记》《孔乙己》《药》等，"算是显示了'文学革命'的实绩"，一方面是承认"从《新青年》上，此外也没有养成什么小说的作家"[3]，另一方面也是为了回应社会上不绝如缕的批评。

正如鲁迅所说，"凡是关心现代中国文学的人，谁都知道《新青年》是提倡'文学改良'，后来更进一步而号召'文学革命'的发难者"；但"《新青年》其实是一个论议的刊物，所以创作并不怎样著重"。《新青年》上，"比较旺盛的只有白话诗；至于戏曲和小说，也依然大抵是

---

[1]　胡先骕：《评胡适〈五十年来中国之文学〉》，《学衡》18 期，1923 年 6 月。

[2]　胡适：《〈中国新文学大系·建设理论集〉导言》1—2 页，《中国新文学大系·建设理论集》。

[3]　《〈中国新文学大系·小说二集〉导言》，《鲁迅全集》第 6 卷 238—239 页。

翻译"。[1] 鲁迅如此谈论《新青年》的文学成绩，显然受制于其时颇为风行的"纯文学"与"杂文学"的分野。将诗歌、戏曲、小说列入"纯文学"或"文学之文"的范围，而将其他文字称为"杂文学"或"应用之文"[2]，陈独秀、刘半农的这一"文学观"，日后影响极大。按照这一思路，《新青年》上占主导地位的"议政""述学"与"论文"，便无法成为"'文学革命'的实绩"。

而我恰好认为，《新青年》的文学成就，不仅体现在白话诗歌的成功尝试，以及鲁迅小说的炉火纯青，更值得关注的，还在于《新青年》同人基于思想革命的需要，在社会与个人、责任与趣味、政治与文学之间，保持良好的对话状态，并因此催生出新的文章体式："通信"和"随感"。

胡适说得没错，《新青年》上关于文学革命的提倡，"引起讨论最多的当然第一是诗，第二是戏剧"，理由很简单：

> 这是因为新诗和新剧的形式和内容都需要一种根本的革命；诗的完全用白话，甚至于不用韵，戏剧的废唱等等，其革新的成分都比小说和散文大的多，所以他们引起的讨论也特别多。[3]

但有趣的是，日后文学史家盘点《新青年》上"'文学革命'的实绩"，最为首肯的，却是小说和散文，而不是当年风光八面的诗歌和戏剧。

要讲艺术技巧，胡适的"游戏的喜剧"《终身大事》固然不足道，但勉强还能演出；陈衡哲的《老夫妻》和陈绵的《人力车夫》，只能算

---

[1] 鲁迅：《〈中国新文学大系·小说二集〉导言》，《鲁迅全集》第 6 卷 238 页。

[2] 参见陈独秀给胡适的复信（《新青年》2 卷 2 号，1916 年 10 月），以及刘半农的《我之文学改良观》和陈独秀为此文所作"识语"（《新青年》3 卷 3 号，1917 年 5 月）。

[3] 胡适：《〈中国新文学大系·建设理论集〉导言》31 页，《中国新文学大系·建设理论集》。

是简单的情景对话，根本无法搬上舞台。相比之下，白话诗的阵容强大得多，《新青年》的主要作者，几乎都曾粉墨登场。在这座新搭建的诗坛上，"友情出演"者不少，真正诗才横溢且持之以恒地进行艺术探索的，不能说绝对没有，但少得可怜。对此状态，周作人曾有过相当清醒的评价：

> 那时作新诗的人实在不少，但据我看来，容我不客气地说，只有两个人具有诗人的天分，一个是尹默，一个就是半农。[1]

可如此低调的叙述，后起的小说家沈从文依旧不认账。在《读刘半农的〈扬鞭集〉》中，沈称周认定的有"天分"的新诗人，包括俞平伯、沈尹默和刘复（此处记忆有误）；这三人的新诗固然朴素自然，尤其刘复能驾驭口语，驱遣新意，"但这类诗离去了时代那一点意义，若以一个艺术的作品，拿来同十年来所有中国的诗歌比较，但是极幼稚的诗歌"[2]不算太苛刻，日后朱自清为《中国新文学大系》编选新诗，除欣赏周作人的长诗《小河》"融景入情，融情入理"，对白话诗主将胡适的新诗理论也颇多揄扬；至于《新青年》其他新诗人的作品，朱自清则实在"吟味不出"其佳妙处。[3]

1926 年的周作人，一面追忆"我与半农是《新青年》上作诗的老朋友，是的，我们也发谬论，说废话，但作诗的兴致却也的确不弱，《新青年》上总是三日两头的有诗"，一面又相当谦虚地称："我对于中国新诗曾摇旗呐喊过，不过自己一无成就，近年早已歇业，不再动笔

---

[1]　周作人：《〈扬鞭集〉序》，《语丝》82 期，1926 年 6 月。

[2]　沈从文：《读刘半农的〈扬鞭集〉》，《文世月刊》2 卷 2 期，1931 年。

[3]　参见朱自清为《中国新文学大系·诗集》撰写的《导言》及《选诗杂记》，《朱自清全集》第 4 卷 366—385 页，南京：江苏教育出版社，1990 年。

了。"[1] 这种当年曾为刚刚诞生的新诗"摇旗呐喊",很快就"金盆洗手"的状态,在《新青年》同人中相当普遍。鲁迅在《〈集外集〉序言》中也有类似的表述:

> 只因为那时诗坛寂寞,所以打打边鼓,凑些热闹;待到称为诗人的一出现,就洗手不作了。[2]

尽管后人对于周氏兄弟的新诗有很好的评价,但对他们本人来说,真正的名山事业确实不在新诗。

《新青年》的诗坛十分热闹,可成绩并不理想。这正是胡适所再三表白的:"提倡有心,创造无力。"本身并不具备"诗人的天分",却非要参加白话诗的"尝试"不可,《新青年》同人的这种创作心态,一如其不懂戏曲,却非要畅谈中国旧戏是否当废一样,都是基于社会责任而不是个人兴趣。集合在"思想革命"与"文学革命"大旗下的《新青年》同人,讲究同气相求,通力合作。这种同道之间为了某种共同理想而互相支持的精神氛围,既煮了不少夹生饭,也催生出一些伟大的作品。比如小说家鲁迅的"出山",很大程度上便是这种"召唤"的成果。

在《〈呐喊〉自序》中,鲁迅提到《新青年》编辑"金心异"(指钱玄同)的再三约稿:

> 我懂得他的意思了,他们正办《新青年》,然而那时仿佛不特没有人来赞同,并且也还没有人来反对,我想,他们许是感到寂寞了……[3]

---

[1] 周作人:《〈扬鞭集〉序》,《语丝》82 期,1926 年 6 月。

[2] 《〈集外集〉序言》,《鲁迅全集》第 7 卷 4 页。

[3] 《〈呐喊〉自序》,《鲁迅全集》第 1 卷 419 页。

为了慰藉先驱者，免得其过于寂寞，鲁迅终于不负众望，开始其"铁屋中的呐喊"。对于这段广为人知的"鲁迅诞生记"，另一个当事人钱玄同的精彩描述，不太为人关注，值得大段征引：

> 我认为周氏兄弟的思想，是国内数一数二的，所以竭力怂恿他们给《新青年》写文章。七年一月起，就有启明的文章，那是《新青年》第四卷第一号，接着第二、三、四诸号都有启明的文章。但豫才则尚无文章送来，我常常到绍兴会馆去催促，于是他的《狂人日记》小说居然做成而登在第四卷第五号了。自此以后，豫才便常有文章送来，有论文、随感录、诗、译稿等，直到《新青年》第九卷止（十年下半年）。[1]

正是这种基于道义的共同参与意识，使得作为同人刊物的《新青年》，显示出很强的整体感。专号的经营，同题白话诗的出现，某些社会话题的不断重复，同一意象或题材在不同文体中的变奏等等[2]，抚摩这半个多世纪前的旧杂志，你依旧能十分清晰地感觉到流淌在其中的激

---

[1] 钱玄同：《我对于周豫才君之追忆与略评》，《师大月刊》30 期，1936 年。

[2] 鲁迅 1928 年撰《〈奔流〉编校后记（三）》，有如此大段"文钞"："前些时，偶然翻阅日本青木正儿的《支那文艺论丛》，看见在一篇《将胡适漩在中心的文学革命》里，有云——'民国七年（1918）六月，《新青年》突然出了《易卜生号》。这是文学底革命军进攻旧剧的城的鸣镝。那阵势，是以胡将军的《易卜生主义》为先锋，胡适罗家伦共译的《娜拉》（至第三幕），陶履恭的《国民之敌》和吴弱男的《小爱友夫》（各第一幕）为中军，袁振英的《易卜生传》为殿军，勇壮地出陈。他们的进攻这城的行动，原是战斗的次序，非向这里不可的，但使他们至于如此迅速地成为奇兵底的原因，却似乎是这样——因为其时恰恰昆曲在北京突然盛行，所以就有对此叫出反抗之声的必要了。那真相，征之同志的翌月号上钱玄同君之所说（随感录十八），漏着反抗底口吻，是明明白白的。……'"（《鲁迅全集》第 7 卷 162—163 页）

情与活力。

不是注重人际关系的酬唱，而是一种强烈的社会责任感，认准那是一件值得投身的事业，因此愿意共同参与。正是这种"共同参与"的欲望，支撑起《新青年》的"通信"，使之成为很可能空前绝后的"神品"。杂志设置"通信"专栏，并非陈独秀的独创；但此前此后的无数实践，之所以不若《新青年》成功，很大原因在于《新青年》同人全力投入，将其作为"品牌"来经营。

《青年杂志》创刊号上的《社告》，最具创意的很可能不是常被引用的将读者锁定在青年，以及呼吁青年"不可不放眼以观世界"——此等思路，晚清以降已成新派学人的共识；而是两则不太起眼的关于杂志编辑体例的说明。前一则"本志以平易之文，说高尚之理"，对于曾经主编过《安徽俗话报》的陈独秀来说，似乎有点后退；这与其将启蒙的主要对象从不太识字的劳苦大众转为受过新式教育的先进青年这一大的战略转移有关。而后一则更有意思：

> 本志特辟通信一门，以为质析疑难发舒意见之用。凡青年诸君对于物情学理，有所怀疑，或有所阐发，借可直缄惠示。本志当尽其所知，用以奉答，庶可启发心思，增益神志。

一开始只是读者提问，编辑答疑，杂志犹如虚拟的课堂，编辑（记者）就是那"传道授业解惑"的教师。很快地，读者的主体性开始萌现，不再只是虚心请教。《新青年》2卷1号（1916年9月）刊出的《通告二》称：

> 本志自第二卷第一号起，新辟《读者论坛》一栏，容纳社外文字，不问其"主张""体裁"是否与本志相合，但其所论确有研

究之价值者，即皆一体登载，以便读者诸君自由发表意见。

这则《通告二》连刊六次，"以便读者诸君自由发表意见"句还专门加了圈点。既要让读者"自由发表意见"，又不想放弃编者"启发心思，增益神志"的责任，陈独秀巧妙地引进编辑部同人，让大家都来参与辩难与答疑。

这样一来，第3—6卷的《新青年》，其"通信"一栏变得五彩缤纷，煞是好看。从晚清报刊沟通读者的基本技巧，到别出心裁地在同人杂志中引入异质因素，再到提供敌我双方厮杀的阵地，以及同道互相支持的戏台，《新青年》最具创意的栏目设计，非"通信"莫属。这其中，陈独秀的个人魅力固然重要，钱玄同、胡适、周作人、刘半农等的加盟同样必不可少。比起简单地回答读者提出的问题，同人之间的相互辩驳，更能促使讨论深入。即便推进"思想革命"与"文学革命"的大方向一致，在具体策略及实施方案方面，《新青年》同人间还是有不少分歧。于是，在"通信"栏中，展开了高潮迭起的论争——大到文学如何改良、孔教是否该批，小到《金瓶梅》如何评价，横行与标点是否当行，还有世界语的提倡、英文"She"字译法之商榷等，几乎"五四"新文化的各个子命题，都曾在"通信"栏中"表演"过。

使用"表演"一词，并非贬低"通信"栏中诸君的高谈阔论，而是指向其刻意营造的"众声喧哗"局面，还有行文中不时流露的游戏色彩。确实是对话，也略有交锋，但那基本上是同道之间的互相补台。好不容易刊出火药味十足的王敬轩来信，可那又是虚拟的，目的是提供批判的靶子。也就是说，别看《新青年》上争得很厉害，那是有控制的"自由表达"。唯一一次比较有分量的挑战——张厚载质疑《新青年》同人对于中国旧戏的见解，又被胡适、钱玄同、刘半农、陈独秀、周作人、傅斯年等轻易地打发了。[1] 这当然是同人杂志的特点决定的，不太可能刊登乃至接纳与自家立场截然对立的观点，只是由于《新青年》"通信"栏目的巨大成功，很容易造成这便是新旧之间"对话"或"对垒"的假象。

由于真正的对手缺席，《新青年》上的议论基本是一边倒。拟想中的"平等对话"，无法充分展开。谁来信，谁做答，何时以及用何种方式刊登，给不给人家申辩的机会，还有作为正文还是附录（比如张厚载应胡适之邀撰写的《我的中国旧戏观》，刊于《新青年》5卷4号时，便是作为傅斯年《戏剧改良各面观》一文的附录），诸如此类的"技术性因素"，足以阻止真正的反对派产生。李宪瑜注意到了《新青年》的"通信"栏目，由于"综合主题的选择、学术性的加强、编辑方式的改动"等，而"由公众论坛而趋向自己的园地"。[2] 我的意见略有不同，《新青年》从来没有成为"公众论坛"，即便是"通信"栏目，其"对话状态"不只是虚拟的，而且有明确的方向感。可以说，这是《新青年》同人创造的"另一种文章"。

从文体学的角度考察《新青年》的"通信"，很容易想当然地上溯古已有之的书札。这种溯源不能说没有道理，"通信"所虚拟的私人性及对话状态，以及若干书札惯用的套语，在在提醒这一点。但这种"拟书札"的姿态，除了拉近与读者的距离，更多的是为了获得独立思考以及自由表达的权力。换句话说，在《新青年》同人心目中，"通信"

---

[1]　参见张厚载、胡适、钱玄同、刘半农、独秀《新文学与中国旧戏》（4卷6号），胡适《文学进化观念与戏剧改良》（5卷4号），傅斯年《戏剧改良各面观》（5卷4号）、《再论戏剧改良》（5卷4号）。张厚载《我的中国旧戏观》（5卷4号），周作人、钱玄同《论中国旧戏之应废》（5卷5号）等文。

[2]　参见李宪瑜《"公众论坛"与"自己的园地"——〈新青年〉杂志"通信"栏》，《中国现代文学研究丛刊》2002年3期。

是一种"即席发言"、一种"思想草稿"。

作为留学生的胡适，"常用札记做自己思想的草稿"[1]；而作为启蒙者的陈独秀、钱玄同等，则借用通信"做自己思想的草稿"。既然是"草稿"而非"定本"，不妨放言无忌，横冲直撞。《新青年》上最为激烈的议论，多以"通信"形式发表，如钱玄同之骂倒"选学妖孽，桐城谬种"、提倡《新青年》全部改用白话，以及主张"欲废孔学，不可不先废汉文"等（参见钱玄同发表在《新青年》2—4 卷上众多致陈独秀、胡适的信）。每期《新青年》上的"通信"，都并非无关痛痒的补白，而是最具锋芒的言论，或最具前瞻性的思考。一旦思考成熟，不衫不履的"通信"，便会成为正襟危坐的"专论"。对于不只希望阅读"思想"，更愿意同时品味"性情"与"文采"者来说，作为"专论"雏形的"通信"，似乎更具魅力。《新青年》5 卷 5 号的"通信" 栏中，曾刊出鲁迅的《渡河与引路》，建议"酌减"杂志上所刊"通信"的数量，可鲁迅同时承认："《新青年》里的通信，现在颇觉发达。读者也都喜看。"[2] 胡适晚年口述自传，其第七章"文学革命的结胎时期"，特别渲染陈独秀、钱玄同"二人的作品和通信"如何"哄传一时"。[3] 将"通信"从"作品"中析出，目的是突出陈、钱所撰"通信"影响之巨。至于抗议者所针对的，也主要是"通信"，这点涉及所谓"革新家态度问题"，留待下节专门论述。

"通信"作为一种"思想草稿"，既允许提出不太成熟的见解，也可提前引爆潜在的炸弹。除此之外，"通信"还具有穿针引线的作用，

---

[1] 《〈胡适留学日记〉自序》，《胡适留学日记》，上海：商务印书馆，1947 年。

[2] 唐俟（鲁迅）：《渡河与引路》，《新青年》5 卷 5 号，1918 年 11 月。

[3] 参见《胡适口述自传》第七章，《胡适文集》第 1 卷 322 页，北京：北京大学出版社，1998 年。

将不同栏目、不同文体、不同话题纠合在一起，很好地组织或调配。在某种意义上，《新青年》不是由开篇的"专论"定调子，反而是由末尾的"通信"掌舵。如此琐碎的文章，竟然发挥如此巨大的作用，实在是个奇迹。

同是立说，"通信"卸下谠言庄论的面具，得以自由挥洒，甚至孤军深入。这一点，类似日后大行其时的杂文。其实，就在《新青年》上，由"通信"（第1卷起）而"随感"（第4卷起），二者无论作者、论题及文体，均有相通处。众多"随感"中，鲁迅的脱颖而出，无疑最值得关注。对于这一文学史线索，鲁迅本人供认不讳，在其第一本杂文集《热风》的《题记》中，专门提及"我在《新青年》的《随感录》中做些短评"[1]；而在晚年所撰《〈且介亭杂文二集〉后记》中，鲁迅又相当自豪地称："我从在《新青年》上写《随感录》起，到写这集子里的最末一篇止，共历十八年，单是杂感，约有八十万字。"[2]

作为"后起之秀"，"随感录"专栏1918年4月方才在4卷4号的《新青年》上登场。起初各篇只标明次第，没有单独的篇名；从第56篇《来了》起，方才在专栏下为各文拟题。鲁迅在《新青年》上发表的"随感"，从5卷3号的《随感录二十五》起，到6卷6号的《随感六十六　生命的路》止，共27则。虽然比起独占鳌头的陈独秀（58则）还有一段距离，但鲁迅还是遥遥领先于"季军"钱玄同（15则）。总共133则"随感"，陈、鲁、钱三君就占据了整整百则，单从数量上，都能清晰地显示《新青年》"随感录"之"三足鼎立"。更重要的是，比起前期偶尔露面的刘半农、周作人，或者后期勉力支撑的陈望道、周佛海，上述"三驾马车"，确实更能体现《新青年》"随感录"的特色。

---

[1]　参见《〈热风〉题记》，《鲁迅全集》第1卷291页。

[2]　《〈且介亭杂文二集〉后记》，《鲁迅全集》第6卷451页。

在《〈热风〉题记》中，鲁迅曾这样描述其刊载于《新青年》上的"随感"：

> 除几条泛论之外，有的是对于扶乩，静坐，打拳而发的；有的是对于所谓"保存国粹"而发的；有的是对于那时旧官僚的以经验自豪而发的；有的是对于上海《时报》的讽刺画而发的。记得当时的《新青年》是正在四面受敌之中，我所对付的不过一小部分；其他大事，则本志具在，无须我多言。[1]

这段话初看十分低调，颇能显示当事人谦虚的美德。可细读之下，方知其大有深意——所谓回避"泛论"与"大事"，而从"具体而微"的"小事"入手，用嬉笑怒骂的笔法，褒贬抑扬，纵横天下，其实正是"随感"的文体特征。此类体裁短小、现实感强、文白夹杂的"短评"，虽有"究竟爽快"的陈独秀与"颇汪洋，而少含蓄"的钱玄同等参与创建[2]，日后却是经由周氏兄弟的苦心经营，发展成为各具特色的"杂感"与"小品"[3]，在20世纪中国散文史上大放异彩。

作为专栏的"随感录"，很快就被其他新文化报刊所模仿——"稍后，李大钊、陈独秀主持的《每周评论》，李辛白主持的《新生活》，瞿秋白、郑振铎主持的《新社会》，邵力子主持的《民国日报》副刊《觉悟》等，都开辟了'随感录'专栏。"[4]至于师其意而不袭其名者，更是不胜枚举。以"随感""随笔""杂感""杂文"为报刊的

---

[1]　《〈热风〉题记》，《鲁迅全集》第1卷291页。

[2]　参见鲁迅致周作人、许广平信，《鲁迅全集》第11卷391页、47页。

[3]　参阅拙著《中华文化通志·散文小说志》204—211页。

[4]　参见钱理群等《中国现代文学三十年》147—148页，北京：北京大学出版社，1998年。

名称、论文的主旨，或设置相关专栏，提倡特定文体，在后世无数追随者的簇拥下，《新青年》的开创之功，很容易激起文学史家的联翩浮想。

值得注意的是，在晚清报刊中，其实早已出现类似的篇幅短小、语带调侃的"时评"——比如梁启超的"饮冰室自由书"，但没有凝集为一种相对稳定且被广泛接受的文体。一直到《新青年》的"随感录"，方才将这种兼及政治与文学、痛快淋漓、寸铁杀人的文体，充分提升。政论与随感，一为开篇之"庄言"，一为结尾之"谐语"，二者遥相呼应，使得《新青年》庄谐并举。一开始只是为了调节文气，甚至很可能是作为补白，但"随感"短小精悍、灵活多变、特别适合于谈论瞬息万变的时事的特点很快凸显；再加上作家的巧用预／喻／寓言，"三言"联手，不难令读者"拍案惊奇"。

"随感录"的横空出世，不仅仅为作家赢得了一个自由挥洒的专栏／文体，更凸显了五四新文化人的一贯追求——政治表述的文学化。晚清以降，有志于改革社会者，往往喜欢借助文学的神奇魔力。这一将文学工具化的思路，日后备受非议；可有一点不能忽略，搅动一池浑水，迫使众多文体升降与移位，这本身就可能催生出新的审美趣味与形式感。小说成为"文学之最上乘"，戏剧舞台上冒出了"言论小生"，以及"论政（学）之文"希望兼有文学性，所有这些，都并非纯然消极的因素。

谈论晚清以降的文学变革，思想史背景是个不能忽视的重要面向。只是落实到具体杂志，要不政治独尊，要不文学偏胜，难得有像《新青年》这样，"思想革命"与"文学革命"齐头并进，而且互相提携者。而这一"思想"与"文学"之间的纠葛与互动，不只催生了若干优秀的小说与诗文，还丰富了政治表述的形式——《新青年》上的"通信"与"随感"，八十多年后的今天，余香未尽，依旧值得再三回味。

五　提倡学术与垄断舆论

就像前面提到的，《新青年》之以"运动"的方式推进文学事业，讲究策略，追求效果，相对忽略细致入微的学理分析；而在具体栏目设置上，又创造性地采用作为"思想草稿"的"通信"，以及嬉笑怒骂皆成文章的"随感录"，刻意营造桀骜不驯的形象。思想方式与文体创新，二者配合默契，共同挑战根深蒂固的传统中国。撇开孔教之是非、古文之死活，单是这种激进的反叛姿态，便引起很大的争议。前面略为提及陈独秀"必不容反对者有讨论之余地"，蓝志先批评《新青年》的骂人文章，以及胡适对此问题的反省，基本是在"运动策略"的角度思考；这里换一个角度，借助于《学衡》派的抗击，重新解读《新青年》中关于"革新家态度问题"的辩难。

《新青年》与《学衡》的对抗，主要体现在对于传统中国及欧西文明的不同想象，同时也落实在知识者言说的方式上。眼看着新文化运动得到青年读者的热烈响应，正如火如荼地展开，《学衡》诸君奋起反抗，首先针对的便是这种诉诸群众运动的策略。按照吴宓的说法，提倡新文化者，其实是"以政客之手段，到处鼓吹宣布"[1]；胡先骕则批评新文化人"利用青年厌故喜新，畏难趋易，好奇立异，道听途说之弱点"，发为不负责任的惊人之论[2]。梅光迪的批评最为狠毒，挖掘"今人提倡学术之方法"背后的功利目标：

> 彼等既以功利名誉为目的，作其新科举梦，故假学术为进身之阶。昔日科举之权，操于帝王，今日科举之权，操于群众；昔

---

[1]　吴宓：《论新文化运动》，《学衡》4 期，1922 年 4 月。
[2]　胡先骕：《论批评家之责任》，《学衡》3 期，1922 年 3 月。

日之迎合帝王，今日之迎合群众。其所以迎合者不同，其目的则一也。故彼等以群众运动之法，提倡学术，垄断舆论，号召徒党，无所不用其极，而尤借重于团体机关，以推广其势力。[1]

《新青年》同人以思想启蒙为目标，必然面向广大民众，所谓"以群众运动之法"，没有什么不对。关键在于"提倡学术，垄断舆论"八个字。任何一个杂志，都有自己的宗旨；任何一场运动，都有自己的主张，"提倡学术"，此乃题中应有之义，为何《学衡》诸君那么反感？看来问题出在"垄断舆论"上。

就像人心向背一样，"舆论"其实是很难被"垄断"的——除非采用军事或政治的暴力。《新青年》同人只有纸墨而没有枪炮，如何能够"垄断舆论"呢？其实，梅光迪追究的，不是结果，而是动机，即《新青年》同人希望通过"肆行谩骂"而达到"垄断舆论"的目标：

> 彼等不容纳他人，故有上下古今，唯我独尊之概。其论学也，未尝平心静气，使反对者毕其词，又不问反对者所持之理由，即肆行谩骂，令人难堪。……往者《新青年》杂志，以骂人特著于时。……其尤甚者，移学术之攻击，为个人之攻击。[2]

如此立说，近乎诛心之论。但《学衡》诸君确实认准《新青年》同人不纯粹是思想问题，而是哗众取宠，说话不负责任，只求一时痛快。胡先骕的《论批评家之责任》，就是这样给钱玄同、胡适等上课的：

---

[1] 梅光迪：《评今人提倡学术之方法》，《学衡》2 期，1922 年 2 月。

[2] 同上。

又如钱君玄同，中国旧学者也，舍旧学外，不通欧西学术者也，乃言中国学术无丝毫价值，即将中国载籍全数付之一炬，亦不足惜。此非违心过情之论乎！胡君适之乃曲为之解说，以为中国思想界过于陈旧，故钱君作此有激之言。夫负批评之责任者，其言论足以左右一般青年学子，岂容作一二有激之言乎？[1]

其实，在一个风云变幻的变革年代，很难真的像胡先骕所设想的，"以中正之态度，为平情之议论"——《学衡》上的文章，论及新文化时，同样充满怒气与怨气；但胡君最后提出的"勿谩骂"戒律，还是发人深省的。就像胡君所说的："今之批评家，犹有一习尚焉，则立言务求其新奇，务取其偏激，以骇俗为高尚，以激烈为勇敢。此大非国家社会之福，抑亦非新文化前途之福也。"[2]

时光流逝，沧海桑田，后人重读作为五四新文化运动"遗迹"的《新青年》，不免有些隔膜。单从文本看，陈独秀、钱玄同等人的偏激，可谓一目了然。学者们希望用"了解之同情"的心态，来面对这些报刊史上的"经典文献"。赖光临在《中国近代报人与报业》中，专列四章（外加前言、结论）讨论《新青年》的功过，尤其关注其"言论态度"：

> 谈论《新青年》人物的言论态度，大致可用八个字归纳：议论激昂，态度刚愎。

至于《新青年》同人为何采取如此偏激的姿态，赖君提供的答案有三：

---

[1]　胡先骕：《论批评家之责任》，《学衡》3 期，1922 年 3 月。

[2]　同上。

"一是这些人物的思想中，都含有'尼采层'，因之最不能对他们认为'不合理'的事物因循妥协。""二是新青年人物之言论激烈，主要目的是在于破除旧说。""三是他们对国家危亡的处境，感受特别敏锐，以'烈火焚居，及于眉睫'，因而'急不择言'。"[1]

时人及后世史家之感慨《新青年》"态度刚愎"，主要不是指 3 卷 3 号（1917 年 5 月）上胡适、陈独秀的"通信"——在提倡白话文学这个问题上，到底是"容纳异议，自由讨论"，还是"不容他人之匡正"，关系不是很大。《新青年》"激起众怒"的，其实是刘半农的《答王敬轩书》。《新青年》4 卷 3 号（1918 年 3 月）上，以《文学革命之反响》为题，刊发钱玄同戏拟的"王敬轩来信"，以及刘半农的答复。正因王敬轩实无其人，乃虚拟的箭垛，刘半农将其作为旧势力的象征，极尽挖苦之能事。其语调之刻毒，让旁人看不过去，于是引发了一场关于"革新家态度问题"的争论。

先是在《新青年》4 卷 6 号（1918 年 6 月）的"通信"栏中，以《讨论学理之自由权》为题，探讨"有理"是否就可以"骂人"。那封署名"崇拜王敬轩先生者"的来信，真假莫辨，或许又是个圈套：

> 王先生之崇论宏议，鄙人极为佩服；贵志记者对于王君议论，肆口侮骂，自由讨论学理，固应又是乎？

接下来陈独秀的答辩词，带有纲领性质，在日后的争论中，曾被钱玄同引用，可见其大致代表《新青年》同人的立场：

> 本志自发刊以来，对于反对之言论，非不欢迎；而答词之敬

---

[1]　参见赖光临《中国近代报人与报业》532、535 页，台北：商务印书馆，1980 年。

慢，略分三等：言论精到，足以正社论之失者，记者理应虚心受教。其次则是非未定者，苟反对者能言之成理，记者虽未敢苟同，亦必尊重讨论学理之自由，虚心请益。其不屑与辩者，则为世界学者业于公同辩明之常识，妄人尚复闭眼胡说，则唯有痛骂之一法。讨论学理之自由，乃神圣自由也；倘对于毫无学理毫无常识之妄言，而滥用此神圣自由，致是非不明，真理隐晦，是曰"学愿"；"学愿"者，真理之贼也。[1]

既然是同人刊物，完全可以拒绝刊载毫无常识的驳难，就像鲁迅《渡河与引路》说的[2]。可《新青年》为何偏要登载那些"毫无学理毫无常识之妄言"——找不到合适的"妄言"，甚至杜撰出一则"王敬轩来信"——然后再加以痛骂？大概只能归结为，此乃吸引读者目光的编辑策略。刘半农的复信，开篇就是：

> 记者等自从提倡新文学以来，颇以不能听见反抗的言论为憾，现在居然有你老先生"出马"，这也是极应欢迎，极应感谢的。[3]

这可不是作为修辞手法的"反话"，而是《新青年》同人制造"王敬轩事件"的真实意图。

---

[1]　崇拜王敬轩先生者、独秀：《讨论学理之自由权》，《新青年》4 卷 6 号，1918 年 6 月。

[2]　鲁迅在《渡河与引路》中建议："只须将诚恳切实的讨论按期登载，其他不负责任的随口批评，没有常识的问难，至多只要答他一回，此后便不必多说，省出纸墨移作别用。例如见鬼、求仙、打脸之类，明明白白全是毫无常识的事情，《新青年》却还和他们反复辩论，对他们说'二五得一十'的道理，这功夫岂不可惜，这事业岂不可怜？"

[3]　王敬轩、半农：《文学革命之反响》，《新青年》4 卷 3 号，1918 年 3 月。

还是在"通信"栏，5 卷 1 号《新青年》上发表的，一是汪懋祖和胡适的《读新青年》，二是戴主一、钱玄同的《驳王敬轩君信之反动》。汪懋祖的来信主要批评中国人论战时喜欢将对方妖魔化，甚至还要"食肉寝皮"，足证其凶暴与褊狭。接下来话锋一转，指向《新青年》文章之"如村妪泼骂"：

> 文也者，含有无上美感之作用，贵报方事革新而大阐扬之；开卷一读，乃如村妪泼骂，似不容人以讨论者，其何以折服人心？此虽异乎文学之文；而贵报固以提倡新文学自任者，似不宜以"妖孽""恶魔"等名词输入青年之脑筋，以长其暴戾之习也。

胡适富有涵养，面对这样尖锐的指责，复信依然很客气，显示其一贯的绅士风度。不过，对于自家立场，没有丝毫动摇；需要改进的，只是"舆论家的手段"：

> 此种诤言，具见足下之爱本报，故肯进此忠言。从前我在美国时，也曾写信与独秀先生，提及此理。那时独秀先生答书说文学革命一事，是"天经地义"，不容更有异议。我如今想来，这话似乎太偏执了。我主张欢迎反对的言论，并非我不信文学革命是"天经地义"。我若不信这是"天经地义"，我也不来提倡了。但是人类的见解有个先后迟早的区别。我们深信这是"天经地义"了，旁人还不信这是"天经地义"。我们有我们的"天经地义"，他们有他们的"天经地义"。舆论家的手段，全在用明白的文学，充足的理由，诚恳的精神，要使那些反对我们的人不能不取消他们的"天经地义"，来信仰我们的"天经地义"。所以本报将来的政策，主张尽管趋于极端，议论定须平心静气。一切有理由的反对，本

报一定欢迎，决不致"不容人以讨论"。[1]

戴主一致《新青年》编者的信，直接点名批评刘半农的《答王敬轩书》，更指出"通信"一栏多"胡言乱语"，失去了"辨难学术"的本意：

> "通信"一门，以为辨难学术，发舒意见之用，更属难得。尚有一事，请为诸君言之：通信既以辨论为宗，则非辨论之言，自当一切吐弃；乃诸君好议论人长短，妄是非正法，胡言乱语，时见于字里行间，其去宗旨远矣。诸君此种行为，已屡屡矣；而以四卷三号半农君覆王敬轩君之言，则尤为狂妄。……足见记者度量之隘。

钱玄同可没有胡适那样的涵养，估计是一读此信火冒三丈，不觉得有认真理论的必要，于是以杂文笔法作答。先请戴君读读陈独秀发表在《新青年》4卷6号上的答辩辞，即所谓"答词之敬慢，略分三等"，对于"妄人"之"闭眼胡说"，"则唯有痛骂之一法"。接下来反唇相讥，倒打一耙："来书中如'胡言乱语'，'狂妄'，'肆无忌惮'，'狂徒'，'颜之厚矣'诸语，是否不算骂人？幸有以教我！"[2]

这还没完，大概社会上对于《新青年》之"好骂人"微词颇多，陈独秀觉得还有澄清的必要。5卷6号的《新青年》上，又以《五毒》为题，发表爱真与独秀的通信。爱真讥笑钱玄同的主张自相矛盾，既废灭汉文，又何须改良？而《新青年》"每号中，几乎必有几句'骂人'的话。我读了，心中实在疑惑得很"。陈独秀的答书很有意思，除强调

---

[1] 汪懋祖、胡适：《读新青年》，《新青年》5卷1号，1918年7月。

[2] 戴主一、钱玄同：《驳王敬轩君信之反动》，《新青年》5卷1号，1918年7月。

《新青年》同人辩论时所取"除恶务尽"的立场，还隐含着对于胡适绅士腔调的嘲讽：

> 尊函来劝本志不要"骂人"，感谢之至。"骂人"本是恶俗，本志同人自当有则改之，无则加勉，以答足下的盛意。但是到了辩论真理的时候，本志同人大半气量狭小，性情直率，就不免声色俱厉；宁肯旁人骂我们是暴徒是流氓，却不愿意装出那绅士的腔调，出言吞吐，至使是非不明于天下。因为我们也都"抱了扫毒主义"，古人说得好，"除恶务尽"，还有什么客气呢？[1]

显然，在陈独秀眼中，《新青年》之"声色俱厉"，不只并非必须改进的缺点，而且是"性情直率"的表现。

前面几次"通信"，因对手乃无名之辈，且说不出什么道理，只是表达不满而已，《新青年》同人的答辩未免轻慢了点。《新青年》6卷4号上蓝志先、胡适、周作人三人的问学与辩难，没有依惯例收入"通信"栏，而是另设"讨论"栏，显然认定此回的"讨论"非同一般。一方面是蓝志先的学术地位，另一方面此信谈及"贞操问题""拼音文字问题""革新家态度问题"，有很强的学理性。当然，也与这期杂志归胡适编辑有关。蓝君先是感叹中国人之不喜欢也不擅长辩论：

> 在欧美各国，辩论是真理的产婆，愈辩论真理愈出。而在中国，辩论却是呕气的变相，愈辩论论旨愈不清楚，结局只能以骂人收场。

---

[1]　爱真、独秀：《五毒》，《新青年》5卷6号，1918年12月。

接下来讨论"革新家态度问题"，对《新青年》的论辩风格颇有微词：

> 讲到《新青年》的缺点，有许多人说是骂人太过，吾却不是如此说。在中国这样混浊社会中讲革新，动笔就会骂人，如何可以免得。不过这里头也须有个分别，辩驳人家的议论说几句感情话，原也常有的事，但是专找些轻佻刻薄的话来攻击个人，这是中国自来文人的恶习，主张革新思想的，如何自己反革不了这恶习惯呢？像《新青年》通信栏中常有这种笔墨，令人看了生厌。本来通信一门是将彼此辩论的理由给一般人看的，并不是专与某甲某乙对骂用的，就便骂得很对，将某甲某乙骂一个狗血喷头，与思想界有什么好处呢？难道骂了他一顿，以后这人就不会有这样的主张了么？却反令旁观者生厌，减少议论的价值。吾敢说《新青年》如果没有这几篇刻薄骂人的文章，鼓吹的效果，总要比今天大一倍。吾是敬爱《新青年》的人，很望以后删除这种无谓的笔墨，并希望刘半侬先生也少说这种毫无意思的作揖主义。[1]

胡适在回答"革新家态度问题"时称："先生对于这个问题的议论，句句都是从自己经验上来的，所以说得十分恳切，我们读了很感激先生的好意。"接下来引录自己在5卷1号《新青年》上的说法，即所谓"主张尽管趋于极端，议论定须平心静气"，算是呼应蓝君的批评，并代表《新青年》同人作自我反省。[2]

值得注意的是，《新青年》同人中，对"骂人"公开表示不妥的，只有胡适。而且，就连胡适本人，后来也承认陈独秀之"不容他人之

---

[1] 《蓝志先答胡适书》，《新青年》6卷4号，1919年4月。

[2] 《胡适答蓝志先书》，《新青年》6卷4号，1919年4月。

匡正"自有其道理。在叙述文学革命进程的《逼上梁山》中，胡适引述了他与陈独秀关于是否允许批评的通信，然后加了个按语：

> 这样武断的态度，真是一个老革命党的口气。我们一年多的文学讨论的结果，得着了这样一个坚强的革命家做宣传者，做推行者，不久就成为一个有力的大运动了。[1]

这里突出陈独秀作为"宣传者""推行者"的作用，可如果是"思想家"或"探索者"呢？至于争议最大的"谩骂"，胡适后来也倾向于欣赏。晚年口述自传，提及"陈独秀竟然把大批古文宗师一棒打成'十八妖魔'。钱玄同也提出了流传一时的名句'选学妖孽'和'桐城谬种'"，胡适再也没有指责的意味。而是承认："这几句口号一时远近流传，因而它们也为文学革命找到了革命的对象。"[2]

即便当年"主张欢迎反对的言论"，胡适也是从如何完善"舆论家的手段"的角度着眼，而不是像他的前辈章太炎那样，主张"文化多元"[3]，或者基于"横看成岭侧成峰"的民间智慧。在这一点上，胡先骕的批评是有道理的：

> 夫他人之议论，不能强以尽同于我也，我之主张，恐亦未必全是也。故他人议论之或不当也，尽可据论理以折之。且彼与我持异议者，未必全无学问，全无见解，全无道德也。即彼所论或有未当，亦无容非笑之、谩骂之不遗余力也。……甚有人谓世

---

[1] 胡适：《逼上梁山》，《胡适文集》第 1 卷 163 页。

[2] 参见《胡适口述自传》第七章，《胡适文集》第 1 卷 322 页。

[3] 参阅拙著《中国现代学术之建立》第六章，北京：北京大学出版社，1998 年。

无王敬轩其人，彼新文学家特伪拟此书，以为谩骂旧学之具。诚如此，则尤悖一切批评之原则矣。流风所被，绝无批评，但有谩骂。[1]

胡适表示愿意接纳批评，是一种绅士姿态；至于《新青年》其他同人，连这点姿态都免了。那么，为什么陈独秀等"革新家"明知"'骂人'本是恶俗"，却偏要采取如此"偏激"的言说姿态？

这里牵涉到陈独秀等人对于文化传统、民众心理以及改革事业的基本判断，并非只是个策略选择的问题。在《文学革命论》一文中，陈独秀有段十分沉痛的话，很能显示那时改革者的心理状态：

吾苟偷庸懦之国民，畏革命如蛇蝎。故政治界虽经三次革命，而黑暗未尝稍减。其原因之小部分，则为三次革命皆虎头蛇尾，未能充分以鲜血洗净旧污；其大部分，则为盘踞吾人精神界根深底固之伦理道德、文学、艺术诸端，莫不黑幕层张，垢污深积，并此虎头蛇尾之革命而未有焉。[2]

对时局、对国民性、对文化传统的深刻怀疑，使陈独秀等人对于按部就班、温文尔雅、和风细雨的改革能否奏效很不乐观，因而倾向于采用激烈的手段，"毕其功于一役"。这种时代风气，从晚清谭嗣同的"烈士心态"，到刘师培的"激烈主义"，再到五四新文化人大都默认的"矫枉必须过正"，都是假定改革必须付出代价，唯有"鲜血"能够"洗净旧污"。

---

[1] 胡先骕：《论批评家之责任》，《学衡》3 期，1922 年 3 月。

[2] 陈独秀：《文学革命论》，《新青年》2 卷 6 号，1917 年 2 月。

考虑到群众的麻木以及对抗中必不可少的损耗，革命家于是语不惊人死不休，故意将问题推到极端，在警醒公众的同时，也保留折中回旋的余地。在《无声的中国》中，鲁迅曾论及这种革命家的思维方式：

> 中国人的性情是总喜欢调和，折中的。譬如你说，这屋子太暗，须在这里开一个窗，大家一定不允许的。但如果你主张拆掉屋顶，他们就会来调和，愿意开窗了。没有更激烈的主张，他们总连平和的改革也不肯行。那时白话文之得以通行，就因为有废掉中国字而用罗马字母的议论的缘故。[1]

这废掉汉字的"极端言论"，正是出于思想"偏激"、"所主张常涉两极端"、说话"必说到十二分"的钱玄同先生[2]。作为一种政治／思想运动的策略，极端思维自有其好处。郑振铎在叙述五四新文化运动进程时，专门强调：

> 好在陈独秀们是始终抱着不退让，不妥协的态度的，对于自己的主张是绝对的信守着，"不容反对者有讨论之余地"。遂不至上了折衷派的大当。[3]

---

[1]　《无声的中国》，《鲁迅全集》第 4 卷 13—14 页。

[2]　周作人：《钱玄同的复古与反复古》（《文史资料选辑》第 94 辑，北京：文史资料出版社，1984 年）提及，"玄同所主张常涉两极端"，而且这种思想"偏激"，"是他自己所承认的"。据黎锦熙在《钱玄同先生传》中追忆："从前鲁迅批评他：十分话最多只须说到八分，而玄同则必须说到十二分。"（见曹述敬《钱玄同年谱》173 页）

[3]　郑振铎：《〈中国新文学大系·文学论争集〉导言》5 页，《中国新文学大系·文学论争集》，上海：良友图书印刷公司，1935 年。

但另一方面，过于讲求"策略性"，追求最大限度的"现场效果"，未免相对忽视了理论的自洽与完整。至于由此而激发若干原本不必要的凶猛对抗，尚在其次。

"铁肩担道义，妙手著文章"，新文化人的这一自我期待，使其言谈举止中，充溢着悲壮感。这一方面使其具有道德上的优势，论争中难得体会对方言论的合理性；另一方面注重勇气而不是智慧，认准了路，一直往前走，从不左顾右盼。唐德刚整理《胡适口述自传》时，在"文学革命"那一章加了条有趣的注释：

> 搞文学革命和搞政治革命有许多相同的地方。其中很重要的一点就是革命家一定要年轻有冲劲。他们抓到几句动听的口号，就笃信不移。然后就煽动群众，视死如归，不成功则成仁。至于这些口号，除一时有其煽动性之外，在学理上究有多少真理，则又当别论。[1]

"提倡学术"犹如唐德刚所说的"搞革命"，同样需要"笃信不移"，而不是不断地自我反省。经过一番艰苦卓绝的上下求索，五四新文化人大都有了坚定的信仰——不管是自由主义、无政府主义、马克思主义，还是兼及文学的托尔斯泰主义、尼采主义、易卜生主义。有信仰，有激情，加上知识渊博，五四那代人显得特别自信。更何况，作为各种"主义"基石的"现代性想象"，其时正如日中天，没像今天这样受到严峻挑战。这种状态下，新派人士难免有点先知先觉者的"傲慢与偏见"。

傅斯年在回顾其追随《新青年》师长，创办《新潮》杂志，挑战

---

[1]　参见《胡适口述自传》第七章注释 6，《胡适文集》第 1 卷 324 页。

传统势力时，有这么一段自我批评：

> 我们有点勇猛的精神，同时有个武断的毛病。要说便说，说
> 得太快了，于是乎容易错。观察研究不能仔细，判断不能平心静
> 气，——我不敢为我自己讳。[1]

说到"平心静气"，不只《新潮》做不到，《新青年》做不到，晚清以
降众多提倡革新的报章，全都没有真正做到。一是国势危急，时不我
待；二是大家都还没掌握好大众传媒的特点，说话容易过火。批评《新
青年》好骂人的《学衡》诸君，其论辩文章又何尝"平心静气"。胡先
骕挖苦胡适的文章，也够刻薄的，难怪人家很不高兴——旁征博引，
洋洋洒洒三万余言，论证《尝试集》"无论以古今中外何种之眼光观之，
其形式精神，皆无可取"，唯一的价值是告诉年轻人"此路不通"。[2]

晚清及五四的思想文化界，绝少真正意义上的"辩论"，有的只是
你死我活的"论战"。这与报刊文章的容易简化、趋于煽情不无关系。
真正的"辩论"，需要冷静客观，需要条分缕析，而且对参与者与旁观
者的学识智力有较高的要求。还有一点，这种真正意义上的"辩论"，
很可能没有戏剧性，也缺乏观赏性。大众传媒需要吸引尽可能多的读
者／受众，因而，夸张的语调，杂文的笔法，乃至"挑战权威"与"过
激之词"等，都是必不可少的佐料。所谓"吾敢说《新青年》如果没
有这几篇刻薄骂人的文章，鼓吹的效果，总要比今天大一倍"，蓝志先
显然不太了解大众心理以及传媒特点。单就对"报章之文"的掌握而
言，《新青年》同人明显在《学衡》诸君之上。只要稍微翻阅鲁迅的《估〈学

---

[1]　傅斯年：《〈新潮〉之回顾与前瞻》，《新潮》2 卷 1 号，1919 年 10 月。

[2]　胡先骕：《评〈尝试集〉》，《学衡》1、2 期，1922 年 1、2 月。

衡〉》[1]，以及胡先骕的《评〈尝试集〉》，二者文章的高低，以及争论时之胜负，几乎可以立断。

从思想史角度切入"文学革命"，《新青年》同人容易显得"高瞻远瞩"——道德优势、整体主义思维特征、泛政治化倾向，再加上以杂志为阵地，其发起的文学革命，必定是理论先行，声势浩大。至于说如此"提倡学术"，是否必定导致"垄断舆论"，这取决于反对派的实力。

当初创造社崛起时，打的也是"对抗垄断"的旗帜。《时事新报》1921 年 9 月 29 日刊出的《纯文学季刊〈创造〉出版预告》，很能代表郭沫若、郁达夫等人的志气与意气：

> 自文化运动发生后，我国新文艺为一二偶像垄断，以致艺术之新兴气运，渐灭将尽。创造社同人奋然兴起打破社会因袭，主张艺术独立，愿与天下之无名作家共兴起而造成中国未来之国民文学。

这里所说的"垄断文坛"，指的是此前成立的文学研究会。创造社之挑战文学研究会，有文学理想及创作方法的分歧，可意气之争也是重要因素。好在创造社很快凭借实力，打出属于自己的一片新天地。

这是新文学发展史上的一件大事，各方都无法回避。茅盾《〈中国新文学大系·小说一集〉导言》以及郑伯奇《〈中国新文学大系·小说三集〉导言》，分别叙说文学研究会和创造社的崛起，一个说"这决不是'包办'或'垄断'文坛，像当时有些人所想象"，隐指创造社的无事生非；另一个接过话头，"然而久而久之，文学研究会的成员渐渐

---

[1] 鲁迅：《估〈学衡〉》，《鲁迅全集》第 1 卷 377—379 页。

固定了，变成了一个同人团体，那却是不容否认的"，继续为创造社之反抗"垄断"辩解。

《新青年》之迅速崛起，不可避免地对他人造成压迫。不管是否有意"排斥异己"，《新青年》的走红，打破了原有的平衡，其占据中心舞台，确有走向"垄断舆论"的趋势。因此，《学衡》的奋起抗争，有其合理性。而《学衡》诸君学有根基，其文化保守主义立场，也自有其价值，值得充分理解与同情。倘若能像创造社那样，在中国思想文化界"打出属于自己的一片新天地"，形成双峰对峙的局面，未尝不是一件大好事。可惜《学衡》诸君不只道德及文化理念与时代潮流相左，其表达方式也有明显的缺陷——胡先骕等文之引证繁复，语言啰唆，加上卖弄学问 [1]，哪比得上《新青年》同人之思维清晰，表达简洁，切近当下生活，而且庄谐并用，新诗、小说、通信、随感一起上——因此，其"打破垄断"的愿望，没能真正实现。

六　文化资本与历史记忆

在为纪念北京大学创立二十五周年而撰的《回顾与反省》中，胡适这样描述北大："开风气则有余，创造学术则不足。" [2] 这话同样可

---

[1]　胡先骕的《论批评家之责任》（《学衡》3 期，1922 年 3 月）说理清晰，但称"欲以欧西文化之眼光，将吾国旧学重行估值，无论为建设的破坏的批评，必对于中外历史、文化、社会、风俗、政治、宗教，有适当之研究"，接下来从屈原到赵熙，一口气开列近八十家诗文集，再加上希腊、拉丁、英、德、法、意等五十几家的著作，最后告诉你，"以上所举，几为最少甚且不足之程度"。言下之意，如没读过这些诗文集，免开尊口。又不是哈佛大学的博士资格考试，如此设立门槛，明显地卖弄学问，极易让人反感。

[2]　胡适：《回顾与反省》，1922 年 12 月 17 日《北京大学日刊》。

移用来评价《新青年》，尤其是其关于文学革命的提倡。这也是几乎所有革命者的共同命运——意识到的历史责任，与自家兴趣及实际能力之间存在一定距离，故很难避免"理念"大于"实绩"的讥讽。可有一点，谈论现代中国的"新文学"，《新青年》是个无法绕开的题目。无论你如何不服气，《新青年》提倡文学革命的功绩，看来是无可动摇的了。

当初新文化运动蓬勃展开，《新青年》杂志名声大振，对此，《学衡》主将吴宓很不以为然，悻悻然称：

> 故中国文化史上，谁当列名，应俟后来史家定案。非可以局中人自为论断，孰能以其附和一家之说与否，而遂定一人之功罪。[1]

可到目前为止，历史学家还是普遍推崇《新青年》——虽然对《学衡》的评价也有所提升。

吴宓对《新青年》很不服气，除了理念不同，还有一点，认为陈独秀、胡适等人之所以"暴得大名"，很大程度上得益于其学术背景——北京大学。所谓"又握教育之权柄"云云[2]，指的便是这一点。梅光迪同样指责《新青年》同人"尤借重于团体机关，以推广其势力"，而且，话说得更明白：

> 彼等之学校，则指为最高学府，竭力揄扬，以显其声势之赫奕，根据地之深固重大。甚且利用西洋学者，为之傀儡，以便依

---

[1] 吴宓：《论新文化运动》，《学衡》4 期，1922 年 4 月。

[2] 同上。

附取荣，凌傲于国人之前矣。[1]

所谓"利用西洋学者"，此乃五四时期所有革新家的共同思路；就连《学衡》，不也满纸"白璧德"？关键在于"最高学府"的权威性，确实对一般青年读者有很大的吸引力。"热心西学"的"少年学子"，之所以"误以此一派之宗师，为唯一之泰山北斗"[2]，不就因为人家是"最高学府"吗？这是最让吴宓等《学衡》诸君痛心疾首的。

此说并非空穴来风。那位给陈独秀写信，希望《新青年》不要每号必有几句"骂人"话的读者爱真，便有这么一段很诚恳的自我表白：

> 我抱了扫毒主义已有七八年了。无如帑小力微，所以收得的效果很小。
>
> 先生等，都是大学教授，都是大学问家。帑大力大，扫起来自然是比人家格外利害。将来的收获，也一定是格外丰富的！[3]

这可不像是嘲讽性质的"反话"。《新青年》的读者，对于其时唯一的国立大学，以及"都是大学问家"的大学教授，还是存有敬畏之心的。这也是胡适在口述自传时，特别强调陈独秀、钱玄同对其《文学改良刍议》的支持。为什么？就因为陈是国立北京大学文科学长，钱是北大著名教授、古文大家、"国学大师章太炎的门人"。初出茅庐的"留学生"胡适，其文学革命主张能得到这两位学界重量级人物的支持，

---

[1]　梅光迪：《评今人提倡学术之方法》，《学衡》2 期，1922 年 2 月。

[2]　吴宓：《论新文化运动》，《学衡》4 期，1922 年 4 月。

[3]　爱真、独秀：《五毒》，《新青年》5 卷 6 号，1918 年 12 月。

焉能不"声势大振"？[1]

毋庸讳言，《新青年》的成功，确实得益于其强大的学术背景。虽然也曾刊出启事，称不宜"把《新青年》和北京大学混为一谈"[2]，但《新青年》主体乃北大教授这一事实，已足以提供强大的文化资源——包括象征性的以及实质性的。

《学衡》创刊的 1922 年，吴宓等人所在的东南大学才刚刚成立。虽然前有三江师范学堂（1902）、南京高师的传统，后有中央大学的辉煌，但一直到 1927 年年底，东南大学还无法与北京大学比肩。北伐成功，国民政府定都南京，原先的东南大学，经由一番蜕变，成为首都乃至全国的"第一高校"——中央大学（1928）。作为"首都大学"，中央大学的迅速崛起有其必然性。对于大学来说，"近水楼台先得月"；对于政府来说，意识形态控制必须借助最高学府的支持。这种权力与知识的共谋，使得中央大学获得了更多发展的动力与资源，有一段时间明显凌驾于北大之上。[3]

《学衡》诸君都是学有所长的专家学者，其对西洋文明以及传统中国文化的了解，很可能不在《新青年》同人之下。但若论名声以及对于社会历史进程的影响，二者则无法比拼。关键在于各自所选择的道路，以及思想方法和论述策略。除此之外，必须承认，北京大学这一学术背景，还是起了很大作用。可《新青年》同人提倡"思想革命"与"文学革命"，之所以青史留名，文化资本外，还得益于历史记忆。

关于《新青年》的"历史记忆"，不完全是自然而然地形成的，也

---

[1]　《胡适口述自传》第七章，《胡适文集》第 1 卷 318—322 页。

[2]　参见《〈新青年〉编辑部启事》，《新青年》6 卷 2 号，1919 年 2 月。

[3]　参见拙文《首都的迁徙与大学的命运——民国年间的北京大学与中央大学》，《文史知识》2002 年 5 期。

包括《新青年》同人自身的努力。胡先骕嘲笑胡适擅长"内台叫好"，具体所指乃《五十年来中国之文学》中对于白话文运动的表彰。[1] 可这话更适合于《尝试集》。关于《尝试集》，胡适有过许多"戏台里喝彩"，从具体诗作的品鉴，到"个人主张文学革命的小史"的述说，再到"胡适之体"的阐释。[2] 作为潜心"尝试"白话诗写作的适之先生，精益求精固然值得钦佩，有点功名心也完全可以理解。在此"制作经典"的过程中，最令人惊讶的举动，还是邀请周氏兄弟等五位当世名流为其"删诗"。此举表面上谦卑，实则隐含了对于自家诗集的历史定位：不满足于"开创之功"，因而必须苦心经营其"经典之作"。[3] 而这种经营是有效的，我们今天关于"文学革命"的历史叙述，受胡适《逼上梁山》《〈中国新文学大系·建设理论集〉导言》以及《胡适口述自传》的影响很深。

这也是胜利者常有的姿态——在叙述历史的同时，不忘自我表彰。如此不断强化的"文化记忆"，不能不影响到后世的历史叙述。今天我们可能对五四新文化运动的另一面——比如《学衡》诸君的理念感兴趣，可当你进入历史，就会发现，你很难像谈论《新青年》那样谈论《学衡》。因为，人物形象模糊，故事不太连贯，缺乏必要的细节，无法复原生动的历史场景，你叫我怎么娓娓道来？相比之下，关于《新青年》的叙事是如此完整，如此生动，以至你感到那段历史似乎触手可及。而这可不仅仅是"优胜劣败，自然淘汰"，其中包含新文化人的苦心经营。

---

[1] 参见胡先骕《评胡适〈五十年来中国之文学〉》，《学衡》18 期，1923 年 6 月。

[2] 参见《尝试集》初版、再版和四版的自序，以及《谈谈"胡适之体"的诗》（《自由评论》12 期，1936 年 2 月）。

[3] 参见拙文《经典是怎样形成的——周氏兄弟等为胡适删诗考》，《鲁迅研究月刊》2001 年 4—5 期。

不管是著作、人物，还是报刊、社团，能否"流芳千古"，时间是个很重要的因素。以作品为例，二十年后还有人阅读，是小成；五十年后不被遗忘，是中成；如果一百年后仍然被记忆，那可就是大成了。大约就在《新青年》诞生二十年之际，或者说停刊十几年后，早已星流云散的《新青年》同人，由于某种特殊的机缘，在回忆中重新聚首，述说友情，同时彩绘历史，为后世之"《新青年》叙事"奠定牢靠的根基。

我所说的机缘，很明显，是指《中国新文学大系》的编纂。1933年，刘半农在编纂《初期白话诗稿》时，引了陈衡哲"我们都是三代以上的古人了"的慨叹，然后加以发挥：

> 这十五年中国内文艺界已经有了显著的变动和相当的进步，就把我们这班当初努力于文艺革新的人，一挤挤成了三代以上的古人，这是我们应当于惭愧之余感觉到十二分的喜悦与安慰的。[1]

这段话，被《中国新文学大系》的编纂者再三提及。比如阿英的《〈中国新文学运动史资料〉序记》，以及茅盾撰于1935年4月的《十年前的教训》[2]，都提到刘半农的这段感慨。郑振铎的表述更加直截了当：

> 而初期的为白话文运动而争斗的勇士们，像钱玄同们，便都也转向的转向，沉默的沉默了。

---

[1] 刘半农：《初期白话诗稿·序目》，北平：星云堂书店，1933年。

[2] 参见阿英《〈中国新文学运动史资料〉序记》，《阿英文集》137—138页，北京：三联书店，1979年；茅盾《十年前的教训》，《文学》4卷4号，1935年4月。

只有鲁迅，周作人还是不断的努力着，成为新文坛的双柱。[1]

这段话，在肯定周氏兄弟业绩的同时，也在为《新青年》事业画句号。值得注意的是，胡适、周作人、鲁迅等与刘半农关系更为密切且被郑振铎划为"三代以上的古人"的人们，反倒回避这一略带伤感的感慨。[2]

"三代以上的古人"这样的感慨，既沉重，又敏感，牵涉到五四"文学革命"与1930年代"革命文学"的冲突。尽管代与代、先驱与后继、当事人与观察者、追忆历史与关注当下，决定了对于"新文学"的历史建构，各方意见会有分歧；但经由《中国新文学大系》的编纂，《新青年》同人的文学事业得到了前所未有的肯定。"大系"各集的编者，各有其理论背景，也各有其现实利益，但既然在1917—1927年的框架中书写历史，《新青年》的开创之功，无论如何必须首先肯定。就像蔡元培在《总序》中所说的：

主张以白话代文言，而高揭文学革命的旗帜，这是从《新青年》时代开始的。[3]

翻阅《中国新文学大系》各集的"导言"，《新青年》是个绕不过去的话题；至于鲁迅、茅盾、郑振铎、朱自清等，更是开篇就从《新青年》说起。

---

[1]　郑振铎：《〈中国新文学大系・文学论争集〉导言》8页，《中国新文学大系・文学论争集》。

[2]　参见杨志《"史家"意识与"选家"眼光的交融——〈中国新文学大系〉(1917—1927)研究》之《在"分期"问题上的冲突》一节，北京大学硕士论文，未刊稿，2002年。

[3]　蔡元培：《〈中国新文学大系〉总序》10页，《中国新文学大系・建设理论集》。

不是从戊戌变法、辛亥革命或者五四运动，也不是从《新小说》《民报》或《南社丛刊》，而是从《新青年》说起，这一"新文学"原点的确定，对于日后的历史叙述，关系重大。在这个意义上，《中国新文学大系》的编纂，不只是保留资料，更是书写历史。就在此新文学"经典化"的过程中，《新青年》同人发挥了巨大作用——除了撰写"总序"的蔡元培，还有负责"建设理论集"的胡适、"小说二集"的鲁迅、"散文一集"的周作人。此外，《新潮》社及文研会的郑振铎、茅盾、朱自清等，其立场也接近《新青年》同人。因此，可以这么说，对于"中国现代文学"学科影响极为深远的《中国新文学大系》，其关于"文学革命"的历史叙述，深深打上了《新青年》同人的烙印。

关于五四一代如何借助"大系"的编纂，加强"文学革命"的历史记忆，并恰到好处地建立起有关"新文学"的权威叙事，学界近年多有研究 [1]，这里不再细说。其实，还有另外一件事，同样影响后世对于"新文学"的叙述。那便是因陈独秀、李大钊著作的出版，以及刘半农的突然去世，早已分手的《新青年》同人追忆往事，感慨唏嘘。

1932 年，在《〈自选集〉自序》中，鲁迅曾慨叹《新青年》同人的分手。这段话十分有名，常被研究者引用：

> 后来《新青年》的团体散掉了，有的高升，有的退隐，有的前进，我又经验了一回同一战阵中的伙伴还是会这么变化，并且

---

[1]　参见刘禾 "The Making of the Compendiun of Modern Chinese Literature"(*Translingual Practice*, Stanford University Press, 1995)、温儒敏《论〈中国新文学大系〉的学科史价值》(《文学评论》2001 年 3 期)、罗岗《解释历史的力量——现代"文学"的确立与〈中国新文学大系〉(1917—1927)的出版》(《开放时代》2001 年 5 月号)。

> 落得一个"作家"的头衔,依然在沙漠中走来走去……新的战友在那里呢? [1]

中间删去的部分,是鲁迅自述其杂文、小说及散文诗的写作。我关心的是,渐入晚年的鲁迅,其对于"成了游勇,布不成阵了"的精神状态的描述。毫无疑问,此时的鲁迅,十分怀念《新青年》时期同人的并肩战斗。第二、三年,因缘际会,鲁迅在文章中三怀故人,恰好都涉及早年的《新青年》事业。

1933年3月,鲁迅撰《我怎样做起小说来》,提及"说到为什么做小说,仍抱十多年前的'启蒙主义'",还专门介绍《狂人日记》的写作过程:

> 但是《新青年》的编辑者,却一回一回的来催,催几回,我就做一篇,这里我必得记念陈独秀先生,他是催促我做小说最着力的一个。[2]

那时陈独秀正在国民党的监狱里服刑,鲁迅写这段话时,肯定感慨遥深。同年5月,鲁迅撰《〈守常全集〉题记》,其中有云:

> 我最初看见守常先生的时候,是在独秀先生邀去商量怎样进行《新青年》的集会上,这样就算认识了。不知道他其时是否已

---

[1] 《〈自选集〉自序》,《鲁迅全集》第4卷456页。

[2] 《我怎么做起小说来》,《鲁迅全集》第4卷512页。陈独秀在五四时期,确曾极力敦促鲁迅从事小说写作,如1920年3月11日致周作人信:"我们很盼望豫才先生为《新青年》创作小说,请先生告诉他。"同年8月22日信:"鲁迅兄做的小说,我实在五体投地的佩服。"(水如编《陈独秀书信集》251页、258页,北京:新华出版社,1987年)

是共产主义者。总之，给我的印象是很好的：诚实，谦和，不多说话。《新青年》的同人中，虽然也很有喜欢明争暗斗，扶植自己势力的人，但他一直到后来，绝对的不是。[1]

写下这段文字时，鲁迅所面对的，只能是《新青年》时代"站在同一战线上的伙伴"李大钊的遗文了。面对着这"先驱者的遗产，革命史上的丰碑"[2]，鲁迅能不更加感怀昔日的战友？

一年后，又一个《新青年》的伙伴刘半农去世。此前，鲁迅与在京的刘、钱、周、胡等《新青年》同人，其实已经相当隔膜了。可获悉这消息，鲁迅还是很快写出了声情并茂的《忆刘半农君》，其中专门提到刘在新文化运动时期"很打了几次大仗"：

> 我已经忘记了怎么和他初次会面，以及他怎么能到了北京。他到北京，恐怕是在《新青年》投稿之后，由蔡孑民先生或陈独秀先生去请来的，到了之后，当然更是《新青年》里的一个战士。他活泼，勇敢，很打了几次大仗。譬如罢，答王敬轩的双簧信，"她"字和"牠"字的创造，就都是的。这两件，现在看起来，自然是琐屑得很，但那是十多年前，单是提倡新式标点，就会有一大群人"若丧考妣"，恨不得"食肉寝皮"的时候，所以的确是"大仗"。现在的二十左右的青年，大约很少有人知道三十年前，单是剪下辫子就会坐牢或杀头的了。然而这曾经是事实。[3]

---

[1] 《〈守常全集〉题记》，《鲁迅全集》第 4 卷 523 页。

[2] 同上书，524—525 页。

[3] 《忆刘半农君》，《鲁迅全集》第 6 卷 71 页。

这还不够，鲁迅还专门为刘半农常被学界诟病的"浅"辩解："不错，半农确是浅。但他的浅，却如一条清溪，澄澈见底，纵有多少沉渣和腐草，也不掩其大体的清。"由刘半农生发开来，鲁迅无限深情地回忆起《新青年》的其他战友：

> 《新青年》每出一期，就开一次编辑会，商定下一期的稿件。其时最惹我注意的是陈独秀和胡适之。假如将韬略比作一间仓库罢，独秀先生的是外面竖一面大旗，大书道："内皆武器，来者小心！"但那门却开着的，里面有几枝枪，几把刀，一目了然，用不着提防。适之先生的是紧紧的关着门，门上粘一条小纸条道："内无武器，请勿疑虑。" 这自然可以是真的，但有些人 —— 至少是我这样的人 —— 有时总不免要侧着头想一想。半农却是令人不觉其有"武库"的一个人，所以我佩服陈胡，却亲近半农。[1]

值得注意的是，这里对陈、胡、刘三人的描述，既贴切，又友善，并无特别嘲讽的意味。看来，即便坚强如鲁迅先生，怀旧的心情依旧战胜了一时的政治纷争。

同样面对刘半农的突然去世，钱玄同先是发表《亡友刘半农先生》，表扬其果敢以及"常常做白话新诗"；后又撰长篇挽联，上联涉及其提倡文学革命的业绩：

> 当编辑《新青年》时，全仗带情感的笔锋，推翻那陈腐文章，昏乱思想；曾仿江阴"四句头山歌"，创作活泼清新的《扬鞭》《瓦釜》。回溯在文学革命旗下，勋绩弘多；更于世道有功，是痛诋乩

---

[1] 《忆刘半农君》，《鲁迅全集》第 6 卷 71—72 页。

坛，严斥"脸谱"。[1]

至于刘半农另一位好友周作人，也在《人间世》上撰文，称赞"半农的真"，以及"半农的杂学"。不过，具体叙述时，仍旧在《新青年》上做文章：

> 民国六年春间我来北京，在《新青年》中初见到半农的文章，那时他还在南方，留下一种很深的印象，这是几篇《灵霞馆笔记》，觉得有清新的生气，这在别人笔下是没有的。[2]

蔡元培也在《哀刘半农先生》中提及"先生在《新青年》上提倡白话诗文"，更强调半农兼有科学家的"收敛"与文学家的"放任"。[3]

如果再加上两年后鲁迅去世，蔡元培、周作人、钱玄同等人纷纷撰写悼念文章，不约而同重提《新青年》时期的亲密接触，短短几年间，竟然集中了这么多以《新青年》为背景的悼亡或怀旧之作。而不管是追忆者，还是被追忆者，均为当时知名度极高的文人学者；不难想象，作为贯串线索的《新青年》，如何因此激起好奇心及阅读热情。正是在此背景下，1936年，上海亚东图书馆和求益书社联合推出重印本《新青年》。

约略与此同时，身陷囹圄的"五四新文化运动总司令"陈独秀，也引起世人的普遍关注。亚东图书馆不失时机地将《新青年》上陈独

---

[1]　参见钱玄同《亡友刘半农先生》（1934年7月21日北平《世界日报·国语周刊》）及《刘半农先生挽词》（1934年10月13日北平《世界日报·国语周刊》）。

[2]　知堂：《半农纪念》，《人间世》18期，1934年12月。

[3]　蔡元培：《哀刘半农先生》，《人间世》10期，1934年8月。

秀的文章汇编成册，以《独秀文存》名目出版（1933），并敦请德高望重的蔡元培撰写序言。蔡序提及陈独秀任北大文科学长后，如何与沈尹默、钱玄同、刘半农、周作人、胡适等密切配合，在《新青年》上发起新文化运动。接下来，蔡先生这样评价陈独秀的文章：

> 这部文存所存的，都是陈君在《新青年》上发表过的文，大抵取推翻旧习惯、创造新生命的态度；而文笔廉悍，足药拖沓含糊等病；即到今日，仍没有失掉青年模范文的资格。我所以写几句话，替他介绍。[1]

既想保护陈独秀的安全，也希望忠实于历史，在此前后，蔡元培多次在文章中刻意强调陈独秀在新文化运动中的巨大贡献。[2]

1937 年 8 月下旬，陈独秀因抗战爆发而提前出狱。三个月后，陈撰《我对于鲁迅之认识》，回忆此前一年去世的鲁迅，也是从《新青年》落笔：

> 鲁迅先生和他的弟弟启明先生，都是《新青年》作者之一，虽然不是最主要的作者，发表的文字也很不少，尤其是启明先生；然而他们两位，都有他们自己独立的思想，不是因为附和《新青年》作者中那一个人而参加，所以他们的作品在《新青年》中特别有价值，这是我个人的私见。[3]

---

[1]　蔡元培：《〈独秀文存〉序》，《蔡元培全集》第 6 卷 271 页，北京：中华书局，1988 年。

[2]　除上述《〈中国新文学大系〉总序》，还有《我在北京大学的经历》及《我在教育界的经验》等。

[3]　陈独秀：《我对于鲁迅之认识》，《陈独秀文章选编》下册 564 页，北京：三联书店，1984 年。

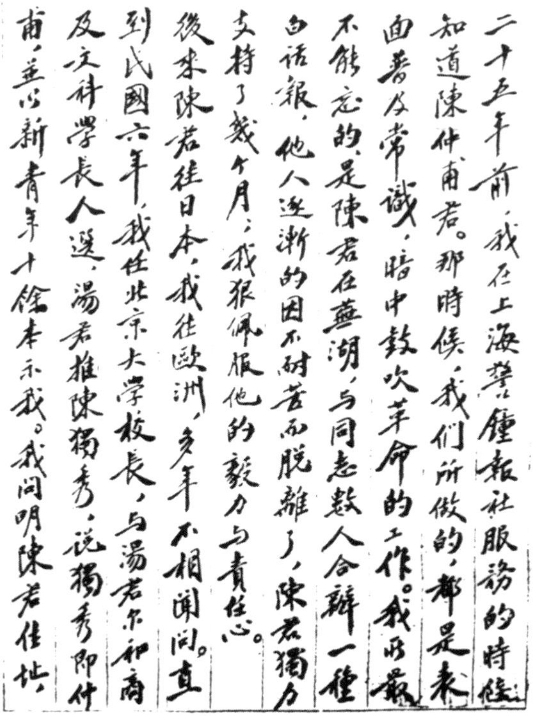
二十五年前，我在上海警鐘報社服務的時候，知道陳仲甫君。那時候，我們所做的，都是表面普及常識，暗中鼓吹革命的工作。我所最不能忘的，是陳君在蕪湖，與同志數人合辦一種白話報，他人逐漸的因不耐苦而脫離了，陳君獨力支持了幾個月，我很佩服他的毅力與責任心。後來陳君往日本，我往歐洲，多年不相聞問。直到民國六年，我任北京大學校長，與湯君爾和商及文科學長人選，湯君推陳獨秀，說獨秀即仲甫，並以新青年十餘本示我。我問明陳君住址，

图 5　蔡元培《〈独秀文存〉序》手稿

此文之所以值得格外关注，不只是因其表扬鲁迅的先进思想与幽默文章，更使得我们所勾勒的 1933—1937 年间《新青年》同人的“大聚会”，得到完满的结局。

当然，此后周作人以及胡适的“《新青年》叙事”还在继续；但即便只有 1930 年代的这些叙事，已经足够让《新青年》流芳千古了。舒衡哲在《中国的启蒙运动——知识分子与五四遗产》中，提到变幻莫测的“五四‘回忆史’”，即五四运动的参加者、观察者和批评者都是“有选择地运用他们的回忆”：

每当救国的压力增强时，他们更多地回忆政治方面的内容；每当社会气氛有利于实现知识分子解放的目标时，他们就回忆适应启蒙的需要开展的文化论战。[1]

回忆过去，往往是为了展望未来；五四运动实在太有名了，不免被各家各派所利用。寓言化、神话化、象征化五四运动的同时，也意味着这一段历史被工具化。

可仔细考辨，你会发现一个有趣的现象：关于五四运动或新文化历史的叙述，各家之间差异最小的，是关于《新青年》部分。举个例子，美国学者周策纵1960年在哈佛大学出版社推出的《五四运动：现代中国的思想革命》，与中国学者彭明1983年初版、1998年修订的《五四运动》，政治观念与史学训练差别很大，但前者的第三章"运动的开始阶段：初期的文学和思想活动"与后者的第五章"启封建之蒙——'五四'前的新文化运动"，对于《新青年》的创办经过及历史功绩的描述，却颇为接近。[2] 其实，道理很简单，因为《新青年》同人的自我建构已经相当完整[3]，不容你随便扭曲。

谈论《新青年》之历史功绩，从文学史，还是从思想史、政治史角度立论，会有相当明显的差异。本文综合考虑《新青年》同人的自我定位、后世史家的持续研究，以及我对"五四神话"的独特理解，

---

[1] 微拉·施瓦支（舒衡哲）著、李国英等译《中国的启蒙运动——知识分子与五四遗产》307页，太原：山西人民出版社，1989年。

[2] 参见周策纵著、周子平等译《五四运动：现代中国的思想革命》（南京：江苏人民出版社，1996年）第三章，以及彭明《五四运动》（北京：人民出版社，1998年）第五章。

[3] "完整"不等于"完美"，作为当事人，《新青年》同人的"文学革命叙事"，自有其无法避免的盲点。比如，过于强调"反叛"与"断裂"，否定晚清文学改良的作用；对于《学衡》诸君以及所谓《礼拜六》派的讥讽，也有言过其实甚至强词夺理的地方。

希望兼及思想史与文学史——首先将《新青年》还原为"一代名刊"，在此基础上，发掘其"思想史视野中的文学"所可能潜藏的历史价值及现实意义。

2001 年 5 月—2002 年 10 月，

北京西三旗寓所 / 台北长兴街客舍

第三章 叩问大学的意义

——作为教育家的蔡元培

蔡元培（1868—1940）一生波澜壮阔，其最大功绩不在政治，也不在学术，而是在教育。北大十年，其胆识与才华得到充分发挥；尤其是其大学理念，至今仍被许多后辈极力推崇。在我看来，蔡先生的大学理想及实践，最具创意的是如下三点：第一，"兼容并包"与"思想自由"；第二，外争独立思考，内讲专深学术；第三，以"美育"养成人格。本文围绕以上三点，阐述"作为教育家的蔡元培"是如何"叩问大学的意义"的。

一 "兼容并包"的大学理念

作为北京大学"永远的校长"，蔡元培之值得不断追怀，在于其一举奠定了这所大学的基本品格。百年中国，出现过无数英雄豪杰，但要讲对于北大的深刻影响，至今没有可与蔡校长比肩者。时至今日，蔡元培之出长北大，几乎成为一个"神话"——个人的学识才情与时代的要求竟如此配合默契，千载难求，不可复得。

蔡元培对于现代中国的巨大贡献，主要在大学教育。蔡先生的大学理念，在 1930 年为《教育大辞书》而撰写的《大学教育》中，已得到系统的表述；至于其实现程度，则不妨参照 1919 年自撰的《传略（上）》。有趣的是，二者均以"思想自由"与"兼容并包"为中心来展开论述。

在《大学教育》中，蔡先生强调大学生多能自治，学校不妨放任，此乃大学与中学的根本区别。这两个判断互相依存：既然学生有判断是非的能力，大学因而不该垄断思想；大学鼓励自由思考，学生因而得以独立判断：

> 近代思想自由之公例，既被公认，能完全实现之者，厥惟大学。大学教员所发表之思想，不但不受任何宗教或政党之拘束，亦不受任何著名学者之牵制。苟其确有所见，而言之成理，则虽在一校中，两相反对之学说，不妨同时并行，而一任学生之比较而选择，此大学之所以为大也。[1]

这是个很简单的命题，可真正实行起来，却不容易。因其牵涉到现代教育的目的、民族国家的权威、意识形态的控制等，绝非只是校园里湖面上随意泛起的涟漪。就像蔡先生说的，之所以允许"两相反对之学说"并存，除了信任大学生独立思考的能力，更包括对于正常的学术竞争与思想激荡的理解。"我素信学术上的派别是相对的，不是绝对的。"[2] 并置多种学说，允许学生"比较而选择"，将此作为大学教育改革的核心，乃是基于对传统中国思想缺陷的思考。

在 1919 年 8 月所写的《传略（上）》中，蔡校长迅速将其治理北

---

[1]　《大学教育》，《蔡元培全集》第 5 卷 507—508 页，北京：中华书局，1988 年。

[2]　《我在北京大学的经历》，《蔡元培全集》第 6 卷 351 页，北京：中华书局，1988 年。

大的经验理论化，于张扬其大学理念的同时，表达了宏大理想，即，改造传统中国思想界"定于一尊"的思维方式：

> 孑民以大学为囊括大典包罗众家之学府，无论何种学派，苟其持之有故，言之成理者，兼容并包，听其自由发展，曾于《北京大学月刊》之发刊词中详言之。然中国素无思想自由之习惯，每好以己派压制他派，执持成见，加酿嘲辞，遂有林琴南君诘问之函，孑民据理答之。[1]

同样是强调"兼容并包"，上面提及的《〈北京大学月刊〉发刊词》与《致〈公言报〉函并答林琴南函》略有区别。[2] 前者讲的是"兼容"不同学术流派，如哲学之唯心论与唯物论、文学之写实派与理想派、伦理学之动机论与功利论、宇宙论之乐天观与厌世观；后者则突出"兼容"不同政治主张，即大学教员以学术造诣为主，并不限制其校外活动。而"吾国承数千年学术专制之积习，常好以见闻所及，持一孔之论"[3]，对于持异议者，轻者逐出教席，重者消灭肉体。如今，借助于引进西方的大学体制，蔡先生希望建立得以自由思想的"安全岛"。

借用以赛亚·伯林（Isaiah Berlin）《自由四书·两种自由概念》的说法，"兼容并包"乃是一种"消极自由"，其特征在于保证不同学说得以自由表述。在中国的特殊语境中，制度性的"兼容并包"，比个人性的"思想自由"，或许更难实现。这才能理解为何蔡元培在论述"对于学说，仿世界各大学通例，循'思想自由'原则，取兼容并包主义"

---

[1]　《传略（上）》，《蔡元培全集》第 3 卷 332 页，北京：中华书局，1984 年。

[2]　参见《蔡元培全集》第 3 卷 210—212、267—272 页。

[3]　《〈北京大学月刊〉发刊词》，《蔡元培全集》第 3 卷 211 页。

图 6　蔡元培《自写
年谱长编》手稿

时 [1]，往往强调的是后者。1945 年 11 月，清华大学校长梅贻琦在《日记》中写下这么一段话，可与蔡元培的上述说法相参照：

> 对于校局，则以为应追随蔡孑民先生兼容并包的态度，以克尽学术自由之使命。昔日之所谓新旧，今日之所谓左右，其在学

---

[1]　《致〈公言报〉函并答林琴南函》，《蔡元培全集》第 3 卷 271 页。

校应均予以自由探讨之机会，情况正同。此昔日北大之所以为北大，而将来清华之为清华，正应于此注意也。[1]

作为大学校长，蔡、梅二君都深知，能否"兼容并包"，对于大学来说，"生死攸关"。所谓吸引大师，所谓专深学术，所谓独立思考，没有制度性的"兼容并包"作为后盾，根本无法实现。

大学为什么需要兼容并包？鼓励学术创造、便于学生选择、承认真理的相对性等，固然可以算作答案。但是，在蔡元培心目中，最重要的，还是如何拒绝党派或教会的压制，以保持教育的相对独立性。这一思路，与蔡先生游学德国的经历大有关系。

论及大学的相对独立性，蔡元培常以德国为佐证。五四运动爆发，蔡校长为抗议政府的镇压爱国学生而辞职。在《不肯再任北大校长的宣言》中，蔡先生称："我绝对不能再作不自由的大学校长：思想自由，是世界大学的通例。德意志帝政时代，是世界著名开明专制的国，他的大学何等自由。那美、法等国，更不必说了。"[2]三个月后，在全体师生的强烈要求下，蔡校长回校复职，其《回任北大校长在全体学生欢迎会上的演说词》曰："诸君都知道，德国革命以前是很专制的，但是他的大学是极端的平民主义；他的校长与各科学长，都是每年更迭一次，由教授会公举的……这是何等精神呵！"[3]以德国教育为参照系，强调即便政治专制的国家，大学也有相对的独立与自由。蔡校长之组织教授评议会，鼓励学生开展社团活动，反对党派或政府直

---

[1]　参见黄延复、马相武编著《梅贻琦与清华大学》（太原：山西教育出版社，1995 年）331 页，此则收入"梅贻琦文稿选录"的日记，被冠以《对战后清华发展之理想》文题。

[2]　《不肯再任北大校长的宣言》，《蔡元培全集》第 3 卷 298 页。

[3]　《回任北大校长在全体学生欢迎会上的演说词》，《蔡元培全集》第 3 卷 341 页。

接控制校园，都是力图在制度上保证大学的"平民主义"与"兼容并包"。

五四新文化运动时期，追慕德国大学的独立与自由风气的，并非只有蔡元培一人。除了留学生的实地考察，翻译著作的流行，也是理解德国大学精神的重要途径。1916年商务印书馆出版的《德国教育之精神》，对传播德国大学理念，起过不小的作用。该书介绍德国大学生平日的自由散漫与关键时刻的爱国激情，与日后北大学生的行为颇为相类——尽管二者并非直接的师承。书中这样谈论"真为自由之神境"的德国大学：

> 德国大学之教育主义，可以自由研究四字尽之。德之学校教育，本施极严肃之教育，唯大学则全然不同，而施无制限之自由主义教育。大学教授得以己所欲讲者讲之，大学学生亦得学己之所欲学，潜心于己所欲研究之问题，遂以是为学制而公认之。[1]

这种教授讲课与学生听课的绝对自由，背后蕴涵的是对于学海无涯的理解、对于个体选择的尊重，以及对于独立思考的推崇。在蔡元培建构北大传统的过程中，德国大学作为重要的理论资源，曾发挥了很大作用。

制度是由人建立起来的，同样借鉴德国学制，清廷看中的是其"保帝国之统一"[2]，蔡元培欣赏的却是保证教授与学生"自由研究"。几乎所有关于蔡氏教育思想的著述，都会论及其"兼容并包"。我想追究的是，除了德国大学的榜样外，还有什么因素，促使其成功地建立起

---

[1] 吉田熊次著、华文祺等编译：《德国教育之精神》19 页，上海：商务印书馆，1916 年。

[2] 《学部奏请宣示教育宗旨折》，见舒新城编《中国近代教育史资料》上册 221 页，北京：人民教育出版社，1961 年。

老北大值得自豪的传统。

个人魅力无疑不可忽视。作为老革命党的蔡元培，在民初政局举足轻重，乃首任教育总长。这一资历，非绝大多数局限于校园的教育家可比。前清的翰林、民国的部长，再加上曾留学德、法，新旧两派都对蔡先生青眼相加。有学问，能办事，地位高且为人谦和，蔡元培几乎得到各种不同政治理想的人士共同的推许，这在"城头变幻大王旗"的时代，实在是个奇迹。

作为一种教育理想，"兼容并包"并非蔡元培的"独得之秘"；可只有他学得最像，也用得最好。这就不能不归功于其个人气质。很多人都提到蔡先生性情的宽厚、温润、恬淡、从容，很有主见，但从不咄咄逼人。无疑，所有这些，都有利于其主持校政时之"兼容并包"。众多评述中，梁漱溟的说法最精彩。在《纪念蔡元培先生》一文中，梁氏称：

> 关于蔡先生兼容并包之量，时下论者多能言之，但我愿指出说明的：蔡先生除了他意识到办大学需要如此之外，更要紧的乃在他天性上具有多方面的爱好，极广博的兴趣。意识到此一需要，而后兼容并包，不免是人为的（伪的）；天性上喜欢如此，方是自然的（真的）。有意的兼容并包是可学的，出于性情之自然是不可学的。有意兼容并包，不一定兼容并包的了；唯出于真爱好，而后人家乃乐于为他所包容，而后尽管复杂却维系得住。——这方是真器局，真度量。[1]

冯友兰的说法略有不同，不过意思相通，都是着眼于蔡元培"极高明

---

[1]　梁漱溟：《纪念蔡元培先生》，《忆往谈旧录》89 页，北京：中国文史出版社，1987 年。

而道中庸"的人格修养。"蔡先生的教育有两大端，一个是春风化雨，一个是兼容并包。依我的经验，兼容并包并不算难，春风化雨可真是太难了。""春风化雨是从教育者本人的精神境界发出来的作用"，因而很难模仿，也无法弄虚作假。[1] 首先是人格魅力，而后才是学识、才情、地位等，否则便无法理解，为何那么多"恃才傲物"的北大人，唯独对蔡校长心服口服。

蔡元培对现代大学的理解，一是兼容百家，二是专深学术，此举既关思想，也及教育。百年中国，有独立的大学理念，而且能够真正付诸实施的，不敢说仅此一家，但蔡元培无疑是最出色的。这是因为，有其位者不一定有其识，有其识者不一定有其位；有其位有其识者，不一定有其时——集天时地利人和于一身，才可能有蔡元培出长北大时之挥洒自如。康有为之追求速成，乃典型的政治家思路；章太炎之壁立千仞，可以成为文人追忆的目标；蒋梦麟的一丝不苟，有能力办好任何一所学校——唯有蔡元培那样的学识、胸襟、性格、才情，方能够胜任建构"北大传统"那样的伟业。

作为大学校长，真的要"循思想自由原则，取兼容并包主义"，并非易事。既须对抗社会的压力，又要建立内部的秩序，"众声喧哗"而又"有条不紊"，方才是大学的理想状态。不只是组织结构上的东西兼容、新旧并包、少长咸集，更重要的是如何最大限度地调动各方的积极性，以达其自由思考、专深研究之目的。这里，大学校长的学识与兴趣，起重要的作用。

能容纳异己，固然是一种美德，但作为大学校长，这远远不够。因为，假如无法判断何种学说"言之成理"，一味"兼容"，大学将成

---

[1]　冯友兰：《我所认识的蔡孑民先生》，见陈平原、郑勇编《追忆蔡元培》168 页，北京：中国广播电视出版社，1997 年。

为千奇百怪无所不有的"杂货铺",根本无法承担培养高深人才并引导学术进步的责任。作为大学校长的蔡元培,其难能可贵之处在于,能够准确判断不同思想学说的价值,并确定或听其自然、或适当支持、或大力提倡的发展战略。设想蔡校长之主持校政,只是"一碗水端平",未免低估了其对于新文化运动的促进作用。

蔡元培入主北京大学后,以文科作为推行改革的突破口,对此,史家一般解释为"文科教员中,顽固守旧的多,是北大前进的障碍"[1]。其实,蔡元培长校以前的北大文科,已有不少主张改革的教员,绝非只是"前进的障碍"[2]。蔡校长此举之深谋远虑,起码可以如此解说:首先,北大以文理两科为中心,理科起步不久,文科则实力雄厚;其次,重点建设理科,所需经费远比改造文科要大得多,非当时窘迫的学校财政所能承担;再次,就对时代思潮及社会风尚的影响而言,文科无疑更直接,也更有效——假如当初蔡校长首先经营理科,北大不可能两三年内焕然一新,并引领时代潮流;最后一点,也许最重要,即,改造文科,乃在校长本人的兴趣及能力范围之内。

想想当初的调兵遣将(尤其是选聘陈独秀、胡适、周作人、刘半农等文科教授),以及办杂志、组团体、改课程、倡美育等,所有影响北大整体面貌的重大举措,都是蔡元培亲自决断。蔡校长对于理科的情况不太熟悉,至于工科和商科,则主张将其转出北大。毫无疑问,蔡元培的执掌北大,主要精力集中在文科。值得注意的是,文科的各门知识,蔡先生均曾大致涉猎,如何改革,基本上成竹在胸。换一个工科、理科出身的人,或只是文科某一专业的顶尖人才出任校长,很难像蔡元培那样准确把握时机,全面出击,一举奠定此后几十年北大

---

[1]　参见萧超然《北京大学与五四运动》73 页,北京:北京大学出版社,1986 年。

[2]　参见拙著《老北大的故事》12—14 页,南京:江苏文艺出版社,1998 年。

的基本格局。

后世的研究者，细数蔡元培在北大所从事的改革，无不惊讶其动作幅度之大、推进速度之快，而且大都"一步到位"，从不拖泥带水。此前十多年的教学经验及管理实践，以及留学时的深思熟虑，使得蔡元培出长北大后，能够运筹帷幄，指挥若定。除此之外，我还想强调蔡元培极为广泛的学术兴趣。

在德国莱比锡大学游学三年，蔡先生"于哲学、文学、文明史、人类学之讲义，凡时间不冲突者，皆听之。尤注重于实验心理学及美学"[1]。年近七十时，蔡先生撰写《假如我的年纪回到二十岁》，自述平生读书兴趣及遗憾：

> 我若能回到二十岁，我一定要多学几种外国语，自英语、意大利语而外，希腊文与梵文，也要学的；要补习自然科学，然后专治我喜爱的美学及世界美术史。[2]

像蔡元培那样热爱知识手不释卷的政要名流，在现代中国，还能找到一些；但像他那样涉猎众多学科，而且长久保持浓厚兴趣的，几乎可以说是绝无仅有。

学术兴趣过于广泛，对于专家学者来说，不一定是好事，弄不好变得汗漫无归；而对于大学校长来说，却是一大优势，不如此，何以判断不同思想学说的价值？出于景仰之心，许多追忆蔡先生的文章，论及其学识，多"溢美之辞"。如李济先生说：

---

[1] 《传略（上）》，《蔡元培全集》第 3 卷 327 页。

[2] 《假如我的年纪回到二十岁》，《蔡元培全集》第 6 卷 522 页。

> 元培先生在清朝时做到翰林的官，国学根基之好，自然不必提了。而且又到欧洲德、法等国留学，对于西方的科学和学术大势，了如指掌，中西学术的造诣，使他的学问既博大，又精深。[1]

蔡先生的学问，"博大"是真的，"精深"则未必。王云五同样赞许蔡元培的学识广博，遍及新旧中西、人文社科各领域，并称蔡先生65岁生日时，中央研究院同人祝寿：

> 萃中土文教之精华于身内，
> 泛西方哲思之蔓衍于物外。[2]

兼及"中土文教"与"西方哲思"，确实是蔡校长的一大特色，不过，更应该赞许的是其视野广阔，而不是其成绩卓著。在20世纪的中国学界，谈论文学、史学、哲学、伦理学等，蔡元培均非首选，其若干著述，也并非不可替代。可这丝毫不影响蔡元培在现代中国思想史上的卓越地位。

现代学术的发展日益趋于专门化，因此，专家易得，通才难求。总揽大学全局的校长，需要的恰好是"通才"而非"专家"。看看蔡校长兴趣盎然地谈论文学、史学、哲学、美术、音乐、政治、伦理、教育等，而且全都具备"高等常识"，你不能不佩服。这样的大学校长，方才配谈"兼容并包"。学识渊博而且兴趣广泛，才能有学术上的前瞻性与判断力，所谓"识鉴"，所谓"气度"，均以此为基础。

谈论蔡元培的成功，其实，还有一点不能忽视，那便是时代的需

---

[1] 李济：《融会中西学术的大师》，见陈平原、郑勇编《追忆蔡元培》405页。

[2] 王云五：《蔡孑民先生的贡献》，《东方杂志》37卷8号，1940年4月。

求。蔡元培长校北大的十年，恰好是清廷已被推翻，民国根基尚未稳固，乱哄哄你方唱罢我登场的时候。军阀混战，教育经费无着，令大学校长极为头痛。但事情也有另一面，那便是处此新旧转化之际，没有不可逾越的边界，也没有不可挑战的权威，乃"尝试"各种新制度的最佳时刻。

蔡元培之提倡"兼容并包"，与其教育独立的理想密切相关。在蔡先生看来，"教育事业当完全交与教育家，保有独立的资格，毫不受各派政党或各派教会的影响"[1]。理由是，教育追求远效，而政党的政策是谋求近功，二者很难步调一致。这是蔡校长坚决保护大学独立思考权利的"底牌"；也正是在这一点上，蔡校长的努力到达了极限。

北洋军阀时期，蔡元培可以借助自己的名望、社会舆论的压力，以及南方政治和军事力量的牵制，某种程度上保持了北大的独立。最严重的时候，甚至公开宣布："与北京政府划断直接联系，而别组董事会以经营之"；"大学教授由本校聘请，与北京政府无直接联系，但使经费有着，尽可独立进行"；"政客官僚摧残教育之计划且方兴未已"，"若不急筹高等教育独立之良法，势必同归于尽"。[2] 以上激烈的言辞，虽然只是一时的悬想，也可见其时北方政府之缺乏权威。

北伐成功，国民党统一中国，开始推行"党化教育"，教育界的情况于是发生了根本性的变化。不只是"教育独立"的口号被禁止，连大学课程的设置也都必须接受审查，教授治校的有效性受到了严峻的挑战，自由表达政见的文化空间也岌岌可危。不识时务的胡适，继续"妄谈人权""批评党国"，受到了政府的严重警告，险些儿被"肉体解

---

[1]《教育独立议》，《蔡元培全集》第 4 卷 177 页，北京：中华书局，1984 年。

[2] 参阅《致北大教职员函》《致北大学生函》《致北京国立各校教职员联席会议函》，见《蔡元培全集》第 4 卷 326—329 页。

决"。蔡元培名气更大，地位也更高，可照样无法挽狂澜于既倒。

值得庆幸的是，从 1927 年 7 月起，蔡先生不再担任北大的校长。这么一来，"蔡元培的北大"，基本上做到了首尾一致。

1917—1927 年，就在这新旧权威交接的空当儿，出任北大校长的蔡元培，得以大展宏图，不只开启了五四新文化的大潮，而且为中国带来了"兼容并包"的大学理念。

二 北大传统的另一种阐释

谈论蔡元培对于现代中国政治及思想文化的贡献，没有比梁漱溟以下这段话说得更登峰造极的了：

> 今天的新中国必以新民主主义革命为其造端，而新民主主义革命则肇启于五四运动。但若没有当时的北京大学，就不会有五四运动出现；而若非蔡先生长校，亦即不可能有当时的北京大学。[1]

这段话的前半，依据的是毛泽东的《新民主主义论》；后半，则是众多蔡元培景仰者的共识。可把这两个各自"言之成理"的独立判断拼合在一起，产生的效果却很不妙：蔡校长几几乎成了"新中国"的缔造者。

任何寻根溯源，一旦用力过度，便可能落入如下陷阱：既在扩张中变形，又在淡忘时遮蔽。前者指向上述"合乎逻辑"但"有违史实"

---

[1] 梁漱溟：《五四运动前后的北京大学》，《忆往谈旧录》84 页。

的推理，后者说的是"教育家蔡元培"的失落。

既然将蔡先生之执掌北大，列为中国现代史上的大事，何以还有如此感叹？理由很简单：蔡元培主管的是当时国内唯一的国立大学，倘若只是掀起了一场政治运动（即便事后证明此运动意义十分深远），作为教育家来说，不能算功成名就。在五四运动的框架中谈论北大校长的历史贡献，这种眼下正如日中天的主流话语，无意中抹杀了学术史上的北大以及教育史上的蔡元培。

在我看来，蔡先生首先是教育家，而后才是政治家。这就好像说北大首先是中国第一流的大学，而后才是五四新文化运动的中心一样，本无任何新奇之处。只是相对于努力拔高蔡校长的时尚，以上表述才有意义。对蔡元培的误读，与对北大传统的曲说，二者同出一源，即，不承认大学的主要功能是传播知识与发展学术。本文希望借助于对蔡元培视野的解读，阐释北大传统中久被遮蔽的另一侧面。

1919年9月，五四运动的高潮刚刚过去，其深远的历史影响尚未浮现，但北大学生的政治热情，已经震撼了全国民众。针对世人的疑惑，蔡元培发表《北大第二十二年开学演说词》：

> 此次学潮以后，外边颇有谓北京大学学生专为政治运动，能动不能静的。不知道本校学生这次的加入学潮，是激于一时的爱国热诚，为特别活动，一到研究学问的机会，仍是非常镇静的。[1]

强调大学乃"研究学理的机关"，此乃蔡先生的一贯主张，并非应付舆论压力的权宜之计。此前一年，蔡校长在北大1918年开学式上发表演

---

[1] 《北大第二十二年开学演说词》，《蔡元培全集》第3卷343—344页。

说，称"大学为纯粹研究学问之机关"，"学者当有研究学问之兴趣，尤当养成学问家之人格"。至于"本校一年以来，设研究所，增参考书，均为提起研究学问兴趣起见"，更是蔡校长所引以为傲的。[1] 两年后，北大公布《研究所简章》，开篇便是："研究所仿德、美两国大学之 Seminar 办法，为专攻一种专门知识之所。"[2]

中国近代教育史上，最早建立的"新教育"制度，不管是壬寅学制（1902），还是癸卯学制（1903），都依样画葫芦，虚拟了"研究各科学精深意蕴"的通儒院（或曰大学院）。1912 年 10 月颁布的《大学令》，乃蔡元培出长教育部时所拟，不提"以忠孝为本"，而是强调"大学以教授高深学术，养成硕学闳才，应国家需要为宗旨"，大学院更是必不可少。[3] 如此"不设期限"的大学院，要求"有新发明之学理或重要之著述"，经大学评议会确认后方可授予学位，以当年中国新式学堂之水平，未免悬的过高，只能说是标示了一种理想与志气。果然，执掌北大后的蔡元培，经过一番励精图治，终于在五年后，建成了中国第一个从事"高深学术"的教学与研究的专门机构——北京大学研究所国学门。

可是，上述二说，似乎有点自相矛盾，既然 1918 年已"设研究所"，何必两年后再次拟订并公布"简章"？众多已刊的大学史，照抄此两则史料，而不作任何分辨，很容易令读者满头雾水。其实，事情并不复杂，蔡元培本人对此有过合理的解释。1926 年 10 月，蔡氏撰《十五年来我国大学教育之进步》，专门谈论研究所创设之艰难：

---

[1] 参见《北大一九一八年开学式演说词》，《蔡元培全集》第 3 卷 191 页。

[2] 《公布北大〈研究所简章〉布告》，《蔡元培全集》第 3 卷 439 页。

[3] 《大学令》，《蔡元培全集》第 2 卷 283—285 页，北京：中华书局，1984 年。

民国元年，教育部所定的大学章程，本有研究所一项，而各
大学没有举行的。国立北京大学于七年间曾拟设各门研究所，因
建设费无从筹出，不能建立。十年议决，归并为自然科学、社会
科学、国学、外国文学四门。而国学门即于十一年成立。五年以
来，其中编辑室、考古学研究室、明清史料整理会、风俗调查
会、歌谣研究室、方言调查会等，已著有不少的成绩，所著录研
究生三十二人，也已有十二人贡献心得的著作。其他若地质学
系、物理学系等，虽未立研究所名义，而教员研究所得，已为社
会所推许。最近两年来，清华大学已设立研究院，而厦门大学也
有国学研究所的组织，这尤是大学教育进步的明证。[1]

北大 1918 年"拟设"的研究所，并非真如蔡校长所说的，因经费无着
而彻底搁浅。1923 年，为纪念北大创立二十五周年，校方编撰并出版
了《国立北京大学概略》，其中有曰："（民国）七年，各种各门研究
所均成立，月增经费四千五百元。"[2] 问题在于，给了经费，但难以为
继；招了学生，可很快风流云散，蔡校长因而才谨慎地称之为"拟设"。

读《国立北京大学廿周年纪念册》，不难发现，其"沿革一览"及
"规程一览"部分，均有关于研究所的介绍；而"在校同学录"，更是
收录了文、理、法各科各门研究所同学的姓名、别号、籍贯、毕业学
校、研究科目以及通信处。[3] 白纸黑字，应该是准确无误的吧？其实
不然。当初校方把办研究所想得太容易了，要求"各科各类中之各门，
及各门中之各种学术，俱设研究所"。单是文科，第一年便有哲学门研

---

[1] 《十五年来我国大学教育之进步》，《蔡元培全集》第 5 卷 90 页。

[2] 参见《国立北京大学概略》，北京大学刊本，1923 年。

[3] 参见《国立北京大学廿周年纪念册》，北京大学刊本，1918 年。

究所同学 21 人、国文门研究所同学 44 人、英文门研究所同学 10 人（中间略有交叉）。如此规模，以北大的经济及学术实力，难免流于"纸上文章"。单看花名册，研究所确实早已建立，可校长心中有数，不敢以此为依据。为校庆卅五周年而编撰的《国立北京大学校史略》，述及此事时称："财力人才，两感不足，虽有计划，只具刍型"；而 1948 年出版的《国立北京大学五十周年纪念一览》，其"文科研究所概况"，也只从 1922 年 1 月说起。[1]

　　1921 年 11 月 28 日，蔡元培向北京大学评议会提出《北大研究所组织大纲提案》，获得了通过。第二年 1 月，研究所国学门正式成立。以蔡元培为委员长的研究所国学门委员会，包括顾孟余、沈兼士、李大钊、马裕藻、朱希祖、胡适、钱玄同、周作人等；另外，还聘请了王国维、陈垣、钢和泰（俄）、伊凤阁（俄）、陈寅恪、柯劭忞等作为研究所的导师。研究方向则集中在考古、歌谣、风俗调查、方言调查、明清档案整理等若干很有发展前途的新学科。教授的成绩人所共知，需要说明的是学生的情况。据 1923 年底出版的《国立北京大学概略》，其时"经本学门委员会审查合格之研究生"，只有 16 人，其中已报告成绩者 5 人 6 种，即：《尹文子校释》（罗庸）、《公孙龙子注》（张煦）、《老子校注》（张煦）、《黄河变迁考》（段颐）、《金文编》（容庚）、《殷墟文字类编》（商承祚）。此后，北大的研究生教育总算走上了正轨。而在强调大学不只是培育人才，更是师生共同研究的机关，需时时有新的发现与发明的蔡先生看来，此乃中国大学教育成熟的标志。

　　作为大学校长，蔡元培何以如此看重研究所的创设？去世前五年，时已改任中央研究院院长的蔡元培，撰《论大学应设各科研究所

---

[1]　参见《国立北京大学校史略》（北京大学刊本，1933 年）和《国立北京大学五十周年纪念一览》（北京大学刊本，1948 年）。

之理由》，称自清末编制新学制以来，为教授学生研究学问而设立研究所，分别有大学院、通儒院、研究院三种说法，"而其任务为高深学术之研究，则前后一致"。大学教育的成败，与研究所的有无攸切相关，理由是："一、大学无研究院，则教员易陷于抄发讲义、不求进步之陋习"；"二、大学毕业生除留学外国外，无更求深造之机会"；"三、未毕业之高级生，无自由研究之机会"。[1] 最后一点，可以略作发挥：研究所之酿成"自由研究"风气，得益者乃整个学校，而并非仅仅是"未毕业之高级生"。

此外，研究所的创设，使得时贤协调东西教育方针的思路，有可能得到落实。表面上，北大拟订的《研究所简章》只提德国、美国的 Seminar，而只字未及传统的书院教育，不像胡适为清华研究院所作的设计，强调"略仿昔日书院及英国大学制"[2]。可这丝毫不影响北大研究所对传统教育精神的继承与发扬，原因是，从京师大学堂蜕变而来的北大，本就带有较为明显的书院教学痕迹，与作为留美预备学校出现的清华学堂，不可同日而语。在课堂讲授之外，强调独立思考，

---

[1] 《论大学应设各科研究所之理由》，《蔡元培全集》第 6 卷 475—477 页。

[2] 蓝文徵称清华校长曹云祥请胡适代为设计研究院的组织，"胡氏略仿昔日书院及英国大学制，为研究院绘一蓝图"（《清华大学国学研究院始末》，《清华校友通讯》新 32 期，1970 年 4 月；收入《谈陈寅恪》，台北：传记文学出版社，1978 年）。此说可能过分夸大了胡适的个人作用，时任"清华大学筹备顾问"的，除了胡适，尚有范静生、张伯苓、丁在君等。正是此筹委会通过了《清华大学之工作及组织纲要》，主张建立"研究院"。在此期间，胡适和曹云祥曾多次聚会，颇有建言，这点，清华大学校史编写组《清华大学校史稿》（50 页，北京：中华书局，1981 年）及苏云峰《从清华学堂到清华大学》（320 页，台北："中央研究院"近代史研究所，1996 年）均提及。值得注意的是，此前不久，胡适在东南大学做题为"书院制史考"的专题演讲，除钩稽书院的历史，表彰书院的精神，更有如此深沉的感慨："可惜光绪政变，将一千年来的书院制度，完全推翻，使一千年来学者自动的研究精神，将不复见于今日。"（《东方杂志》21 卷 3 期，1924 年 2 月）

注重师生间的精神交流，这一北大人引以为荣的办学特色，甚至早在蔡元培长校以前，便已初露端倪。正如蔡校长所说，民元前的北大，"中学方面参用书院旧法，考取有根底的学生，在教习指导之下，专研一门，这倒是有点研究院的性质"[1]。罗家伦在《国立北京大学的精神》中，也提及北大自由研究学风的养成，并非一朝一夕："如师生间问难质疑，坐而论道的学风，一部分是京师大学堂的遗留，但到民国七、八年间而更甚。"[2] 从 1920 年代起便成为热门话题的"北大老"[3]，指的主要不是学校的实际年龄，而是相对于"清华洋"而形成的气质与风神。创设"师生间问难质疑，坐而论道"的研究所，借此沟通东西学术，正好对此"北大老"之"老"字，作了正面的诠释。

有趣的是，北大 1922 年创办研究所，原定设自然科学、社会科学、国学和外国文学四门，但实际上只有国学门名副其实。三年后，清华学校创办研究院，同样"先开办国学一门"。何以两校均独尊国学？蔡元培的解释是："北大关于文学、哲学等学系，本来有若干基本教员，自从胡适之君到校后，声应气求，又引进了多数的同志，所以兴会较高一点。"[4] 清华学校的《研究院章程》，则以中国典籍丰富、近世所出古代史料亟待整理，以及言语变迁、风俗沿革、学术盛衰需要进行分门别类的研究作为理由。[5] 而除了师资实力雄厚，学科前景明朗，还有一个很实际的原因：创办自然科学研究所，所需经费巨大，非当年的北大、清华所能承担。

---

[1] 《北大成立二十五周年纪念会开会词》，《蔡元培全集》第 4 卷 296 页。

[2] 罗家伦：《国立北京大学的精神》，毛子水等著《学府纪闻·国立北京大学》，台北：南京出版公司，1981 年。

[3] 参见拙著《中国大学十讲》190—196 页，上海：复旦大学出版社，2002 年。

[4] 《我在北京大学的经历》，《蔡元培全集》第 6 卷 354 页。

[5] 《研究院章程》，《清华周刊》第 360 期，1925 年 10 月 20 日。

同是以国学为主攻目标，北大、清华的发展策略颇有不同。清华起步晚，但有庚款支持，经费比较充裕，其"延名师，拓精舍"因而大见成效。再加上清华走的是"明星路线"，研究院"四大导师"（梁启超、王国维、陈寅恪、赵元任）声名远扬，前后四届七十余学子日后大有作为，故在今人眼中，几成"一枝独秀"。可其因人而设课，更接近古代书院的大师讲学；而不重视现代学术制度的建设，使得王国维、梁启超去世后，"名师"难以为继，研究院不幸夭折（学校重心转移也是重要原因）。北大研究所的导师，或许不及梁、王、陈、赵四位耀眼，可注重研究室的建设以及新学科的拓展，几十年间，没有大起大落。1932年，研究所国学门改称研究院文史部，1934年又演变成为研究院文科研究所，历经抗战中的南迁与北归，依然是北大学术实力最为雄厚的"金字招牌"。1948年，为庆祝北大成立五十周年而举行的各种展览，名列第一的，依然是文科研究所。

在《〈北京大学月刊〉发刊词》中，蔡元培有一名言："所谓大学者，非仅为多数学生按时授课，造成一毕业生之资格而已也，实以是为共同研究学术之机关。"[1]这种"共同研究"，需要师生对于学问的强烈兴趣与积极参与，也基于校方遵循"思想自由之通则"和"兼容并收之主义"的立场。而出学刊，聘名师，开讲座，组织学会，以及体制化的研究所的创设，都是既指向自由思考，也指向专深学术。除此之外，研究所之提倡"共同研究"，还有另一层意义，那便是跨越人为的学科边界。1922年2月，在北大研究所国学门委员会第一次会议上，沈兼士、胡适等人强调，研究所之所以立"国学门"而不是具体的科系，目的是"打破学系观念"，"不以学科为范围"。[2]可惜此中真

---

[1] 《〈北京大学月刊〉发刊词》，《蔡元培全集》第3卷210页。

[2] 参见《研究所国学门委员会第一次会议纪事》，《北京大学日刊》第968号，1922年2月27日。

意，不大为后人领悟。几十年后的今日，大学文史哲政经法各科系间的隔阂，依然有增无减。

1940 年蔡元培先生去世时，众多悼念文章中，只有顾颉刚的《悼蔡元培先生》和王云五的《蔡孑民先生的贡献》，略为提及其在北大创办研究所的功绩。[1] 此后，大量有关蔡先生的著述，多喜欢从政治史、思想史的高度立论，极少涉及此"区区小事"。国人之习惯于宏大叙事，不太欣赏具体的制度建设，大概 1930 年代便已成风气。否则，周作人在表彰北大研究所的创建时，不必如此"画蛇添足"：

> 有好些事情随后看来并不觉得什么希奇，但在发起的当时却很不容易，很需要些明智与勇敢。[2]

北大之创办研究所，以及"沟通文理，注重学理的研究，开辟学术的努力"，在周氏看来，完全值得大书特书。同是教育家、五四时任教北大、而后长期担任暨南大学校长的何炳松，对此深有感触。1931 年，何氏为纪念商务印书馆创立三十周年而撰《三十五年来中国之大学教育》，称扬蔡元培出长北大，"遂开一新纪元"，其中便包括"民国七年（1918）增设研究所以提高学术的程度"，使北大成为全国最高的学府和新文化的领袖。[3]

关于北大传统的诠释，取决于叙述者的教育理想。从注重学术，到突出政治，转折点是在 1949 年完成的。对照《国立北京大学五十周

---

[1]　参见余毅（顾颉刚）《悼蔡元培先生》及王云五《蔡孑民先生的贡献》二文，分别载蔡建国编《蔡元培先生纪念集》44—48、107—112 页，北京：中华书局，1984 年。

[2]　周作人：《北大的支路》，《苦竹杂记》，上海：良友图书公司，1936 年。

[3]　参见《三十五年来中国之大学教育》，《何炳松论文集》419 页，北京：商务印书馆，1990 年。

年大事年表》与日后撰写的或详或略的北大校史，可见其间巨大的差异。在"新民主主义革命"的论述框架中，共产党领导的学生运动，构成了北大校史的主线；而蔡元培等极力网罗的众多当年全国第一流学者，其"传道授业解惑"，以及在人文、社科、自然科学研究方面的贡献，在校史中，反而只能"退居二线"。半个世纪的重写历史，使得"研究所国学门"的大名，对于今日的北大人来说，已经不再是"耳熟能详"。

1990 年代的中国学界，有两件值得关注的雅事：一是清华大谈国学研究院和四大导师，一是北大成立中国传统文化研究中心并出版《国学研究》。这两件事，与蔡元培当年创办研究所国学门大有关系，可即便是北大校方的宣传材料，也都不曾提及此中因缘。更令人费解的是，明明着力于"中国传统文化研究"，放着名正言顺的"研究所国学门"不说，反而"高攀"以传播西学见长的《新青年》。对于并非校史专家的论者来说，出现上述偏差，其实不足为怪，只是说明曾经名闻遐迩的北大研究所国学门，已经在以政治运动为主线的叙述中，日渐被世人所淡忘。

蔡元培之借研究所的建立为契机，外争自由思考，内讲专深学术，此种带明显德国大学印记的教育理想，对北大日后的发展，影响极其深远。北大人历来信奉老校长的"兼容并包之主义"，所包者，既有新旧、中西、文理、汉宋，更有生死攸关的政治与学术。世人之关注北大，多着眼于其争取民主的决心与勇气，这自然没错。可蔡元培那句名言，"读书不忘救国，救国不忘读书"，乃北大师生精神生活的真实写照。研究所的创设，凸显了北大传统的另一侧面，即"明其道不计其功的气概"，以及"仿佛有点迂阔似的"的"北大的学风"。[1]

---

[1] 周作人：《北大的支路》，《苦竹杂记》。

三　老北大的艺术教育

20世纪中国教育史乃至思想史上，如果说有什么话题的魅力是永恒的，那很可能就是"蔡元培与老北大"。一个最具远见卓识的教育家，一所最为举足轻重的著名学府，二者邂逅于1917—1927这十年间，除了直接促成了新文化运动的诞生，更留下无数值得咀嚼与深思的话题——包括这里所要讨论的"艺术教育"问题。

"蔡元培与老北大的艺术教育"，这话题并不新鲜，早就有人论及。不过，讨论者在排比蔡先生执掌北大时众多关于艺术教育的言论时，往往忽略了言行之间可能存在巨大的缝隙——想得到的，不见得就能做得到，更何况还可能"言不及义"，或有什么"弦外之音"。[1]我希望带进"北大校史"以及"中国大学百年"的维度，这样来理解作为北大校长的"蔡元培"及其着意经营的"艺术教育"，或许能有更为开阔的视野，也更能切中肯綮。

美育而非美术

就像蔡元培本人所说的："美育的名词，是民国元年我从德文的ästhetisch Erziehung译出，为从前所未有。"[2]1912年，蔡先生就任中华民国临时政府教育总长，发表《对于新教育之意见》，提出军国民主义、实利主义、德育主义、世界观、美育主义五者，"皆今日之教育

---

[1]　参见刊于《北京大学学报》2003年6期的《蔡元培的美育思想及其在北京大学的践行》（梁柱）、《北京大学艺术教育的传统》（叶朗）二文。

[2]　《二十五年来中国之美育》，《蔡元培全集》第6卷54页。

所不可偏废者也"。[1] 同年9月，教育部公布教育宗旨，其中有："注意道德教育，以实利教育、军国民教育辅之，更以美感教育完成其道德。"[2] 这大概就是日后将教育目标锁定为德育、智育、体育、美育"四育并举"的雏形了。

可真正使得"美育"一词名扬天下，并引起思想文化界广泛关注的，是蔡先生的另一个口号："以美育代宗教"。先是在北京神州学会讲演，后发表于《新青年》3卷6号上的《以美育代宗教说》，强调宗教对于人类情感有很大作用，但容易趋于极端，"盖无论何等宗教，无不有扩张己教、攻击异教之条件"；不若美育之平和中正，有百利而无一弊：

> 鉴激刺感情之弊，而专尚陶养感情之术，则莫如舍宗教而易以纯粹之美育。纯粹之美育，所以陶养吾人之感情，使有高尚纯洁之习惯，而使人我之见、利己损人之思念，以渐消沮者也。盖以美为普遍性，绝无人我差别之见能参入其中。[3]

此后，蔡先生在很多演讲及文章中，不断鼓吹"美育"，在教育界产生了极大的影响，与约略同时期的"完全人格教育"，既交相辉映，又不无区别。最大的差异在于，前者并非只是一种"教育宗旨"，其取宗教而代之的宏愿，使之成为一种"思想主张"。因此，更适合于在思想史、而不只是教育史上来谈论其功过得失。

---

[1] 参见《对于新教育之意见》，《蔡元培全集》第2卷130—137页。

[2] 《教育部公布教育宗旨》，舒新城编《中国近代教育史资料》上册226页。

[3] 《以美育代宗教说》，原载《新青年》3卷6号（1917年8月），见《蔡元培全集》第3卷32—33页。

1930 年，蔡先生用更加简单明了的表达方式，阐发其"不主张保存宗教，而欲以美育来代他"的理由：自从科学发达以后，不但自然历史、社会状况，都可以用归纳法来求出真相，就是潜意识、幽灵鬼怪等，也可以用科学方法来研究。而宗教的解说，在现代社会显得苍白无力，故智育与宗教无关。这是第一方面。现代人的道德，须符合于现代社会，绝非数百年或数千年以前之圣贤所能预为规定，所以，德育也与宗教无关。这是第二方面。第三呢？与智育、德育无关的宗教，难道就真的没有任何价值？不，有价值。什么价值？美育的价值：

> 庄严伟大的建筑，优美的雕刻与绘画，奥秘的音乐，雄深或婉挚的文学，无论其属于何教，而异教的或反对一切宗教的人，决不能抹杀其美的价值，是宗教上不朽的一点，止有美。[1]

如此说来，保留宗教，发挥其审美教育的功能，这样总该可以了吧？蔡先生认为，还是不行。理由有三：第一，"美育是自由的，而宗教是强制的"；第二，"美育是进步的，而宗教是保守的"；第三，"美育是普及的，而宗教是有界的"。[2] 时过境迁，已经走出或正在走出五四时代"进化观念"及"科学主义"迷思的中国人，很容易看出蔡先生的这一论述过于简单。宗教之于人类的情感、意志、心灵、信仰，其关联度很可能远远超出教育学上的德、智、体、美。即便我们真的能用"科学方法"来解释社会结构以及幽灵鬼怪，也无法否认宗教在抚慰人心、提升精神方面的功用。

---

[1] 《以美育代宗教》，原载《现代学生》1 卷 3 期（1930 年 12 月），见《蔡元培全集》第 5 卷 501 页。

[2] 《以美育代宗教》，《蔡元培全集》第 5 卷 500—502 页。

值得注意的是，蔡元培等五四新文化人对宗教的普遍反感，不完全是"科学主义"在作怪，更包含着对于宗教——尤其是基督教——作为一种政治力量，在现实生活中发挥巨大作用的高度警惕。这一点，看看1922年蔡元培等新文化人如何积极参与发起"非宗教大同盟"，就能明白。[1] 关于基督教在20世纪中国的起伏沉浮以及功过得失，这里不准备展开论述。我只想点出，谈论"以美育代宗教"者，关注的并非只是教育，背后有很深的社会及政治忧虑。

"以美育代宗教"，作为哲学命题，在我看来，很难成立；可提倡"美育"，将其作为重要的教育宗旨，不但过去、而且至今仍在发挥良好的作用。侧重教育而不是哲学，这种谈论"美育"的方式，与蔡元培对这一概念的理解与阐发分不开。在蔡先生看来，"美育者，应用美

---

[1]　1922年4月，世界基督教学生同盟准备在北京召开第十一届大会，会议议题包括"基督教与社会及实业界之改造""如何宣传基督教于现代学生""学校生活之基督化""学生在教会中之责任"等。由于此前新文化思潮的激荡，加上五四反帝口号声犹在耳，非教徒的青年学生闻讯，浮想联翩，群情激愤，发起一场旨在反对宗教，尤其是基督教的运动。北京大学的师长如蔡元培、陈独秀、李大钊等，也都积极参与"非宗教大同盟"的活动。蔡先生的着眼点有点特别，不谈"传教"，也不谈"反帝"，而专论教育的独立。教育应该独立于教会，也独立于政治，这是他的一贯主张。因此，在非宗教同盟第一次大会上，蔡元培发表演说，指出："1.大学不必设神学科，但于哲学科中设宗教史、比较宗教学等；2.各学校中均不得有宣传教义的课程，不得举行祈祷仪式；3.以宗教为业的人，不必参与教育事业。"（《非宗教运动》，见《蔡元培全集》第4卷179—180页）。在这场运动中，周作人的态度值得注意。先是与钱玄同、沈兼士、马裕藻等在1922年3月31日《晨报》上发表《主张信教自由者的宣言》，提出："我们不拥护任何宗教，也不赞成挑战的反对任何宗教。我们认为人们的信仰，应当有绝对的自由，不受任何人的干涉，除去法律的制裁以外，信教自由，载在约法，知识阶级的人应首先遵守，至少也不应首先破坏。我们因此对于现在非基督教同盟的运动表示反对。"后又发表《拥护宗教的嫌疑》（1922年4月5日《晨报》）和《周作人复陈仲甫先生信》（1922年4月20日《民国日报》），重申自己的立场"是为维护约法上的信教自由"，发表宣言的动机则是担心"这回对宗教的声讨，即为日后取缔信仰以外的思想的第一步"。因为，"思想自由的压迫不必一定要用政府的力，人民用了多数的力来干涉少数的异己者也是压迫"。

学之理论于教育，以陶养感情为目的者也"。假如以"陶养感情为目的"，这种教育理念，古今中外都能找到知音。"其在西洋，如希腊雅典之教育，以音乐与体操并重，而兼重文艺"；中国呢，更是古已有之，而且源远流长：

> 吾国古代教育，用礼、乐、射、御、书、数之六艺。乐为纯粹美育；书以记述，亦尚美观；射御在技术之熟练，而亦态度之娴雅；礼之本义在守规则，而其作用又在远鄙俗；盖自数以外，无不含有美育成分者。[1]

西洋的音乐与文艺，以及中国的六艺与礼，确实都有利于"陶养感情"，假如这就是"美育"的话，世人之从"艺术教育"的角度解读蔡元培的思路，也不能说错。

不过，即便暂时撇开用以取代宗教这一不太切合实际的宏愿，蔡先生所设想的"美育"，也不仅仅是学校里的艺术课程。在撰于1930年的《以美育代宗教》中，蔡元培再三申明，他提倡的是"美育"，而不是"美术"：

> 我向来主张以美育代宗教，而引者或改美育为美术，误也。我所以不用美术而用美育者：一因范围不同，欧洲人所设之美术学校，往往止有建筑、雕刻、图画等科，并音乐、文学，亦未列入。而所谓美育，则自上列五种外，美术馆的设置，剧场与影戏院的管理，园林的点缀，公墓的经营，市乡的布置，个人的谈话与容止，社会的组织与演进，凡有美化的程度者，均在所包，而

---

[1] 《美育》，《蔡元培全集》第5卷508—509页。

自然之美，尤供利用，都不是美术二字所能包举的。二因作用不同，凡年龄的长幼，习惯的差别，受教育程度的深浅，都令人审美观念互不相同。[1]

换句话说，蔡先生所设想的"美育"，是全社会的审美教育——既以学校为中心，又兼及各阶层的民众；既以艺术教育为手段，又推广到日常生活的言谈举止。这样的"美育"，确实很像传统儒家所设想的"礼"。记得近世怪才辜鸿铭曾主张将"礼"译为 art 而不是 rite，周作人对此深表赞赏，甚至加以引申："礼"就是"生活之艺术"[2]。

作为一种"文化运动"，假如希望世人普遍养成审美的生活态度，"美育"的实施，必须两条腿走路，一是学校教育，一是文化推广。在撰于1919年的《文化运动不要忘了美育》中，蔡先生抱怨当今中国，"美术的教育"远不及"科学的教育"受重视。而他的理想是追随"文化进步的国民"，"既然实施科学教育，尤要普及美术教育"。这里包括"专门练习的，既有美术学校、音乐学校、美术工艺学校、优伶学校等，大学校又设有文学、美学、美术史、乐理等讲座与研究所"。至于普及社会的，比如公开的美术馆、博物馆、音乐会、剧院，甚至包括建公园、设广场、立雕塑、分行植树等具体措施，目的无非是"不论那一种人，都时时刻刻有接触美术的机会"。[3]

---

[1]　《以美育代宗教》，《蔡元培全集》第5卷500页。

[2]　周作人《雨天的书·生活之艺术》（载1924年11月《语丝》第1期）称："生活之艺术这个名词，用中国固有的字来说便是所谓礼。斯谛耳博士在《仪礼》序上说，'礼节并不单是一套仪式，空虚无用，如后世所沿袭者。这是用以养成自制与整饬的动作之习惯，唯有能领解万物感受一切之心的人才有这样安详的容止。'从前听说辜鸿铭先生批评英文《礼记》译名的不妥当，以为'礼'不是 rite 而是 art，当时觉得有点乖僻，其实却是对的。"

[3]　《文化运动不要忘了美育》，《蔡元培全集》第3卷361—362页。

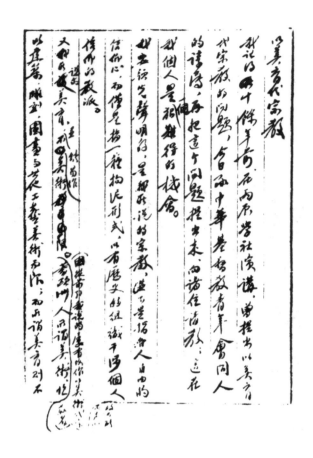

图7 蔡元培《以美育
代宗教》手稿

希望"不论那一种人，都时时刻刻有接触美术的机会"，这无疑是一种十分良好的愿望；可在一个战火不断、民众为免于饥饿而苦苦挣扎的年代，这愿望十有八九要落空。好在还有各级学校，"美育"这才有了真正的落脚点。在蔡先生等有识之士的大力呼吁下，中国现代教育终于有了以锻炼科学的头脑、养成劳动的能力、提倡艺术的兴趣为目标的新趋势。[1] 当然，在这里面，蔡元培的执掌北京大学，以及在

---

[1] 参见《中国教育之新趋势》，《蔡元培全集》第 5 卷 170—173 页。

校园里大力推广艺术教育，是一个很好的榜样。难怪蔡先生在很多谈论美育的文章中，都会提及其"北大经验"。比如，撰于1934年的《我在北京大学的经历》中，就有这么一段话：

> 我本来很注意于美育的，北大有美学及美术史教课，除中国美术史由叶浩吾君讲授外，没有人肯讲美学。十年，我讲了十余次，因足疾进医院停止。至于美育的设备，曾设书法研究会，请沈尹默、马叔平诸君主持。设画法研究会，请贺履之、汤定之诸君教授国画；比国楷次君教授油画。设音乐研究会，请萧友梅君主持。均听学生自由选习。[1]

这里提及的书法研究会、画法研究会、音乐研究会等，以及没有提及的音乐传习所、戏剧研究会、戏剧实验社等，曾是新文化运动的重要组成部分。这一点，《北京大学日刊》等有详细的记载。不妨仅从"美育"的角度，勾勒其大致轮廓，并借以讨论博雅传统与现代学术体制之间的缝隙。

社团而非院系

1917年元月，蔡元培走马上任，执掌当时唯一的国立大学北京大学。就职演说中，除了告诫学生以研究学术为天职，不当以大学为升官发财之阶梯，更强调应抱定宗旨、砥砺德行、敬爱师友："为诸君计，莫如以正当之娱乐，易不正当之娱乐，庶于道德无亏，而于身体

---

[1] 《我在北京大学的经历》，《蔡元培全集》第6卷355—356页。

有益。"[1] 如此立说，当然是有的放矢。就因为那时的北大，学术风气不浓，学生中颇有无心向学，沉湎于花街柳巷的。陶希圣撰《蔡先生任北大校长对近代中国发生的巨大影响》，其中有一节，题为"两院一堂是八大胡同重要的顾客"，写尽民初国会参众两院及京师大学堂的丑态。[2] 张申府的《回想北大当年》也提及，蔡元培之前的北京大学，"是一座封建思想、官僚习气十分浓厚的学府，不少学生以上大学为晋升的阶梯，对研究学问没有兴趣，上学不读书，而是想方设法混资历，找靠山，还有的人打麻将、逛八大胡同。与我同宿舍的几个学生，就很少读书，而是聚在一起打牌"。[3] 可见，蔡先生之鼓励北大师生组织各种社团，既有积极引导、形成良好风气的企图，也有消极防堵、杜绝不良习俗的愿望。

仅仅一年时间，蔡校长的整顿北大，似乎已初见成效。在 1918 年的开学仪式上，蔡先生称：

> 大学为纯粹研究学问之机关，不可视为养成资格之所，亦不可视为贩卖知识之所。学者当有研究学问之兴趣，尤当养成学问家之人格。本校一年以来，设研究所，增参考书，均为提起研究学问兴趣起见。又如设进德会，书法、画法、乐理研究会，开校役夜班，助成学生银行、消费公社等，均为养成学生人格起见。[4]

宗旨没变，还是强调"学者当有研究学问之兴趣，尤当养成学问家之

---

[1] 《就任北京大学校长之演说》，《蔡元培全集》第 3 卷 6 页。

[2] 陶希圣：《蔡先生任北大校长对近代中国发生的巨大影响》，（台湾）《传记文学》31 卷 2 期，1977 年 8 月。

[3] 张申府：《回想北大当年》，陈平原、夏晓虹编《北大旧事》182 页，北京：三联书店，1998 年。

[4] 《北大一九一八年开学式演说词》，《蔡元培全集》第 3 卷 191 页。

人格"；不过，对于如何"养成学生人格"，已经有了具体的实施方案。那就是，校园里迅速崛起各种各样有教师指导或参与的学生社团。读那段时间的《北京大学日刊》，你会发现，这些如雨后春笋般冒出来的学生社团，或直接或间接地，都得到校长本人的大力支持——不少社团甚至以蔡先生为会长或名誉会长。

一个校长，花那么多心思和时间在关心、支持学生社团上，似乎有点"不务正业"。其实，这正是蔡校长高明之处——聘得若干学有专长的教授（包括文科学长陈独秀），再鼓动起校园里讲求学问、涵养性情的风气，大学也就成功了大半。在《大学教育》一文中，蔡先生强调大学生多能自治，学校不妨放任，此乃大学与中学的根本区别。[1]这一基本判断，引申出两大命题：一是大学里兼容并包，思想不必定于一尊；一是学生自我发展，人格得以在社团活动中养成。所有这些，都是相信大学作为知识共同体，具有自我设计、自我纠错、自我发展的能力。

如此说来，学生的社团活动，不全是为了打发课余时间，更是为了营造氛围，转移风气，培养能力，养成人格——这正是北大得以旧貌换新颜的关键所在。正因此，每次谈及自家的北大功业，蔡校长总要历数各种以学生为主体的社团。而这并非事后追认，当初北大之所以给人欣欣向荣的感觉，与十分活跃的社团活动大有关系。

1920 年 12 月 17 日的《北京大学日刊》上，为纪念北大建校二十三周年，专门载文介绍北大学生的课余活动：

> 关于学艺方面者，学校课程之外，组织研究机关：北京大学音乐研究会，画法研究会，书法研究会，哲学研究会，数理学

---

[1] 《大学教育》，《蔡元培全集》第 5 卷 507—508 页。

会，新潮社，世界语研究会，化学讲演会，佛学讲演会，英文演说会，新闻学研究会，雄辩会，戏剧研究会，地质研究会，罗素学说研究会，社会主义研究会，歌谣研究会，健身会，技击会，新剧团，阅书报社等等。

此外，还有平民教育讲演团、学生银行等"关于事业方面者"。仔细分辨，当年北大活跃的各式学生社团，大体可分为四种类型：修身类（如进德会）、政治类（如社会主义研究会）、学术类（如数理学会）、艺术类（如音乐研究会）。照理说，蔡元培校长亲自发起组织的进德会（以不嫖、不赌、不纳妾为基本戒条），在养成人格方面，应该是最有功效的；可实际上，"润物细无声"的艺术教育，可能更值得我们关注——不只因其活动多、名声大，更因其真正落实了蔡先生的"美育"理想。

实际上，蔡先生似乎也更偏爱这些艺术社团。虽然为北大进德会撰写了"旨趣书"（1918），却未见多少蔡先生参加活动的报道。反而是书法、画法、音乐等研究会的活动，蔡先生经常出席并高谈阔论。举个例子，单是1918、1919两年间，蔡先生就为北大画法研究会撰写了《北大画法研究会旨趣书》《北大画法研究会休业式演说词》《在北大画法研究会演说词》《在北大画法研究会秋季会议演说词》等文字。更重要的是，每回的文章或演讲都言之有物。如称"科学、美术，同为新教育之要纲"[1]；"盖研究画法，当以多见名画为宜"，但国人之收藏古画，往往不轻易示人，"将来总须竭力设法向各处收藏家商借古画、逸品"，公开陈列，以广眼界[2]；"中国画与西洋画，其入手方法不同。中国画始自临模，外国画始自实写。"文学、哲学、道德、科

---

[1] 《北大画法研究会旨趣书》，《蔡元培全集》第 3 卷 156—157 页。

[2] 《北大画法研究会休业式演说词》，《蔡元培全集》第 3 卷 182—183 页。

学均如此，"故甚望中国画者，亦须采西洋画布景实写之佳"[1]；"吾颇注意于新旧画法之调和，中西画理之沟通，博综究精，以发挥美育"[2]。所有这些，都颇具真知灼见。只有对中西艺术真感兴趣且有研究者，方能如此精到地谈论中国绘画所面临的困境及出路。

只是这么多艺术社团的活动，并非学校的必修课程，而只是像蔡先生所说的，"均听学生自由选习"。不管是书法、绘画，还是音乐、戏剧，关键在于培养兴趣，而不是技能，这符合蔡先生借"美育"养成学生人格的理想。可是，另一方面，艺术也是人类文明的一大体现，理所当然地应该进入大学讲堂。可惜的是，无论是老北大还是新北大，都没能认真经营好艺术院系（最近十年方才开始发力），开设的艺术学及艺术史课程也都未尽如人意（不是没有好教授，而是缺乏系统性）。经费短缺、人才不足，固然是重要原因；可还有一点必须指出，在很长时间里，综合大学里的艺术教育，始终处于"妾身未明"的地位。无论你如何提倡，没有纳入教学体制的"美育"，不可能与已经体制化的德育、智育、体育三者并驾齐驱。[3] 人们在赞赏老北大的艺术社团十分活跃时，往往忘记了或者不忍心指出其在学科设置方面的缺陷。

从音乐研究会到音乐传习所

大学里的艺术教育，到底应该注重素养还是技能，这其实是个两难的选择。所谓北大的艺术教育从一开始就是素养教育和专业教育并

---

[1]　《在北大画法研究会演说词》，《蔡元培全集》第 3 卷 207—208 页。

[2]　《在北大画法研究会秋季会议演说词》，《蔡元培全集》第 3 卷 347 页。

[3]　蔡元培《二十五年来中国之美育》称，"而美育一名词，已与智育、德育、体育等，同为教育家所注意，这不能算是二十五年的特色"（《蔡元培全集》第 6 卷 54 页）。在我看来，很长时间里，所谓四育并举，只是名词而已；在教学实践中，"美育"始终没能获得足够的发展空间。

重，如此陈述，未免过于理想化。就拿常被作为例证的音乐教育而言，1922 年，北大将"音乐研究会"改造成"音乐传习所"，表面上看顺理成章，实际上却蕴涵着深刻的矛盾。

已经有好几年历史的北大音乐研究会，为什么改弦易辙？蔡元培校长的《北大一九二二年始业式演说词》，提供了某种答案：

> 科学的研究，固是本校的主旨；而美术的陶养，也是不可少的。本校原有书法、画法、音乐等研究会，但因过于放任，成绩还不很好。今年改由学校组织，分作两部：（一）音乐传习所，请萧友梅先生主持。（二）造型美术研究会。拟请钱稻孙先生主持。除规定课程外，每星期要有一次音乐演奏会，与美术展览会，以引起同学审美的兴味。[1]

此前校方"过于放任"，因而成绩不太理想；此后准备加强管理，除了"规定课程"，还得有公开表演，"以引起同学审美的兴味"。说白了，就是将以学生自娱为主的艺术社团，改造成培养专业人才的"传习所"。这一变化非同小可，甚至可以说是天翻地覆。

1916 年秋天发起成立的包括国乐、西乐两部的北京大学音乐会，后演变成为北京大学乐理研究会、北京大学音乐研究会，名称及人员迭有变更，但基本思路没变，那就是得到校方支持的学生音乐社团。比如，1918 年 2 月 3 日《北京大学日刊》刊登的《北京大学音乐会简章》，明确规定以"研究音乐陶冶性情"为宗旨。同年 6 月 6 日《北京大学日刊》发布紧急启事，称校长已为音乐会代拟了章程，并聘王心葵（露）到校教授古琴。此章程规定："本会宗旨在敦重乐教，提倡美育"；研究

---

[1] 《北大一九二二年始业式演说词》，《蔡元培全集》第 4 卷 264 页。

事项包括音乐学、音乐史、乐器、戏曲四类;"本会方值创造,未能完备,暂以教师之便,设琴、瑟、琵琶、笛、昆曲五类"。[1] 确实如蔡先生所言,在学校的大力支持下,由北大音乐会而北大音乐研究会,社团的规模日渐扩大,导师也不断增加。查 1920 年 9 月《音乐杂志》,所刊北京大学音乐研究会导师,已有教授普通乐理、和声学及西洋音乐史的萧友梅以及教授古琴、琵琶的王露等九位。

自得名师指导,北大学生进步神速,于是,除自娱自乐外,还登台表演,以期"引起同学(及社会)审美的兴味"。以下两则报道,可以让我们了解当年表演的盛况。1919 年 4 月 20 日《晨报》称:昨晚的北大音乐会由蔡元培校长亲自主持,出席者千人以上,"演奏以古今中外之乐相间而作,并邀昆曲专家到场演唱,其余奏乐之人均由中外有名之男女音乐大家担任。十时半闭会,听众尽欢而散"。另据 1922 年 5 月 2 日《晨报》:北大音乐研究会 5 月 1、2 日两晚在青年会开演奏大会,除原有节目外,新增西洋细乐队,琴瑟笙箫合奏,箜篌胡筝阮箫合奏,三弦拟戏、琵琶独奏《十面埋伏》等,创作部分有独幕歌剧、春郊舞、古歌舞等。对比两则报道,可以看出,北大学生乐团的实力在不断增强,由音乐会的配角逐渐成长为主角。可另一方面,你又会觉得这音乐会中乐、西乐、舞蹈、歌剧,什么都有,像是课堂练习,显得不太专业。或许,这正是问题的症结所在。没有材料显示蔡校长对这两次音乐演出的观感,但我相信,这样"不太专业"的表演,蔡先生是不会很满意的。

1919 年,蔡元培在北大音乐研究会发表演说,感叹"世界各国,为增进文化计,无不以科学与美术并重"。而我们国家,刚刚开始提倡"科学",至于"美术",还早着呢。这里所说的"美术",并非只是绘

---

[1] 《为北大音乐会代拟章程》,《蔡元培全集》第 3 卷 177 页。

画雕刻，还包括音乐。有感于大学里没有正式的音乐院系，蔡先生只好寄希望于业余性质的北大音乐研究会：

> 吾国今日尚无音乐学校，即吾校尚未能设正式之音乐科。然赖有学生之自动与导师之提倡，得以有此音乐研究会，未始非发展音乐之基础。所望在会诸君，知音乐为一种助进文化之利器，共同研究至高尚之乐理，而养成创造新谱之人材，采西乐之特长，以补中乐之缺点，而使之以时进步，庶不负建设此会之初意也。[1]

在蔡先生眼里，非专业的音乐研究会，乃是退而求其次，取其"未始非发展音乐之基础"。对于北大"未能设正式之音乐科"，蔡先生始终耿耿于怀。也正因此，若干年后，当蔡先生论及二十五年来中国之美育时，关于音乐部分，有音乐学校、传习所、国乐训练、演奏会、音乐杂志等五项，似乎面面俱到，可在具体讨论时，明显倾向于萧友梅主持的专业训练（本科部分包含理论作曲、钢琴、提琴与声乐四组），以及管弦乐队的演奏。[2] 这就难怪，当初萧友梅建议将业余性质的北大音乐研究会改制为专业训练的北大音乐传习所时，蔡校长会大力支持。

1922 年 8 月 12 日《北京大学日刊》刊载的北京大学附设音乐传习所简章称：以养成乐学人才为宗旨，一面传习西洋音乐，一面保存中国古乐，发扬而光大之。本所设本科、师范科及选科三种，培养音乐专门人才及中小学音乐教员。单从简章你不难发现，这已经是相当正规的音乐院系了。只可惜 1927 年后，北方政局动荡，办学难以为继，萧友梅只好南下上海，与蔡元培共同创立国立音乐专科学校（最初称

---

[1] 《在北大音乐研究会演说词》，《蔡元培全集》第 3 卷 355 页。

[2] 《二十五年来中国之美育》，《蔡元培全集》第 6 卷 61—62 页。

为国立音乐院，至 1929 年才改为此名）。

1922 年夏秋之前的北京大学音乐研究会，其举办演奏会，创办《音乐杂志》等，吴梅（瞿安）、王露（心葵）等对传统音乐戏曲有很好领悟和实践能力的文人，起了骨干作用。吴、王的基本思路是改良国乐和国剧，而不是以西洋音乐和话剧取而代之。同时，他们都不像萧友梅那样受过系统的西洋音乐训练，对西洋音乐明显缺乏了解。这样的学术背景，注定了受其影响很深的北大音乐研究会偏向于国乐，而且属于业余性质。1921 年 12 月王露去世，第二年吴梅接东南大学聘，南下教书去了。就在这节骨眼上，蔡元培接受萧友梅的建议，设立北大音乐传习所，同时解散北大音乐研究会。前者以西洋音乐教育为主，尤其重视西洋乐理教育和管弦乐队的演出，废去原先的古琴、丝竹、戏曲诸部。这一转型，蕴涵着现代中国音乐教育的某种内在冲突：是注重技能的专业训练呢，还是强调教化的业余熏陶；是中乐西乐并重呢，还是独尊西乐贬抑中乐（不存在独尊中乐的可能性）。

在这场没有充分展开的论争中，主张音乐科班教育的萧友梅获得了胜利。这一胜利，带有指标性质，凸显了日后音乐教育发展的方向。因为，晚清以降，随着新式学堂的大量出现，需要大批音乐教育的人才。而像蔡元培为会长的北京大学音乐研究会（1919），吴梦非、丰子恺、刘海粟等发起的中华美育会（1919），以及后来刘天华等发起的北京爱美乐社和国乐改进社（1927）等，"这些音乐社团都是业余性质的，它们的办社宗旨大多接受蔡元培所提出的有关'美育'的主张，即主张通过艺术、音乐来发展个性自由、培养高尚情操，以达到改善人生、改良社会的功效"[1]，不以培养专业人才为目标，无法满足日益增长的社会需求。这样一来，专业音乐教育的出现，便是大势

---

[1] 汪毓和：《中国近现代音乐史》51 页，北京：人民音乐出版社，1984 年。

所趋。而北大音乐研究会之改为音乐传习所，正是顺应了这一潮流。[1]

这里有必要停下脚步，稍微介绍这一转向的关键人物萧友梅。萧友梅（1884—1940），广东香山人，1902 年赴日留学，1909 年毕业于东京帝国大学，读书期间在东京音乐学校修习音乐。1913—1916 年留学德国，先后就读莱比锡皇家音乐学院和莱比锡大学哲学系，1916 年以《中国古代乐器考》获哲学博士学位。1920 年起在北京从事音乐教育活动，先是被蔡元培聘为北大哲学系讲师及音乐研究会导师，1922 年向蔡元培建议在北大设立音乐传习所，并停办音乐研究会。蔡任传习所所长，萧为教务主任，力图将其建设成音乐学院。组建小型的管弦乐队，1922—1927 年共举办了四十多场音乐会，演奏莫扎特、贝多芬等名家作品。1927 年转赴上海，和蔡元培共同创立国立音乐专科学校，撰写大量音乐教材，开展正规的音乐教育，生命最后十年，成绩斐然。[2] 有必要补充一句，萧友梅的赴德国学习音乐，是蔡元培直接促成的。而蔡元培

---

[1]　汪毓和称："不久，在这些音乐社团的基础上，逐步建立起我国最早的一批专业音乐教育机构，如北京女子高等师范学校的音乐科（1920 年 9 月）、北京大学音乐传习所（1922）以及上海专科师范学校的音乐科（1920 年成立，1922 年改名为上海艺术师范学校）等等。后来，在北京成立了北京艺术专门学校音乐系（1926）、上海美术专科学校的音乐系和上海艺术大学的音乐系等。一九二七年在上海又建立了我国第一所规模比较大、制度比较健全的独立的专业音乐教育机构——国立音乐专科学校（最初称为国立音乐院，至 1929 年才改为此名）。这些音乐教育机构的办学方针，虽然大多数仍因袭过去北京大学音乐研究会所提出的'兼容并包'的方针，而设有国乐方面的课程；但是，实际上它们主要都是参照欧美的音乐教育体制，以传授西洋音乐知识和技能为其主要的教育内容。"（《中国近现代音乐史》51—52 页）

[2]　参见北京大学中文系比较文学与比较文化研究所恽文捷同学的硕士学位论文《复古与革新——萧友梅在北大的音乐活动与中国近代音乐思想的转变》（未刊稿）。另外，汪毓和是这样评介萧友梅的著述的："为了专业音乐教育和普通音乐教育的需要，他还十分关心音乐教材的建设，编写了《普通乐学》、《和声学纲要》、《新学制唱歌教科书》、《钢琴教科书》、《小提琴教科书》、《风琴教科书》等教材以及《古今中西音阶概说》、《中国历代音乐沿革概略》（即中国古代音乐史）、《中西音乐的比较研究》等论著。萧友梅的这些著述对当时音乐教育的普及和提高，都曾起了一定的积极作用。"（《中国近现代音乐史》59 页）

1907 年、1913 年两度游学德国，都是在莱比锡大学学习哲学、美学、文学史、文明史、艺术史等，并由此而形成"美育"观念。北大时期的蔡元培与萧友梅，由于是莱比锡大学的"前后同学"，趣味相投，合作融洽。

另一个北京大学音乐传习所的国乐导师刘天华（1895—1932），日后发起"国乐改进社"，主办该社的刊物《音乐杂志》，其二胡曲的创作、民族民间音乐的收集与整理等，也有很大成绩。但总的来说，其理论成果及社会影响明显不及萧。一个是只有中学学历，主要凭爱好自己摸索，拜民间音乐家周少梅、沈肇州为师学习二胡和琵琶，也曾广泛向民间艺人、和尚、道士等虚心请教，成名后到北京教书时，方才跟俄籍教授学拉小提琴，另外一个则是留学德国，专攻音乐，获得博士学位，二者的眼界、趣味、学养以及社会声望，都大不相同——这甚至可以作为近现代中国中乐、西乐命运的缩影。

中乐与西乐之争

在《三十五年来中国之新文化》中，蔡元培称，虽然"中国人是富于美感的民族"，"但最近三十五年，于美术上也深受欧洲的影响"。这里所说的"美术"，依然是广义的，包括绘画、建筑、音乐、文学、演剧等。关于音乐方面的状况，蔡先生是这样描述的："自新学制制定以后，学校课程中，就有音乐、唱歌等课，于是师范学校中，亦有此等科目。这是采用西欧乐器与音乐教授法的开始。"除了略为提及北大音乐研究会，蔡先生重点介绍了 1927 年设立的上海国立音乐院，即后来的音乐专科学校，对其本科部分包含理论作曲、钢琴、提琴与声乐四组，而且有很完整的教学计划深表欣慰。[1]

---

[1] 《三十五年来中国之新文化》，《蔡元培全集》第 6 卷 86、89 页。

作为民国首任教育部长，蔡元培即便在其执掌北京大学，或出任中央研究院院长时，谈论中国的教育问题，从来都是高屋建瓴，不局限于其具体职务。当然，这也是因蔡先生名重士林，教育界的许多重要活动，都需要他表态支持，以至不能不"越俎代庖"。1918年的《国立美术学校成立及开学式演说词》，强调"唯中国图画，与书法为缘，故善画者常善书，而画家尤注意于笔力风韵之属。……甚望兹校于经费扩张时，增设书法专科，以助中国图画之发展"[1]；1927年的《创办国立艺术大学之提案》（与林风眠、萧友梅等共同提出），更是为艺术教育的正规化大声疾呼：

> 美育为近代教育之骨干。美育之实施，直以艺术为教育，培养美的创造及鉴赏的知识，而普及于社会。是故东西各国，莫不有国立美术专门学校、音乐院、国立剧场等之设立，以养成高深艺术人才，以谋美育之实施与普及，此各国政府提倡美育之大概情形也。[2]

作为北大校长，支持各种学生艺术社团；作为教育家，希望建立专门的艺术院校，二者并行不悖，同样显示了蔡先生的远见卓识。只是具体到改北大音乐研究会为音乐传习所，有更加复杂的原因。

北大音乐传习所的创设，除了突出专业训练，再就是独尊西乐。这与萧友梅本人的学养与趣味有关，可也不能否认，西洋音乐教育体系已经相当成熟，明显地"有规可循"，不像中乐的强调个人体验，难以开展标准化教学。另外，中乐、西乐的命运，其实还受制于整个大

---

[1] 《国立美术学校成立及开学式演说词》，《蔡元培全集》第3卷148页。

[2] 《创办国立艺术大学之提案》，《蔡元培全集》第5卷179页。

的文化氛围。

说到文化建设，谁都同意"中西合璧"；但真的做起来，谈何容易。晚清以降，西学大潮的强力冲击，使得所谓的国学、国画、国乐等，几乎都只有招架之功，而无还手之力。在这个大背景下，北大校园里的中乐西乐之争，还没开打，胜负已然分晓。

著名古琴家王露赞同音乐改良，但反对用西洋音乐取代或规范中国音乐，理由是："中西音乐，因有地异、时异、情异之别，虽有改良方法，强使归一，其实终难归一也。"[1] 刘天华发起国乐改进社，主办《音乐杂志》，也是希望为国乐谋求独立地位："发展国乐断然不能抄袭外国的皮毛以算数，也不能死守老法，固执己见"，必须"一方面采取本国固有的精粹，一方面容纳外来的潮流，从东西的调和与合作中，打出一条新路来"。[2] 相对于萧友梅大刀阔斧地引进西乐及西方音乐教育体制，王、刘这样的声音，显得非常微弱。

从撰写博士论文开始，萧友梅的文化立场就非常明确：中国音乐之所以停滞落后，除了技术层面的因素，还有政治教化的影响；拯救的方法，一是努力在中国普及西洋音乐，丰富中国人的精神生活；二是以西洋音乐改造中国音乐，丰富中国音乐的表现手段与技法。萧的这一思想，即"以西洋音乐改造中国音乐"，不只是 1920 年代，而且在此后的半个多世纪，都占主流地位。直到最近十几年，才有持音乐多系演化观、音乐不可比较说、音乐相对价值论者，对萧友梅的思路及实践提出挑战。但也有不少辩护者，认定萧先生以西方音乐技术为躯干，以中国民族精神为灵魂，着力于表现现代中国人的感情生活，

---

[1]　王露：《中西音乐归一说》，《音乐杂志》1 卷 7 号，1920 年。

[2]　刘天华：《国乐改进社缘起》，《新乐潮》1 卷 1 期，1927 年 6 月。

无可非议。[1]

以西洋音乐改造中国音乐，这并非萧友梅一个人的思路，而是大部分五四新文化人的共同信念。胡适曾将新思潮概括为四个密不可分的环节："研究问题，输入学理，整理国故，再造文明。"[2]这里面，"输入学理"是关键——没有新眼光、新思路、新方法，你就无法整理好国故，更不要说"再造文明"了。这种影响极为深远的"以西学剪裁中国文化"[3]，所隐含的偏见、局限以及知识盲点，胡适那代人并没有觉察到。为什么？因为他们主观上都以"中西融合"为旨归，只是觉得西学、西画、西乐等，更具科学性，故择善而从。

蔡元培先生基本上也是这个思路——更多地关注如何"输入学理"，而不是发掘传统中国文化艺术的"特长"。引三段话，一谈学术、一谈音乐、一谈绘画，看看蔡先生心目中的文化比较与文化融合：

> 研究也者，非徒输入欧化，而必于欧化之中为更进之发明；非徒保存国粹，而必以科学方法，揭国粹之真相。[4]

> 一方面，输入西方之乐器、曲谱，以与吾固有之音乐相比较。一方面，参考西人关于音乐之理论，以印证于吾国之音乐，而考其违合。[5]

> 又昔人学画，非文人名士任意涂写，即工匠技师刻画模仿。

---

[1] 参见陈聆群等编《萧友梅音乐文集》，上海：上海音乐出版社，1990 年；戴鹏海等编《萧友梅纪念文集》，上海：上海音乐出版社，1993 年。

[2] 胡适：《新思潮的意义》，《胡适文存》卷四 151 页，上海：亚东图书馆，1921 年。

[3] 参见拙著《中国现代学术之建立》262—267 页，北京：北京大学出版社，1998 年。

[4] 《〈北京大学月刊〉发刊词》，《蔡元培全集》第 3 卷 210 页。

[5] 《〈音乐杂志〉发刊词》，《蔡元培全集》第 3 卷 397 页。

> 今吾辈学画，当用研究科学之方法贯注之。除去名士派毫不经心之习，革除工匠派拘守成见之讥，用科学方法以入美术。[1]

这里再三提及的"科学方法"，实际上只能是"西洋的方法"。这一点，蔡先生心里很明白，就像他所说的，民元以后，各美术学校"均以欧洲画法为主体"，只是学得像与学不像的差别。所谓"沟通中西之道"[2]，基本上变成了"以西化中"的努力。在这一大背景下，萧友梅所提倡的正规化、科学化与西洋化的音乐教育，获得了蔡元培校长的大力支持，一点儿都不令人惊讶。

博雅传统与"爱美的"

回到五四时期十分活跃的北大各艺术社团。在我看来，像北大画法研究会、北大音乐研究会等，并非只是艺术教育走向专业化道路上的垫脚石，而自有其独立的价值。反过来，当初非常弱小、现在已经茁壮成长的各艺术院校，在培养大批专业人才的同时，也因其过分注重技能训练，而缺乏广阔的文化视野与远大的精神追求，学生单面向发展，留下了很多的遗憾。在我看来，仅就"美育"而言，没有专门的艺术院校不行；只靠专门的艺术院校更不行。据说，目前全国已有近八百所院校设立了艺术院系，形势一片大好；未雨绸缪，我想强调老北大那些"不太专业"的艺术社团，依旧值得我们怀念。

---

[1] 《在北大画法研究会演说词》，《蔡元培全集》第 3 卷 208 页。

[2] 在《中国之书画》中，蔡元培称："民元以来，公私美术学校，次第设立，均以欧洲画法为主体。工具既已不同，而方法从写实入手，以创作为归，与旧式之以摹仿古人为唯一津梁者，亦异其趣。各校之兼设国画科者，亦颇注意于沟通中西之道，尚在试验时期也。"（《蔡元培全集》第 6 卷 140 页）

在《北大第二十二年开学式演说词》中，蔡元培校长对于学校为何鼓励学生创设各类艺术社团，有这么一段解释：

> 研究学理，必要有一种活泼的精神，不是学古人"三年不窥园"的死法能做到的，所以，本校提倡体育会、乐音会、书画研究会等，来涵养心灵。大凡研究学理的结果，必要影响于人生。倘没有养成博爱人类的心情，服务社会的习惯，不但印证的材料不完全，就是研究的结果也是虚无。所以，本校提倡消费公社、平民讲演、校役夜班与《新潮》杂志等，这些都是本校最注重的事项，望诸君特别注意。[1]

换句话说，老北大并没有期待所有参加艺术社团的人，将来都成为书画或音乐戏剧方面的名家，而只是希望学生们通过这些活动"涵养心灵"，养成"活泼的精神"，以便从事任何有益的事业。这种借艺术活动陶冶性情，正是传统中国教育最为精微绝妙之处。蔡先生称"六艺"中除"数"外，"无不含有美育成分者"，绝对在理；尤其断"乐为纯粹美育"，更是不刊之论。[2] 假如从这个角度审视，学音乐不是为了登台表演，而是自娱自乐，涵养自家的心灵，那么，北大音乐研究会比起北大音乐传习所来，很可能更接近《乐记》的理想，也更符合"美育"的要求。

实际上，老北大的艺术社团，大都取这一姿态，是"美育"，而非

---

[1] 《北大第二十二年开学式演说词》，《蔡元培全集》第 3 卷 344—345 页。

[2] 《乐记》："礼节民心，乐和民声，政以行之，刑以防之。礼、乐、刑、政四达而不悖，则王道备矣。"《荀子·乐论》："乐者，圣人之所乐也，而可以善民心。其感人，深；其移风俗，易。故先王导之以礼乐，而民和睦。"

专业艺术教育。单从这些社团成立的宗旨及主持人日后的发展，都能见出端倪。据 1917 年 12 月 5 日《北京大学日刊》报道，罗常培等发起组织书法研究会，所拟简章十一条，规定以"昌明书法陶冶性情"为宗旨。罗先生日后不以书法名家，而是成为著名的语言学家。1918 年 2 月 3 日《北京大学日刊》载，2 月 1 日北大画法研究会召开第一次会议，公推狄福鼎等为临时干事——狄君在五四运动中表现很活跃，日后成为政治人物。同日《北京大学日刊》刊登的《北京大学音乐会简章》，规定以"研究音乐陶冶性情"为宗旨。1920 年 1 月 14 日《北京大学日刊》介绍去年 12 月发起成立的北京大学戏剧研究会，"以谋中国戏剧之改良及发达为宗旨"，英文系一年级学生胡哲谋为会长，毛准为庶事股主任，陈绵为研究股主任——陈氏曾在《新青年》上发表一出简陋的独幕剧，毛君则以研究国故知名。1922 年 2 月 22 日成立的北大戏剧实验社，公推魏建功等起草简章——这位魏先生，日后也不以粉墨登场见称，而是成为著名的语言学家。

北大戏剧实验社的简章很有趣，宣称"以爱美的性质，实验的精神，谋艺术之进步为宗旨"。这里的"爱美的"，不能望文生义，此乃英文 Amateur 的音译，意为"业余的"。1921 年 4 月，戏剧家陈大悲在北京的《晨报》上连载论文《爱美的戏剧》，参考美国小剧场的经验，提倡与职业化、商业化演出相对立的"爱美剧"。此后，各大学纷纷成立学生剧团，现代中国的话剧运动得以进一步展开。

我关注的是"爱美的"这个词，它与传统中国的博雅传统不无相通处。喜欢艺术，但不将其作为职业，更不想拿它混饭吃。有文化，有境界，有灵气，即便技巧上不够娴熟，也可取——起码避免了专业院校学生容易养成的"匠气"。

说到这，想起钱穆的《现代中国学术论衡》，此书有四章专论中国音乐。基于"余尝谓中国人重和合，西方人重分别，此乃中西文化大体系歧异所在"这一基本假设，钱先生做了很多大胆假设，不少分析牵强附会，但也有精彩的。比如下面这一段，既怀旧，也说理，很能显示中国音乐的特色：

> 前清末，余中学同学刘天华，性喜音乐，在军乐队中任大鼓手，同学引以为笑。民国初年在沪习中国乐器。某冬之夜，同学两三人，围炉听其弹琵琶《十面埋伏》，传情传势，手法之妙，常在耳边，积年不忘。及在北平奏二胡，创新把势，一时轰动，全国慕效。然距今数十年，刘天华二胡已渐不闻人演奏。近代风气必求登台，满堂欢腾，始为时髦。中国古乐器如琴如琵琶，以至如二胡，闲居独奏，乃以自怡悦，非以持赠人。亦如中国社会有隐君子，而时风变，众宜异，所谓隐君子，至今则鲜矣。[1]

我读钱先生这书，已经是十几年前了，这段话真的"积年不忘"。尤其是"必求登台"与"闲居独奏"的分析，更是让我恍然开悟。

既然如此，何不借花献佛，将其作为文章的结语？

---

[1]　钱穆：《现代中国学术论衡》260 页，长沙：岳麓书社，1986 年。

第四章　学问该如何表述
——以《章太炎的白话文》为中心

关于学问与表述的关系，孔子有两条名言对后世影响极大，一是"言之无文，行之不远"，一是"辞达而已矣"。[1] 前者指向巧妙的修辞，后者则反对过分的夸饰，如何在二者之间取得恰到好处的平衡，并非易事。故历代文人学者，所争不在是否需要"文"，而在何谓"辞达"。不同文体对辞采藻饰的要求本就有很大差异，再加上时代风潮的鼓荡与作家才情的制约，对文与质关系的理解，自然无法一致。这种边界模糊的状态也自有其好处，那就是，一般人都承认，无论为文为学，均须"慎辞也"。不管是主张"质朴"，还是推崇"富丽"，都是力图找到表述思想或情感的最佳方案。

如此追求，基本上不受文类高低的影响。借用章太炎的说法，凡有著述，各有其学，也各有其体，能合轨则者方为雅。"故知小说自有雅俗，非有俗无雅也。公牍、小说，尚可言雅，况典章、学说、历史、杂文乎？"而论学衡文，最忌讳的，莫过于"必执一体制以概凡百之体制"。[2] 翻翻《文章辨体》（吴讷）、《文体明辨》（徐师曾）、《古文

---

[1]　参见《左传·襄公二十五年》和《论语·卫灵公》。

[2]　参见章绛《文学论略》（下），《国粹学报》第 23 期，1906 年 12 月。

辞类纂》（姚鼐）、《经史百家杂钞》（曾国藩）等文章总集，不难发现明清文人对"辨体"的高度重视。如此强调"文体"的意义，对于本不以辞章见长的学者来说，是一种挑战。

清人治学与为文均讲求综合，但真正能兼及义理、考据、辞章的，实在太少了；倒是刘师培所说的"优于学者往往拙于为文"，更切合实际些。"学与文分，义理考证之学迥与词章殊科"，这不应该成为"学日进而文日退"的理由 [1]，假如我们承认述学之文也有雅俗的话。而实际上，章太炎正是从这里入手，借表彰学人之文，以复古的面貌推动晚清的文学革新。

1909 年，针对上海有人"定近世文人笔语为五十家"，将章太炎与谭嗣同、黄遵宪、王闿运、康有为等一并列入，章大为不满。在《与邓实书》中，除逐一褒贬谭、黄、王、康的学问与文章外，更直截了当地表述自家的文章理想：发表在《民报》上并广获好评的"战斗的文章"，不值得推崇，因其"无当于文苑"；反而是那些诘屈聱牙、深奥隐晦的学术著作如《訄书》等，"博而有约，文不奄质"，方才真正当得起"文章"二字。[2] 这是因为，太炎先生对"好为大言，汗漫无以应敌"的文士之文很不以为然，对时人之表彰其"文士所优为也"的"出入风议，臧否人群"，自是极不情愿；故迫不及待地跳出来自我辩解，强调"持理议礼"的学人之文 [3]，方才是其理想的追求。

照章氏的说法，自家所撰"文实闳雅"者，除了《訄书》，还有箧中所藏的数十首。这数十首，应该就是第二年结集出版的《国故论衡》。而文学史家胡适认为，"这两千年中只有七八部精心结构，可以

[1] 刘师培：《论近世文学之变迁》，《国粹学报》第 26 期，1907 年 3 月。

[2] 《与邓实书》，《章太炎全集》第 4 卷 169—170 页，上海：上海人民出版社，1985 年。

[3] 参见章太炎《论式》，《国故论衡》117—124 页，上海：大共和日报馆，1912 年。

称做‘著作’的书"，《国故论衡》即是其一。如此皇皇大著，其中各章，依胡适的评价，"皆有文学的意味，是古文学里上品的文章"[1]。这里暂不涉及文、白之争，而只局限于"文"与"学"能否合一。在这一点上，胡适是解人，毫不含糊地承认太炎先生著述的文学价值。学术著作能否进入文学史，尽可见仁见智；可学者撰述时有无文体意识，讲不讲究述学文字，却是非同小可，因其关系到"文"与"学"是否永远分道扬镳。我的态度颇为骑墙：不主张"以文代学"，却非常欣赏"学中有文"。仔细说来，便是不喜欢以夸夸其谈的文学笔调瞒天过海，铺排需要严格推论的学术课题；但同样讨厌或干巴枯瘦、或枝蔓横生、或生造词语、或故作深沉的论学文字。至于什么是理想的论学文字，我同意钱穆先生的意见[2]，章太炎可算一个。

值得注意的是，作为清末民初无可争议的"古文大师"，章太炎还出版过一册论文衡史的"白话文"——关于这本小册子的传奇经历，以下将专门辨析。这里希望指出的是，关于学问如何表述的思考，既指向文体，也指向语体。对于太炎先生来说，前者乃苦心经营，后者则近乎"无心插柳柳成荫"。考虑到新文化运动中，论学文章（而不是叙事的小说或抒情的诗歌）之采用白话是个关键性的突破，我们对五四白话文的产生与演进，极有可能形成与《逼上梁山》（胡适）等传统论述不太一致的思路。

这里，有必要引入晚清大行其时的特殊文体——"演讲稿"，而作为研究个案的，正是充满戏剧性的《章太炎的白话文》。

---

[1]　参阅胡适《五十年来中国之文学》第七节（见《胡适古典文学研究论集》，上海：上海古籍出版社，1988 年）。我很欣赏适之先生的这一看法，不过，作为文章，我更看好《论式》《原学》，而不是适之先生推荐的《明解故上》和《语言缘起说》等。

[2]　参见余英时《犹记风吹水上鳞——钱穆与现代中国学术》253 页，台北：三民书局，1991 年。

一 古文的骄傲与白话的先驱

只要稍微翻阅过《章氏丛书》的，都会惊叹太炎先生的博学深思以及述学文字之古奥。"以音韵训诂为基，以周秦诸子为极，外亦兼讲释典"的章太炎[1]，其出入三教，活用经典，在阐扬国粹中提倡革命，当年曾吸引鲁迅、周作人、钱玄同等无数青年学子。可事过境迁，"排满"已成历史，"古字"则是实实在在的阅读障碍。面对好用"古字"故显得"佶屈聱牙"的章文，今日读者，不要说学步，单是顺利阅读，都有很大困难。除了专门学者，不借助工具书而能顺利阅读章文的，不能说绝无仅有，也必定是寥若晨星。正因如此，胡适当年才敢断言："章炳麟的古文学是五十年来的第一作家"，但因过分好古，其文学"我们不能不说他及身而绝了"。[2]

这里暂不讨论"章炳麟的文学"到底是否"及身而绝"[3]，只涉及人所共知的章文之博雅与古奥。就是这么一位举世公认的"古文学"大师，竟然在白话文运动如火如荼的1921年，推出一册谈笑风生、甚至不无插科打诨的《章太炎的白话文》！这册只有137页的小书，给予读者的巨大冲击，首先不是具体论述，而是章氏的"变脸"——由古文学的"押阵大将"，一转而成了白话文的"开路先驱"。

而这，正是出版者最为得意之处。吴齐仁《编者短言》所概述的该书三大特色，基本囊括了此一戏剧性事件的全部意义：

---

[1]　章太炎：《致国粹学报社书》，《国粹学报》第59期，1909年11月。

[2]　《五十年来中国之文学》，《胡适古典文学研究论集》127页，上海：上海古籍出版社，1988年。

[3]　在《中国现代学术之建立》（北京：北京大学出版社，1998年）中，我撇开相对皮相的"好用古字"，而专门考察章太炎阐扬"魏晋风度"与"六朝散文"对于周氏兄弟文章的影响，以及由此而凸显的千古文脉之延续，请参阅。

太炎先生是中国文学界的泰斗，这是谁也知道的，并且谁也乐意承认的。不过他著的书，往往因说理太深，又用的是"老气横秋"的文言，初学的人，看了总觉得不大舒服。因此便自然发生一种要求：就是，怎样能直接听他的讲？好了！有了！你们的唯一讲义，就是这本书。这本书的特色：第一，章先生一生亲笔做的白话文，极少，编者煞费苦心，才收集这几篇；第二，篇数虽少，差不多把求中国学问的门径，与修身立世之道，网罗无遗，读之既增知识，又可以培养道德；第三，以极浅显的白话，说最精透的学理，可以作白话文的模范。——这是编者愿介绍于大家的主要特点。吴齐仁识于一九二一年一月。[1]

此书作为"讲义"的特色，本是最值得关注、也最可发掘之处，可惜编者受时代思潮裹挟，一门心思希望坐实的是章氏如何"以极浅显的白话，说最精透的学理，可以作白话文的模范"。这里遵循编者的思路，暂时搁置关于"讲义"体式的辨析，专门澄清太炎先生之能否成为"白话的先驱"。

在一般人心目中，博雅而好古的太炎先生，应该是站在白话文运动的对立面才对。这一不假思索、脱口而出的结论，实际上经不起仔

---

[1] 吴齐仁：《编者短言》，《章太炎的白话文》，上海：泰东图书局，1921 年 6 月初版。集中各文，原刊于《教育今语杂志》，入集时大都改变了题目；这里依书中顺序，提供各文的原题及刊发时间。《留学的目的和方法》乃"代社说"，题为《庚戌会衍说录》，刊于 1910 年 6 月出版的第四册；《中国文化的根源和近代学术的发达》原为"社说"，刊于 1910 年 3 月出版的第一册；《常识与教育》原为"社说"，刊于 1910 年 4 月出版的第二册；《经的大意》原题《论经的大意》，刊第二册；《教育的根本要从自国自心发出来》原题《论教育的根本要从自国自心发出来》，刊于 1910 年 5 月出版的第三册；《论诸子的大概》，原题如此，刊第三册；《中国文字略说》，刊于 1910 年 3 月出版的第一册。

细的考辨。章太炎擅长博雅渊深的魏晋之文，确实与胡适之主张"明白如话"大异其趣；可五四新文化运动时期，章不但没像林纾那样公开向新文化人提出挑战，也未见如严复般的背后讥笑[1]，反而是在收到胡适《中国哲学史大纲》赠书后，用白话写信作复，与其讨论有关庄周的评价问题[2]。为何太炎先生的表现如此"出人意料"？一来那时他正忙于军国大事，无暇及此；二来白话文的提倡者中，不少是其及门弟子；当然，最为关键的，还是取决于其史家的胸襟以及相当开放的文体观念。

辨文学应用或述文章源流时，太炎先生从来都是骈散文白各有定位，而非独尊某体某家。大概是其修辞必原本小学、穷理方能为玄言方面的论述太出色，过多吸引了读者的注意力，以致其文各有体，不能强求一律的主张，往往被忽视。在《文学论略》中，太炎先生有这么一大段话，值得论者深思：

> 是则古之公牍，以用古语为雅；今之公牍，以用今语为雅。……近世小说，其为街谈巷语，若《水浒传》、《儒林外史》，其为神怪幽秘，若《阅微草堂》五种，此皆无害为雅者。若以古艳相矜，以明媚自喜，则无不沦入恶道。故知小说自有雅俗，非

---

[1]　林纾之撰《论古文之不当废》《论古文白话之相消长》以及小说《荆生》《妖梦》等，因各种《中国现代文学史》的引述批驳而广为人知；至于严复，则在《与熊纯如书》中留下如此妙语："须知此事，全属天演，革命时代，学说万千，然而施之人间，优者自存，劣者自败，虽千陈独秀，万胡适、钱玄同，岂能劫持其柄，则亦如春鸟秋虫，听其自鸣自止可耳。林琴南辈与之较论，亦可笑也。"（《严复集》第 3 册 699 页，北京：中华书局，1986 年）

[2]　参见白吉庵《胡适传》（北京：人民出版社，1993 年）119 页所引录的"胡适存件"574 号（藏中国社会科学院近代史所）。兹引录章太炎致胡适信第一段，以见其行文风格："适之你看。接到中国哲学史大纲。尽有见解。但诸子学术。本不容易了然。总要看他宗旨所在。才得不错。如但看一句两句好处。这都是断章取义的所为。不尽关系他的本意。仍望百尺竿头更进一步。"

有俗无雅也。公牍、小说，尚可言雅，况典章、学说、历史、杂文乎？[1]

与一般人想象的相反，作为古文大师的章太炎，并不排斥、甚至欣赏《水浒传》那样采用白话的章回小说。在太炎先生看来，"工拙者系乎才调，雅俗者存乎轨则"，而"俗而工者，无宁雅而拙也"。[2] 承认各种文学体裁都有其规定性（包括对于文体的特殊要求），所谓的骈散文白，其实并无绝对价值。作家的首要任务是遵循"文章轨则"，而后才是发挥自家才情。这种趋向于守旧的文学观念，对突破边界的创新可能造成某种压抑，但好处是尊重各体裁内在的发展逻辑，故思想通达，较少独尊一家一体者容易养成的褊狭与固执。如此说来，表彰"径直易知"的《革命军》与"文亦适俗"的《洪秀全演义》[3]，以及出版《章太炎的白话文》，对于太炎先生来说，并非那么不可思议[4]。

至于论者印象中的章太炎"主张文言文反对白话文"[5]，大概是源于鲁迅的一则短文。1935年，章太炎纵论"白话与文言之关系"时，有"今人思以白话易文言，陈义未尝不新，然白话究能离去文言否"的追问，结论是："以此知白话意义不全，有时仍不得不用文言也"；"白

---

[1]　章绛：《文学论略》（下），《国粹学报》第23期，1906年12月。

[2]　同上。

[3]　参见章太炎《〈革命军〉序》（汤志钧编《章太炎政论选集》192—193页，北京：中华书局，1977年）和《〈洪秀全演义〉序》（《二十世纪中国小说理论资料》第1卷338—339页，北京：北京大学出版社，1989年）二文。

[4]　当然，论及自家文章，章太炎最得意的，还是其"文实闳雅"的《訄书》等，而不是"其辞取足便俗"的"论事数首"（参见《与邓实书》，《章太炎全集》第4卷169页）。不同于时人之以文言白话分高低，章太炎更注重论学之文与论事之文的区别。

[5]　如刊于《鲁迅研究月刊》2001年2期的刘思源《旧籍重翻：〈章太炎的白话文〉》，便以此为立说的根基。

话中藏古语甚多，如小学不通，白话如何能好？"[1] 此语引起白话文提倡者的不满，并招来新文化人的若干批评。比如修辞学家陈望道便将此等"非深通小学就不知道现在口头语的某音，就是古代的某音，不知道就是古代的某字，就要写错"的说法，嘲讽性地称为"保守文言的第三道策"。[2] 鲁迅也对乃师之"把他所专长的小学，用得范围太广大了"表示不以为然，并做了进一步的分疏：

> 太炎先生的话是极不错的。现在的口头语，并非一朝一夕，从天而降的语言，里面当然有许多是古语，既有古语，当然会有许多曾见于古书，如果做白话的人，要每字都到《说文解字》里去找本字，那的确比做任用借字的文言要难到不知多少倍。然而自从提倡白话以来，主张者却没有一个以为写白话的主旨，是在从"小学"里寻出本字来的，我们就用约定俗成的借字。……所以太炎先生的第三道策，其实是文不对题的。[3]

不过，有一点值得注意，此文重点在破除中国人根深蒂固的"名人"迷信，强调"名人的话并不都是名言"，故虽涉及章之"攻击现在的白话"，却并不热讽冷嘲。相反，在文章结尾处，鲁迅还对"这回时时涉及了太炎先生"表示些许歉意。

不在文白新旧尖锐对立的五四时期公开表态，而是在事过境迁、

---

[1] 参见章太炎《白话与文言之关系》，收入章太炎主讲、曹聚仁记述《国学概论》（香港：学林书店，1971 年）一书作为附录，见该书 113—121 页。

[2] 南山（陈望道）：《保守文言的第三道策》，《太白》2 卷 7 期，1935 年 6 月。

[3] 《名人和名言》，初刊《太白》2 卷 9 期，1935 年 7 月，见《鲁迅全集》第 6 卷 361—364 页，北京：人民文学出版社，1981 年。

白话早已在教育体制与文学表达方面占据主流地位的 1930 年代中期发言，这很可能包含章太炎的策略选择。一贯特立独行、喜欢语出惊人的太炎先生，其实并不鲁莽行事。比如，首次公开批评新式学堂的《与王鹤鸣书》撰于 1906 年，便绝非偶然。早年也曾极力主张废科举兴学堂，可一旦清政府诏准自丙午（1906）科起停办科举，太炎先生便转而挑剔起新式学堂的诸多弊病。如此永远地"不合时宜"，与其奇特的论学思路有关：

虽然，学术本以救偏，而迹之所寄，偏亦由生。[1]

不相信凝固不变的事物或学理，对任何"救弊"之举都保持必要的警惕，防止其成为新的"独裁"——若依这一思路，1930 年代的中国，也该切实反省已成"文学必用之利器"的白话文。不否认章氏在"救学弊"时，过于卖弄自家专长，因而效果适得其反；这里所要分辨的是，不该因此文而将太炎先生送入白话文反对派的行列。

要说章太炎屡次大加讥讽的，其实不是白话文，而是白话诗。那是因为，太炎先生严守"有韵为诗无韵为文的界限"，因而认定"现在白话诗不用韵，即使也有美感，只应归入散文，不必算诗"。[2] 其实，二三十年代著名的文人学者中，对新诗不押韵心存疑虑的，远不只章太炎一人。[3] 新诗该往何处去，是可以、也应该认真讨论的，这与在思想文化层面上支持或反对白话文运动，二者不可同日而语。

---

[1]　章太炎：《致国粹学报社书》，汤志钧编《章太炎政论选集》498 页，北京：中华书局，1977 年。

[2]　参见章太炎主讲、曹聚仁记述《国学概论》78 页、92 页、25 页。

[3]　参见拙文《经典是怎样形成的——周氏兄弟等为胡适删诗考》第五节"胡适的自我调整"，见本书第 283—297 页。

章氏即便不算白话文运动的反对派，可也说不上是白话文的积极支持者；将《訄书》《国故论衡》与《章太炎的白话文》放在一起，无论如何总给人很不协调的感觉。大概也正因为这一点，这册"出土文物"般的《章太炎的白话文》，虽在当年便印行了三版，却没有引起学界广泛的关注。只是当历史学家回首往事，清点白话文运动的战利品时，才会与之不期而遇。一如其人的特立独行，《章太炎的白话文》同样很难归队，给已经安排妥帖的关于白话文运动的"历史叙述"，增加了不小的变数。

　　当然，论者之所以不太愿意直面这册小书，还有一个直接原因，那就是此书"妾身未分明"——其著作权存在争议。

　　这则现代中国学术史上的冤案，其实不难辨析，只要将有关资料略加编排，很快就能真相大白。问题在于，所谓此书的著作权应该归属钱玄同的说法，合乎"辨伪"的时代潮流，也符合世人对于章、钱二位形象的想象，故迅速传播开去。说来有点不可思议，最早质疑《章太炎的白话文》的，是章的弟子钱玄同；而日后的许多想当然的发挥，又都是基于对钱说的误解。以下便按照时间顺序，钩稽相关史料，看看这桩冤案是如何"横空出世"，又是如何被逐渐消解的。

　　1923 年 5 月 25 日，五四新文化运动的猛将钱玄同给顾颉刚写信，支持其"层累地造成的中国古史"说。此信以《答顾颉刚先生书》为题，初刊 1923 年 6 月出版的《读书杂志》第 10 期，后收入《古史辨》第一册。这篇近万言的论学书札，乃古史辨运动的重要文献，流传极广。为了说明辨伪的重要性，信中有这么一段"影响深远"的插话：

　　　　中国底伪书真多，现代人底著作之中还有伪的，《章太炎的白话文》中有钱玄同的文章（《中国文字略说》）！所以我们要看中国书，无论是否研究国学，是否研究国史，这辨伪的工夫是决不能省的。[1]

在谈论伪书时举《章太炎的白话文》为例，容易给人否认此书乃太炎先生所撰的错觉；明确指出书中有钱氏本人文章，更使得日后辗转相传，《章太炎的白话文》成了《钱玄同的白话文》。其实，仔细品味，钱玄同所说的"伪"，指的是该书误收了《中国文字略说》一文，而不是否认乃师的著作权。

1935 年 8 月，周作人撰《〈中国新文学大系·散文一集〉导言》，专门介绍《教育今语杂志》，对廓清历史迷雾、让读者知道章太炎确实曾"用白话讲述"中国文化，颇有帮助：

> 内容于社说外分中国文字学、群经学、诸子学、历史学、地理学、教育学等七门，用白话讲述，目的在于行销南洋各地，宣传排满，如发刊缘起中所说，"期邦人诸友发思古之幽情，勉为炎黄之肖子焉。"撰稿者有章太炎，陶焕卿，钱德潜诸人。那时钱君还不叫"玄同"，只单名一个"夏"字，取其为"中国人也"的意思，在《今语杂志》中署名"浑然"，撰过两篇关于文字学的文章，第一册里有一篇《共和纪年说》，主张用周召共和来做中国纪年，也是他所写的。[2]

此文对创刊于 1910 年，共出版六册的《教育今语杂志》的描述相当细致，而且很准确，所述章太炎曾为此杂志撰稿，以及钱玄同以"浑

---

[1]　钱玄同：《答顾颉刚先生书》，《古史辨》第 1 册 81 页，上海：上海古籍出版社，1982 年。

[2]　周作人：《〈中国新文学大系·散文一集〉导言》，《中国新文学大系·散文一集》，上海：良友图书印刷公司，1935 年。

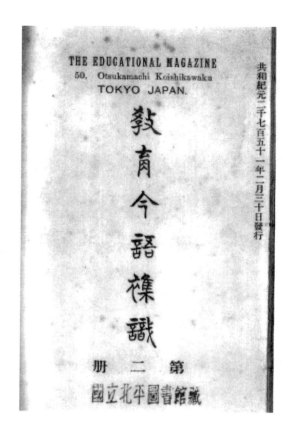

图 8 《教育今语杂志》书影

然"为笔名撰写关于文字学的文章，在相关史料中都得到印证。但有一点，周文是在讨论晚清白话文的发展时涉及《教育今语杂志》的，并未提及杂志中的章文十年后如何成书，故读者对《章太炎的白话文》一书的渊源依旧茫然。

钱、周二位知情者的表述不甚清晰，给后来者的"捕风捉影"留下了些许空间。但如果不是抗战中学者们漂泊大西南，著述时资料极端匮乏，也不至于如此以讹传讹。1939 年 5 月，僻居陕西城固的黎锦熙为刚去世的好友钱玄同作传，因三十多年的日记留在北平，无法查对，只好凭记忆"信笔所之,夹叙夹议"。黎锦熙所撰《钱玄同先生传》[1],体例特异,文采飞扬,在提供许多精彩史料的同时,也因无从查核而留下若干硬伤。在论述玄同先生《新青年》时期的贡献时,黎的评说相当精彩:"编辑人中,只有他是旧文学大师章太炎先生的高足,学有本源,语多'行话',振臂一呼,影响更大。"[2]紧接下来,黎氏有一大段发挥,则是明显误记或误解钱玄同的《答顾颉刚先生书》:

> 钱先生正式做白话的学术文,还可以远一点儿叙述。他清末留学日本时,和他的章老师办了一种《教育今语杂志》,出了六期停刊,宗旨是灌输文字历史等国学常识给一般失学的人,内中也带有提倡种族革命的意味,篇篇都是白话文。他自己有个笔名,但凡署名"太炎"的各篇,实际上也都是他做的。后来坊间汇印成一本《章太炎的白话文》,其实应该叫做《钱玄同的白话文》。这种白话学术论文的出世,还比《新青年》早十年左右,不过那时还没有"文学革命"的意识,这种刊物只能算是一种高等通俗杂志,"今语"是对俗人用的,还不能算在胡先生所谓"有意的主张白话文学"的范围内耳。[3]

黎氏这一极富戏剧性的说法,很快被清史研究专家萧一山所接纳。在1944年商务印书馆出版的《清代学者著述表》中,萧是这样提及《章太炎的白话文》的:

---

[1] 黎锦熙的《钱玄同先生传》现作为附录,刊载于曹述敬《钱玄同年谱》147—202页,济南:齐鲁书社,1986年。

[2] 参阅黎锦熙《钱玄同先生传》,见《钱玄同年谱》170—171页。

[3] 同上书,171页。

末篇乃钱玄同作，误收。实则此书采自太炎与钱玄同所办之《教育今语杂志》。该杂志几全出玄同手，即署名"太炎"者，亦玄同作也，故应名《钱玄同白话文》。[1]

这段话明显是撮合钱、黎二说而成。在没有充足证据的情况下，轻易转移著作权，显然不合史家笔法。日后，在《清代通史》中，萧一山改弦易辙，重将此书划归章太炎名下。[2]

1972 年，台北的艺文印书馆重刊《章太炎的白话文》，编者在"出版说明"中着重强调此书"对于研究章氏早年之学术思想，关系至巨"，而对书中各文的来历及其真伪未做任何分辨，显然对这桩学界公案一无所知。不提书中各文初刊《教育今语杂志》，而称此乃"《民报》被禁后，先生闲处东京时对留学生讲学之纪录"[3]，甚至配上太炎先生在东京留学生欢迎会上的演说辞（编者为其拟题《我的平生与办事方法》），可谓歪打正着。可惜的是，无论此前还是此后，未见论者从"演讲"而不是"文章"的角度来诠释《章太炎的白话文》的。

1978 年出版的《章太炎年谱长编》，第一次认真对待这一著作权之争。作者汤志钧先引萧一山的辨伪，而后加上按语："萧一山所载有误。《章太炎的白话文》为章氏在日本讲学时的演说录，曾载《教育今语杂志》。"另外，汤著还提供了一重要线索：

又据张静庐先生面告，编者"署名'吴齐仁'者，无其人也"，

---

[1] 转引自汤志钧《章太炎年谱长编》622 页，北京：中华书局，1979 年。

[2] 萧一山早年沿袭黎说（见《清代学者著述表》，上海：商务印书馆，1944 年），后改弦易辙，在《清代通史》第 5 卷 589 页（北京：中华书局，1986 年版；此乃据台湾商务印书馆 1980 年修订本第 5 版影印）中提及章太炎著述，即包含此曾被误断为"伪书"的《章太炎的白话文》。

[3] 参见 1972 年台北艺文印书馆刊《章太炎的白话文》的出版说明。

触摸历史与进入五四

实为张静庐所编，系张在章氏沪寓索得付印的。[1]

汤志钧编撰《章太炎年谱长编》时，曾大量摘录《教育今语杂志》上的文字，可见其对这份杂志相当熟悉。行文至此，他本该进一步指出《章太炎的白话文》确有"张冠李戴"的毛病——错收了《中国文字略说》，而漏收了第四册上署名独角的《论文字的通借》。可惜，汤著忽略了这一点，又没有追踪萧说的来源，这就给后来者留下进一步辨析的余地。

十年后出版的《章太炎年谱长编摭遗》(谢樱宁)和《钱玄同年谱》(曹述敬)，将此话题向前又推进了一步。谢樱宁补充了钱玄同《答顾颉刚先生书》和黎锦熙所撰《钱玄同先生传》，使得我们对此案的来龙去脉有了比较清晰的印象。谢著得出《章太炎的白话文》前六篇的作者"没有疑问，应当还是章太炎的"[2]，结论是对的，可因未见《教育今语杂志》，不知该书漏收了太炎先生的《论文字的通借》。而且，旁生枝节，引入聂绀弩将《章太炎的白话文》一书的编辑出版归之于曹聚仁的说法，明显不妥[3]。

曹述敬编撰《钱玄同年谱》时，注意到了周作人的《〈中国新文学大系·散文一集〉导言》和钱玄同的《答顾颉刚先生书》，本来不难

---

[1]　参见汤志钧《章太炎年谱长编》622 页。

[2]　参见谢樱宁《章太炎年谱摭遗》108—109 页，北京：中国社会科学出版社，1987 年。

[3]　我怀疑聂绀弩是将同由上海泰东图书局出版的《章太炎的白话文》和章太炎主讲、曹聚仁记述的《国学概论》混为一谈了——二者出版时间相差只有一年。《章太炎的白话文》一书所署"编纂者吴齐仁"，不可能是曹聚仁，有一确凿的证据：曹自称第一次晤见太炎先生，是在他发表章氏国学讲演的记录稿之后 (参见曹聚仁《关于章太炎先生的回忆》和《回想四十八年前事》二文，载陈平原、杜玲玲编《追忆章太炎》304—308 页，北京：中国广播电视出版社，1997 年)；而我们都知道，此次在上海举行的系列讲演，是《章太炎的白话文》出版将近一年后才开始的。

得出正确的结论，可作者还是更愿意相信黎锦熙先生的错误说法，因其明显对谱主有利。这是编全集、修年谱者常犯的毛病：若遇对谱主有利的材料，宁信其有，不信其无。我怀疑作者并未翻阅过《教育今语杂志》，否则，不该沿袭黎氏旧说，称"但凡署名'太炎'的各篇，实际也都是他（指钱玄同——引者注）代做的"。因《教育今语杂志》上，根本就没有署名"太炎"的文章。章太炎刊于《教育今语杂志》上的各文，统一署的是其笔名"独角"。

又过了十几年，刘思源在《鲁迅研究月刊》上发表一则短文，重提此陈年公案。刘文虽多有臆测之说[1]，但有两点值得注意：一是有幸见到钱玄同收藏的《章太炎的白话文》，发现钱在目录上补充了漏收的《论文字的通借》，"尤其重要的是，他仅把《中国文字略说》用红笔框起来标上'钱玄同撰'的字样，则其它各文俱是章文就不言自明了"[2]。此前虽也有若干确凿无疑的论述，但能找到钱先生的藏书，毕竟是件大好事。一是周作人在《〈中国新文学大系·散文一集〉导言》中提及《教育今语杂志》时，一会儿说"杂识"，一会儿又变成"杂志"；而钱玄同为《章太炎的白话文》所撰题记中，也以"杂识"为名。至于其他著述，则多称"杂志"。刘文将其统一为《教育今语杂识》，而不是依样画葫芦，可见作者对此颇为用心。不过，在我看来，此处似用心太过，有欠妥当。本来"杂识"（此处的"识"做"记载"解，音同"志"）、"杂志"两可，因原刊封面题为前者，而内里用的却是后者。可考虑到刊物的封面上还有英文名称 *The Educational Magazine*，编辑体例也明显地从属于刚刚崛起的现代报刊，而并非古代中国读书人所熟稔的杂记体式（比如宋人周密的《癸辛杂识》，或清人纳兰性德的《渌

---

[1]　参见拙文《关于〈章太炎的白话文〉》，《鲁迅研究月刊》2001 年 6 期。

[2]　参见刘思源《旧籍重翻：〈章太炎的白话文〉》，《鲁迅研究月刊》2001 年 2 期。

水亭杂识》），因而，我觉得还是采纳通常所说的《教育今语杂志》好些。

至此，关于《章太炎的白话文》一书的公案，已经水落石出。唯一需要补充的是，此书出版一年前，四川刊行了《太炎教育谈》，所收六文也都出自《教育今语杂志》。[1] 有趣的是，此书没有错收《中国文字略说》，但又缺了刊于第四册上的"代社说"《庚戌会衍说录》——此文日后以《留学的目的和方法》广为人知。而正是这被川版删去的《留学的目的和方法》，在沪版中一跃而成了开篇之作。其中的差异，大可玩味。

确认太炎先生对于《章太炎的白话文》一书的著作权，接下来的问题便是："古文学大将"是否真的可能成为"新文学先驱"。无论答案如何，这册薄薄的小书，都将引领我们关注五四白话文运动的另一重要来源，即晚清蔚然成风的"演讲"以及"纪录"。

二　令人神往的"提奖光复，未尝废学"

《章太炎的白话文》一书的编者，对书中各文的来龙去脉其实不甚了然，可单凭直觉，便敢地将这些与太炎先生平日著述风格迥异的文章，与"讲义"挂起钩来。《编者短言》所说的"怎样能直接听他的讲"，以及"你们的唯一讲义，就是这本书"等，虽系广告语，却也不无几分道理。比如，《留学的目的和方法》原题《庚戌会衍说录》，《教育今语杂志》第四册在刊发这则"代社说"时，有编者庭坚的附记：

---

[1]　庚申仲春 (1920) 观鉴庐刊行的《太炎教育谈》，共收入原载《教育今语杂志》的六文，即《说文字历史哲理的大概》《说文字的通借》《说常识》《论群经的大意》《论诸子的大概》《论教育的根本当从自国自心发出来》。各文题目与原刊略有出入。

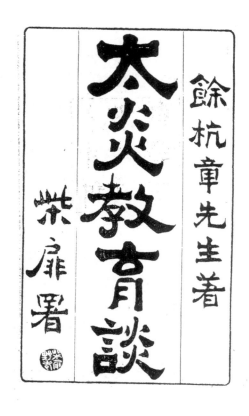

图 9 《太炎教育谈》书影

　　这一篇社说，本是中国各省留学日本高等师范学校学生，请独角先生去演说，所录下来的演说稿。

至于书中其余六文，到底是演说的记录，还是演讲的底稿，抑或是"拟演说"的文章，一时很难判断。但可以肯定的是，这些文章都以潜在的"听众"而非"读者"为接受者。文章使用白话，有杂志体例的制约，但随意性很强的插话以及借题发挥，则与太炎先生平日著述之谨严大异其趣，倒是与其讲课之生动活泼十分吻合。

　　太炎先生讲课时"新谊创见，层出不穷"，而又"诙谐间作，妙语解颐"[1]；"论学论事，如说家常，时常插入风趣的谈话，浅易处常有至理"[2]——诸如此类的描述，常见于弟子们的追忆文章。既不满以功名利禄为目标的科举取士，也嘲笑以西学为导向的新式学堂，太炎先生更愿意追摹的，是传统中国的大儒讲学。这一教育宗旨，体现在其坚决拒绝进入现代大学体制，也落实在其讲学时很强的主观随意性，以及特别注重与听众之间的对话与沟通。

作为教育家的章太炎，除了平日的零星讲演，一生中有四次集中讲学。第一次是避难东京时之"提奖光复，未尝废学"[3]（1906—1911），第二次是"时危挺剑入长安"（《时危》四首之一），被羁北京时之"以讲学自娱"[4]（1913），第三次是应江苏省教育会的邀请，在上海登坛系统讲授国学（1922），第四次则是晚年在苏州开办章氏国学讲习会（1935—1936）。晚年弟子沈延国在详细介绍乃师的讲学生涯时，唯独遗漏第三次的上海讲学[5]，大概是嫌其面向社会，带有明显的普及意味，听讲者中也未见十分出色的。既是公开讲演，不能不照顾各方趣味与接受能力，故学术性无法与其他三次相提并论。可这回的系列讲演受到传媒的大力追捧，不同记录稿分别连载于《申报》和《民国日报》，一时成为热门话题，其社会影响之大，又是另外三次所远远不及。其实，这回的演讲算不算数，关键还得看章太炎本人的态度。

---

[1] 许寿裳：《从章先生学》，见陈平原、杜玲玲编《追忆章太炎》259—262 页，北京：中国广播电视出版社，1997 年。

[2] 曹聚仁：《章氏之学》，章太炎主讲、曹聚仁记述《国学概论》附录，见该书 167 页，香港：学林书店，1971 年。

[3] 《太炎先生自定年谱》14 页，香港：龙门书店，1965 年。

[4] 参见汤国梨编次《章太炎先生家书》1913 年 12 月 15 日，33 页下，上海：上海古籍出版社，1985 年。

[5] 参见沈延国《章太炎先生在苏州》，《追忆章太炎》370—378 页。

在上海举行系列讲演的开场白里，太炎先生劈头就是："我在东京曾讲演过一次国学，在北京也讲演过一次，今天是第三次了。"[1]

四次集中讲学，最为后世研究者所关注的，自然是第一次。太炎先生的东京讲学，经由周氏兄弟等人的大力渲染，早已成为学界普遍知晓的传奇故事。不完全是首开记录或讲学时间最长的缘故，更重要的是，当年听讲的学生中，日后多有出类拔萃者。另外，这种议政、讲学两不误的工作方式，最能体现鲁迅所说的"有学问的革命家"之特色。[2] 太炎先生本人对此次讲学，也最为津津乐道。在《太炎先生自定年谱》的 1909 年和 1910 年项下，屡次提及"《民报》既被禁，余闲处与诸子讲学"；与陶成章倡光复会，"然讲学如故"；"自三十九岁亡命日本，提奖光复，未尝废学"。[3]

关于太炎先生东京讲学的追忆与描述，五光十色，不无互相抵牾处，必须略做清理。汤志钧注意到弟子们所说的讲学时间并不一致，经过一番考辨，最后确定以许寿裳、朱希祖、周作人的意见为准——"章氏正式讲学，应为 1908 年"[4]。不能说这一判断有误，可过分突出《民报》被禁事件，反而模糊了章氏一以贯之的"提奖光复，未尝废学"。这一误会，可以追溯到 1912 年张庸所记的《章太炎先生答问》和 1913 年黄侃所撰《太炎先生行事记》。也正是这两篇文章，涉及诸多日后纠缠不清的问题，比如，讲课时间、讲课内容、学生数量等，故不妨略加引录。先看张、章的问答：

---

[1]　章太炎主讲、曹聚仁记述《国学概论》1 页。

[2]　参见鲁迅《关于太炎先生二三事》，《鲁迅全集》第 6 卷 545—547 页。

[3]　《太炎先生自定年谱》13—14 页。

[4]　参见汤志钧《章太炎年谱长编》289—290 页。

问：《民报》既停，先生作何生活？

答：讲学。

问：生徒何国人？

答：中国之留学生，师范班、政法班居多数，日本人亦有来听者，不多也。

问：人数多少？

答：先后百数十人。

问：先生讲何种学？

答：中国之小学及历史，此二者，中国独有之学，非共同之学。[1]

接下来是黄侃所述《民报》被禁后，太炎先生如何生活困厄而德操弥厉：

先生与日本政府讼数月，卒不得胜，遂退居，教授诸游学者以国学。……其授人以国学也，以谓国不幸衰亡，学术不绝，民犹有所观感，庶几收硕果之效，有复阳之望。故勤勤恳恳，不惮其劳，弟子至数百人，可谓独立不惧，暗然日章，自顾君以来，鲜有伦类者矣。[2]

听讲者到底是"先后百数十人"呢，还是"弟子至数百人"，还不是最要紧的。因并非正式学校，没有注册、点名之类的规矩，加上听讲者来去自由，只能大略估算。倒是一说讲课内容，一说教育宗旨，勾勒

---

[1]　汤志钧编：《章太炎政论选集》258—259 页。

[2]　黄季刚：《太炎先生行事记》，《神州丛报》1 卷 1 册，1913 年 8 月。

出了太炎先生东京讲学的大致轮廓。不过，这两则文章都只说《民报》停刊后，太炎先生以讲学为生，而并没说章氏讲学始于《民报》停刊。

后人之所以对太炎先生何时开始讲学有争议，关键在于何谓"讲学"，各自理解不同。弟子们的追忆确实有误差，但更重要的是，太炎先生的讲学远不止一次，就看你是从哪个角度切入。1906年6月29日，章太炎刑满出狱，孙中山派人将其接往日本，请其主持《民报》编撰。7月15日在东京留学生欢迎会上发表演讲，太炎先生号召"用宗教发起信心，增进国民的道德"，"用国粹激动种性，增进爱国的热肠"。[1] 紧接着，我们在宋教仁9月26日的日记中，读到这样明确无误的记载：

> 在庆午处早餐后，至民报社访章枚叔，坐谈良久。枚叔言国学讲习会已经成立，发布章程，其科目分预科、本科。预科讲文法、作文、历史，本科讲文史、学制、度学、宋明理学、内典学。[2]

而9月5日出版的《民报》第7号上，刊有《国学讲习会序》。该文在称颂"国学界之泰斗"章太炎的同时，公告天下，"同人拟创设一国学讲习会，请先生临席宣讲"。至于讲授的具体内容，大致有三："一，中国语言文字制作之原；一，典章制度所以设施之旨趣；一，古来人物事迹之可为法式者。"[3] 将讲课内容"编为讲义"的设想，很快落实为1906年9月日本秀光社印行的《国学讲习会略说》。此书包括《论

---

[1]　《东京留学生欢迎会演说辞》，《章太炎政论选集》272页。

[2]　宋教仁：《我之历史》225页，台北：文星书店，1962年。

[3]　参见《国学讲习会序》，《民报》第7号，1906年9月。

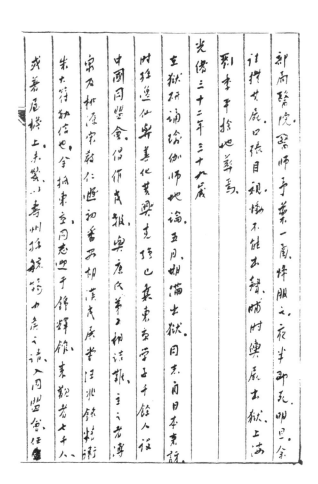

图 10　章太炎先生自定
年谱清稿本（手迹）

语言文字之学》《论文学》和《论诸子学》三文，据汤志钧先生考订，
三文均刊于同年的《国粹学报》上，只不过后两者的题目略有变动，
即改为《文学论略》和《诸子学略说》。[1]虽然"月出一册"的预言没
能实现，此次讲学大概进展不太顺利，但毕竟是开了个好头，后世史

---

[1]　1906年秀光社印行的《国学讲习会略说》，未见，此处叙述，依据汤志钧《章太炎年谱长编》
216—217、239 页。

家不能对此视而不见、避而不谈。

再说，《民报》被禁是在 1908 年 10 月 19 日，其后章太炎三次移书抗争，还有若干善后工作需要处理，不可能马上转入所谓的"正式讲学"。而为周氏兄弟等八人开设的小班，按《朱希祖日记》稿本的记载，早在三个月前便已开始。[1] 我们只能说，《民报》被查禁，促使太炎先生将主要精力集中于"与诸子讲学"；而不能说章氏是因《民报》被禁而开始讲学。也只有将 1906 年便已开始草创的国学讲习会，以及 1908 年大成中学颇成规模的系列讲演，再加上同年民报社的小班讲授等贯串起来，方才当得起章氏颇为自得的"提奖光复，未尝废学"八个字。

在东京生活的五年多里，章太炎的工作重点有所转移，但广义的"讲学"始终没有停止。故章门弟子在追忆其师讲学时，往往从自己的角度出发，所见所闻自然颇多差异。比如汪东提及太炎先生"尝应诸生请，集会开讲"[2]，听讲者应该是成群结队；而刘文典所说的"天天到他那里请教"[3]，又似乎是单独行动。只是在章氏喜欢讲授《说文》与《庄子》这一点上，各家回忆比较一致。

相对来说，任鸿隽的文章和朱希祖的日记所提供的信息更为丰

---

[1] 据汤志钧《章太炎年谱长编》所做的摘录，朱希祖 1908 年 7 月 11 日的日记上有："八时起，至太炎先生处听讲音韵之学，同学者七人。"这应该就是我们熟知的那个小班。

[2] 汪东《寄庵随笔》（上海：上海书店，1987 年）中"章太炎讲庄子"则称："太炎先生以亭林自况，居东瀛时，赞画大计，为《民报》撰述文字，月数万言，暇则治学不辍。尝应诸生请，集会开讲，周树人、黄侃、钱玄同辈，皆于此时北面受业。所讲以《说文》、《庄子》为主，其说《庄子》，除明训诂外，启发玄言，多与释氏相契，后简括其义为《庄子解诂》。又别著《齐物论释》，余若《新方言》、《小学答问》二书，亦先后数年中作也。"（6 页）

[3] 刘文典《回忆章太炎先生》（1957 年 4 月 13 日《文汇报》）称："我天天到他那里去请教，听他讲些作经学小学的方法，他又讲《说文》、《庄子》给我听，我那时候年纪太轻，他讲《说文》，我还能懂一点，他讲《庄子》，我就不大懂。再加上佛学，那就更莫明其妙了。"

富，因而也更值得重视。任鸿隽提到章太炎主持民报社时，"有一班热心国学的留学生便趁此时机组织了一个国学讲习会，请先生开讲国学"。至于任本人，1908年方才赴日留学并参加在大成中学举行的国学讲座，在他开列的二十位"每讲必到"的听众中，好些日后成为著名的文史专家。据任回忆，讲习的内容由太炎先生决定，先讲顾炎武《音学五书》、段玉裁《说文解字注》、郝懿行《尔雅义疏》、王念孙《广雅疏证》，"一周一次，大约继续了一二年"。"小学讲毕后，我们请先生讲诸子学，于是先生讲了《庄子》"。"讲过了这些古籍之后，先生还作了一次系统的中国文学史讲解。"[1]

比任鸿隽几十年后的回忆更加可靠的，是现藏于国家图书馆的《朱希祖日记》稿本。据汤志钧所做的摘录，1908年3月起，朱希祖便开始听章太炎讲学，其中大成中学的课每周两次，时间比较固定，讲完《说文》，又讲《庄子》《楚辞》《尔雅》等。[2]

上述四人中，只有朱希祖是参加那闻名遐迩的八人小班的。比起众多零散演讲或走马灯式的访问，周氏兄弟等八人组成的小班，其修习效果更为明显，也更为后世学者所看重。以至一提章太炎的东京讲学，最先进入视野的，便是这八人小班。当然，这与周氏兄弟日后的赫赫文名，以及其追忆文章十分精彩有关。

关于章太炎的东京讲学，最为详尽的描述，当属八人之一的许寿裳。在《纪念先师章太炎先生》和《亡友鲁迅印象记》中，许寿裳都提及章太炎的东京讲学。但最出色的，还属1945年出版的《章炳麟》，其第十四节题为"革命不忘讲学"，真是恰到好处：

---

[1]　参见任鸿隽《记章太炎先生》，《追忆章太炎》267—268页。

[2]　参见汤志钧《章太炎年谱长编》289—294页。

先生东京讲学之所，是在大成中学里一间教室。寿裳与周树人（即鲁迅）、作人兄弟等，亦愿往听。然苦与校课时间冲突，因托龚宝铨（先生的长婿）转达，希望另设一班，蒙先生慨然允许。地址就在先生寓所——牛込区二丁目八番地《民报》社。每星期日清晨，前往受业，在一间陋室之内，师生席地而坐，环一小几，先生讲段氏《说文解字注》、郝氏《尔雅义疏》等，神解聪察，精力过人，逐字讲释，滔滔不绝，或则阐明语原，或则推见本字，或则旁证以各处方言，以故新义创见，层出不穷。即有时随便谈天，亦复诙谐间作，妙语解颐。自八时至正午，历四小时毫无休息，真所谓"诲人不倦"。其《新方言》及《小学答问》两书，都是课余写成的，即其体大思精的《文始》，初稿亦起于此时，这是先生东京讲学的实际情形。同班听讲者是朱宗莱、龚宝铨、钱玄同、朱希祖、周树人、周作人、钱家治与我共八人。前四人是由大成再来听讲的。其他同门尚甚众，如黄侃、汪东、马裕藻、沈兼士等，不备举。[1]

这段文字，乃撮合上述二文而成，但增加了关于其他同门的介绍。这一点十分重要。因为八人中，真正继承太炎先生的小学或史学功业的，只有钱玄同和朱希祖；至于周氏兄弟，虽与太炎先生有很深的精神联系，但专业兴趣并不一致。八人之外，尚有许多入室弟子，其专业造诣之深，以及学术面貌之杂，都令人过目不忘。如黄侃的小学与经学，深得太炎先生的好评[2]；而汪东的辞章，在章门弟子中"堪称

---

[1]　许寿裳：《章炳麟》55—56 页，重庆：重庆出版社，1987 年。

[2]　章太炎《黄季刚墓志铭》云："季刚讳侃，湖北蕲春人也。余违难居东，而季刚始从余学，年逾冠耳，所为文辞已渊懿异凡俗。因授以小学经说，时亦作诗相倡和，出入四年，而武昌倡义。"（《章太炎全集》第 5 卷 259 页，上海：上海人民出版社，1985 年）

异军苍头"[1]。

周作人《知堂回想录》的"民报社听讲"则，所述与许文大致相同，但又有所补充，尤其是对太炎先生讲课神态的描写，实在是妙不可言：

> 往民报社听讲，听章太炎先生讲《说文》，是一九○八至九年的事，大约继续了有一年多的光景。这事是由龚未生发起的，太炎当时在东京一面主持同盟会的机关报《民报》，一面办国学讲习会，借神田地方的大成中学定期讲学，在留学界很有影响。鲁迅与许季茀和龚未生谈起，想听章先生讲书，怕大班太杂沓，未生去对太炎说了，请他可否于星期日午前在民报社另开一班，他便答应了。伍舍方面去了四人，即许季茀和钱家治，还有我们两人。未生和钱夏（后改名玄同），朱希祖，朱宗莱，都是原来在大成的，也跑来参加，一总是八个听讲的人。民报社在小石川区新小川町，一间八席的房子，当中放了一张矮桌子；先生坐在一面，学生围着三面听，用的书是《说文解字》，一个字一个字的讲下去，有的沿用旧说，有的发挥新义，干燥的材料却运用说来很有趣味。太炎对于阔人要发脾气，可是对青年学生却是很好，随便谈笑，同家人朋友一般。夏天盘膝坐在席上，光着膀子，只穿一件长背心，留着一点泥鳅胡须，笑嘻嘻的讲书，庄谐杂出，看去好象是一尊庙里哈喇菩萨。[2]

---

[1] 郑逸梅为汪东《寄庵随笔》撰写的《序言》称："旭丈为国学大师章太炎的大弟子，凡列太炎门墙的，什九以朴学著称，旭丈治词章，堪称异军苍头。"见汪东《寄庵随笔》（上海：上海书店，1987 年）。

[2] 《知堂回想录》215—216 页，香港：三育图书公司，1980 年；《周作人回忆录》204 页，长沙：湖南人民出版社，1982 年。

与鲁迅、许寿裳一样，提及太炎先生的东京讲学，周作人也只是举《说文解字》为例。如此单调的叙述，并非为了节省笔墨，而很可能是其所听课程仅限于此。鲁迅《关于太炎先生二三事》的表述比较隐晦，所谓"先生的音容笑貌，还在目前，而所讲的《说文解字》，却一句也不记得了"[1]，可以做多种理解（比如，别的课程并没忘记）。至于许寿裳的《纪念先师章太炎先生》，则说得很清楚："惜我听讲时间既短，所得又极微，次年三月，便因事告归耳。"[2]周作人呢，也大致相同。在上述回忆民报社听讲的文章后面，还有这么一段："《说文解字》讲完以后，似乎还讲过《庄子》，不过这不大记得了。大概我只听讲《说文》，以后就没有去吧。"启明先生对章太炎的以佛解庄不太以为然，故"对于没有听这《庄子》讲义并不觉得有什么懊悔"，而且再三强调，太炎先生对于中国学术的贡献，"还是以文字音韵学的成绩为最大"。[3]

这就可以解释太炎先生晚年指挥弟子所编《同门录》里，为何出现如此明显的纰漏。所谓"先生遂身衣学术的华衮，粹然成为儒宗，执贽愿为弟子者綦众，至于仓皇制《同门录》成册"[4]，鲁迅的讥笑，主要针对其刊落早年"战斗的文章"。但如果知道这《同门录》里竟然没有周树人的名字，鲁迅此文的意义，当另有深解。钱玄同曾专为此事致信周作人，称吴承仕当面问过太炎先生，为何《同门录》里没有鲁迅、许寿裳、任鸿隽等人名字，去取是否有义。太炎先生的回答很妙："绝无，但凭记忆所及耳。"[5]即便我们相信太炎先生的解释，只是偶然遗漏，而非刻意抹杀，可如此郑重其事编纂《同门录》，居然会遗

---

[1] 参见鲁迅《关于太炎先生二三事》，《鲁迅全集》第 6 卷 546 页。

[2] 参见许寿裳《纪念先师章太炎先生》，《追忆章太炎》58 页。

[3] 《周作人回忆录》205 页，长沙：湖南人民出版社，1982 年。

[4] 参见鲁迅《关于太炎先生二三事》，《鲁迅全集》第 6 卷 547 页。

[5] 参见《周作人回忆录》中"章太炎的北游"节，518—522 页。

忘其时已大名鼎鼎的鲁迅等人，起码说明在太炎先生心目中，怎样才算是真正的"入室弟子"。因此，我更倾向于从学问承传、而不是个人恩怨抑或政治立场[1]，来理解章太炎的"一时糊涂"。

尽管在后世学者看来，鲁迅的精神世界与思维方式，受章太炎影响很深。可从专业著述角度考虑，鲁迅确实算不上"得意门生"。这一点，在章太炎 1928 年撰写自定年谱时，已有明确的表露。《太炎先生自定年谱》1910 年则有云：

> 余学虽有师友讲习，然得于忧患者多。自三十九岁亡命日本，提奖光复，未尝废学。……先后成《小学答问》《新方言》《文始》三书，又为《国故论衡》《齐物论释》,《訄书》亦多所修治矣。弟子成就者，蕲（春）黄侃季刚，归安钱夏季中，海盐朱希祖逷先。季刚、季中皆明小学，季刚尤善音韵文辞。逷先博览，能知条理。其他修士甚众，不备书也。恨岁月短浅，他学未尽宣耳。[2]

以黄侃、钱玄同、朱希祖为"弟子成就者"的代表，而只字未及周氏兄弟，从授课内容看，并不为过。传统的经学、史学、子学研究，均非周氏兄弟的兴趣所在，更不是其对于现代中国文化的主要贡献。

钱玄同在《我对于周豫才君之追忆与略评》中，关于先有大成中学的讲学，后应会稽周氏兄弟之请而另设一班的叙述，与许、周等人文章无异。有趣的是，钱氏提及周氏兄弟"醉翁之意不在酒"的听课态度。周氏兄弟其时正译《域外小说集》，并为《河南》杂志撰写长

---

[1]　周作人曾撰"不免有点大不敬"的《"谢本师"》（刊于《语丝》第 94 期，1926 年 8 月），可照样"大名赫然在焉"，即为明证。参见《周作人回忆录》521 页。

[2]　《太炎先生自定年谱》14 页。

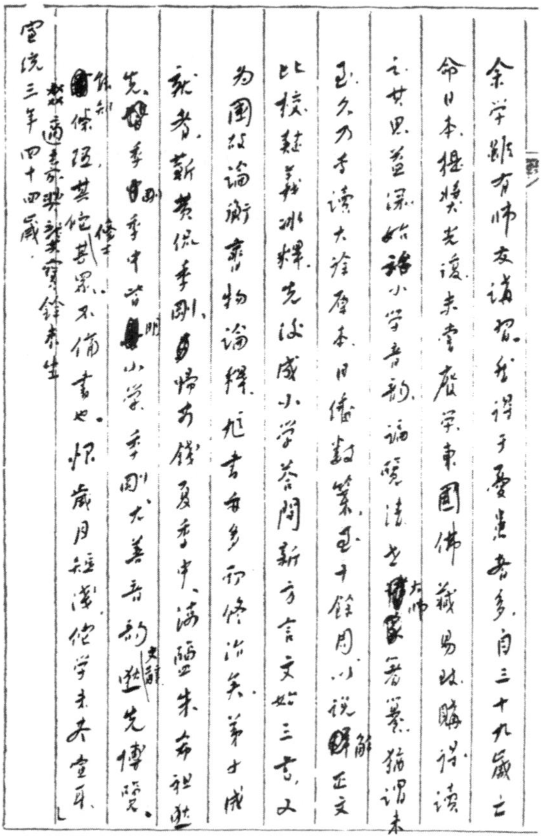

图 11　章太炎先生自定
年谱清稿本（手迹）

篇论文，"他们的思想超卓，文章渊懿，取材谨严，翻译忠实，故造
句选辞，十分矜慎，然犹不自满足，欲从先师了解故训，以期用字妥
帖"[1]。而这一说法，得到周作人某种程度的证实。鲁迅逝世后，周
作人在答记者问时，提及当初"每星期日亦请太炎先生在东京民报社
内讲学"；紧接着的补充很重要："彼时先兄尚有出版杂志之计划，目

---

[1]　钱玄同：《我对于周豫才君之追忆与略评》，1936 年 10 月 26 日《世界日报》（北平）。

触摸历史与进入五四

的侧重改变国人思想，已定名为《新生》，并已收集稿件。"[1]

根据目前掌握的材料，钱、周二君的回忆属实，就在听章太炎讲学的同时，周氏兄弟已开始其以医治国民精神为目标的文艺事业。若如是，鲁迅、周作人对于《说文》等传统学问的态度，与从大成中学转来的钱玄同等，必定会有很大差别。不管当初是否只从"了解故训，以期用字妥帖"来修习《说文》，其中途退场，以及日后的不以治经、治史、治子为业，都决定了太炎先生之不以此等学生为傲。

如果说鲁迅等人修习《说文》"动机不纯"，那么，章太炎的东京讲学，又何尝只是为了学术？所谓"用国粹激动种性，增进爱国的热肠"，此乃太炎先生到达日本后第一次公开讲演时的著名口号，不也以"致用"而非"求是"为目标？同时在议政的《民报》和论学的《国粹学报》发表文章，而且标榜"提奖光复，未尝废学"的太炎先生，本身就不是"纯粹的学者"。就在《民报》所刊《国学讲习会序》上，主持其事者突出渲染讲授国学的政治意义：

> 吾闻处竞争之世，徒恃国学固不足以立国矣，而吾未闻国学不兴而国能自立者也。吾闻有国亡而国学不亡者矣，而吾未闻国学先亡而国仍立者也。[2]

而这，与黄侃对太炎先生的表彰不谋而合：

> 其授人以国学也，以谓国不幸衰亡，学术不绝，民犹有所观

---

[1] 参见《周作人谈往事》，1936 年 10 月 20 日《世界日报》（北平）。

[2] 参见《国学讲习会序》，《民报》第 7 号，1906 年 9 月。

感，庶几收硕果之效，有复阳之望。[1]

既然导师在讲授小学、诸子以及史学知识时，包含强大的政治抱负与
文化情怀，又怎能埋怨学生心有旁骛？

鲁迅自称当初之所以拜太炎先生为师，是喜欢其《民报》上"所
向披靡，令人神旺"的论战文章，"又并非因为他是学者，却为了他是
有学问的革命家"。[2] 我相信这不是孤立的个案，留日学生中，因欣赏
革命家风采而前往听讲的，当不在少数。有专业，但不限于专业，这
才是太炎先生讲学的魅力所在。如此切入，方才能理解章氏讲学中那
些溢出常轨的嬉笑怒骂——此类借题发挥，对于听众来说，绝非可有
可无。

事过境迁，当初那些让听众如痴如醉的"闲话"，进入专业著述
时，被作者清理得一干二净。倘就专业著述而言，《国故论衡》之精粹
典雅，名不虚传；但如果希望了解晚清知识界的精神状态，则芜杂的
《章太炎的白话文》更值得推荐。那些压在纸背的政治欲望，在演讲(或
拟演讲)中，借助于各种穿插，表达得淋漓尽致。在这个意义上，与
东京讲学密切相关的《章太炎的白话文》，自有其独立价值，并不因其
中的不少观点日后在《国故论衡》中有更精当的阐述而黯然失色。

三　深思独得与有感而发

谈论"提奖光复，未尝废学"的太炎先生，必须将其专业著述与

---

[1]　黄季刚：《太炎先生行事记》，《神州丛报》1 卷 1 册，1913 年 8 月。

[2]　参见鲁迅《关于太炎先生二三事》，《鲁迅全集》第 6 卷 546 页。

政论文章合观，方能见其"全人"与"全文"。东京讲学期间，既有《革命之道德》《箴新党论》《中华民国解》《复吴敬恒书》《再复吴敬恒书》《代议然否论》等壮怀激烈的政论，也有《国故论衡》《齐物论释》《文始》《新方言》《小学答问》《庄子解诂》等博学深思的著述。当然，二者并不完全同步，述学之文相对滞后些。论政应对时事，讲究兵贵神速，往往一挥而就，随写随刊；述学则必须沉潜玩味，反复琢磨，除非确有把握，并不轻易出手。但述学与论政之间，并非真的"鸡犬之声相闻，老死不相往来"。在作者如此，在论者也不例外。就像鲁迅所说的，章氏晚年编文集时之故意刊落"先前的见于期刊的斗争的文章"，实在不明智；因"战斗的文章，乃是先生一生中最大，最久的业绩"。[1] 可反过来，只从"战斗"的角度来理解太炎先生，而忽略其自称"可谓一字千金""较陈兰甫《东塾读书记》过之十倍"的专业著述[2]，同样不得要领。与晚清众多革命家或学问家不同，章太炎的独特魅力，正在于其"革命不忘讲学"。

鲁迅将章太炎作为"有学问的革命家"来论述，固然十分精彩；可在我看来，称章为"有情怀的学问家"，同样恰到好处。关键在于论述时着眼点不同，正所谓"横看成岭侧成峰"。在专业著述中，章氏严守"实事求是"古训，反对今文经学家的过求"微言大义"，也不推崇时尚的"通经致用"。在他看来，"致用本来不全靠学问，学问也不专为致用"[3]。对于学问到底该注重"求是"，还是该讲求"致用"，章氏的表述本就不太一致，后人更是莫衷一是。但强调学术之独立价

---

[1]　参见鲁迅《关于太炎先生二三事》，《鲁迅全集》第 6 卷 546 页。

[2]　《自述学术次第》(见《太炎先生自定年谱》附录，53 页)、《致龚未生书十五》(转引自汤志钧《章太炎年谱长编》509 页)。

[3]　《留学的目的和方法》，《章太炎的白话文》1 页。

值及深远影响，论学中以"求是"为"真"、以"致用"为"俗"这一独特思路，基本贯穿章太炎的一生。[1] 因此，《国故论衡》《齐物论释》等专业著述中，你见到的只是博学深思、温文尔雅的大学者。反过来，在提倡革命、针砭时弊的论政之文中，章太炎可就没那么书生气了。因学派水火、政见歧异乃至私人恩怨，太炎先生都能以雄辩的气势、犀利的文笔、刻薄的语调，置论敌于死地。这个时候，学问家的章太炎基本隐去，转而上场的，是"好斗"而且"善战"的猛士。只有在讲学时，"战斗"与"学问"并存——有深入骨髓的洞见，也有借题发挥的笑骂。难得讲演者的"学识"与"性情"，二者竟如此有机地融合在一起。

许寿裳撰《章炳麟》，第十四节题为"革命不忘讲学"，颇能凸显太炎先生的风采；而全文转录《国故论衡》卷下之《原学》，认定此乃先生"论学微旨""青年学子必读之文"[2]，也不无见地。所谓"世之言学，有仪刑他国者，有因仍旧贯得之者"，日本文化浅陋，故只能"走他国以求仪刑"；至于"中国印度，自理其业，今虽衰，犹自恢强，其高下可识矣"。[3] 如此充满自信的论述，在《章太炎的白话文》中不难发现同调。比如《教育的根本要从自国自心发出来》开篇就是：

> 本国没有学说，自己没有心得，那种国，那种人，教育的方法，只得跟别人走。本国一向有学说，自己本来有心得，教育的路线，自然不同。[4]

---

[1] 参见拙著《中国现代学术之建立》第一章"求是与致用"，28—69页，北京：北京大学出版社，1998年。

[2] 参见许寿裳撰《章炳麟》56—61页，重庆：重庆出版社，1987年。

[3] 章太炎：《国故论衡》147—150页，上海：大共和日报馆，1912年。

[4] 《教育的根本要从自国自心发出来》，《章太炎的白话文》83页。

两种截然不同的教育路线，前者指向日本，后者则留给中国。如此长自家威风，灭他人志气，颇类日后传为笑柄的"爱国的自大"。如此陷阱，太炎先生焉会毫无知晓？文章结尾，章氏转而强调，"断不可学《格致古微》的口吻"，不过依旧拿日本的西化作为嘲笑的对象：

> 至于别国所有中国所无的学说，在教育一边，本来应该取来补助，断不可学《格致古微》的口吻，说别国的好学说，中国古来都现成有的。要知道凡事不可弃己所长，也不可攘人之善，弃己所长，攘人之善，都是岛国人的陋见，我们泱泱大国，不该学他们小家模样！[1]

太炎先生所关注的，并非如何"攘人之善"，而是坚决反对"弃己所长"。如此偏于"保守"的立说，自然是对于西化大潮已经汹涌澎湃这一现实处境的激烈反弹。《原学》之强调世人"以不类远西为耻"，"余以不类方更为荣"，并非一味贬抑西学，而是希望突出文化的民族性。用今天的话来说，便是更倾向于"文化多元论"。最能显示章氏眼光与趣味的，当属以下这段话：

> 饴豉酒酪，其味不同，而皆可于口。今中国之不可委心远西，犹远西之不可委心中国也。[2]

实际上，第二种危险——远西委心中国，在 20 世纪初基本上不存在。故章氏东京讲学的根本宗旨，在于强调中国文化自有其不可磨灭的价

---

[1]　《教育的根本要从自国自心发出来》，《章太炎的白话文》112 页。

[2]　章太炎：《国故论衡》149 页，上海：大共和日报馆，1912 年。

值，不但不是文明开化的障碍，而且"可以动人爱国的心思"。这一宗旨，在1906年的《东京留学生欢迎会演说辞》，已经有非常明确的表述：

> 近来有一种欧化主义的人，总说中国人比西洋人所差甚远，所以自甘暴弃，说中国必定灭亡，黄种必定剿绝。因为他不晓得中国的长处，见得别无可爱，就把爱国爱种的心，一日衰薄一日。若他晓得，我想就是全无心肝的人，那爱国爱种的心，必定风发泉涌，不可遏抑的。兄弟这话，并不像做《格致古微》的人，将中国同欧洲的事，牵强附会起来；又不像公羊学派的人，说甚么"三世"就是进化，"九旨"就是进夷狄为中国，去仰攀欧洲最浅最陋的学说。[1]

如此希望"用国粹激动种性，增进爱国的热肠"，在晚清虽不属于主流，但也颇多同调。起码《国粹学报》的同人，便都有此倾向。

不见得尽从"文化多元"的角度立论，但在西学大潮席卷神州大地的当下，仍对中国文化存有坚定的信心，对于西学既不盲从，也不拒斥，而是寄希望于守旧出新，如此"第三条道路"，晚清以降，始终是一股不该忽视的潜流。章太炎独树一帜之处，在于其将这一文化理想与学术思路，落实到教育层面。撰于1906年的《与王鹤鸣书》，一反时贤之推崇学堂而贬抑科举，称科举废、学校兴、学术不见得便能"当日进"，理由是："中国学术，自下倡之则益善，自上建之则日衰"；"今学校为朝廷所设，利禄之途，使人苟偷，何学术之望？"[2] 单从民

---

[1] 《东京留学生欢迎会演说辞》，《民报》第6号，1906年7月，原题《演说辞》。

[2] 《与王鹤鸣书》，《国粹学报》第63期，1910年3月。

间／朝廷二元对立的角度，预言学术之盛衰，未免过于粗疏。到 1910 年为《教育今语杂志》撰稿，太炎先生的分析更为精细。

还是强调"学在民间"，可着重点在于学术的独立。朝廷办学堂为何效果不佳，关键在于其将中国官场上下尊卑那一套陋习，移用到本该格外讲求独立与自由的新式学堂。现如今，"学校不论在公在私，都受学部管辖，硬要依着学部的章程，在外又还要受提学使的监督"；教习与提学使之间，"隐隐约约有上司下属的名分"，这与传统书院山长之独立与尊严，不可同日而语。大学者如廖平，都可能因得罪提学使而受凌辱，更何况一般"为了饭碗"的教习。长此以往，读书人的独立与自尊，定将荡然无存。[1]

太炎先生不晓得外国学堂也有公立、私立之分，将朝廷"统一教育"的过失，统统归罪于与"传统书院"相对立的"西式学堂"。在他看来，只有那种不受学部管辖、允许众说纷纭的学会，方才可能产生高深知识。因此，他将"官府"与"学堂"、"民间"与"学会"两两挂钩，希望通过提升后者，来保持学术发展的动力：

> 不过看中国几千年的历史，在官所教的，总是不好。民间自己所教的，却总是好。又向旁边去看欧洲各国，虽然立了学校，高深的智识，总在学校以外，渐渐灌输进去。学校也就带几分学会的性质，方得有好结果。大概学校仿佛是个陂塘，专靠陂塘，水总不免要干，必得外边有长江大河，展转灌输，陂塘才可以永久不涸。[2]

章太炎对于中国私学传统的推崇，在学术精神上是力主自由探索，"互

---

[1]　参见《留学的目的和方法》，《章太炎的白话文》17—19 页。

[2]　同上书，19—20 页。

标新义"，反对朝廷的定于一尊与学子的曲学干禄；而在具体操作层面，则是借书院、学会等民间教育机构，来传国故继绝学，进而弘扬中国文化。[1]

历来被讥为"保守"的中国人，之所以如此果断地"废书院""兴学堂"，关键在于政治理想，而不是教育观念。与张之洞等人"中体西用"的良好愿望相反，现代中国的历史走向，其实是"从西学为用到中学不能为体"[2]。章太炎强调"教育的根本要从自国自心发出来"，为此，首先必须论证中国文化的存在价值。不同于推崇三代之学者的诟骂后世退化，也不同于崇拜西学者之整个否定中国学术，章氏倾向于以史家的眼光仔细区分历朝学说，结论是："中国学说，历代也有盛衰，大势总是向前进步，不过有一点儿偏胜。"[3] 基于这一总体判断，太炎先生于是转而抨击时人之"不学"或"偏心"：

> 到底中国不是古来没有学问，也不是近来的学者没有心得，不过用偏心去看，就看不出来。怎么叫做偏心？只佩服别国的学说，对着本国的学说，不论精粗美恶，一概不采，这是第一种偏心。在本国的学说里头，治了一项，其余各项，都以为无足轻重，并且还要诋毁……这是第二种偏心。[4]

如此"偏心"，其失在没有自家的眼光和立场，只能随时势流转。蔑视本国文化固然是其病状，因听信外人之只言片语（如日本人重阳明学、

---

[1] 参见拙著《中国现代学术之建立》第二章"官学与私学"，70—115 页。

[2] 参见罗志田《权势转移：近代中国的思想、社会与学术》48—62 页，武汉：湖北人民出版社，1999 年。

[3] 《教育的根本要从自国自心发出来》，《章太炎的白话文》83 页。

[4] 同上书，90—91 页。

德国人专爱考究东方学问等）而盲目自信，同样也是头脑发昏。[1]

具体到学堂里的教学，太炎先生对时人之以讲授代替自学[2]，以教科书代替专业著述，很不以为然。"现在为教育起见，原是要编一种简约的书。这个本来不是历史，只是历史教科书。所以说教育的事，不能比讲学的事；教科的书，不能比著作的书。"[3]时贤以外国教科书来衡量中国史学著作，嘲笑其"不合科学"，太炎于是反唇相讥：

> 若是开卷说几句"历史的统系，历史的性质，历史的范围"，就叫做科学，那种油腔滑调，仿佛是填册一样，又谁人不会说呢？……至于学堂教科所用，只要简约，但不能说教科适宜的，就是科学，这个也容易了解。若说合科学的历史，只在简约，那么合了科学，倒不得不"削足适履"，却不如不合科学的好。[4]

章氏早年也曾有《中国通史略例》之作，却认定"西方作史，多分时代；中国则唯志书为贯，分析事类，不以时代为封画"；而"分时者适于学校教科"，"分类者为成学讨论作也"。[5]以学校教科书之得失，来理解并评判西方学术著作的体例，自然是并不美丽的误会；但在众人对教科书式的"西学"趋之若鹜时，太炎先生敏锐地意识到此中的陷阱，坚持以专题研究为主，拒绝涉足时尚的"通史写作"，还是极为

---

[1] "但听了别国人说，本国的学说坏，依着他说坏，固然是错；就听了别国人说，本国的学说好，依着他说好，仍旧是错。"（见《章太炎的白话文》91 页）

[2] 《救学弊论》称："制之恶者，期人速悟，而不寻其根柢，专重耳学，遗弃眼学，卒令学者所知，不能出于讲义。"见《章太炎全集》第 5 卷 98 页，上海：上海人民出版社，1985 年。

[3] 《中国文化的根源和近代学问的发达》，《章太炎的白话文》36 页。

[4] 同上书，35—36 页。

[5] 《中国通史略例》，《章太炎全集》第 3 卷 329 页，上海：上海人民出版社，1984 年。

难得的。将近一个世纪后，我们不能不惊叹章太炎的先见之明——教科书的写作心态以及为求合于"科学"而"削足适履"，确实是 20 世纪中国史学的一大弊病。反过来，章太炎那些"不合科学"、无法作为教科书使用的《訄书》《国故论衡》等，却仍保有很强的学术生命力。

无论是谈教育，还是讲道德，章太炎之拒绝"人同此心，心同此理"，目的是为处于弱势的本国文化争取生存空间，而非独力表彰"固有之道德"。强调道德的民族性，"别国的道德纵然好，也只好照庄子说的，水不可用车，陆不可行舟"；这一思路，必须以道德的时代性相制衡。否则，很容易走向食古不化。章太炎正是这么做的：

> 若说中国所守，只是古道德，不是新道德，在现世不相宜，那倒不然：中国的道德说，从三代两汉到现在，总是渐渐变来，并不纯和古代一样。[1]

如此渲染自古以来"道德说"的发展与变迁，蕴涵着一句潜台词：今日中国，有可能、也有必要实现"道德更新"，只不过不一定照搬泰西成说。

主张教育要从自国自心出发，借以实现道德及文化的自我更新，但又反对当道有关"学校专设读经一课"的规定。这一论述策略，在现实语境中，必须同时向两种论敌开战。一是"可笑现在一班讲今文学的，把经典看成奇怪的书，把孔子看成耶稣、穆罕默德，真是丧心病狂"[2]；一是日本大隈重信"作一册《国民读本》，别的话一点不说"，

---

[1] 《经的大意》，《章太炎的白话文》80 页。

[2] 参见《经的大意》，《章太炎的白话文》72 页。以下的论述很有意思："读经原不可少，但是把经典专看成修身的书，他意中所说的修身，又不过专是忠孝节义；孝义原是古人所重，忠节恐怕未见得罢！"

"只是夸张国体，教人自勉"，这不像是学校教育，倒像是"在土地庙里搭个台叫老人穿了黄布袍子去讲的"。[1] 坚信今人之读经，"是使人增长历史知识，用意在开通人"，而不具有神秘或神圣的意味。这一思路，明显来源于章学诚的"六经皆史"说。[2]

以"历史文献"来看待并解读以往凛然不可侵犯的"经典"，这一"不以经术明治乱""不以阴阳断人事"，故"夷六艺于古史，徒料简事类"的治学路径[3]，乃中国经学史及史学史的一大关键。"治经"而不追求"见道"，传统经学之独特尊严从此荡然无存。[4] 章氏此说，为众多弟子所继承。黎锦熙就曾指出，钱玄同五四时期之激烈反叛实有所本："殊不知他在'新文化'运动中，大胆说话，能奏摧枯拉朽之功，其基本观念就在'六经皆史'这一点上。"当然，更重要的，还是其师承章先生的"诋孔"。就像黎锦熙在《钱玄同先生传》中所说的：

> "古文"大师章太炎先生则简直把孔子当作一个"史学家"看待，顶多再带了些"教育家"的臭味，孔子的最大成绩是在整理了许多故书旧史（经），他有《驳建立孔教为国教议》，只读了这篇东西就可知道，钱先生在这点上，受他老师的影响最深，所以到了民七，就一拳打翻"孔家店"，反对"吃人的礼教"，反对"包办式买卖式的婚姻"，反对雇一群叫花子扛着"肃静""回避"的牌匾送葬，如此等等，也说不尽，这就是"五四"运动前夕的"新

---

[1] 参见《经的大意》，《章太炎的白话文》77—78 页。

[2] 章太炎批评前人多误解经典的作用，"直到近来，百年前有个章学诚，说'六经皆史'，意见就说六经都是历史，这句话，真是拨云雾见青天！"见《章太炎的白话文》69—70 页。

[3] 《检论·清儒》，《章太炎全集》第 3 卷 476 页。

[4] 参见王汎森《章太炎的思想》190—191 页，台北：时报文化出版公司，1985 年。

文化"启蒙运动。[1]

黎氏此文，在"打翻'孔家店'"和"反对'吃人的礼教'"两句下有大段夹注，深怕引起误解。其实没这个必要。那毕竟是一个"重新估定一切价值"，而且偏于"破坏"而不是"建设"的时代，言论偏激不足为怪。更何况立说时之肆无忌惮，追求痛快淋漓、石破天惊的言论效果，本就是钱玄同为人为文的最大特色。

　　章太炎的《驳建立孔教议》虽1913年10月方才刊于《宪法新闻》第22册，却与其早年的论述大有关联。收入《訄书》重订本的《订孔》，算是太炎先生第一篇诋孔之作；日后因时势刺激，或因自家文化理想的变化，太炎先生对于孔子的论述，有不少自我调整。1906年的《东京留学生欢迎会演说辞》中，已有"孔教最大的污点，是使人不脱富贵利禄的思想"；同年撰《诸子学略说》，对"儒家之病，在以富贵利禄为心"，有更严苛的批评。此说不仅深刻制约着章门弟子（包括钱玄同、鲁迅等）对于孔夫子的学术的或艺术的想象，五四新文化人也多直接间接受其影响。很可惜，《章太炎的白话文》体现不出这一思想史上的重大线索。《论诸子的大概》刚开了个头，便丢下不管；即使添上《中国文化的根源和近代学问的发达》中关于哲理的部分，也还是远不足以达意。好在刊于《国粹学报》上的《诸子学略说》，即《国学讲习会略说》中的《论诸子学》，也算与章氏讲学有缘，应该纳入考察的视野。

　　同样应该纳入视野的，还有约略同时刊发于《国学讲习会略说》的《论文学》和《国粹学报》的"拟讲义"《文学论略》。《教育今语杂志》上章氏诸文，没有直接涉及"文学"者，这与日后之谈"国学"时必

---

[1]　黎锦熙：《钱玄同先生传》，见《钱玄同年谱》175—176页。

专论"文学"，确实很不一样。[1] 论及"中国文化的根源和近代学问的发达"，太炎先生仅及文字、历史、哲理三者，而置"文学"于不顾。反而在"论诸子的大概"时，略微涉及"娴于辞令"的屈原。可一句明显带章学诚印记的"从子书的局面变成文集的局面，全是纵横家做个枢纽"，辞赋家当即退避三舍。[2] 太炎先生并非真的格外轻视文学，而是将"文学复古"的重任，寄托在"小学振兴"的基础上：

> 文辞的本根，全在文字，唐代以前，文人都通小学，所以文章优美，能动感情。两宋以后，小学渐衰，一切名词术语，都是乱搅乱用，也没有丝毫可以动人之处。……可惜小学日衰，文辞也不成个样子。若是提倡小学，能够达到文学复古的时候，这爱国保种的力量，不由你不伟大的。[3]

从这个角度思考，当年热心文学创作的周氏兄弟，为"了解故训，以期用字妥帖"，而专门跑去听太炎先生讲授《说文解字》，一点都不离奇。

在"西学东渐"已成主潮的时代背景下，太炎先生极端自尊与自信的姿态，固然令后人感动；可在刻意张扬中国文化价值时所流露出来的"自大"，尽管很大程度是一种论述策略（章太炎对向西方寻求真

---

[1]　章太炎 1922 年的上海讲学，着重"经学之派别""哲学之派别"和"文学之派别"之梳理；晚年苏州讲学，其记录稿分"小学略说""经学略说""史学略说""诸子略说"和"文学略说"五部分。

[2]　参见《章太炎的白话文》21—44 页、113—120 页。

[3]　章太炎：《东京留学生欢迎会演说辞》。

理这一思潮并不完全排斥，早年甚至曾积极投身其间 [1]，翻译了日本人岸本武能太的《社会学》，东走日本时更"旁览彼土所译希腊、德意志哲人之书"[2]），而且防御色彩很浓，但依然不无可议之处。单就论学而言，"别国的学问，或者可以向别国去求，本国的学问，也能向别国去求么？""本国学问，本国人自然该学，就像自己家里头的习惯，自己必定应该晓得，何必听他人的毁誉？"[3]类似的话，在《章太炎的白话文》中屡见不鲜。如果只是表达对于本国历史文化的尊重，激励中国学者从事专深研究，即便说得过火，也无大碍。可太炎先生此类立说，往往拉日本学界垫背。认定外国人必定无法深入理解中国文化，这一根深蒂固的偏见，使其对日本汉学经常热讽冷嘲。"可笑有个日本人儿岛献吉，又做一部《汉文典》……"这样的句式 [4]，明显有失学者的客观与公允。对于罗振玉之与日本学者林泰辅"商度古文，奖藉泰甚"，太炎先生大为恼火，竟移书斥骂：

> 林泰辅者，尝在大学治古典科，非能精理，其所作《说文考》，特贾贩写官之流。非独泰辅也，东方诸散儒，自物茂卿以下，亦率末学肤受，取证杂书，大好言易，而不道礼宪，其学固已疏矣。[5]

---

[1]　参见唐文权、罗福惠《章太炎思想研究》第二章（武汉：华中师范大学出版社，1986 年）和拙文《有思想的学问家——章太炎其人其文》（《书生意气》57—63 页，上海：汉语大词典出版社，1996 年）。

[2]　参见章太炎《菿汉微言》之结语，北京铅印本，1916 年。

[3]　参阅《留学的目的和方法》和《教育的根本要从自国自心发出来》，分别见《章太炎的白话文》16、96 页。

[4]　参见《教育的根本要从自国自心发出来》，《章太炎的白话文》103 页。

[5]　《与罗振玉书》，《章太炎全集》第 4 卷 171 页。

　　　　　　　　　　　　　触摸历史与进入五四

接下来，连林泰辅，带服部宇之吉、儿岛献吉、白鸟库吉等当时日本著名的汉学家，挨个嘲笑一通，并归结为日本民族的"好傅会，任胸臆，文以巫说"[1]。

同是东渡（辛亥革命前后），罗振玉、王国维与京都学者互相欣赏，关系颇为融洽；章太炎则基本不与东京的汉学家打交道，演讲时多有轻蔑的表示。这固然与各自从事的专业领域不同有关，更因章积极参加社会政治活动，对封闭《民报》、弹压留学生的日本政府绝无好感。而对于旅居日本、"读西洋书、受东洋气"的中国人来说，以历史文化悠久自傲，并借以嘲讽只会"仪刑他国"的日本，是非常普遍的心态。不难设想，演讲会场或报刊上，太炎先生此类辛辣刻薄的挖苦，很容易博得满堂彩。

这就必须回到演讲（以及"拟演讲"）所需要的"现场感"。太炎先生的"深思独得"与"有感而发"，在此类表演中，得到远比正式论文更充分的发挥。以下这两段话，一说学校的修身教训没有多少用处，一笑国人不懂中国历史与现状，而只会乱讲西洋的政治法理。二者其实都是常识，没什么新鲜之处，可太炎先生顺着论述思路略作发挥，当即显得摇曳多姿：

> 学校里边，修身的教训，不过是几句腐话，并不能使人感动；再高了，讲到伦理学，这不过是研究道德的根原，总是在思想上，与感情全不相关。怎么能够发生道德出来！况且讲伦理，讲修身的教习，自己也没有甚么道德；上堂厚了脸皮，讲几句大

---

[1] 参见章太炎《与罗振玉书》。另，在《教育的根本要从自国自心发出来》中有云："捏造事迹，中国向来没有的，因为历史昌明，不容他随意乱说；只有日本人，最爱变乱历史，并且拿小说的假话，当做事实！"（《章太炎的白话文》110 页）

话，退堂还是吃酒，狎妓。本来他为自己的饭碗，不得不虚应故事，去讲几句。俗话说的，"做一日和尚撞一日钟"，这个就是伦理学教师的职分！说话与感情本没相干：自己的道德，又不能为学生做表仪，要想学生相观而善，不是"煮沙成饭"么？

看来他们所说的政治法理，像一条钱串绳子。只得一条绳子，并没有一个钱可穿。没有钱，只有绳子，也罢了。又不豫先想想，钱孔有多少大！这条绳子穿得进穿不进？钱有多少重？这条绳子会顿断不会顿断？就是钱都备了，这条绳子，还未见用得着，只好在没钱的时候，用这条空绳子，盘弄盘弄就是。[1]

前者论述的焦点，由道德课程的学习效果，一转而为"上堂厚了脸皮，讲几句大话，退堂还是吃酒，狎妓"的伦理学教师，这幅漫画像所带来的满堂笑声，掩盖了原本不太容易说清的"学校如何进行道德教育"这一难题。而后者更不屑于丝丝入扣的说理，而是抓住那根作为比喻的"钱串绳子"，左盘右弄，就能获得令人满意的论述效果。与专业著述之准确、严谨，力求"每下一义，泰山不移"大异其趣，太炎先生的演讲，其实也是以比喻的精辟、论述的生动，以及辩难时之"气势如虹"取胜。

而这种演讲与著述的差异，是否会交叉影响，导致报刊文字风格的变异，并由此催生出新的文章体式？这正是本文所关注的关键。

---

[1] 这两段文字分别见《留学的目的和方法》《常识与教育》，载《章太炎的白话文》4—5、52 页。

四　白话文的另一渊源

刊于《教育今语杂志》第一册的"社说"，即收入《章太炎的白话文》中的《中国文化的根源和近代学问的发达》。此文专讲中国的文字、历史、哲理三事，借以医治国人因"不学"而导致的"崇洋"心理。文章的开头与结尾，有两段话，涉及其写作方式与论述策略，值得深究：

> 教育的事，和博览不同；更没有到讲学的地位。只是看人的深浅，见机说法，也就罢了。现在把中国开化的根苗，和近代学问发达的事迹，对几位朋友讲讲。就可以晓得施教的方法，也使那边父兄子弟，晓得受教的门径。

> 这三件事，我本来也有些著作，将来或者送给几位朋友看看，不过今日讲的白话教育，还说不到这步田地。[1]

这里有几个关键词，约略可分为三组："教育"与"讲学"、"看看"与"讲讲"、这边"几位朋友"与"那边父兄子弟"。最后落实为一点，那就是"白话教育"。

章太炎心目中"教育"与"讲学"的区别，一是其时刚传入的使用教科书的标准化教学——以课堂讲授为主，注重"耳学"；一是依靠山长的个人魅力以及师生之间的对话与交流——以自学为主，注重"眼学"。在他看来，前者整齐划一，更适合于普及知识；后者因材施教，有可能深入研究。这种对传统书院的理想化表述，有八年杭州诂

---

[1]　参见《中国文化的根源和近代学问的发达》，《章太炎的白话文》21、44 页。

经精舍的独特经历做底，更因其不满时人对新式学堂之利弊缺乏必要的反省。

"看看"与"讲讲"，除了上面提到的"眼学"与"耳学"的区别，一指向很可能高深莫测的"著作"，一落实为方便听众的"见机说法"，二者学术上的高低，一目了然。学问的精髓，必须靠"写作—阅读"来完成；至于"演讲—倾听"，只能说是退而求其次。这里不涉及具体学者水平之高低，而是听觉与视觉在接受知识上的差别。故章太炎自觉地将这些发表在《教育今语杂志》上的文字，作为"拟演讲稿"、而不是"文章"来处理——当初随意挥洒，日后也不想将其入集。

至于一会儿针对这边"几位朋友"，一会儿又是"那边父兄子弟"，与《教育今语杂志》的拟想读者有关。《教育今语杂志》虽编辑出版于日本东京，却是以海外华人为主要对象。章太炎、陶成章等将《教育今语杂志》作为光复会的"通信机关"，借此与南洋各分会取得联系，并通过各分会组织的教育会、书报社乃至货栈等，向华侨传播中国文化。各期封底上，刊有"海外各国代派送"，包括如下城市：新加坡、大吡叻、红毛丹、吉隆坡、仰光、檀香山、斐城、爪哇、泗水、谏义里、婆罗州、坤甸、文岛柄港。章、陶以及钱玄同等同人，有感于"欧学东渐，济济多士，悉舍国故而新是趋，一时风尚所及，至欲斥弃国文，芟夷国史"，为"明正道，辟邪辞"而独立创办杂志。这一"以保存国故，振兴学艺，提倡平民普及教育为宗旨"的《教育今语杂志》[1]，因其必须同时面对在日留学生和海外华侨，起码在语言表述上，必须十分讲究。

估计出自章氏门人钱玄同之手的《缘起》和《章程》，对杂志的这

---

[1]　参见《刊行教育今语杂志之缘起》和《教育今语杂志章程》，二者均载《教育今语杂志》第1册，1910年3月。

一特色，有相当充分的阐述。先是称："凡诸撰述，悉演以语言，期农夫野人，皆可了解。"[1]后又在《教育今语杂志章程》第四章"办法"中，对讲习的内容加以界定：

> （二）　本杂志演述各种学术，均由最浅显最易晓得者入手，以次渐进，期有系统。
>
> （三）　本杂志于各种学术，务求解释明了，不事苟难，庶便学子自修，兼为无师者指导门径。[2]

与此相适应，从第一期起，杂志封底便有"本社编辑教科书豫告"，内容包括历史、地理、算术、理科等。

《教育今语杂志》第四册上，编者"庭坚"为"独角"《庚戌会衍说录》（即《留学的目的和方法》）所写的"附识"，除说明此乃太炎先生为中国各省留学日本高等师范学校学生所做演讲的记录稿外，还有一段话：

> 本是为中国留日学生，下一针砭，开一个学问入手的门径，立一个施教的方准。至于海外华侨学生，方才略识国文，怎能组织学会，到这样高深地步？所以众华侨学生，如果有志本国学问，还须从学校入手。

此文乃为留日学生而作，但同样适应于海外华侨；至于专为杂志而撰的文章，也希望兼及留日学生的口味。这也是章太炎为第一册杂志所

---

[1]　参见《刊行教育今语杂志之缘起》。

[2]　见《教育今语杂志章程》。

撰"社说"中，念念不忘这边"几位朋友"与"那边父兄子弟"的缘故。对于读者的双重假定，使得文章中既有循序渐进，以"浅显之语言"系统讲授"本国学问"的框架[1]，也有借题发挥，涉及中国现实政治与学术思潮，乃至日本社会与汉学界的现状的，故并非纯粹的"平民普及教育"。

同是使用"浅显之语言"，与国内众多白话报刊之借介绍时事、传播新知以"开通民智"的宗旨不同，《教育今语杂志》的工作目标是"保存国故，振兴学艺"，进而"用国粹激动种性，增进爱国的热肠"。[2]如此目标，对于读者的要求，当然不可能只是"粗通文墨"，而是必须具备相当的国学修养。说到底，这是"讲学"，而不是"论世"——后者只需要"激情"，前者则必须具有比较丰厚的"学识"。

"讲学"而采取"浅显之语言"，固然有"平民普及教育"的需要，但更与其时"演说"之风大畅关系密切。

1904年，秋瑾撰《演说的好处》，称报纸之外，"开化人的知识，感化人的心思，非演说不可"。论证过演说的五大好处，秋瑾称：

> 如今我国在日本的留学生，晓得演说的要紧，所以立了一个演说练习会，又把演说的话刻了出来，把大家看了，可以晓得些世界上的世情、学界上的学说。唉！列位不要把这个演说会看轻了，唤醒国民开化知识，就可以算得这个演说会开端的了。[3]

---

[1] 《教育今语杂志章程》第二章"定名"有曰："本杂志依上列宗旨，演以浅显之语言，故名《教育今语杂志》。"但这一章程后来略有变化，第五六合册上的《本社启事》称："本社自五期起，白话与文言并用。"

[2] 参见《教育今语杂志章程》和《东京留学生欢迎会演说辞》。

[3] 秋瑾：《演说的好处》，初刊《白话》杂志第1期（1904年9月），后载《神州女报》第1期（1907年12月），见《秋瑾集》3—4页，上海：上海古籍出版社，1979年。

第二年的 1 月 13 日，秋瑾劝晚清另一著名革命家宋教仁加入此演说练习会，依宋氏日记《我之历史》的叙述，秋瑾应是此会创始人之一：

> 至秋璿卿寓，谈良久。时秋君与诸同志组织一演说练习会，每月开会演说一次，并出白话报一册，现已出第二期。余向秋君言愿入此会，秋君诺之。[1]

其实，不只留日学生，20 世纪初，国内热心改良群治的士绅，也都开始提倡演说。[2] 秋瑾这段话之所以值得格外注意，除了她本人的革命生涯，还因其涉及两个重要问题。一是演说所及，其实多为"世界上的世情"，而极少"学界上的学说"。因后者所面对的，是同道或知识水准大略相等的学生，而非不太识字的劳苦大众。而在晚清，不管是提倡革命的政治家，还是主张从教育入手的比较温和的改革者，其采用白话撰述，都是把识字无多的大众作为拟想读者。至于着力于"传播新知"的梁启超，其介绍"学界上的学说"，采用的是浅白文言，而非白话。反而是希望"保存国故"的章太炎，开始尝试使用白话来述学，此中深意，有待进一步开掘。

将近十年后，五四新文化人经过一番激烈争论，决定《新青年》从 1918 年 5 月出版的 4 卷 5 号起，全部采用白话写作。这是现代中国思想史及文学史上的大事，论者常常提及。不过，此前，3 卷 6 号的《新青年》上，刊有钱玄同致陈独秀信，讨论将右行直下的汉文改为左

---

[1] 宋教仁：《我之历史》17 页。

[2] 李孝悌：《清末的下层社会启蒙运动》（台北："中央研究院"近代史研究所，1992 年）第四章对于演说的倡导、演讲者的训练与培育、演说的场合与地点、演说的内容等，有颇为精细的考辨，值得参考。

行横迤，并且使用新式标点；其中建议《新青年》改用白话述学，尤其值得注意：

> 我们既然绝对主张用白话体做文章，则自己在《新青年》里面做的，便应该渐渐的改用白话。我从这书通信起，以后或撰文，或通信，一概用白话，就和适之先生做《尝试集》一样的意思。并且还要请先生、胡适之先生、和刘半侬先生，都来尝试尝试。此外别位在《新青年》里面撰文的先生，和国中赞成做白话文章的先生们，若是大家都肯"尝试"，那么必定"成功"。"自古无"的，"自今"以后，一定会"有"。不知道先生们的高见赞成不赞成。[1]

对于钱玄同的提议，陈独秀赞同改右行直下为左行横迤，"但是改用白话一层，似不必勉强一致"。早年创办《安徽俗话报》，对白话作为书写工具的利弊得失，应该说颇有心得；而且又是最早公开支持胡适《文学改良刍议》，称"白话文学将为中国文学之正宗，余亦笃信而渴望之"的陈独秀[2]，为何对《新青年》全部改用白话犹豫不决？就因为述学之文不比文学创作，乃是以同样学识渊博的文人学士为拟想读者，白话能否入高人眼，实在没把握。可见钱氏此举，颇能显示独特的眼光和魄力。

1935 年 8 月，蔡元培为《中国新文学大系》撰写《总序》，专门引录了钱氏上述这段话，并称"可以看见玄同提倡白话文的努力"。作为当事人，蔡元培当然知道，晚清已经开始出现不少很有影响的白话报

---

[1]　钱玄同、陈独秀：《通信》，《新青年》3 卷 6 号，1917 年 8 月。

[2]　参见《新青年》2 卷 5 号（1917 年 1 月）所刊胡适《文学改良刍议》后陈独秀的"附识"。

刊。可在他看来，即便如此，胡适、钱玄同等五四新文化人之提倡白话文，依然值得大力表彰。原因在于：

> 但那时候作白话文的缘故，是专为通俗易解，可以普及常识，并非取文言而代之。主张以白话代文言，而高揭文学革命的旗帜，这是从《新青年》时代开始的。[1]

类似的话，胡适、周作人也都说过，但均不若作为过来人的蔡元培之"现身说法"。不过，蔡先生没有指出，钱玄同的贡献，主要在于将白话的应用范围从"文艺文"推向"学术文"。倒是几年后黎锦熙撰《钱玄同先生传》，做了重要的补充说明：胡适发表白话诗"算是创体，但属文艺"；"唯有规规矩矩作论文而大胆用白话"，对于当时的读书人，"还感到有点儿扭扭捏捏"。[2] 正是在此背景下，才能理解新文化运动兴起前七八年，章太炎、钱玄同等人之创办《教育今语杂志》并尝试以白话述学的意义。

在《国语文学史》中，胡适曾论及古代白话文与现代白话文的血脉联系，其中有两句话，与本文的题旨颇有关联，必须略加辨析。一是"朱熹与陆九渊都是古文的好手，但他们讲学的语录很有许多很好的白话文"；一是"今日许多做白话散文的人，也都是跟小说学的，没有跟唐、宋、明的语录学的"。[3] 先从后一句说起。《新青年》同人在提倡白话文时，确实多以明清章回小说为标本；日后讲授"国语文学"，也都追溯到《水浒传》等。周作人不满足于此，再往上追，从《儒

---

[1]　《蔡元培全集》第 6 卷 574—575 页，北京：中华书局，1988 年。

[2]　参阅黎锦熙《钱玄同先生传》，见《钱玄同年谱》170—171 页。

[3]　《胡适文集》第 8 卷 119、122 页，北京：北京大学出版社，1998 年。

林外史》的楔子讲开去，由王冕一跳就到了晚明众多不拘格套、独抒性灵的文人，终于由此理清"中国新文学的源流"。[1] 可所有这些"溯源"，都指向"文艺文"（或曰"美文"），而不是同样值得关注的"学术文"。

说到五四新文化人的贡献，论者一般沿用胡适的分析框架，称其不同于晚清白话报刊或字母运动的提倡者之处，在于"没有'他们'、'我们'的区别"，认定"白话并不单是'开通民智'的工具，白话乃是创造中国文学的唯一工具"。这一总体判断，时至今日，仍可接受。所谓"人上人"仍醉心于汉魏、唐宋文章，只是哀念"小百姓"无知无识，方才"降格做点通俗文章给他们看"[2]，除了语调略嫌刻薄，所说基本属实。问题在于，晚清人对文章的区分，除了日后备受讥讽的"我们"和"他们"，还有不太为人注意的"论学"与"讽世"。比如，章太炎便曾分辨文士、学者两类风格不同的文章：

> 夫持论之难，不在出入风议，臧否人群，独持理议礼为剧。出入讽议，臧否人群，文士所优为也。持理议礼，非擅其学莫能至。[3]

在章太炎看来，不算史家擅长的叙事与诗人专注之抒情，文章家之说理，可分为"论学"与"论政"；而"论学"的难处与魅力，当在"论政"之上。这也是他不喜欢人家表彰其广为传诵的《驳康有为论革命书》，而拼命自荐"文实闳雅"的《訄书》的主要原因。[4] 其实，特别看好

---

[1] 周作人：《关于近代散文》，《知堂乙酉文编》，上海：上海书店，1985 年。

[2] 《五十年来中国之文学》，《胡适古典文学研究论集》153—154 页。

[3] 章太炎：《论式》，《国故论衡》118—119 页。

[4] 参见《与邓实书》，《章太炎全集》第 4 卷 169—170 页。

触摸历史与进入五四

"述学文章"，并不只是章太炎独有的偏见。严复坦承译事之难，所谓"一名之立，旬月踟蹰"[1]，指的是述学之文。林纾翻译小说时可以笔追口述，可一到撰写古文，照样殚精竭虑。

晚清以降，述学之文同样面临自我更新的使命。实现这一使命的，主要通过两个途径，一是严复、梁启超、王国维等新学之士所积极从事的输入新术语、新语法乃至新的文章体式，借以丰富汉语的表达能力。这一努力，符合百年中国"现代化进程"的大趋势，一直受到学界的重视。可还有一条曲折隐晦的小路，比如章太炎，面对新的读者趣味和时代要求，在系统讲授中国文化的过程中，无意中提升了现代书面语的学术含量，为日后"白话"成为有效的述学工具，做出了独特的贡献。

章太炎所代表的现代意义上的"讲学"，其对于文章体式的革新，有几点值得注意。首先，走出诂经精舍的太炎先生，虽然将其作为重要的学术资源，以对抗如日中天的西式学堂；可潜移默化中，已经接受现代学科分类观念。章氏讲学，基本上是专题性质，与此前大儒之"坐而论道"不同，乃是在"哲学""文学"这样的学科意识中展开。胡适称朱熹等理学家"讲学的语录很有许多很好的白话文"，其实不太准确——是有很好的白话，但不是白话撰写的文章。传世的大儒讲学语录，大都吉光片羽，精美绝伦，但并非好文章。一直到康有为的《万木草堂口说》，都是满天星斗，点到即止。文字如此简略，思路如此跳跃，必须将其还原到朝夕相处的师徒讲学这一特定环境，才能明白其佳妙之处。这里有口述者的随意发挥，也有记录者的刻意选择，传给后世的，是结论，而不是具体的论证过程。太炎先生的讲学，八人小班没有留下完整记录，留下记录的是演说性质的《留学的目的和方

---

[1]　严复：《天演论·译例言》，《严复集》第 5 册 1322 页，北京：中华书局，1986 年。

法》。前者类似传统书院，选择专书，以学生自学为主，教师只负责关键处的点拨，即便录音整理，也不可能是完整的文章。后者必须围绕某一专题，在特定时间里阐发完毕，即便不能令听众"如坐春风"，起码也必须让人家跟得上你的思路。如此演说，或先有讲稿，或记录成文，大体都有点"文章"的味道。

其次，由于兼及"讲学"与"演说"，太炎先生的拟想读者并非不太识字的大众，而是对国学有兴趣的留学生或海外华侨，其论述策略因而也就必须调整，不同于流行的政治宣传或思想启蒙。每讲都包含若干专门知识的传授，而后才是穿插其中的社会批评。后者可以渲染氛围，调动情绪，但不应该喧宾夺主。这与革命家注重社会动员的演说大不一样，不是以激情、而是以风趣吸引听众。

最后，就像秋瑾设想的，"又把演说的话刻了出来，把大家看了"，这个时候，章氏的兼及"讲学"与"演说"，便体现出独特的魅力。顾炎武曾批评讲学先生"从语录入门者，多不善于修辞"[1]。岂止不善于修辞，更重要的是，不善于谋篇布局。有好片段，没有好文章，此乃讲学先生很容易患的通病。不管是书斋讲学还是广场演说，一旦落实在纸上，其零散或空疏的毛病，将"一目了然"。章氏之以"讲学"为底，以"演说"为外，既有前者的学有根基，又有后者的平易风趣，二者合而为一，可以作为别具一格的"文章"欣赏。

章太炎带有演说风的文章，有可能是作者事先准备的演讲稿（如《东京留学生欢迎会演说辞》），也有可能是演讲的记录稿（如即席发挥、博得众多"大拍掌"的《民报一周年纪念会演说辞》）[2]，更有

---

[1] 顾炎武：《日知录》卷十九"修辞"则，452页，郑州：中州古籍出版社，1990年。

[2] 此文作为演说记录稿，作者生前不曾入集；同时发表的《民报一周年纪念会祝辞》，则作为"文章"，堂而皇之地进入《太炎文录初编》。

可能是书斋里一挥而就的"拟演讲稿"。《章太炎的白话文》里的不少篇章，便有这种痕迹。最明显的，当属涉及"那边父兄子弟"的《中国文化的根源和近代学问的发达》。"拟演讲稿"之值得重视，因其提醒我们注意现代书面语产生的另一途径。

回过头来，反省学界对五四白话文运动的论述，有两点意见可以提供。第一，不能把论述的焦点，全部集中在"白话文学之为中国文学之正宗，又为将来文学必用之利器"[1]。在我看来，白话文运动成功的标志，不仅仅是"国语的文学，文学的国语"。述学文章之采用白话，很可能也是至关重要的一步。[2] 时至今日，"文艺文"与"学术文"在对待白话的态度上，仍有很大的差异。第二，清末民初兴起的"演说"热潮，对白话文运动的积极影响，以及对于文章体式的改进，仍有待进一步研究。其间"口耳相传"和"有目共睹"的联系与区别，以及借助"拟演讲稿"出现的二者之间的互动，是否也是白话文章得以日趋成熟的原因之一？

演讲底稿、记录稿或拟演讲稿，与独立撰写的专业著述异趣，如何论述方才恰如其分，有待进一步探究。这里想指出的是，章太炎平生讲演极多，各种记录稿水平参差，故晚年主编《制言》时曾"屡戒少登演讲记录"。在我看来，《章太炎的白话文》不在此"告戒"之列。借用其晚年弟子沈延国的辨析，此书当属第一、第三类讲演记录——即"自撰讲稿"或弟子记录后"由师审正"，故可以作为研究章太炎思

---

[1]　参见胡适《文学改良刍议》，《新青年》2 卷 5 号，1917 年 1 月。

[2]　朱自清注意到这一点，在《〈胡适文选〉指导大概》中，强调新文化运动中长篇议论文的进步，而且称胡适"他的散文，特别是长篇议论文，自成一种风格，成就远在他的白话诗之上"（《朱自清全集》第 2 卷 299 页，南京：江苏教育出版社，1988 年）。

想的可靠资料来引用和论析。[1] 作为章氏第一种讲学记录，《章太炎的白话文》与日后由吴承仕记录整理的《菿汉微言》，曹聚仁记录整理的《国学概论》，王乘六、诸祖耿等记录整理的《国学讲演录》，共同构成"学问家兼教育家"章太炎的有机组成部分。此四书，固然不若《訄书》《国故论衡》《文始》《齐物论释》等体制谨严，但同样新见迭出。对于选择独立讲学而非进入现代大学体制的太炎先生来说，这些"薄薄的一本小册子"，实在不可藐视。

当年曾在东京听过太炎先生讲学的任鸿隽，几十年后大发感慨："若是把他的说话记录下来，可以不加修改便成一篇很好的白话文章。后来先生把这个讲演写了出来，成为他的《国故论衡》，可惜他写成古文以后，反而失掉了讲时的活泼风趣。"[2] 古文与白话、论著与讲演，各自承担的功能不同，体式自然有异，没必要厚此薄彼。不过，借助于《章太炎的白话文》，我们可以约略知道太炎先生演讲时的风采；而且，将此书与《国故论衡》等专业著述相对照，可以帮助我们深入了解太炎先生的学术思想、文化情怀以及述学文体。

---

[1]　沈延国:《章太炎先生在苏州》一文对五类章氏讲演记录的分辨，值得参考。见《追忆章太炎》392—394 页。

[2]　任鸿隽:《记章太炎先生》，见陈平原、杜玲玲编《追忆章太炎》266—270 页。

第五章　经典是怎样形成的
—— 周氏兄弟等为胡适删诗考

中文的"经典"与英文的"canon"，都是相当郑重的字眼。除了泛指各宗教宣传教义的根本性著作，还指向传统的具有权威性的著述；其作用，不只因自身具有长久的阅读或研究价值，还可作为同类书籍的标准与典范。因此，一时代的精神价值与文化取向，往往依靠其产生的"经典著作"来呈现。

承认每个时代每个民族甚至每个专业领域都可能为人类历史奉献自己的"经典著作"，如此开放的期待视野，无形中大大扩展了"经典"的队伍。基本含义没变，可遴选的标准却大为降低。在宽容的现代人眼中，"经典"可以是临时性的 —— 只要为一时代的读者广泛认可，即不妨冠以此称。这个意义上的"经典"，当然不像《论语》或《圣经》那样"坚不可摧"，而是需要在历史长河中，经由一系列的沉浮，再最终确定其地位。放眼望去，你会发现，同是"经典"，二十年、五十年、一百年、五百年、一千年、两千年，年纪大小与含金量的高低基本上成正比。两千年前的"经典"，也会面临阴晴圆缺，但有朝一日完全被遗忘的可能性不大；反过来，二十年前的"经典"，则随时可能因时势迁移而遭淘汰出局。

一部作品之成为"经典"，除了自身的资质，还需要历史机遇，需要时间淘洗，需要阐释者的高瞻远瞩，更需要广大读者的积极参与。着眼于长时段者，往往强调历史是公正的；可在中、短时段的视野中，经典的筛选，不可避免为政治、文化、性别、种族等偏见所左右。充当伯乐的，或许只是一时冲动；随声附和者，也未见得真的十分喜欢。可声势一旦形成，将信将疑的读者，便都不敢公开挑战已成定见的"社会共识"。只是到了"忽喇喇大厦将倾"，才会腾起钱塘江大潮般的批评声浪。如此说来，历史判断的"公正性"，并非毋庸置疑。

质疑"经典"一词的含义，或者追究某部作品是否浪得虚名，在我看来，都不如探究"经典是怎样形成的"有意思。因为不管人们如何事后诸葛亮，嘲笑当初并不明智的选择；可一部经典之得以确立，必定有其值得认真辨析的"机缘"。而对于解读一时代的文化趣味，这是个绝好的切入角度。

何为经典，不同时代、不同群体的读者，很可能会有截然不同的答复。在文化价值日趋多元的今日，要想推举众口一词的经典之作，实在是难于上青天。远的还好说，比如评选唐诗宋词；近的可就麻烦多多了，比如谈论 20 世纪中国文学。想想谢冕等先生主编那两套关于百年中国的"文学经典"所激起的"公愤"[1]，就不难明白其中奥秘。独断之学行不通，于是退而求其次，有了广泛征求意见、由若干著名作家和学者投票确定的"百年百种优秀中国文学图书"[2]。比起"文学经典"来，"优秀图书"的命名，未免过于平实，在众多"世纪末大餐"面前，显得很不起眼。平静过关固然是好事，可回避了极易引起

---

[1] 　参见《文艺报》1997 年 9 月 27 日第二版《经典，失去共识——关于两部"百年经典"的讨论》所收阎晶明、李杜、韩石山三文。

[2] 　参见《中华读书报》1999 年 8 月 18 日第一版《文学殿堂开摆世纪盛宴："百年百种优秀中国文学图书"评选揭晓》。

争议的"经典是怎样形成的",还是有点可惜。

我之关注此话题,基于一个基本事实:为何世纪末大结账,没有名篇入选《百年中国文学经典》的诗人胡适[1],其《尝试集》竟成了"百年百种优秀中国文学图书"之一?不是评价尺度宽紧的问题,也并非评选者不同导致的偏差,作为新诗人的胡适,有名著而无名篇,此乃目前中国学界的主流意见。已经几起几落的《尝试集》,目前虽然没有多少读者,可史家就是不敢遗忘。这里涉及两种不同意义的"经典",一是历久弥新,青春常在,依旧介入当代人的精神生活;一是事过境迁,隐入背景,但作为里程碑永远存在。《尝试集》无疑属于后者。

我要追问的是,像《尝试集》这样的作品,确立其"经典"地位的,除了人所共知的历史机遇与大师推举,还有没有别的因素。比如,作者本人的努力、同道的支持以及制度的保证,是否也是重要的因素?如此立说,很大程度并非缘于理论推导,而是胡适《尝试集》删改底本的发现,使我们得以在一窥庐山真面目的同时,反省"经典是怎样形成的"这样有趣而又不太容易说清楚的命题。

一 删诗事件

无论你站在什么文化立场,谈论现代中国"新诗的奠基",总无法回避胡适的《尝试集》。只是当论者淋漓尽致地褒贬抑扬时,往往忽略了一个关键性的细节,即通行本的《尝试集》(增订四版),并非只是胡适个人心血的凝聚。这部前无古人的新诗集,1920 年 3 月由上海亚

---

[1] 谢冕、钱理群编《百年中国文学经典》(北京:北京大学出版社,1996 年) 1927 年前部分有作品入选的新诗人包括郭沫若、闻一多、徐志摩、朱湘、冯至等五位。

东图书馆推出后，当即风行海内，两年间增订两次，销售万册。为使其能够更长久地领异标新，诗人花了三个月的时间，将其删繁就简。另外，又补充了若干广受好评的新作，并认真撰写了四版自序。在这一借"删诗"确立权威性的过程中，鲁迅等同好的介入，不无"锦上添花"的意味。

鲁迅、周作人等曾为胡适删诗，此事即便算不上"路人皆知"，也绝不是什么文坛秘密。因为此等雅事，搁在"我的朋友胡适之"那里，不可能藏而不露。果不其然，在《〈尝试集〉四版自序》中，就有如下详尽的表述：

> 删诗的事，起于民国九年的年底。当时我自己删了一遍，把删剩的本子，送给任叔永、陈莎菲，请他们再删一遍。后来又送给"鲁迅"先生删一遍。那时周作人先生病在医院里，他也替我删一遍。后来俞平伯来北京，我又请他删一遍。他们删过之后，我自己又仔细看了好几遍，又删去了几首，同时却也保留了一两首他们主张删去的。[1]

胡适大举宣传的"删诗事件"，很可惜，在周氏兄弟的日记及书信集，竟没留下任何蛛丝马迹。弟弟好说，这段时间刚好生病，五个月没记日记[2]；哥哥呢，日记在，可就是不提。这也难怪，鲁迅记日记历来

---

[1]　胡适：《〈尝试集〉四版自序》，《尝试集》，上海：亚东图书馆，1922 年 10 月增订四版。

[2]　《周作人回忆录》（长沙：湖南人民出版社，1982 年）135 节"在病院中"提及，1920 年 12 月 22 日赴北大参加歌谣研究会，五时散会，感觉疲倦，两天后发烧，被诊断为肋膜炎，在家养病期间写过半篇论文，还有新诗《过去的生命》。回忆如此详尽，因有日记可供查考。查已出版的《周作人日记》（郑州：大象出版社，1996 年），1921 年 1 月"六日，晴，山本来诊"后有言："以下因病未记，凡五个月，今撮要记之如左。"至 6 月前仅寥寥四则，自不会涉及为胡适删诗一类琐事。

十分简要，不像李慈铭、胡适等之喜欢抄上谕、贴剪报，将日记作为著述来经营。可还是有例外，比如此前几天复胡适关于《新青年》编辑方针信，日记中便有记载。[1]

尽管在《尝试集》的初版、再版和四版自序中，胡适一再声称自己的诗集只是"代表'实验的精神'"[2]"含有点历史的兴趣"[3]"可以使人知道缠脚的人放脚的痛苦"[4]，似乎自视不高。可如果只是具有"历史文献"的价值，《尝试集》根本用不着、也不应该一改再改。仔细品味，你会发现，适之先生表面上很谦卑，但一再修订旧作，而且邀请当世名家帮助"删诗"，实际上隐含了对于自家诗集的历史定位：不满足于"开创之功"，因而必须苦心经营其"经典之作"。

关于《尝试集》，胡适有过许多"戏台里喝彩"，从具体诗作的品鉴，到"个人主张文学革命的小史"的述说，再到"胡适之体"的阐释。[5] 作为潜心"尝试"白话诗写作的适之先生，精益求精固然值得钦佩，有点功名心也完全可以理解。在此"制作经典"的过程中，最令人惊讶的举动，还是邀请五位当世名流为其"删诗"。

诗人有权随时随地修改自家的创作，至于请别人为一部已经名满天下的诗集"动手术"，则是另一回事。不管诗人态度如何谦虚，读者都会联想到对于中国人来说再熟悉不过的孔子删《诗》之说。据《史记·孔子世家》称，古者诗三千余篇，及至孔子，去其重，取可施于

---

[1]　《鲁迅日记》1921 年 1 月 3 日："午后得胡适之信，即复。"见《鲁迅全集》第 14 卷 407 页，北京：人民文学出版社，1981 年。

[2]　胡适：《〈尝试集〉自序》，《尝试集》，上海：亚东图书馆，1920 年 3 月。

[3]　胡适：《〈尝试集〉再版自序》，《尝试集》，上海：亚东图书馆，1920 年 9 月。

[4]　胡适：《〈尝试集〉四版自序》。

[5]　参见《尝试集》初版、再版和四版的自序，以及《谈谈"胡适之体"的诗》（《自由评论》12 期，1936 年 2 月）。

礼义者凡三百篇，孔子皆弦歌之，以求合《韶》《武》《雅》《颂》之音。孔子删《诗》的真伪与是非，后世不无争议，但毕竟以相信司马迁所言者为多。胡适并未做直接的比附，但潜意识里，"删诗"乃"确立经典"的必要程序，有"历史癖"的适之先生，应该明白此中奥妙。

1920 年代初的中国诗坛，开始白话诗评选，当即面临如何建立评选者权威的大问题。这时候，不约而同地，都想到了遥远的孔子删《诗》。先是 1920 年 8 月崇文书局推出许德邻所编《分类白话诗选》，节录刘半农半篇文章为序。刘文原题为《诗与小说精神上之革新》，刊《新青年》3 卷 5 号，其中有云：

> 然而三千篇"诗"，被孔丘删剩了三百十一篇。其余二千六百八十九篇中，尽有绝妙的"国风"，这老头儿糊糊涂涂，用了那极不确当的"思无邪"的眼光，将他一概抹杀，简直是中国文学史上最大的罪人了。[1]

紧随其后，与胡适关系十分密切的上海亚东图书馆出版了《新诗年选》，北社同人在《新诗年选·弁言》中也提到了孔子删《诗》，不过态度与刘半农迥异：

> 自从孔子删《诗》，为诗选之祖，而我们得从二千年后，读其诗想见二千年前的社会情形。中国新文学自"五四"运动而大昌，凡一切制度文物都得要随世界潮流激变；今人要采风，后人要考古，都有赖乎征诗。[2]

---

[1] 参见许德邻编《分类白话诗选》（崇文书局，1920 年 8 月）所收刘半农序言。

[2] 北社同人：《新诗年选·弁言》，《新诗年选》，上海：亚东图书馆，1922 年。

不管是"分类"还是"年选",既是筛选与淘汰,就不能不带有明显的"暴力倾向"。比附往昔孔圣人之删《诗》,无论其立论方式为赞赏抑或反驳,都是为了确立批评的标准与选本的权威。

与《分类白话诗选》和《新诗年选》的编者独掌生杀大权不同,胡适反而邀请众友人来为自家已经出版并广获好评的《尝试集》大动手术。此举之异乎常情,迫使你作多种方式的解读。诗人之所以如此独辟蹊径,到底是希望依靠友人的准确判断,为读者提供更加精粹的选本;还是希望借助友人的巨大声望,为读者提供更加权威的诗集?或者二者兼而有之?当事人的动机不必过于追究;需要关注的是,此举所达成的良好效果——促成了该诗集经典地位的确立。

在"确立经典"这个意义上,"删诗"所涉及的,远不只是诗人本身,还包括第一代白话诗人的审美眼光、新诗发展的趋向、白话诗理论与实践之间的张力等饶有趣味的问题。解读此非同寻常的"删诗事件",单靠《〈尝试集〉四版自序》的简要介绍,无论如何是不够的。因为这只是一面之词,胡适对他人意见的转述是否准确,有无隐瞒或曲解,还有,删改的理由何在,全都不得而知。

一个偶然的机缘——北京大学图书馆新发现一批胡适遗物,其中包括当年删诗的底本,以及周氏兄弟的来信——使得揭穿谜底成为可能。本文先对新发现的史料略做介绍,再从不同侧面逐一钩稽,力图较为全面地展现这一新诗经典产生的过程。

北大图书馆新发现的《尝试集》删改本,系以 1920 年 9 月再版本做底本,封面上有如下三处或红或黑的题签:

> "九,十二,廿四,用红笔删改一过。"
> "十,一,一,用墨笔又删去两首。"
> "叔永,莎菲,豫才,启明各删定一遍。"

数目字表示两次删改的时间，即民国九年十二月廿四日和民国十年一月一日。叔永等四人竖排并列，加一大括号，表明全都参与；本文改为横排，只好依适之先生习惯，添上三个逗号。其余的标点，均属原有。如此密集的逗号、句号，可见胡适"尝试"白话以及标点符号之信心是何等坚定。

目录页上，布满大大小小的红圈、黑圈，有代表胡适本人意见的，也有莎菲（陈衡哲）、叔永（任鸿隽）等的选择。如果众人判断分歧，胡适还会将各方意见逐一抄录，以供参考。如《蔚蓝的天上》后便有附注："豫才删，启明以为可存。莎菲删，叔永以为可删。"目录页后面，抄录了准备补进第四版的十五首新作的篇目。初版便有的钱玄同序和作者自序，则被用红笔一笔勾销。至于正文中的若干铅笔批注(据目录页上的说明，此乃陈衡哲的手笔)，以及被红笔圈掉但又"失而复得"的篇作，将在具体论述时提及。

目录上，贴一小纸片，上写俞平伯的删改意见，系胡适的笔迹。估计俞氏只是口头表述，没有留下文字材料，故意见虽明确，但"不成体统"。归纳起来是，建议删去《虞美人》《江上》《寒江》《一念》《送叔永》《我的儿子》《蔚蓝的天上》；主张保留《鸽子》《看花》和《示威》。

最令人兴奋的是，目录页前，还粘贴着两封信，一署"树"，一署"周作人"。前者仅一纸，用的是"绍兴府中学堂试卷"纸，乃鲁迅笔迹无疑。后者共两页，系普通的八行笺，目前无法判断何人代笔。[1]

也就是说，应邀为胡适删诗的五位朋友[2]，都在此藏本上留下了

---

[1]　参见 2000 年 10 期《鲁迅研究月刊》所刊鲁迅、周作人致胡适信手迹以及拙文《鲁迅为胡适删诗信件的发现》一文。

[2]　主动来信的康白情，虽不在"应邀"之列，其意见也受到胡适的充分重视，故一并论述。

深浅不同的痕迹。至于对胡适删诗有影响的，起码还得算上此前为其作序的钱玄同、大加讥讽的胡先骕，以及诸多书评的作者。所有这些，都为后人进一步的钩稽与阐发，提供了可能性。白话诗"奠基之作"的最终刊定，得到诸多时贤的襄助，这件事本身就耐人寻味。更何况"删诗"史料的发现，对于理解第一代白话诗人的趣味，是不可多得的机遇。因此，事虽不大，可说的话却不少。

大概是觉得白话诗的"尝试"已经过了争论期，以后当是如何"精益求精"的问题。定本《尝试集》删去颇有提倡之功的钱玄同序，对胡先骕的批评也只用戏谑的口吻轻松地打发。本文尊重胡适的选择，先围绕《〈尝试集〉四版自序》提及的任、陈、康、俞以及二周的意见展开论述，最后落实胡适的自我调整以及经典的形成过程时，方才牵涉钱玄同、胡先骕等人的褒贬文章。

二　老朋友的意见

增订四版《尝试集》前，冠有胡适 1916 年 8 月 4 日答叔永书。以早年书札作为"代序一"，这既体现适之先生"历史进化"的眼光，也可看出其对老朋友的尊重。因此，请留美时期的诗友、归国后仍过从甚密的任鸿隽、陈衡哲夫妇为其"删诗"，自在情理之中。

不必做复杂的历史考证，单是翻看《尝试集》，也能感觉到胡适与任、陈夫妇的交情非同一般。诗题中有《"赫贞旦"答叔永》《送叔永回四川》《将去绮色佳，叔永以诗赠别，作此奉和，即以留别》，还有副题"别叔永、杏佛、觐庄"的《文学篇》、副题"送叔永、莎菲到南京"的《晨星篇》，以及注明"赠任叔永与陈莎菲"的《我们三个朋友》。更直接的证据来自《文学篇》的"小序"："若无叔永、杏佛，定无《去国集》。

若无叔永、觐庄，定无《尝试集》。"

关于任鸿隽等人如何促成胡适的白话诗尝试，从1919年8月的《我为什么要做白话诗——〈尝试集〉自序》[1]，到1933年年底撰写的《逼上梁山——文学革命的开始》[2]，再到1950年代的《胡适口述自传》[3]，经由胡适本人的再三追忆与阐发，连一般读者都已耳熟能详。值得注意的是，在白话诗写作的"尝试"中，任君所扮演的角色，并非"同志"，而是"论敌"。

正是绮色佳时代的诗友任叔永的反讽与戏拟，促使胡适发誓从三事入手进行"文学革命"，甚至填了那首气魄非凡的《沁园春·誓诗》：

> 文章革命何疑！且准备搴旗作健儿。要前空千古，下开百世，收他臭腐，还我神奇。为大中华，造新文学，此业吾曹欲让谁？诗材料，有簇新世界，供我驱驰。

至于"《尝试集》的近因"，据说也是由叔永的批评引起的。胡适在答书中称："倘数年之后，竟能用文言白话作文作诗，无不随心所欲，岂非一大快事？我此时练习白话韵文，颇似新辟一文学殖民地。可惜须单身匹马前往，不能多得同志结伴而行。"[4]在胡适的眼中，老朋友任鸿隽的挑剔、反驳乃至讥笑，乃是其从事白话诗"实验"的一大动力。

这一"千里走单骑"的传奇故事，基本上出自胡适本人的自述。如此叙说，是否有贬低友人、拔高自己之嫌？看看任君的回应文字，

---

[1] 胡适：《我为什么要做白话诗——〈尝试集〉自序》，《新青年》6卷5号，1919年10月。

[2] 此文初刊《东方杂志》第31卷1期（1934年1月），后收入《中国新文学大系·建设理论集》（上海：良友图书公司，1935年），广为流传，对新文学史的编纂影响极大。

[3] 参见唐德刚译《胡适口述自传》第七章"文学革命的结胎时期"，北京：华文出版社，1992年。

[4] 胡适：《〈尝试集〉自序》。

不难明白。1919 年 10 月 30 日，任鸿隽致信胡适，称其读了刊于《新青年》6 卷 5 号上的《〈尝试集〉自序》后，"差不多要愧汗浃背了"：

> 我所愧的，并不是我和你那些议论，正是我那几首旧诗，因为我的诗原来是不敢拜客的。[1]

也就是说，任君不想附会时尚，对于自家当初之反对白话诗，并无丝毫悔改的意思。实际上，此前一年，任还在给胡的信中，挖苦《新青年》之所以刊载白话诗，乃是因制作方便，"在无诗可登时，可站在机器旁立刻作几十首"。至于让胡适大喜过望的支持其文学革命主张的表态，并不包括白话诗的尝试：

> 隽前书"大赞成"足下之建设的文学革命论者，乃系赞成作文之法及翻译外国文学名著等事，并非合白话诗文等而一并赞成之，望足下勿误会。[2]

如此决绝的口吻，加上两个月后再次来信，坚称"兄等的白话诗（无体无韵）绝不能称之为诗"[3]，可见任君立场之坚定。作为中国科学社的创始人、科学家兼教育家的任鸿隽，并不以文学为业，吟诗只是个人爱好。1920 年代的任君，仍不时给老朋友胡适寄赠诗词，但从不尝试那"无体无韵"的白话诗。[4]

---

[1]　《任鸿隽致胡适》，《胡适来往书信选》上册 74—75 页，北京：中华书局，1979 年。

[2]　同上书，14 页。

[3]　同上书，16 页。

[4]　参见《陈衡哲致胡适》及《任鸿隽致胡适》，《胡适来往书信选》上册 253、273、399 页。

至于陈衡哲，情况则大不一样。适之先生始终对莎菲女士很有好感，这点不必多言，此处单就"文章知己"立论。[1] 1914 年留美、1920 年归国，任北大西洋史兼英语系教授的陈衡哲，日后主要以欧洲文艺复兴史研究知名，但对于早期新文学的贡献，也颇受文学史家关注。《〈尝试集〉自序》中有这么一句话：

> 这两年来，北京有我的朋友沈尹默，刘半农，周豫才，周启明，傅斯年，俞平伯，康白情诸位，美国有陈衡哲女士，都努力作白话诗。

从 1918 至 1920 年，那位远在大洋彼岸的陈衡哲女士，已经在《新青年》杂志上发表新诗《"人家说我发了痴"》《鸟》《散伍归来的吉普色》，以及短剧《老夫妻》、小说《小雨点》和《波儿》等"白话文学"。为其牵线搭桥的，应该是胡适。[2] 因为据适之先生称，当初在美国尝试白话诗写作时，任鸿隽等老朋友一致反对，只有一位女士默默地注视并表示支持，那便是莎菲女士。

因胡适在谈论白话文学起源时的再三铺陈，世人对胡、任之间的争论多有了解；至于"我们三个朋友"中不太抛头露面的陈衡哲，其

---

[1] 唐德刚关于胡适《亡女》一诗以及夏志清关于陈衡哲小说《洛绮思的问题》的解读，均很有说服力。胡、陈二君，虽系"才子佳人，一拍皆合"，但借用唐德刚略带调侃的说法："不幸他二人也因八字不合，而沟水东西！"参见唐德刚《胡适杂忆》（台北：传记文学出版社，1980 年）195—198 页，以及夏志清为该书所撰的序。

[2] 刘半农编《初期白话诗稿》（北平：星云堂影印，1932 年）中收录陈衡哲《"人家说我发了痴"》一诗的钢笔手稿，其中有若干毛笔添加的引号、问号等，而且将"他们便令我将他看护"改为"他们便叫我作他的看护妇"。单是添加的标点符号，无法判断何人所为；有了那几个汉字，不难断言出自胡适手笔。

实并非与此毫无关涉。这一点，一直到 1928 年撰《〈小雨点〉序》时，胡适方才有所陈述：

> 民国五年七八月间，我同梅、任诸君讨论文学问题最多，又最激烈。莎菲那时在绮色佳过夏，故知道我们的辩论文字。她虽然没有加入讨论，她的同情却在我的主张的一面。不久，我为了一件公事就同她通第一次的信；以后我们便常常通信了。她不曾积极地加入这个笔战；但她对于我的主张的同情，给了我不少的安慰与鼓舞。她是我的一个最早的同志。[1]

在美的最后一年，胡适"和莎菲通了四五十次信"，其中不少涉及诗文创作。这种同道之间的互相支持，确实给正在从事"孤独的文学实验"的适之先生很大的安慰与鼓舞。可要进一步推断，将陈坐实为胡写作新诗的"烟丝批里纯"（inspiration，即灵感），而且断言，"所以新文学、新诗、新文字，寻根究底，功在莎菲！"[2] 则又未免言过其实。之所以不认同唐德刚的"大胆假设"，理由很简单，未同莎菲通讯之前，胡适已开始新诗的尝试。话题其实应该掉转过来，不是莎菲女士刺激了适之先生的写作灵感，而是胡、任之争以及胡适的大胆尝试勾起了莎菲的文学兴趣。"民国六年以后，莎菲也做了不少的白话诗"，其中好些还是寄给胡适并请其推荐给《新青年》或编入《努力周报》。[3]

---

[1] 胡适：《〈小雨点〉序》，《胡适文存三集》1096—1097 页，上海：亚东图书馆，1930 年。

[2] 参见唐德刚《胡适杂忆》196 页。

[3] 参见《胡适文存三集》1093—1097 页和《胡适来往书信选》上册 153、156、166、193 页。

莎菲女士并非一流诗人，只是修养甚佳，"作点文艺小品自遣"[1]，还是像模像样的。起码在我看来，其新诗创作并不比胡适逊色。在胡适1922年2月4日的日记中，粘附有陈衡哲的《适之回京后三日，作此诗送给他》，不妨将其与此前胡适本人的《我们三个朋友》对比，各取同样抒发依依惜别之情的最后一节为例。先看适之先生的：

> 别三年了，
> 又是一种山川了，——
> 依旧我们三个朋友。
> 此景无双，
> 此日最难忘，——
> 让我的新诗祝你们长寿！

接下来再读莎菲女士的：

> 不能再续！
> 只有后来的追想，
> 像明珠一样，
> 永远在我们的心海里，
> 发出他的美丽的光亮。

---

[1]　参见《陈衡哲致胡适》，《胡适来往书信选》上册166页。胡适对于陈衡哲的学识与才情，似乎估计过高，因而也就期待太殷，对其因怀孕不能上课大发感慨，并追忆当初任、陈结婚时自己的贺联"无后为大，著书最佳"。最后的结论是："但此事自是天然的一种缺陷，愧悔是无益的。"参见《胡适的日记》上册211页，北京：中华书局，1985年。

二者都不算好诗，胡诗过于直白，陈诗的比喻则欠高明，但尚属平实妥帖。当然，早期白话诗的"尝试"之作，不必苛求。

一个坚持"无体无韵"的白话诗不是诗，一个则是胡适白话诗写作"最早的同志"，请这两位老朋友来帮助删诗，自是好主意。问题在于，胡适似乎更看重周氏兄弟的意见，未免有些怠慢了这对老朋友。因为，仔细比勘，不难发现一个有趣的现象，即任、陈的不少意见，实际上并没有被胡适采纳。

这当然不能全怪胡适，因其牵涉到刊行增订四版的目的：到底是为了"飞鸿踏雪泥"呢，还是诗史留印记。倘若像《蔚蓝的天上》那样，"豫才删，启明以为可存。莎菲删，叔永以为可删"，那很好办，三比一，删。可仔细品味，叔永、莎菲夫妇的意见中，有些不牵涉艺术鉴赏力之高低，而只是基于怀旧心理。如《虞美人·戏朱经农》"叔永以为可留"，《寒江》"莎菲拟存"，看中的未必是艺术，而很可能只是对于共同的留学生涯的怀念。《送叔永回四川》俞平伯以为可删，目录页以及正文也都已用红笔圈掉，可仍有莎菲用铅笔做的批注："A good historical record. keep？"（"一份很好的历史记录，保存？"）以上三诗，最后都没能进入新版。显然，胡适之所以修订并重刊《尝试集》，主要目的不是纪念友情，而是为"文学革命"提供标本。

三　学生的建议

1920 年代初，当新诗运动由轰轰烈烈的争辩，转为更艰苦卓绝的创造时，第一代白话诗人对于什么是"新诗"以及新诗发展趋势的判断，开始出现分歧。如周作人在《谈新诗》中抱怨"现在的新诗坛，真可以说消沉极了"，老诗人不大做声，新进诗人也不见得有多大出息，"大家辛辛苦苦开辟出来的新诗田，却半途而废的荒芜了，让一班闲人拿去放牛"。[1] 而胡适则在《尝试集》初版、二版、四版的自序中，对白话新诗的突飞猛进，尤其是年轻诗人的迅速成长大声喝彩："我现在看这些少年诗人的新诗，也很像那缠过脚的妇人，眼里看着这一班天足的女孩子们跳上跳下，心里好不妒羡。"[2] 评价截然不同，但周、胡二君都以年轻诗人的创作占卜新诗的前途。

周作人不以新诗为主攻方向，不只对其现状表示失望，甚至逐渐关闭"文学店"，独自经营起"自己的园地"来，并最终以别具一格的散文随笔征服读者。至于自称"提倡有心，创造无力"的适之先生，"心里好不妒羡"的，到底是哪些年轻诗人？这些没有受过"缠足"束缚的新一代诗人，又是如何看待如小脚放大般的《尝试集》？这是个有趣的话题。

1935 年，胡适编纂《中国新文学大系·建设理论集》时，新诗理论方面，除自家文章，还收入了郭沫若的《论诗通信》、康白情的《新诗底我见》以及俞平伯的《社会上对于新诗的各种心理观》（还有周无的《诗的将来》，周无号太玄，专攻生物学，乃著名科学家兼教育家，后不以新诗名世，此处从略）。如此选择，恰好配合最早面世的四部新诗集：《尝试集》（1920 年 3 月）、《女神》（1921 年 8 月）、《草儿》（1922 年 3 月）和《冬夜》（1922 年 3 月），可见其选文中隐含着历史及审美的判断。

尽管在日后的新文学史编纂中，郭沫若的《女神》被捧上云天，远离康白情的《草儿》和俞平伯的《冬夜》；可当初，《女神》并不被新诗的"掌门人"胡适看好。按理说，郭诗非常吻合适之先生关于"少

---

[1] 周作人：《谈新诗》，《谈虎集》，上海：北新书局，1928 年。

[2] 胡适：《〈尝试集〉四版自序》。

年诗人"创作之想象："大胆的解放"与"新鲜的意味"。因此，胡适不可能完全漠视这一正声名鹊起的同道。查适之先生 1921 年 8 月 9 日日记，果然有会晤郭沫若后的感想：

> 沫若在日本九州学医，但他颇有文学的兴趣。他的新诗颇有才气，但思想不大清楚，工力也不好。[1]

激情澎湃的《女神》与清新平淡的《尝试集》，二者在艺术风格上可谓天差地别；而泛神论的主张，在信仰实验主义的胡适看来，起码是无法"拿证据来"。单就文学趣味而言，胡、郭之不能互相欣赏，是再自然不过的了。至于晚年胡适的转而欣赏"郭沫若早期的新诗"[2]，如果不是别有寄托，便是事过境迁后的自我调整。

那么，让适之先生"心里好不妒羡"的，应该就是康白情和俞平伯了。《〈尝试集〉自序》中提到的近两年"都努力作白话诗"的友人，属于学生辈的有傅斯年、俞平伯、康白情三位。而傅很快转向学术研究，不再继续新诗的尝试；只有俞、康二君确实可做早期白话诗人的代表。

《胡适文存二集》中，有《评新诗集》一文，乃是集合两则书评而

---

[1]　《胡适的日记》上册 180 页。

[2]　唐德刚《胡适杂忆》第 81 页称："胡先生也常向我说：'郭沫若早期的新诗很不错！'他并且告诉我一个故事：有一次在一个宴会上他称赞了郭沫若几句。郭氏在另外一桌上听到了，特地走了过来在胡氏脸上 kiss 了一下以表谢意。"此事胡适 1923 年 10 月 13 日的日记（见《胡适的日记》[手稿本] 第 4 册，台北：远流出版公司，1990 年）有记载："是夜沫若，志摩，田汉都醉了。我说起我从前要评《女神》，曾取《女神》读了五日。沫若大喜，竟抱住我，和我接吻。"胡颂平《胡适之先生晚年谈话录》（北京：中国友谊出版公司，1993 年）第 72 页关于此事的叙述多有失误，除事隔多年，更因其过于强调"郭沫若这个人反复善变，我是一向不佩服的"。

成：一说《草儿》，一评《冬夜》。扬康而抑俞，在书评中可谓表露无遗。如此说来，那"使我一头高兴，一头又很惭愧"的少年诗人，应该就是康白情。这一点，几乎可以板上钉钉。因为，就在写作《〈尝试集〉四版自序》的当天晚上（1922 年 3 月 10 日），胡适在日记中写下这么一段富于感情色彩的话：

> 康白情的《草儿》诗集出版了。近来诗界确有大进步，使我惭愧，又使我欢喜。白情的诗，富于创作力，富于新鲜味儿，很可爱的。《草儿》附有他的旧诗，几乎没有一首好的。这可见诗体解放的重要。[1]

在半年后写作的书评中，胡适将这意思发挥得淋漓尽致。看来，胡适真的很欣赏康诗，以至突破一贯的稳重与矜持，说了不少过头话。如称"白情的《草儿》在中国文学史的最大贡献，在于他的纪游诗"；"占《草儿》八十四页的《庐山纪游》三十七首，自然是中国诗史上一件很伟大的作物了。"[2]

　　胡适看中的是康白情之"自由吐出心里的东西"，以及语言的清新活泼，这确实很符合适之先生对于新诗出路的想象。可照康白情的自述，"我不过剪裁时代的东西，表个人的冲动罢了"[3]。这里所说的"冲动"，主要指向瞬间的情绪与感悟，而不是胡适所欣赏的"思想清楚"。康君所谓"诗是主情的文学。没有情绪不能作诗；有而不丰也不能作好"

---

[1]　《胡适的日记》上册 282 页。

[2]　《评新诗集·康白情的〈草儿〉》，《胡适文存二集》卷四 274、277 页，上海：亚东图书馆，1924 年。

[3]　康白情：《〈草儿〉自序》，《草儿》，上海：亚东图书馆，1923 年 3 月。

的说法[1]，远离胡适明白晓畅的诗歌理念，与郭沫若开列的关于"诗"的公式更有缘分："诗＝（直觉 × 情调 × 想象）×（适当的文字）。"[2] 更有意思的是，康文引述"我的畏友宗白华"的话，强调诗意诗境得益于直接的观察、体悟与感兴；而郭文本身就是写给宗白华的信。

其时已留学美国的康白情，"从三万里外来信，替我加上了一个'了'字，方才合白话的文法"，胡适是用很赞赏的口吻提及此事的。而且，还做了借题发挥："做白话的人，若不讲究这种似微细而实重要的地方，便不配做白话，更不配做白话诗。"可恰恰是胡诗中这几乎无所不在的"了"字，日后备受诗人和史家的讥笑。朱湘称《尝试集》中只有十七首是真正意义上的新诗，可"这十七首诗里面，竟用了三十三个'了'字的韵尾（有一处是三个'了'字成一联）"。在讲究音律的诗人朱湘看来，如此重叠使用"刺耳"的"了"字韵，"未免令人发生一种作者艺术力的薄弱的感觉了"。[3] 将近半个世纪后，史家周策纵在《论胡适的诗》中旧事重提，批评胡诗"最大一个毛病或痼疾，就是用'了'字结句的停身韵太多了"。周氏甚至下工夫做了一番认真的统计，连《尝试集》带《尝试后集》《后集未收诗稿》，"总计新体诗（旧体诗词不算）共六十八题，有'了'结的诗行共一百零一条好汉，平均几乎每诗快到两行，不为不多'了'"[4]。在白话诗提倡者适之先生眼中，首先应该关注的，是"白话"而不是"诗"。为了突出"白话的文法"，而相对割舍音律、意境以及想象力，在胡适看来，很可能是"必要的丧失"。因此，我宁肯从"性情执着"而不是"才情枯竭"的角度，来

---

[1]　康白情：《新诗底我见》，《中国新文学大系·建设理论集》329 页。

[2]　郭沫若：《论诗通信》，《中国新文学大系·建设理论集》348 页。

[3]　朱湘：《新诗评（一）·〈尝试集〉》，1926 年 4 月 1 日《晨报副刊》。

[4]　周策纵：《论胡适的诗》，见唐德刚著《胡适杂忆》附录，232 页、235 页。

理解胡适这一不近情理的追求。

欣赏康白情的三万里外来信，"替我加上了一个'了'字"，与不太喜欢俞平伯的凝练与幽深，二者互为表里。就在撰写《〈尝试集〉四版自序》五天后，胡适读到俞平伯刚出版的新诗集《冬夜》，在日记中写下这么一段话：

> 俞平伯的《冬夜》诗集出来了。平伯的诗不如白情的诗；但他得力于旧诗词的地方却不少。他的诗不很好懂，也许因为他太琢炼的原故，也许是因为我们不能细心体会的原故。[1]

俞平伯的诗"不很好懂"，这不是胡适一个人的意见。诗集尚未出版，已经有不少这样的批评，以至朱自清必须在序言中预先澄清：

> 平伯底诗，有些人以为艰深难解，有些人以为神秘；我却不曾觉得这些。……或者因他的诗艺术精炼些，表现得经济些，有弹性些，匆匆看去，不容易领解，便有人觉得如此么？那至多也只能说是"艰深难解"罢了。但平伯底诗果然"艰深难解"么？据我的经验，只要沉心研索，似也容易了然；作者底"艰深"，或竟由于读者底疏忽哩。[2]

最后一句对适之先生颇有刺激，以至日后撰文时还专门予以引述与辩解。[3] 日记中之所以在批评俞诗"太琢炼"的同时，又留下"也许是

---

[1] 《胡适的日记》上册 287 页。

[2] 朱自清：《〈冬夜〉序》，《冬夜》，上海：亚东图书馆，1922 年 3 月。

[3] 《评新诗集·俞平伯的〈冬夜〉》，《胡适文存二集》卷四 282—283 页。

因为我们不能细心体会的原故"这样的活口，也可见适之先生立论的谨慎。对照俞氏"努力创造民众化的诗"之主张，胡适提及这位得意门生理论与实践之间的巨大矛盾："平伯自有他的好诗"，却是新诗人中"最不能'民众化'的"。[1]

俞诗之旖旎缠绵，可谓一目了然，确实不大具有五四时期所推崇的"平民风格"。照康白情的说法，这既得益于古诗词的修养，也与其天生的"诗人性"有关：

> 俞平伯的诗旖旎缠绵，大概得力于词。天生就他的诗人性，随时从句子里浸出来。做诗最怕做不出诗味。所谓"就是那土和泥，也有些土气息、泥滋味"，深可发明。所以古人说："不是诗人莫做诗"。若平伯呢，只怕虽欲不做诗而不可得了。[2]

就个人气质而言，俞氏很可能是尝试白话诗写作的年轻诗人中"文人结习"最深、最不具有"平民风格"的。胡适的批评，让俞平伯猛醒过来，开始顺应自家的天性，不再强求诗歌之"民众化"。

在《〈冬夜〉自序》中，俞平伯还在认真地自我检讨："我虽主张努力创造民众化的诗，在实际上做诗，还不免沾染贵族的习气；这使我惭愧而不安的。"[3]而胡适关于《冬夜》的书评发表后，俞平伯当即开始调整思路。先是借为康白情的《草儿》做序，称新诗初期将"平民的"

---

[1]　参见俞平伯《诗底进化的还原论》（《诗》1 卷 1 期，1922 年 1 月）、《〈冬夜〉自序》和胡适的《评新诗集·俞平伯的〈冬夜〉》。

[2]　上海亚东图书馆 1922 年 8 月《新诗年选》中愚庵关于俞平伯语，据胡适和朱自清推断，应属康白情的手笔，参见胡适《评新诗集》和朱自清《中国新文学大系·诗集·诗话》（上海：良友图书公司，1935 年）。

[3]　俞平伯：《〈冬夜〉自序》，《冬夜》，上海：亚东图书馆，1922 年 3 月。

误会成"通俗的",实在不应该；后又以《致汪君原放书》作为再版本《冬夜》的"代序",强调"平民贵族这类形况于我久失却了它们底意义,在此短札中更不想引起令人厌而笑的纠纷"。[1] 在趣味和口号不太统一的情况下,俞氏忠实于自己的文学感觉,而扬弃先前的激进主张。至于"作诗不是求人解,亦非求人不解；能解固然可喜,不能解又岂作者所能为力"[2],明显是在回应胡适的批评。而以下这段话,更具有积极进取的意味：

> 笼统迷离的空气自然是不妙；不过包含隐曲却未尝和这个有同一的意义。一览无余的文字,在散文尚且不可,何况于诗? [3]

此后,无论吟诗作文,俞平伯不再偏离这一方向,始终以"曲折幽深"而不是"一览无余"为主导风格。

在早期白话诗中,俞诗之所以显得精练、幽深,"有'不可把捉的风韵'",与其讲求音律有关。而照朱自清的说法："平伯这种音律底艺术,大概从旧诗和词曲中得来。……我们现在要建设新诗底音律,固然应该参考外国诗歌,却更不能丢了旧诗,词,曲。"[4] 闻一多大致认同朱自清的见解,在《〈冬夜〉评论》中,虽对俞诗"幻想之空疏庸俗"等有所批评,但也承认"凝炼,绵密,婉细是他的音节特色","关于这点,当代诸作家,没有能同俞君比的。这也是俞君对新诗的一个

---

[1] 参见俞平伯的《〈草儿〉序》和《致汪君原放书(代序)》(《冬夜》,上海：亚东图书馆,1923 年 5 月再版本)。

[2] 俞平伯：《致汪君原放书(代序)》。

[3] 俞平伯：《〈草儿〉序》,《草儿》,上海：亚东图书馆,1923 年 3 月。

[4] 朱自清：《〈冬夜〉序》,《冬夜》。

贡献"。并且断言："这种艺术本是从旧诗和词曲里蜕化出来的。"[1] 问题正在这里，俞诗中古典诗词的印记格外醒目，而这在正热心提倡白话诗写作的胡适看来，无疑是一大缺陷。

其实，俞平伯本人并非没有意识到这点。在《做诗的一点经验》中，俞氏庆幸自己欣逢诗歌变革的关头，"使我能离开一切拘牵，赤裸显出诗中的自我"，可又坦承"其中或还不免有旧诗词底作风。这是流露于不自觉的，我承认我自己底无力"。[2] 而在《社会上对于新诗的各种心理观》中，俞氏提出关于新诗写作的四条具体见解，最关键的是"限制文言的使用"，即竭力与旧诗划清界限。擅长旧体诗词的俞平伯，"时时感用现今白话做诗的苦痛"，故慨叹："说白话诗容易做的，都是没有尝试过的外行话。依我的经验，白话诗的难处，正在他的自由上面。"[3]

应该说，俞平伯早年关于白话诗的见解，大体不出胡适论述的范围，只是以自家创作经验来予以证实。尽管从一开始胡、俞二君的诗文趣味就不太一致，但在体味白话诗写作的艰难与利弊得失方面，师生二人颇多共同语言。比如，俞平伯撰《白话诗的三大条件》，称诗乃"发抒美感的文章"，"用白话做诗，发挥人生的美，虽用不着雕琢，终

---

[1] 闻一多：《〈冬夜〉评论》，见《俞平伯研究资料》（天津：天津人民出版社，1986 年）213—249 页。闻一多还将胡适与俞平伯关于新诗音节的见解相对比，批评胡适自序再版《尝试集》时自鸣得意的纯粹的"自由诗"音节，称"所谓'自然音节'最多不过是散文的音节。散文的音节当然没有诗的音节那样完美。俞君能熔铸词曲的音节于其诗中，这是一件极合艺术原则的事，也是一件极自然的事，用的是中国的文字，作的是诗，并且存心要作好诗，声调铿锵的诗，怎能不收那样的成效呢？我们若根本地不承认带词曲气味的音节为美，我们只有两条路可走，甘心作坏诗——没有音节的诗，或用别国的文字作诗。"

[2] 俞平伯：《做诗的一点经验》，《新青年》8 卷 4 期，1920 年 12 月。

[3] 俞平伯：《社会上对于新诗的各种心理观》，《新潮》2 卷 1 期，1919 年 10 月。

与开口直说不同"[1]。此文刊于《新青年》6卷3号时，胡适加一按语，对俞所举三条建议极表赞成，尤其欣赏"雕琢是陈腐的，修饰是新鲜的"提法。

正因为师生之间颇为相知，胡适的批评带有自省的成分。白话诗是否需要如此"艰深难懂"，趣味不同，只好各说各的。至于新诗需要具体性，而不应该沉湎于哲理的陈述，其实也是胡适本人所面对的难题。俞诗"很有意味"，而且"长于描写"，只是喜欢说理这一点，让胡适无法接受：

> 平伯最长于描写，但他偏喜欢说理；他本可以作好诗，只因为他想兼作哲学家，所以越说越不明白，反叫他的好诗被他的哲理埋没了。

紧接下来，胡适马上补充一句："这不是讥讽平伯，这是我细心读平伯的诗得来的教训。"[2] 在我看来，这不完全是客套话。在《谈新诗》中"戏台里喝采"，介绍作诗该如何"抽象的题目用具体的写法"[3]，以及针对鲁迅建议删去《礼!》一诗的辩解——"他虽是发议论而不陷于抽象说理"[4]，都显示了抵抗抽象说理对于白话新诗严重的危害性。五四"新青年"之喜欢说理，与其单独归功于泰戈尔哲理诗的影响，还不如承认大转折时代追问人生意义以及重建价值观念的迫切性。

应邀为老师删诗的俞平伯，只留下一增删篇目，而未见具体阐

---

[1] 俞平伯：《白话诗的三大条件》，《新青年》6卷3期，1919年3月。

[2] 《评新诗集·俞平伯的〈冬夜〉》，《胡适文存二集》卷四288页。

[3] 胡适：《谈新诗》，《胡适文存》卷一254页，上海：亚东图书馆，1921年。

[4] 参见拙文《鲁迅为胡适删诗信件的发现》，《鲁迅研究月刊》2000年10期。

释。不过，仔细寻觅，还是能发现若干蛛丝马迹。建议删去《江上》，这与鲁迅的意见相同；保留《鸽子》的主张，则又与周作人的看法暗合。前者之不被接纳，出于主人的个人偏好："我因为当时的印象太深了，舍不得删去。"[1] 至于《鸽子》，原已被作者用红笔圈掉，纯粹是因周、俞的大力保荐，才得以存留。此前两年撰《谈新诗》，胡适曾做自我检讨："我自己的新诗，词调很多，这是不用讳饰的"，举的例子就包括这首《鸽子》。[2] 而周、俞二君明知故犯，不因《鸽子》"带着词调"而嫌弃，其对于新诗的预想目标，显然与胡适颇有距离。这涉及新诗与旧诗的界限，以及白话诗中能否采用文言、借鉴词曲，真正将此话题挑开的，并非作为学生的俞平伯，而是更具理论自觉的周作人。

四　二周的眼光

任、陈夫妇乃留美及归国后多有交往的老友，俞、康为北大任教时的学生，至于周氏兄弟，则是新文化运动中的同道与相知——如此不同视角交叉使用，可见胡适的请人删诗，计划是相当周详的。虽是六人三组，着眼点不同，各有其功用；但相对而言，胡适最看重的，无疑是周氏兄弟的意见。而实际上周氏兄弟也不负所托，提供的建议最为详尽，且十分得体。

不妨先看看此次新发现的周氏兄弟致胡适的信，再做进一步的分析。1921 年 1 月 15 日鲁迅致胡适信全文如下：

---

[1]　胡适：《〈尝试集〉四版自序》。

[2]　胡适：《谈新诗》，《胡适文存》卷一 236 页。

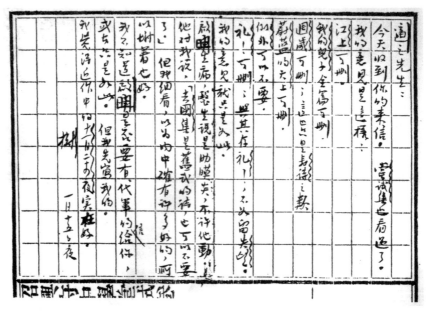

图12　鲁迅致胡适信手迹

适之先生：

今天收到你的来信。《尝试集》也看过了。

我的意见是这样：

《江上》可删。

《我的儿子》全篇可删。

《周岁》可删；这也只是《寿诗》之类。

《蔚蓝的天上》可删。

《例外》可以不要。

《礼！》可删；与其存《礼！》，不如存《失望》。

我的意见就只是如此。

启明生病，医生说是肋膜炎，不许他动。他对我说，"《去国集》是旧式的诗，也可以不要了。"但我细看，以为内中确有许多好的，所以附着也好。

　　我不知道启明是否要有代笔的信给你，或者只是如此。但我先写我的。

　　我觉得近作中的《十一月二十四夜》实在好。

树　一月十五日夜

三天后（即 1921 年 1 月 18 日），病中的周作人还是请人代笔，给胡适去信，表明其对于"删诗"一事的重视。信件全文如下：

适之兄：

　　你的信和诗稿都已收到了；但因生病，不能细看，所以也无甚意见可说。我当初以为这册诗集既纯是白话诗，《去国集》似可不必附在一起；然而豫才的意思，则以为《去国集》也很可留存，可不必删去。

　　集中《鸽子》与《蔚蓝的天上》等叙景的各一篇，我以为都可留存；只有说理，似乎与诗不大相宜，所以如《我的儿子》等删去了也好。

　　关于形式上，我也有一点意见，我想这回印起来可以考究一点，本文可以用五号字排；又书页可以用统的，不必一页隔为上下两半。书形也不必定用长方形，即方的或横方的也都无不可。

　　你近作的诗很好，我最喜欢最近所作的两首。

一月十八日　周作人

在具体论说前，请注意周作人关于书籍"形式"的建议。开本改方或横，或许是不够庄重，或许是制作困难，反正没被采纳；但书页用统的，不必隔为上下两半，这点实现了。病中的周作人，为何特别提醒

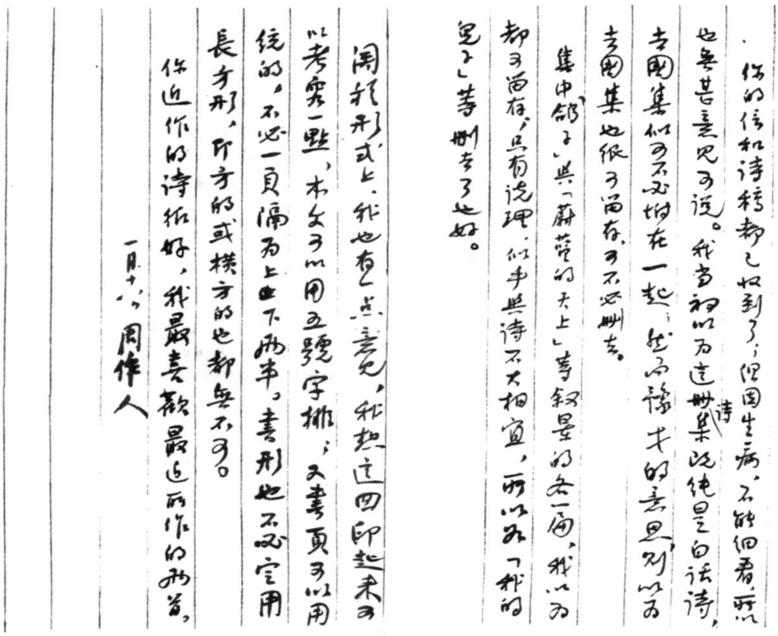

图 13　周作人致胡适信

"这回印起来可以考究一点"，是否意识到这将是"定本"，甚至可能是传世的"经典"？事后证明，周作人确实有先见之明：一直到 1940 年印行第十六版，1982 年上海书店刊行影印本，以至今日学界普遍引用的，都是此经由众时贤参与删定的"增订四版"。

胡适对周氏兄弟的意见，可说是"分外重视"。查《胡适来往书信选》，1921 年 2 月 14 日，胡适曾致信周作人，转达燕京大学的邀请，后有一"附启"：

　　你们两位对于我的诗的选择去取，我都极赞成。只有《礼！》一首，我觉得他虽是发议论而不陷于抽象说理，且言语也还干净，似尚有可存的价值。其余的我都依了你们的去取。[1]

其实，胡适不曾接纳鲁迅意见的，不只是《礼!》，还有一首《江上》。在《〈尝试集〉四版自序》中，有如下的说明：

> 他们删过之后，我自己又仔细看了好几遍，又删去了几首，同时却也保留了一两首他们主张删去的。例如《江上》，"鲁迅"与平伯都主张删，我因为当时的印象太深了，舍不得删去。又如《礼!》一首（初版再版皆无），"鲁迅"主张删去，我因为这诗虽是发议论，却不是抽象的发议论，所以把他保留了。[2]

诗人当然有理由坚持自己的独立判断，周氏兄弟等人的意见也只"仅供参考"。必须在书信及序言中再三解释为何没有接纳鲁迅的意见，本身就说明后者在诗人心目中的分量非同一般。

五四时期的周氏兄弟与胡适，乃互相支持的"同道"，但很难说是心心相印的"密友"。知识背景不同（二三十年代的中国学界，留学欧美的与留学日本的学者之间，不无隔阂），个人气质迥异（周氏兄弟偏于怀疑，而胡适则是无可救药的乐观主义者），再加上年龄的差异（1921 年的胡适，刚届而立，已是名满天下；相对而言，40 岁的鲁迅与 36 岁的周作人，反不及前者"风光"），胡与二周不可能"亲密无间"。这还不涉及《新青年》该往何处去，哪一种"主义"更适合于当下的中国等大大小小的争论。

胡适与二周的关系前后有别，对于这一点，学界的看法基本一

---

[1]　《胡适致周作人》，《胡适来往书信选》上册 124 页。

[2]　胡适：《〈尝试集〉四版自序》。

致。问题是，在描述前期的"合作"与后期的"矛盾"时，论者往往基于自身言说的需要而夸大其词。五四新文化运动时期，二周与胡适确有许多精彩的合作，比如《新青年》的编纂、北大课程的改革、新文学的提倡、小说史的研究，乃至白话诗的尝试等。在好交朋友且待人宽厚、性情平和的适之先生心目中，周氏兄弟当然是他"志同道合"的好朋友。而周氏兄弟则未必这么看待：书札往来，彬彬有礼，加上专业上的互相支持，这还不是真正意义上的"知交"。

　　1929年8月30日，周作人给远在上海的胡适去信，劝其不要留恋那里的"便利与繁华"，也不必"说闲话惹祸祟"，还是回萧条的北平"教书做书"，以便"在冷静寂寞中产生出丰富的工作"。周自称写这信时，不是没有顾虑："我自己觉得有点踌躇，这未免有交浅言深之嫌吧?"[1]胡适接获此信，大为感动；只是对最后一句，颇表惊诧：

> 你信上提起"交浅言深"的话，使我有点感触。生平对于君家昆弟，只有最诚意的敬爱，种种疏隔和人事变迁，此意始终不减分毫。相去虽远，相期至深。此次来书情意殷厚，果符平日的愿望，欢喜之至，至于悲酸。此是真情，想能见信。[2]

并非近期"种种疏隔和人事变迁"才导致二周和胡适的"交浅"，这点，是少年得志、朋友遍天下的适之先生所难以领悟的。胡信中所表达的对于周氏兄弟"最诚意的敬爱"，我相信是真的；可反过来，不能要求二周也如此"相去虽远，相期至深"。这涉及各自为人处世的原则，不必强分轩轾。

---

[1]　《周作人致胡适》，《胡适来往书信选》上册 539 页。

[2]　《胡适致周作人》，《胡适来往书信选》上册 542 页。

进入 1930 年代，鲁迅、胡适的政治立场日渐对立，以致前者在杂文中对后者颇多讥讽。可即便如此，据胡思杜告诉罗尔纲，1932 年 11 月鲁迅因母病重返北平时，还专门"到胡适家探访，在将进书房时边笑边说：'卷土重来了！'"[1] 此事鲁迅日记中没有记载，也与鲁迅学界的叙述大相径庭[2]，但以胡思杜对鲁迅的崇拜以及罗尔纲治学之严谨，不太可能伪造此史料。而鲁迅去世后，苏雪林给备受鲁迅讥讽的胡博士去信，表白自己"向鲁党挑战"的决心，希望胡适支持其发起对于"廿五史儒林传所无之奸恶小人"鲁迅的总攻击[3]，胡适却在回信中表彰鲁迅的功绩：

> 凡论一人，总须持平。爱而知其恶，恶而知其美，方是持平。鲁迅自有他的长处。如他的早年文学作品，如他的小说史研究，皆是上等工作。通伯先生当日误信一个小人张凤举之言，说鲁迅之小说史是抄袭盐谷温的，就使鲁迅终身不忘此仇恨！现今盐谷温的文学史已由孙俍工译出了，其书是未见我和鲁迅之小说研究以前的作品，其考据部分浅陋可笑。说鲁迅抄盐谷温，真是万分的冤枉。盐谷一案，我们应该为鲁迅洗刷明白。最好是由通伯先生写一篇短文，此是"gentlemen 的臭架子"，值得摆的。如

---

[1]　参见罗尔纲《师门五年记·胡适琐记》（增补本）144 页，北京：三联书店，1998 年。

[2]　鲁迅博物馆和鲁迅研究室合编的《鲁迅年谱》增订本（北京：人民文学出版社，2000 年）第三册是这样叙述鲁迅的北上的："左翼文化人士和青年学生大受鼓舞，而反动派则如临大敌，买办文人借机攻击鲁迅'卷土重来了'。"（351 页）"在同来访者谈话中，鲁迅幽默地说：'我这次一来，便有很多的人放冷箭，说我是来抢他们的饭碗，说我是卷土重来。何苦叫这些人不放心，倒不如赶快卷土重去。'这是对胡适等人的顺便一刺。"（355 页）

[3]　参见苏雪林致胡适、致蔡元培信，载《胡适来往书信选》中册 325—334 页。

此立论，然后能使敌党俯首心服。[1]

鲁迅的"深刻"与胡适的"宽容"，二者其实均有不可及处[2]。放开一点历史视野，未见得不能同时欣赏。当初之立场不同且性格迥异，尚且不一定是"你死我活"；后世论者在褒贬抑扬时，更应该多点"理解之同情"。

1930年代同在北大任教的周作人与胡适，倒是相处得不错。最明显的例证是，1934年初，针对周作人发表引起很大争议的《五十自寿诗》，胡适连续写了《戏和周启明打油诗》《再和苦茶先生打油诗》《苦茶先生又寄打油诗来，再叠答之》，第二年底、第三年初又有《和周启明贺年诗》《和周启明"二十五年贺年"打油诗》。而1938年在伦敦写的《寄给在北平的一个朋友》（又名《寄苦雨庵》），更因其寄托遥深而被广泛征引。周作人晚年撰写回忆录，由于时局的关系，不愿多提与胡适的交谊，但对当初远在英国的适之先生专门写诗劝"苦雨庵中吃茶的老僧"南下，以及自家之"多谢藏晖居士的问讯"[3]，还是很肯花笔墨的。而胡适晚年着意收集周作人的著述，遥想五四时之并肩作战，感慨今日老友之落寞[4]，人所共有的怀旧心理外，也可见适之先生性情之醇厚。

回到删诗事件。胡适之所以格外看重周氏兄弟的意见，因其认定

---

[1] 《胡适来往书信选》中册339页。

[2] 千家驹：《海纳百川，有容乃大》〔见罗尔纲《师门五年记·胡适琐记》（增补本）的附录〕中有这么一句话："在当代学人中，我最佩服的两位——一位是鲁迅，一位是胡适。他们两人性格刚好相反，鲁迅的褊狭，胡适的豁达，适成鲜明的对照。"这里所说的鲁迅性格"褊狭"，并不是讥讽之语，因是指向"观察问题之深刻"与"文笔之犀利"。

[3] 参见《周作人回忆录》471—473页。

[4] 《胡适致杨联陞》，《论学谈诗二十年》289页，台北：联经出版公司，1998年。

二周的文学才华在自己之上。在五四时期影响极大的理论表述《谈新诗》中，胡适称道周作人的《小河》："这首诗是新诗中的第一首杰作，但是那样细密的观察，那样曲折的理想，决不是那旧式的诗体词调所能达得出的。"[1] 而讨论过新诗写作的诸多困难，表白自己以及众新秀如何未能写出真正的新诗，接下来就是：

> 我所知道的"新诗人"，除了会稽周氏兄弟之外，大都是从旧式诗、词、曲里脱胎出来的。[2]

特别表彰周氏兄弟的新诗，强调其不受旧诗词的牵制，不能说胡适没有眼光。鲁迅1918年在《新青年》上发表的《梦》《爱之神》《桃花》《他们的花园》《人与时》等新诗，拒绝直白的说理，追求意境的幽深，其象征手法的娴熟，以及驾驭白话的能力，确非同期半词半曲的"放大的小脚"可比。如果再考虑1919年陆续发表总题为《自言自语》的散文诗，称道鲁迅的"诗才"，不是没道理的。至于将《小河》断为早期新诗的代表作，胡适的这一观点，现已被许多文学史家所接受。

但周氏兄弟之尝试新诗写作，基本上只是"客串"，所谓"打打边鼓，凑些热闹"[3]，日后主要文学成就在小说与散文。即便吟诗，周氏兄弟更擅长的还是旧体。鲁迅旧诗写得好早有定评，周作人的"儿童杂事诗"，其实也颇可观。自称对于新诗"提倡有心，创造无力"的

---

[1] 胡适：《谈新诗》，《胡适文存》卷一228页，上海：亚东图书馆，1921年。

[2] 同上书，235页。

[3] 鲁迅在《〈集外集〉序言》中称："只因为那时诗坛寂寞，所以打打边鼓，凑些热闹；待到称为诗人的一出现，就洗手不作了。"（《鲁迅全集》第7卷4页）1926年周作人撰《〈扬鞭集〉序》，也有类似的说法："我对于中国新诗曾摇旗呐喊过，不过自己一无成就，近年早已歇业，不再动笔了。"

胡适，显然是在与周氏兄弟的接触中，意识到自己的局限。1922 年 3 月 4 日的日记中，胡适记下鲁迅的期待以及自己的反省："豫才深感现在创作文学的人太少，劝我多作文学。我没有文学的野心，只有偶然的文学冲动。"[1] 六天后，《〈尝试集〉四版自序》脱稿，其中多处提及鲁迅的判断。将近半年后，胡适又在日记中写下这么一段对于周氏兄弟文学才华的由衷赞赏：

> 周氏兄弟最可爱，他们的天才都很高。豫才兼有赏鉴力与创作力，而启明的赏鉴力虽佳，创作较少。[2]

事后证明，胡适的直觉相当准确，这段话几乎可以不做修改就"进入文学史"。

胡适对于二周删诗的建议，无论接纳与否，都经由一番认真的思考。比如，《礼！》以叙事的口吻，对世俗之以礼责人大加嘲讽，所谓"你们串的是什么丑戏，／也配抬出'礼'字的大帽子！／你们也不想想，／究竟死的是谁的老子"，在胡适，肯定是有感而发。可鲁迅出于对诗歌特性的理解，不主张将此诗收入。对此，胡适不以为然，在《四版自序》中略做辩解。而为祝贺《晨报》一周年而作的《周岁》，虽是"白话"，却很难说是"诗"。[3] 更重要的是，鲁迅对刚诞生的白话诗有可能成为新的应酬工具，保持高度的警惕，故特别点出此乃源远流长的"寿

---

[1]　《胡适的日记》上册 276 页。

[2]　《胡适的日记》下册 424 页。

[3]　《周岁》共三节，请看最后一节："我再贺你一杯酒，／祝你奋斗到底；／你要不能战胜病魔，／病魔会战胜了你！"

诗"传统 [1]。听从鲁迅的意见，胡适最终还是"忍痛割爱"。之所以这么说，是因为此前两年，在《〈尝试集〉再版自序》中，胡适怕被误读，"因此，我老着面孔，自己指出那几首诗是旧诗的变相，那几首诗是词曲的变相，那几首是纯粹的白话新诗" [2]。他所郑重推荐的十四首"真正白话的新诗"，在增订四版中，除《周岁》外，全都赫然在目。这自然是鲁迅的意见起了作用。

周氏兄弟的删改，固然让胡适感动；而周氏兄弟的表彰，肯定更让胡适欢欣。鲁迅肯说出"我觉得近作中的《十一月二十四夜》实在好"这样的话，实在不容易。更何况周作人的信中也有类似的表述："你近作的诗很好，我最喜欢最近所作的两首。"1921 年 1 月 1 日出版的《新青年》8 卷 5 号，刊有胡适写于 1920 年 10 月 10 日的《梦与诗》和写于 1920 年 11 月 25 日的《礼！》和《十一月二十四夜》。所谓"最近所作的两首"，当系《礼！》和《十一月二十四夜》无疑。这么说来，胡适之所以坚持保存《礼！》，或许还基于周氏兄弟意见并不一致的缘故。

比起具体篇目的增删，更重要的是对于"新诗"定义的重新调整。《尝试集》自初版起，便附有旧体诗词《去国集》。至于白话诗集中为何夹杂旧体诗词，胡适在《〈去国集〉自序》中有所交代：

> 胡适既已自誓将致力于其所谓"活文学"者，乃删定其六年以来所为文言之诗词，写而存之，遂成此集。名之曰"去国"，断自庚戌也。昔者谭嗣同自名其诗文集曰"三十以前旧学第几种"。

---

[1] 吟过《周岁》的第二年，胡适真的为陈仲骧父亲七十大寿撰一《寿诗》，只是没入集而已（见耿云志主编《胡适遗稿及秘藏书信》第 11 册，合肥：黄山书社，1994 年）。假如不是鲁迅的提醒，以胡适喜交游的性格，真不知日后诗集中该有多少此类纯粹应酬之作。

[2] 胡适：《〈尝试集〉再版自序》。

今余此集，亦可谓之六年以来所作"死文学"之一种耳。

集中诗词，一以年月编纂，欲稍存文字进退及思想变迁之迹焉尔。[1]

依此序所言，之所以保存《去国集》，纯粹是为了记录当初学步的蹒跚足迹，同时以"死文学"来反衬"活文学"的无穷魅力。为了第一部"白话诗集"体例的统一，周作人一开始建议删除《去国集》；后又转而接受兄长的意见，"以为《去国集》也很可留存"。

为什么《去国集》可以留存？周作人并没做进一步的说明。读了鲁迅的意见，你会明白，同样主张保留《去国集》，周氏兄弟与胡适的思路，真是相差十万八千里。简单说，胡适关注的是"白话"，周氏兄弟看重的是"诗"，故鲁迅才会对被判为"死文学"的《去国集》另眼相看："但我细看，以为内中确有许多好的，所以附着也好。"不以"文白"定"死生"，二周的文学趣味，显然与胡适之一味强调白话诗该如何脱离词曲的羁绊大有差别。

回过头来，再仔细品味那首已经被胡适本人删去、可又被周作人和俞平伯抢救回来的《鸽子》：

> 云淡天高，好一片晚秋天气！
> 有一群鸽子，在天空中游戏。
> 看他们三三两两，
> 　　回环来往，
> 　　夷犹如意，——
> 忽地里，翻身映日，白羽衬青天，十分艳丽！

---

[1] 　《〈去国集〉自序》，《尝试集》125页，上海：亚东图书馆，1922年10月增订四版。

确实像胡适原先自暴短处时所说的，此诗明显受词调的影响。问题在于，旧诗修养颇深的周、俞二君，不是不明白这一点，可还是不理会胡适的解释，建议重新收录。或许，在周作人看来，诗歌只问好坏，而不必强分新旧。

这么说，不是毫无根据的猜测。两年后，即 1923 年 4 月，周作人为刘大白新诗集《旧梦》作序，专门针对时人之过于强调如何"摆脱旧诗词的情趣"，表示不同意见：

> 虽然他自己说诗里仍多传统的气味，我却觉得并不这样。据我看来，至少在《旧梦》部分内，他竭力的摆脱旧诗词的情趣，倘若容我的异说，还似乎摆脱太多，使诗味未免清淡一点——虽然这或者由于哲理入诗的缘故。现在的新诗人往往喜学做旧体，表示多能，可谓好奇之过，大白先生富有旧诗词的蕴蓄，却不尽量的利用，也是可惜。我不很喜欢乐府调词曲调的新诗，但是那些圆熟的字句在新诗正是必要，只须适当的运用就好。因为诗并不专重意义，而白话也终是汉语。[1]

从综论性质的《谈新诗》，到自我定位的《尝试集》各版自序，再到谈论康、俞的《评新诗集》，胡适论述白话诗之演进，基本上就是一个标准，即如何摆脱旧诗以及词曲的束缚。不要说五言七言的整齐句法不能用，"想用双声叠韵的法子来帮助音节的谐婉"，也是不可取的。"真正白话的新诗"，其音节应是"近于自然"。意识到自家"旧文学的习惯太深，故不容易打破旧诗词的圈套"[2]，胡适于是更多强调与词曲

---

[1]　周作人：《〈旧梦〉序》，《旧梦》，上海：商务印书馆，1923 年。

[2]　胡适：《〈尝试集〉再版自序》。

传统之决裂，这自然有其合理性。可作为理论表述与运动纲领，不讲个人才性，也不利用丰富的传统资源，而只是一味逃避旧诗词那几乎无所不在的影响，其实是有欠缺的。

又过了三年，周作人为刘半农的《扬鞭集》作序，提及《新青年》时期的白话诗人，是这样评说的："那时做新诗的人实在不少，但据我看来，容我不客气地说，只有两个人具有诗人的天分，一个是尹默，一个就是半农。"前者驾驭得住文言，后者则尤擅口语，各自发挥所长，故皆有所得。[1] 在这里，周作人偏偏不提白话诗的倡导者胡适，大概是觉得适之先生缺乏"诗人的天分"。下面这两段话，更是有感而发：

> 新诗的手法我不很佩服白描，也不喜欢唠叨的叙事，不必说唠叨的说理，我只认抒情是诗的本分，而写法则觉得所谓"兴"最有意思，用新名词来讲或可以说是象征。……中国的文学革命是古典主义（不是拟古主义）的影响，一切作品都象是一个玻璃球，晶莹透彻得太厉害了，没有一点儿朦胧，因此也似乎缺少了一种余香与回味。正当的道路恐怕还是浪漫主义——凡诗差不多无不是浪漫主义的，而象征实在是其精意。[2]

相信"新诗总是要发达下去的"的周作人，欣赏新诗因模仿而获得的"自由与豪华"，但强调"自由之中自有节制，豪华之中实含清涩，把中国文学固有的特质因了外来影响而益美化，不可只披上一件呢外套就了

---

[1]　这一表述风格，很像章太炎《与人论文书》中的"并世所见，王闿运能尽雅，其次吴汝纶以下，有桐城马其昶为能尽俗。"（见《章太炎全集》第 4 卷 168 页，上海：上海人民出版社，1985 年）

[2]　周作人：《〈扬鞭集〉序》，《扬鞭集》，北京：北新书局，1926 年。

事"。这里将新诗之缺乏"余香与回味",归结为语言表述上的"唠叨",而骨子里则是没有节制的"自由"。

1926年的诗坛,早已不是胡适们的天下。远比俞平伯"艰深难解"的新诗正迅速崛起,诗坛上也不再只是传统与欧化之争;而且,"象征"之取代"白描",已成了实实在在的大趋势。周作人之批评新诗"晶莹透彻得太厉害了",主要针对的不是闻一多、徐志摩为代表的新月派所标榜的"理性节制情感"原则以及"新诗格律化"追求,不是王独清之突出"感觉"与穆木天之主张"纯诗",更不是正逐渐浮出海面的象征派诗人李金发、戴望舒。这与其说是在展望新诗的未来,不如说是为包括自己在内的五四一代新诗人撰写"墓志铭"。而这中间,最值得深刻反省的,当是曾领尽风骚的适之先生。

五 胡适的自我调整

如果说周氏兄弟可以先讲"诗",而后才是"白话";作为白话诗最早的积极倡导者(这比"新诗老祖宗"之类文学性表述更为恰当),胡适则只能先讲"白话",而后才是"诗"。这可是时势逼出来的,由不得个人做主——谁让胡适必须时刻扛着"文学革命"的大旗。所谓"文章革命何疑!且准备搴旗作健儿",开始只是表示一种义无反顾的决心与志气;可一旦文学革命已成燎原之势,作为最早的提倡者,胡适因而暴得大名,很难再有修正自家主张的机会。

就个人气质而言,胡适更像个温文尔雅的学者,而不是刚毅果断的革命家。在1930年代撰写《四十自述》以及1950年代口述自传时,胡适都曾提及陈独秀和钱玄同的鼎力支持乃文学革命成功的基本保证。单是书斋里的"刍议",再精彩也不可能有多大的影响力;正是由于"三大主义""十八妖魔""桐城谬种，选学妖孽"等充满火药味的口号，以及"必不容反对者有讨论之余地"的武断，方才激起轩然大波，也因此推动文学革命迅速展开。[1] 有陈、钱这样"坚强的革命家做宣传者，做推行者"，当然是胡适的幸运。考虑到群众的麻木以及对抗中必不可少的损耗，革命家往往语不惊人死不休，故意将问题推到极端，既便于警醒公众，又保留折中回旋的余地。在《无声的中国》中，鲁迅曾论及这种革命家的思维方式：

> 中国人的性情是总喜欢调和，折中的。譬如你说，这屋子太暗，须在这里开一个窗，大家一定不允许的。但如果你主张拆掉屋顶，他们就会来调和，愿意开窗了。没有更激烈的主张，他们总连平和的改革也不肯行。那时白话文之得以通行，就因为有废掉中国字而用罗马字母的议论的缘故。[2]

这废掉汉字的"极端言论"，正是出于思想"偏激"、"所主张常涉两极端"、说话"必说到十二分"的钱玄同先生 [3]。作为一种运动策略，极端思维自有其好处。但另一方面，过于讲求"策略性"，追求最大限度的"现场效果"，未免相对忽视了理论的自恰与完整。假如革命不成功，这种"决绝的姿态"，具有很高的审美价值；但万一革命成功，如何真正履行当初的诺言，将是一件十分困难的事。聪明者随着运动的

---

[1]   参见胡适《逼上梁山》和《胡适口述自传》第七章。

[2]   《无声的中国》，《鲁迅全集》第 4 卷 13—14 页。

[3]   周作人《钱玄同的复古与反复古》(《文史资料选辑》第 94 辑，北京：文史资料出版社，1984 年)
提及"玄同所主张常涉两极端"，而且这种思想"偏激"，"是他自己所承认的"。据黎锦熙先生
在《钱玄同先生传》(载曹述敬《钱玄同年谱》147—202 页，济南：齐鲁书社，1986 年)中追忆，
"从前鲁迅批评他：十分话最多只须说到八分，而玄同则必须说到十二分。"(见曹书 173 页)

深入而移步变形，逐渐修正姿态，转换角色，尚能在新一轮建设中发挥作用；至于立场坚定者，死守当初带有策略性的宣言，不肯做必要的妥协与调整，虽能博得"首尾一致"的赞赏，却很难再有进一步突破的可能。

胡适以文言白话断文学之死活，作为文学革命口号，简单明了，十分有效。可如此粗陋且武断的理论设计，本身存在许多问题，胡适不是不知道，也做过几番自我修正的努力，比如不断扩大"白话"的含义等[1]，但始终不敢模糊"斗争的大方向"。听适之先生谈论白话诗文，你会感慨其几十年没有大的变化，基本上保持少年时代的理想，这点颇令人惊讶。可仔细分辨，你还是可以发现，适之先生偶尔也会出现动摇，只不过由于更具革命家气质的钱玄同从旁提醒，于是继续前行。

针对胡适新作显示出的某种倒退的迹象，钱玄同 1917 年 10 月 31 日去信，语重心长地强调："现在我们着手改革的初期，应该尽量用白话去作，才是。倘使稍怀顾忌，对于'文'的一部分不能完全舍去，那么，便不免存留旧污，于进行方面，很有阻碍。"胡适得信，幡然悔悟，于是在 11 月 20 日作复，表白自己的惶惑与苦恼：

> 先生论吾所作白话诗，以为"未能脱尽文言窠臼"。此等诤言，最不易得。吾于去年（五年）夏秋初作白话诗之时，实力屏文言，不杂一字。如《朋友》，《他》，《尝试篇》之类皆是。其后忽变易宗旨，以为文言中有许多字尽可输入白话诗中。故今年所作诗词，往往不避文言。……但是先生十月三十一日来书所言，

[1] 参见 1917 年 11 月 20 日的《答钱玄同书》（见《胡适文存》卷一）以及 1928 年 6 月的《〈白话文学史〉自序》（见《白话文学史》，上海：新月书店，1928 年）。

也极有道理。……所以我在北京所作的白话诗，都不用文言了。[1]

由"力屏文言"到"不避文言"，再到"都不用文言了"，经过这一番曲折，胡适坚定了纯用白话写作的宗旨。即便如此，在为《尝试集》撰写序言时，钱玄同还是很不客气地批评胡适仍受旧诗词的牵制：

> 不过我对于适之的诗，也有小小不满意的地方：就是其中有几首还是用"词"的句调；有几首诗因为被"五言"的字数所拘，似乎不能和语言恰合；至于所用的文字，有几处似乎还嫌太文。[2]

对于朋友如此严苛的挑剔，胡适心悦诚服，在《尝试集》初版自序中专门提及此事，并做了认真的自我批评，称自己所作新诗半新不旧："这些诗的大缺点就是仍旧用五言七言的句法。句法太整齐了，就不合语言的自然，不能不有截长补短的毛病，不能不时时牺牲白话的字和白话的文法，来牵就五七言的句法。"接下来关于诗体大解放的论述，在新诗创立期影响极大，值得认真对待：

> 因此，我到北京以后所做的诗，认定一个主义：若要做真正的白话诗，若要充分采用白话的字，白话的文法，和白话的自然音节，非做长短不一的白话诗不可。这种主张，可叫做"诗体的大解放"。诗体的大解放就是把从前一切束缚自由的枷锁镣铐，一切打破：有什么话，说什么话；话怎么说，就怎么说。这样方才

---

[1] 《答钱玄同书》，《胡适文存》卷一 54—55 页。

[2] 钱玄同：《〈尝试集〉序》，见初版本《尝试集》。

可有真正白话诗，方才可以表现白话的文学可能性。[1]

话说得何等痛快淋漓，可流弊也就在这里。稍有文学常识的人都知道，散文尚且不可"话怎么说，就怎么说"，更何况历来以语言精粹著称的诗歌。

沉醉于"大解放"的幸福感，再加上本就不太具备"诗人的天性"，胡适于是抓住是否摆脱传统诗词束缚作为新诗的唯一标准。1919年撰《谈新诗》，提及"此外新潮社的几个新诗人——傅斯年、俞平伯、康白情——也都是从词曲里变化出来的，故他们初做的新诗都带着词或曲的意味音节"[2]，显然感觉不无遗憾。到了1922年，胡适为三本新诗集撰写序言或书评，进一步阐述其理想中的新诗。基本思路是"诗体的大解放"，即如何摆脱旧诗词的影响，即便因此而失之于幼稚、直白、浅露，也都无所谓。以此标准衡量，康白情高于俞平伯，而后起的汪静之更是百尺竿头更进一步。理由很简单，"白情受旧诗的影响不多，故中毒也不深"；汪静之等少年诗人更上一层楼，因"他们受的旧诗词的影响更薄弱了，故他们的解放也更彻底"。[3]以是否摆脱"旧诗词的鬼影"作为评价新诗好坏的唯一指标，在后世的诗人及史家看来，或许有点荒谬；可对于更多关注新诗出路的适之先生来说，关键在于"白话"还是"文言"，故"稚气究竟远胜于暮气""太露究竟远胜于晦涩"[4]。

过于执着"诗体的大解放"，再加上笃信"文学进化观念"，使得

---

[1]　胡适：《〈尝试集〉自序》。

[2]　胡适：《谈新诗》，《胡适文存》卷一238页。

[3]　参见《评新诗集》和《〈蕙的风〉序》，《胡适文存二集》卷四269—288、295—308页。

[4]　胡适：《〈蕙的风〉序》，《胡适文存二集》卷四295—308页。

在小说研究方面颇有定见的适之先生，评价新诗时，常把握不住。有艺术判断力的问题，但也与胡适尝试新诗，很大程度不是基于诗神驱使，而是服务于自觉的文学主张有关：

> 我私心以为文言决不足为吾国将来文学之利器。施耐庵、曹雪芹诸人已实地证明小说之利器在于白话。今尚需人实地试验白话是否可为韵文之利器耳。[1]

基于白话必为将来文学之利器这一信仰，胡适"单枪匹马"前去"新辟一文学殖民地"，其再三强调写诗只是"实验"，并非故作谦虚。从这个角度看，只要白话文运动成功，即便《尝试集》因缺乏"诗性"而被遗弃，对于胡适来说，也没有太大的遗憾。正因为入手处是"文"，着眼点是"白话"，"白话诗"只是有待征服的最后一块阵地，很长时间里，胡适的兴奋点集中在如何摆脱"文言"以及"旧诗词"，而不太追问是否具有诗的"意境"——直到1924年《〈胡思永的遗诗〉序》和1936年的《谈谈"胡适之体"的诗》，才将语言表达与意境营造结合起来。而一旦"白话"不是评判新诗好坏的唯一标准，根基深厚的传统诗词之影响必将浮出海面。在这中间，与周氏兄弟以及梁启超的书信往来，对胡适重新反省关于"新诗"的想象，很可能起关键作用。

鲁迅称《去国集》中"确有许多好的"，周作人批评传统根基深厚的刘大白"竭力的摆脱旧诗词的情趣"，这些"异议"，对于一直检讨自家白话诗中残留词调的胡适来说，应该说颇有触动。而与梁启超关于白话诗的争辩，以及借鉴小令写作新诗之可能性的探讨，对于胡适的调整思路，当也不无关系。

---

[1] 《胡适留学日记》第 4 册 996 页，上海：商务印书馆，1947 年。

在白话诗问题上，梁启超与胡适意见不一致，并且有过直接的争论，可惜相关史料大多缺失，故史家语焉不详。[1] 1920 年 10 月 18 日梁启超致信胡适，希望胡评阅《清代学术概论》，并称自己准备撰文讨论《中国哲学史大纲》，另外，还有"超对于白话诗问题，稍有意见，顷正作一文，二三日内可成，亦欲与公上下其议论"[2]。《胡适来往书信选》上册收有一大约写于 1920 年底或 1921 年初的《胡适致陈独秀》，其中也涉及此事：

> 梁任公有一篇大驳白话诗的文章，尚未发表，曾把稿子给我看，我逐条驳了，送还他，告诉他，"这些问题我们这三年都讨论过了。我很不愿意他来旧事重提，势必又引起我们许多无谓的笔墨官司"，他才不发表了。[3]

以梁启超之"为人最和蔼可爱，全无城府，一团孩子气"，见胡适暴得大名，竟"有时稍露一点点争胜之意"[4]，如此性情，不大可能因后辈的反驳而隐匿自己的意见。查《张元济日记》，1920 年 10 月 21 日张氏往访梁启超时，梁"言有论本朝诗学一稿，亦即可交稿"[5]。据夏晓虹考证，梁氏信函与张氏日记所述，应同指一文，即梁启超为选编

[1]　张朋园：《胡适与梁启超——两代知识分子的亲和与排拒》（见李又宁主编、纽约天外出版社 1990 年 12 月印行的《胡适与他的朋友》第 1 集）着重讨论梁、胡政治上的接触、学术上的见解、彼此的友谊三方面，其中涉及关于白话诗的争论，可参考。

[2]　梁启超致胡适信，见丁文江、赵丰田编《梁启超年谱长编》（上海：上海人民出版社，1983 年）922 页。

[3]　《胡适致陈独秀》，《胡适来往书信选》上册 119—120 页。

[4]　参见 1929 年 1 月 20 日胡适参加梁启超大殓归来所写的日记，《胡适的日记》（手稿本）第 8 卷。

[5]　《张元济日记》下册 771 页，北京：商务印书馆，1981 年。

金和与黄遵宪二家诗所写之序。书未编成，序也未定稿，可这则收入《饮冰室合集》的《晚清两大家诗钞题辞》[1]，对于理解这场隐匿在历史深处的争论，还是很有帮助的。

梁启超的基本观点是，"因为诗是一种技术，而且是一种美的技术"，故"格律是可以不讲的，修辞和音节却要十分注意"。自称"并不反对白话诗"的任公先生，在批评守旧的"老先生"不该蔑视文学史上早已"粲然可观"的白话诗的同时，顺带扫了一下完全排斥文言的"偏激之论"：

> 至于有一派新进青年，主张白话为唯一的新文学，极端排斥文言，这种偏激之论，也和那些老先生不相上下。就实质方面论，若真有好意境好资料，用白话也做得出好诗，用文言也做得出好诗。如其不然，文言诚属可厌，白话还加倍可厌。

这种各打五十大板的论调，当然是胡适等新派人士所不愿接纳的。说梁启超因胡适的反驳而不愿发表此文，目前尚无确凿证据；但梁氏此文迟迟未能定稿，起码是知道其立说关系重大，需要从容斟酌。白话缺乏锤炼，表达复杂的情感与思绪有困难，这是五四时期反对废除文言者常持的见解，梁启超不过是将其限制在新诗写作："我觉得极端的'纯白话诗'，事实上算是不可能；若必勉强提倡，恐怕把将来的文学，反趋到笼统浅薄的方向，殊非佳兆。"以上的说法还偏于防守，接下来任公先生开始主动出击了：

> 我也曾读过胡适之的《尝试集》，大端很是不错。但我觉得他

---

[1]　参见夏晓虹《诗骚传统与文学改良》293 页，杭州：浙江文艺出版社，1998 年。

依着词家旧调谱下来的小令，格外好些。为什么呢？因为五代两宋的大词家，大半都懂音乐，他们所创的调，都是拿乐器按拍出来。我们依着他填，只要意境字句都新，自然韵味双美。我们自创新音，何尝不能？可惜我们不懂音乐，只成个"有志未逮"。而纯白话体有最容易犯的一件毛病，就是枝词太多，动辄伤气。试看文言的诗词，"之乎者也"，几乎绝对的不用。为什么呢？就因为他伤气，有碍音节。如今做白话诗的人，满纸"的么了哩"，试问从那里得好音节来？……字句既不修饰，加上许多滥调的语助辞，真成了诗的"新八股腔"了。[1]

批评"满纸'的么了哩'"的新诗，直接指向已经名满天下的"尝试"，如此刻薄的评价，自然不可能为胡适所接受。至于表彰《尝试集》中"依着词家旧调谱下来的小令，格外好些"，估计也不会让胡适高兴。因为，未能完全摆脱词调的影响，这正是他在《尝试集》的三则序言中所再三检讨的。

而在梁启超，如此立说，绝无挖苦讽刺的意味。日后，梁氏甚至受胡适成功"尝试"的引诱，写作起分行加标点的小词来。即所谓"近忽发词兴"，"日来颇为小词消遣"，并相信"此间可辟出新国土也"。[2] 1925年6月22日，梁启超致信胡适，附一小词，且称"即用公写法录一通奉阅，请一评，谓尚要得否？"同月26日，又寄上《好事近》和《西江月》各一首。[3] 大概是胡适回赠两诗，7月3日复信中，梁启超除再次附词三首外，还对胡诗略加点评：

---

[1] 《晚清两大家诗钞题辞》，《饮冰室合集·文集》之四十三，上海：中华书局，1936年。

[2] 参见梁启超致林志钧及梁启勋书，见丁文江、赵丰田编《梁启超年谱长编》1042—1043页。

[3] 参见《梁启超年谱长编》1038—1041页。

两诗妙绝，可算"自由的词"。石湖诗书后那首若能第一句与第三句为韵——第一句仄，第三句平，——则更妙矣。

去年八月那首"月"字和"夜"字用北京话读来算有韵，南边话便不叶了（广东话更远）。念起来总觉不顺嘴。所以拆开都是好句，合诵便觉情味减。这是个人感觉如此，不知对不对？

我虽不敢说无韵的诗绝对不能成立，但终觉其不能移我情。韵固不必拘定什么《佩文斋诗韵》、《词林正韵》等，但取用普通话念去合腔便好。句中插韵固然更好，但句末总须有韵（自然非句句之末，隔三几句不妨）。若句末为语助词，则韵挪上一字（如匪报也，永以为好也）。我总盼望新诗在这种形式下发展。

拙作《沁园春》过拍处试如尊论（犯复），俟有兴，当更改之，但已颇觉不易。又有寄儿曹三词写出呈教（乞赐评）。公勿笑其舔犊否？[1]

强调新诗必须讲究音节，而且最好有韵，这点与章太炎、鲁迅师徒的意见大致相同。[2] 新诗在寻求突破的过程中，"以解放相号召"，唯恐受制于旧诗词曲。可三十年后，朱自清发现，新诗独独接收了"韵脚"这一宗遗产，"足见中国诗还在需要韵，而且可以说中国诗总在需要

---

[1] 丁文江、赵丰田编《梁启超年谱长编》1044—1045 页。其中若干错漏，据台北世界书局 1959 年版《梁任公先生年谱长编》校改。又，1961 年 9 月 20 日胡适与秘书谈话时，特别提到梁启超"他给我的信很多，有封很长的谈词的信"，指的应该就是这一则（见《胡适之先生晚年谈话录》220 页）。

[2] 据曹聚仁《关于章太炎先生的回忆》（见《文思》，北新书局，1937 年），章太炎认为："凡称之为诗，都要有韵，有韵方能传达情感；现在白话诗不用韵，即使也有美感，只应归入散文，不必算诗。"鲁迅则在《致窦隐夫》（《鲁迅全集》第 12 卷 556 页）中称："我以为内容且不说，新诗先要有节调，押大致相近的韵，给大家容易记，又顺口，唱得出来。"

韵"[1]。此说并未为所有诗人及史家所接受，新诗是否需要押韵，始终是个争议很大的问题。至于称入《尝试后集》的《瓶花》和胡适生前未曾入集的《八月四夜》"两诗妙绝"，实在很有眼光。这可是以理智冷静著称的适之先生平生少有的好情诗，后者以周邦彦《关河令》一词的"酒已都醒，如何消夜永？"作结，乃巧妙的文体挪用[2]；前者以范成大《瓶花》作引子，也明白无误地标示其诗学渊源。二诗都是白话，但传统的印记十分清晰，故梁启超一针见血地指认其为"自由的词"。

若是早年，对于如此评价，胡适可能很不高兴。可现在不一样，经由二周以及梁启超的提示，加上自家撰写《白话文学史》和编选《词选》的体会，胡适对于"白话诗"之夹杂"词调"，有了全新的认识。1928年6月的《〈白话文学史〉自序》重提他所理解的白话"有三个意思"[3]，

---

[1] 《新诗杂话·诗韵》，《朱自清全集》第 2 卷 402 页，南京：江苏教育出版社，1988 年。

[2] 初刊《现代评论》2 卷 46 期（1925 年 10 月）的《八月四夜》全诗如下：

我指望一夜的大雨
把天上的星和月都遮了；
我指望今夜喝得烂醉，
把记忆和相思都灭了。

人都静了，
夜已深了，
云也散干净了，——
仍旧是凄清的明月照我归去，——
而我的酒又早已全醒了。

　　酒已都醒，
　　如何消夜永？

[3] 在 1917 年 11 月 20 日的《答钱玄同书》中，胡适为反驳对手的批评，曾大为扩展"白话"的含义。

故"白话文学"应该"包括旧文学中那些明白清楚近于说话的作品"。这样一来，不只《史记》《汉书》里有许多白话，乐府歌辞、佛书译本基本上是白话，"唐人的诗歌——尤其是乐府绝句——也有很多的白话作品"。词呢，尤其是东坡、稼轩的小词，不也符合"说得出，听得懂""不加粉饰""明白晓畅"这白话三大特征吗？当然也该算是"白话文学"了。

作为定本的《白话文学史》只论述到唐代，此前的《国语文学史》，则有专门讨论两宋的"白话词"的第三编第四、第五两章。"这种词用的当日小百姓的言语，写的是当日的感情生活，所以他们是宋代白话文学的代表。"基于这一判断，胡适极为赞赏欧阳修、柳永、李清照、辛弃疾、陆游等人的"白话小词"，称其创作"真是绝妙的文字"，与吴文英那样"古典文学的下下品"不可同日而语。[1]

1927 年，上海商务印书馆出版胡适编选的《词选》[2]，前有一胡适撰写的自序，将词史分成三段："苏东坡以前，是教坊乐工与娼家妓女歌唱的词；东坡到稼轩、后村，是诗人的词；白石以后，直到宋末元初，是词匠的词。"对"诗人的词"，胡适最为欣赏："这些作者都是有天才的诗人；他们不管能歌不能歌，也不管协律不协律；他们只是用词体作新诗。这种'诗人的词'，起于荆公、东坡，至稼轩而大成。"在叙述词的演变历史时，胡适强调的是"词的用处推广了，词的内容变复杂了，词人的个性也更显出了"，故特别喜欢表彰"绝好的小词"[3]。比如谈论辛弃疾，便是："他的小令最多绝妙之作；言情，写

---

[1]　参见《国语文学史》，《胡适文集》（北京：北京大学出版社，1998 年）第 8 卷 92—115 页。

[2]　1958 年台北读者书店重印此书时，改题《白话词选》。改题不见得是胡适本人的主意，但起码胡适的论述，容易给人这种印象。

[3]　《〈词选〉自序》，《胡适文存三集》卷八 997—1005 页。

294　　　　　　　　　　　　　　　　　　　触摸历史与进入五四

景，述怀，达意，无不佳妙。辛词的精彩，辛词的永久价值，都在这里。"[1]胡适本人对于白居易的诗以及辛弃疾的小词早有兴趣，《胡适留学日记》中不乏记载，《四十自述》中也有所交代。只是由于提倡白话诗的需要，胡适方才压抑这一趣味，竭力摆脱"旧诗词"的影响。以"删诗事件"作为标志，胡适开始调整自己的阅读与写作姿态。一方面是白话诗已基本站稳脚跟，不必再刻意回避文言或词调的渗透；另一方面也是因教学需要以及个人兴趣转移，胡适开始选读"旧诗词"。对于如此转折，二周信件到底起多大作用，尚难断言。但写于 1928 年 3 月 9 日的《读〈双辛夷楼词〉致李拔可》，希望对方注意自己的小诗"不知颇有词的意味否"，抄录的正是被梁启超断为"自由的词"的《瓶花》，可见梁氏意见受到尊重。这与前几年的不断检讨无法摆脱词调的影响，真有天渊之别。更重要的是以下这段话：

> 近年因选词之故，手写口诵，受影响不少，故作白话诗，多
> 作词调，但于音节上也有益处，故也不勉强求摆脱。[2]

我想补充的是，促使其作白话诗时"多作词调"的，远不只是"因选词之故"。

1935 年 12 月，文学史家陈子展发表《略论"胡适之体"》，分析胡适新作《飞行小赞》之不同于《尝试集》：

> 老路没有脱去模仿旧诗词的痕迹，真是好像包细过的脚放大
> 的。新路是只接受了旧诗词的影响，或者说从诗词蜕化出来，好

---

[1]　参见胡适编选《词选》中论辛弃疾则，上海：商务印书馆，1927 年。

[2]　《读〈双辛夷楼词〉致李拔可》，《东方杂志》25 卷 6 号，1928 年 3 月。

像蚕子已经变成了蛾。即如《飞行小赞》一诗，它的音节好像辛稼轩的一阕小令，却又不像是有意模仿出来的。[1]

两个月后，胡适撰《谈谈"胡适之体"的诗》作答，公开亮明其借鉴词调写作新诗的经验。而且强调这不是"新路"，而是自己驾轻就熟早已"走惯了的一条'老路'"。对于如何借变换韵脚、松动平仄、调整句式来获得写作的自由，没有比这段自述说得更明白的了：

> 其实《飞行小赞》也是用"好事近"词调写的，不过词的规矩是上下两半同韵，我却换了韵脚。我近年爱用这个调子写小诗，因为这个调子最不整齐，颇近于说话的自然；又因为这个调子很简短，必须要最简练的句子，不许有一点杂凑堆砌，所以是做诗的最好训练。我向来喜欢这个调子，偶然用它的格局做我的小诗组织的架子，平仄也不拘，韵脚也可换可不换，句子长短也有时不拘，所以我觉得自由得很。至少我觉得这比勉强凑成一首十四行的"桑籁体"要自由得多了！[2]

至此，作为新诗人的适之先生，总算完成了艰难的自我调整，直面所谓的"胡适之体"的生机与缺陷，坦然宣布"我近年只做我自己的诗"，而不再力不从心地扮演什么"领路人"的角色。

作为白话诗的提倡者，胡适始终坚守文言／白话这个边界，此乃其安身立命的根基，故矢志不移，这点很好理解。在保卫自己的学术贡献方面，胡适有充分的自觉。从早年的《〈尝试集〉自序》，到晚年

---

[1]　陈子展：《略论"胡适之体"》，1935 年 12 月 6 日《申报·文艺周刊》第 6 期。

[2]　《谈谈"胡适之体"的诗》，《自由评论》12 期，1936 年 2 月。

的《胡适口述自传》，凡提及新诗，胡适总是死死咬住两个关键词："白话"与"实验"。至于早年很计较的摆脱词调的影响，1920 年代中期开始逐渐松动。到了自己出场介绍如何借鉴小令创作新诗时，我们对"胡适之体"的特色以及走向，便都心中有数了。胡适从来不是大诗人，《尝试集》的价值主要在于"尝试"；但除此之外，语言的清通，意境的平实，还有上接中国诗歌史上的元白诗或苏辛小词，仍然自有一番天地，不该被后来者一笔抹杀。[1]

六　经典地位的确立

作为现代文学史上的"经典之作"，横空出世的《尝试集》，一开始辉煌夺目，但很快就遭遇各种严峻的挑战；几经沉浮，历尽沧桑，方才战胜各种巨大的障碍——从艺术趣味到意识形态——最终屹立在世纪末的文学领奖台上（假如"百年百种优秀中国文学图书"也算一种奖的话）。这对于本不具有艺术天赋的适之先生来说，实在是个奇迹。

想当初，即便是好朋友，比如陈西滢，也都对胡适的白话诗不太恭维。在《新文学运动以来的十部著作》中，陈源推举的是《胡适文存》，而不是《尝试集》，理由是：

---

[1]　胡适晚年的诗友周策纵在《论胡适的诗》（见《胡适杂忆》附录）中称胡适欣赏元、白与袁枚，喜欢看小说，"他早期新诗的试作，往往脱不了浅显绝句、歌行、小令、苏、辛所喜用的中调，以至打油诗等的气氛，不为无故也"。"我以为胡适的诗较好的一面是文字流利，清浅而时露智慧。最好的几首往往有逸趣或韵致。……梁启超说他特别喜欢的还是胡的小词，可说很有道理。"

我不举《尝试集》是因为我不信胡先生是天生的诗人，虽然他有些小诗极可爱。我们只要看他说的："文中有三个条件：第一要明白清楚，第二要有力能动人，第三要美"，和"美就是'懂得性'（明白）与'逼人性'（有力）二者加起来自然发生的结果"，就可以知道他的诗不能成家的缘故，同时也可以了解他的说理考据文字的特长了。[1]

被认为不是"天生的诗人"的胡适，竟凭借一部只有若干"极可爱"的"小诗"的《尝试集》，闯入"经典作家"的行列，确实是不可思议。

可细细寻觅，你还是能发现《尝试集》之走向成功，并非纯属偶然。这里包括 1920 年代之经由"删诗"而产生"定本"，1930 年代的经由"辨体"而凝结"风格"，1950 年代至 1970 年代的经由"批判—平反"而形成"经典"。在这中间，作品本身的潜能以及时代思潮的激荡，固然是主要因素；但周氏兄弟的推波助澜，也起了不小的积极作用。

《尝试集》初版时，为其大力鼓吹的，是刚结识不久的好友钱玄同。在《〈尝试集〉序》中，擅长"疑古"的玄同先生，对这第一部个人撰写的新诗集褒奖有加：

　　适之这本《尝试集》第一集里的白话诗，就是用现代的白话达适之自己的思想和情感，不用古语，不抄袭前人诗里说过的话。我以为的确当得起"新文学"这个名词。[2]

---

[1]　陈西滢：《西滢闲话》335 页，上海：新月书店，1931 年 3 版。

[2]　钱玄同：《〈尝试集〉序》。

不愧是目光如炬的史家，专门在"用现代的白话达适之自己的思想和情感"上做文章，钱氏此说，即便到了今日，也还站得住脚。

正因为是"第一部"，《尝试集》的出版，招来不少批评。其中三胡的争论，最为引人注目。先是自称"这二十多年里头，几乎没有一年不在诗里讨生活"的胡怀琛，站出来大批《尝试集》，而且自告奋勇，替胡适改写诗句。在他看来，胡适这一派新诗"根本的缺点"在于：

（一）不能唱。只算白话文，不能算诗。

（二）纤巧。只算词曲，不能算新诗。[1]

如此批评，火气太盛，毫无善意可言，颇有将白话诗一棍子打死的架势。不过一年后上海泰东图书局出版此君所编《〈尝试集〉的批评与讨论》，辑录不少相关论述，与后世的"批判集"还是大有差别。其中收有朱执信的《诗的音节》和《答胡怀琛函》，二文初刊《星期评论》第 51、52 号，着重反驳胡怀琛《读胡适之〈尝试集〉》对新诗音节的批评，强调"一切文章都要使所用字的高下长短，跟着意思的转折来变换"，"音节决不是就这样可以有刻板的规则定出来的"。[2] 朱文反过来嘲笑胡怀琛根本不懂新诗的音节，并且逐一批驳其为《尝试集》所做的修改。

如果说胡怀琛的缺点是"食古不化"，那么，胡先骕的毛病则是"食洋不化"。刊于《学衡》第 1、2 期的《评〈尝试集〉》，洋洋洒洒两万余言，大量引用西儒语录，且夹杂不少英文单词，最后只是想说明""《尝试集》之价值与效用，为负性的""，即让人明白"此路不通"。具体论述

---

[1]　胡怀琛：《胡适之派新诗根本的缺点》，1921 年 1 月 11 日《时事新报·学灯》。

[2]　朱执信：《诗的音节》，《星期评论》第 51 号，1920 年 5 月 23 日。

时，批评胡诗乃"枯燥无味之教训主义""肤浅之征象主义""纤巧之浪漫主义""肉体之印象主义"，所言多大而无当；至于称集中最佳之诗作为《新婚杂诗》《送叔永回四川》，则更让人摸不着头脑。[1] 如此文风，自然招来读者的反唇相讥。式芬刊于《晨报副镌》的《〈评尝试集〉匡谬》，即以其人之道还治其人之身，故意挑出胡文关于外国文学的四点谬误"略加匡正"，进而指责其"不合于'学者之精神'"。[2]

至于胡适本人，对胡怀琛"这种不收学费的改诗先生"只是觉得好笑，并没有认真对待。1920 年 5 月和 9 月的《时事新报·学灯》上，分别刊有胡适致张东荪和胡怀琛的信，对此略加辩驳。称"我很希望大家切实批评我的诗，但我不希望别人替我改诗"[3]，还是比较客气的；下面这段话，可就有点居高临下了：

> 我在我的《尝试集》再版自序(已付印)里，对于先生最初评《尝试集》的几段意见——胡适之上了钱玄同的当，别人又上了胡适之的当——略有几句评论，因为我认那个意思还有讨论的价值，至于先生后来"正谬"的四条，恕不答辩了。[4]

不屑与胡怀琛争论的适之先生，在《〈尝试集〉再版自序》中，只是以"守旧的批评家"轻轻打发，甚至不提论敌的姓名。相对而言，胡适还是比较在意喝过洋墨水的胡先骕的批评的。《〈尝试集〉四版自序》并没有直接回应《评〈尝试集〉》的具体观点，而是避实就虚，以"胡先骕教授居然很大度的请陀司妥夫士忌来陪我同死同朽，这更是过誉

---

[1]　胡先骕：《评〈尝试集〉》，《学衡》第 1、2 期，1922 年 1、2 月。

[2]　式芬：《〈评尝试集〉匡谬》，1922 年 2 月 4 日《晨报副镌》。

[3]　胡适：《致张东荪》，1920 年 5 月 12 日上海《时事新报·学灯》。

[4]　胡适：《答胡怀琛》，1920 年 9 月 12 日上海《时事新报·学灯》。

了，我更不敢当了"作结，虽则俏皮，却未免过于轻巧。或许，两年中销售一万部，而且得到周氏兄弟等"天才都很高"的朋友诸多好评，让胡适有点飘飘然。

虽然胡适颇为谦恭地称自家诗集之所以值得再版，只是"可以使人知道缠脚的人放脚的痛苦"；但广泛征求朋友意见，大规模地增删修订，还是有艺术上的追求。甚至可以说，适之先生其实是踌躇满志，对《尝试集》很有信心，希望其流传久远，这才需要如此精雕细磨。就在撰写《〈尝试集〉四版自序》的前几天，胡适完成了《五十年来中国之文学》，其中述及文学革命时有言：

> 我可以大胆说，文学革命已过了讨论的时期，反对党已破产了。从此以后，完全是新文学的创造时期。[1]

正是基于这一判断，胡适不屑与胡怀琛争论，对胡先骕的批评也没有认真回应。可"白话诗"的"反对党"破产了，不等于《尝试集》可以免受批评。接下来，原本处于同一阵营的新诗人的批评，更使胡适难堪。

1923 年的中国诗坛，出现两则"横扫千军如卷席"的雄文，一是周灵均的《删诗》，将胡适《尝试集》、郭沫若《女神》、康白情《草儿》、俞平伯《冬夜》等八部新诗集分别以"不是诗""未成熟的作品"等罪名大加讨伐。[2] 对批评家之为了一己"快意"，"提起一支屠城的笔，扫荡了文坛上一切野草"的做法，鲁迅甚为不满。[3] 相对来说，成仿

---

[1] 胡适：《五十年来中国之文学》，《胡适文存二集》卷二 211 页。

[2] 周灵均：《删诗》，《文学周刊》17 号，1923 年 12 月。

[3] 《"说不出"》，《鲁迅全集》第 7 卷 39 页。

吾的《诗之防御战》更具理论意义。也是拿《尝试集》《草儿》《冬夜》等开刀，语气也很激烈，可还是讲道理的。此文发在《创造周报》第1号，批评对象减去郭沫若，添上周作人，颇有"党同伐异"的嫌疑。但指出早期新诗"摆脱了词调""洒脱了白话"以后，所选择的"小诗"以及"哲理诗"方向存在很大偏差[1]，还是颇有见地的。

笼统地批评白话诗，不管语气如何刻薄，对胡适来说都无伤大雅。到了1926年，才气横溢的新诗人朱湘登场，形势为之一变。在《评闻君一多的诗》中，朱湘称为避免朋友间互相标榜，"越熟的人越在学问上彼此激励"，为自己立下这么一个批评准则：

> 宁可失之酷，不可失之过誉。

其实，不只评闻诗，评胡适、康白情、徐志摩、郭沫若等人的诗集，朱君都取此策略。如欣赏郭沫若的浪漫激情与雄奇想象，可批评其"对于艺术是很忽略的，诚然免不了'粗'字之讥"；轮到康白情，更是不客气，称其取"反抗的精神与单调的字句"的努力，"完全失败了"；批评康君时，顺带连"与康君同行的"俞平伯也一起嘲笑一番。至于徐志摩，朱湘的评价更加刻毒：

> 徐君没有汪静之的灵感，没有郭沫若的奔放，没有闻一多的幽玄，没有刘梦苇的清秀，徐君只有——借用徐君朋友批评徐君的话——浮浅。[2]

---

[1]　成仿吾：《诗之防御战》，《创造周报》第1号，1923年5月。

[2]　参见朱湘《中书集》328、376、379、382、397页，上海：生活书店，1934年。

如此脾性，如此眼光，落在《尝试集》上，当然不会特别宽容。刊于1926 年 4 月 1 日《晨报副刊》上的《新诗评（一）·〈尝试集〉》，以这么一句全称判断结尾：

> "内容粗浅，艺术幼稚"，这是我试加在《尝试集》上的八个字。

如此"盖棺论定"，乃基于以下几个判断：《尝试集》中真正的新诗不多，倒是旧诗或旧诗的变体占优势；在诗歌中谈主义本就是笑话，"胡君居然以诗的经验主义相号召"；"胡君的诗没有一首不是平庸的"；"胡君'了'字的'韵尾'用得那么多"，起码证明作者艺术力的薄弱。[1] 朱氏的批评，虽稍嫌刻薄，却不无洞见，因而颇受关注。朱自清讲授"新文学研究"课程时，专门引述其批评《尝试集》"'了'字的'韵尾'用得太多"[2]；而草川未雨《中国新诗坛的昨日今日和明日》之谈及《尝试集》，"没有一首能称得起完全的新诗体，也就没有一首使人满意的"[3]，基本上是抄袭朱湘的意见。

朱湘横刀立马的英姿，预示着新一代诗人的崛起。此后十年，作为新诗人的胡适，基本上隐入历史深处。不只胡适一人，早期白话诗的提倡者，此时已大都归隐山林，很少在诗坛抛头露面了。以至 1932 年年底刘半农编印《初期白话诗稿》时，感慨文艺界的变动"把我们这班当初努力于文艺革新的人，一挤挤成了三代以上的古人"[4]。假如不是文学史家陈子展关于"胡适之体"的提法引起争议，胡适与后起

---

[1]　朱湘：《新诗评（一）·〈尝试集〉》，1926 年 4 月 1 日《晨报副刊》。

[2]　参见《朱自清全集》第 8 卷 88 页，南京：江苏教育出版社，1993 年。

[3]　参见草川未雨《中国新诗坛的昨日今日和明日》51 页，北平：海音书局，1929 年。

[4]　刘半农：《〈初期白话诗稿〉序目》，《初期白话诗稿》，北平：星云堂书店影印，1933 年。

的新诗人，很可能就此相忘于江湖。

　　1935 年 12 月 6 日《申报·文艺周刊》第 6 期发表陈子展的《略论"胡适之体"》，谈及"新诗运动隔成功之日还远，到新诗的路决不止一条，不妨'殊途而同归'"。其中称"胡适之体"也是新诗发展的一条新路[1]，引起很大争议。一个月后，还是在《申报·文艺周刊》上，子模发表《新诗的出路与"胡适之体"》，批评胡诗在"旧诗词的骨架中翻筋斗"，体现"有闲阶级的'闲适的'意态"，并断言"放脚似的'胡适之体'的时代早已过去了"，新诗出路，在于充实的社会内容以及熟练的口语。文章的结论很明确："在这个时候还把'胡适之体'特别提出来，认为新诗的一条路，结果只有'此路不通'吧。"[2]在这场争论中，"有赞成的，有反对的，听说是反对的居多"，这并不出乎胡适意料之外。倒是陈子展的殷切期待[3]，很让胡适感动，于是以《谈谈"胡适之体"的诗》作答，顺便表白自己作诗的三条戒约，连带对批评家之忽略《尝试集》中真正的好诗表示惋惜。

　　这起码是胡适第三次谈论自己作为早期新诗代表人物的"体"与"派"了。只不过前两回发言不甚要紧，也不被关注；这回可不一样，乃生死攸关。1920 年为《老树行》作跋，胡适提及 1915 年在美国留学时撰写此诗，如何惹来朋友的嘲笑，以致"他们都戏学'胡适之体'，用作笑柄"[4]。1924 年为《胡思永的遗诗》写序，其中有云："他的诗，第一是明白清楚，第二是注重意境，第三是能剪裁，第四是有组织，有

---

[1]　陈子展：《略论"胡适之体"》，1935 年 12 月 6 日《申报·文艺周刊》第 6 期。

[2]　子模：《新诗的出路与"胡适之体"》，1936 年 1 月 17 日《申报·文艺周刊》第 11 期。

[3]　陈子展的《略论"胡适之体"》是这样结尾的："胡先生呵！你不要说'提倡有心，创造无力'。我很希望你仍旧拿出先驱者的精神，在新诗上创造一种'胡适之体'。"

[4]　《跋〈老树行〉》，见增订四版《尝试集》171 页。

格式。如果新诗中真有胡适之派，这是胡适之的嫡派。"[1] 轮到《谈谈"胡适之体"的诗》，主要是表白"我做诗的戒约至少有这几条"："第一，说话要明白清楚"；"第二，用材料要有剪裁"；"第三，意境要平实"。梁实秋称这三条中，"唯独胡先生所标榜的'明白清楚'是不可不特别注意的"，并进而大谈"'白话诗'亦可释为'明白清楚的诗'，所以'明白清楚'应为一切白话诗的共有的特点，不应为'胡适之体'独有的特点"之类，实在是不得要领，只能理解为梁氏在"借题发挥"。[2] 胡适倒是很清醒，再三强调这三大戒约只适应"我自己的诗"，并不具有普遍性与绝对性。

适之先生此文的新意与重点，在于将文体上的"明白清楚"与意境上的"平实淡远"二者有机结合起来，总算较好地为"胡适之体"做了定位。"在诗的各种意境之中，我自己总觉得'平实'，'含蓄'，'淡远'的境界是最禁得起咀嚼欣赏的。"回首平生，最能代表这一方向、也最值得向读者推荐的，是那首写于1920年11月25日、刊于《新青年》8卷5号的《十一月二十四夜》：

> 老槐树的影子
> 在月光的地上微晃；
> 枣树上还有几个干叶，
> 时时做出一种没气力的声响。

---

[1]　胡适：《〈胡思永的遗诗〉序》，《胡思永的遗诗》，上海：亚东图书馆，1924年。

[2]　梁文着重强调："近年来新诗有很大一部分日趋于晦涩，原因是"模仿一部分堕落的外国文学，尤其是模仿所谓'象征主义'的诗。"见《我也谈谈"胡适之体"的诗》，《自由评论》12期，1936年2月。

西山的秋色几回招我，

不幸我被我的病拖住了。

现在他们说我快要好了，

那幽艳的秋天早已过去了。

引录完全诗后，胡适感叹："这诗的意境颇近于我自己欣羡的平实淡远的意境。十五年来，这种境界似乎还不曾得着一般文艺批评家的赏识。"[1] 这里所说的"一般文艺批评家"，当不包括周氏兄弟。因为这首《十一月二十四夜》，正是当初鲁迅和周作人为删诗事复信时所着力表扬的。

经由这一番自我调整与自我表彰，"胡适之体"定位明确了；但其历史意义之得以凸显，还有赖于现代教育制度以及文学史著述的形成。新文化运动的积极成果，除"德""赛"先生的普及等外，还包括大学课程的巨大变化：此前不登大雅之堂的"小说""戏曲"成了必修课；一改中国人的崇古倾向，将"近世文学"纳入考察视野；注重"欧洲文学"的讲授等。[2] 刚刚过去的"文学革命"，在胡适撰于1922年的《五十年来中国之文学》中，还只是个"光明的尾巴"；而1929年朱自清在清华大学讲授"中国新文学研究"，则已"登堂入室"。一旦"新文学"的历史成为大学乃至中学课堂讲授的对象，有开创之功的《尝试集》必定优先进入新一代读书人的视野。与之相关的文学史著述，在为"新文学"追根溯源时，也都不可能遗漏胡适的贡献。"中国新文学"课程及著述，作为一种知识传授，首先强调作品的"历史意义"，

---

[1] 胡适：《谈谈"胡适之体"的诗》，《自由评论》第12期，1936年2月。

[2] 参见拙文《新教育与新文学》，《北大精神及其他》246—277页，上海：上海文艺出版社，2000年。

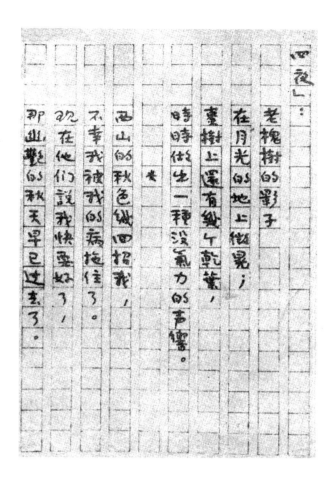

图14 胡适诗稿手迹

其次才是已经变化了的"审美标准"。读者不再单独面对具体诗作，而是更多地从整体上思考新文学的历史发展轨迹，这使得本已"退居二线"的《尝试集》重新焕发了"青春"。

对早期白话诗评价不太高的朱自清[1]，编选《中国新文学大系·诗

---

[1] 在《选诗杂记》（见《中国新文学大系·诗集》）中，朱自清称："我们现在编选第一期的诗，大半由于历史的兴趣：我们要看看我们启蒙期诗人努力的痕迹。他们怎样从旧镣铐里解放出来，怎样学习新语言，怎样寻找新世界。""只是'历史的兴趣'而已，说不上什么榜样了。"

集》时，似乎故意冷落开创者胡适——仅入选9首，与闻一多的29首、徐志摩的26首、郭沫若的25首，实在不成比例。以篇数计，排在胡适前面的，依次还有李金发、冰心、俞平伯、刘大白、汪静之、康白情、朱自清、何植三、冯至、潘漠华、朱湘、徐玉诺、蓬子等。可讲授"中国新文学研究"课程时，却不能不在"初期的诗论"以及"初期的创作"两节中，将胡适排在第一位。[1] 与此相类似，王哲甫所撰《中国新文学运动史》，认定胡适"在新诗的创作上并不算是成功"，可还是承认"他在新诗坛上实地试验，为提倡新诗的急先锋，其功绩不可谓不大"。[2] 而表扬"胡适之体"的陈子展，在《最近三十年中国文学史》中，也给予胡诗恰当的评价："其实《尝试集》的真价值，不在建立新诗的轨范，不在与人以陶醉于其欣赏里的快感，而在与人以放胆创造的勇气。"[3]

应该说，到了抗战前夕，对于诗人胡适的历史定位，学界的意见已渐趋一致。如果不是1950年代急风骤雨的批胡运动，此故事本该告一段落。可说来有趣，正是这风云突变，以及随之而来的长达二十多年的"冷冻"，使《尝试集》赚够了大批正直学者的同情，以至在1970年代末"重现江湖"时，当即获得不少不虞之誉。甚至可以说，当20世纪末中国学者投票选举"百年百种优秀中国文学图书"时，《尝试集》之所以能够顺利入围，与这被打入冷宫二十多年的"苦难的历程"不无关系。

新中国成立后，为统一思想、规范课程而设计的《中国新文学史》教学大纲，其第一讲第一章第二节"文学革命的理论及其斗争"，本

---

[1]　参见《朱自清全集》第8卷85—88页，南京：江苏教育出版社，1993年。

[2]　王哲甫：《中国新文学运动史》100页，北平：杰成印书局，1933年。

[3]　陈子展：《最近三十年中国文学史》227页，上海：太平洋书店，1937年。

该是胡适最有可能露脸的地方，可开篇竟是"胡适主张的批判"[1]，这几乎预示着此后三十年胡适在大陆学界的命运。1951 年出版的王瑶所撰《中国新文学史稿》，虽也批评胡适在五四时期"形式主义的态度"，但毕竟在第二章"觉醒了的歌唱"中开篇明义："胡适的《尝试集》出版在 1920 年，是中国的第一部新诗集。"随着政治局势日益紧张，胡适在新文学史上的地位也岌岌可危，越来越趋向于扮演反面角色。1955 年，作家出版社刊行丁易著《中国现代文学史略》，因作者去世，没来得及修改，还在欣赏胡适的《人力车夫》"表示对劳动者的同情"[2]。紧接其后出版的张毕来著《新文学史纲》和刘绶松著《中国新文学史初稿》，都称《尝试集》"不但思想感情不是新的，连表现方法也几乎完全没有新的因素"；至于胡适参加新文化运动，那是因"作为美帝国主义的代言人，企图投机取巧，以达到其个人野心和反动的政治目的"。[3] 有趣的是，在 1955 年那场席卷全国的"胡适思想批判"运动中，《尝试集》领受的炮弹其实是最少的[4]，专门的批判文章只有林彦刊于《西南文艺》1955 年 2 月号的《胡适的〈尝试集〉批判》。这场批判运动，主要针对的是胡适的"反动政治思想"，而不是什么诗才之高低，故林文也努力在胡诗如何"直接为资产阶级、为帝国主义服务"上做文章。如此偏颇的视角，给日后的平反留下很大的

---

[1]　老舍、蔡仪、王瑶、李何林：《〈中国新文学史〉教学大纲》，《新建设》4 卷 4 期，1951 年 7 月。

[2]　见该书第 249 页。顺便说一句，胡适发表在《新青年》4 卷 1 号上的这首《人力车夫》，因朱自清在《〈中国新文学大系·诗集〉导言》中给予表彰，而后又被各种现代文学史所引录，影响极大；其实，这并非胡适的"代表作"，刊行增订四版《尝试集》时，胡适已将此诗删去，鲁迅等人也未表示异议。

[3]　参见张毕来《新文学史纲》第 1 卷 86 页（北京：作家出版社，1955 年）和刘绶松《中国新文学史初稿》上卷 41 页（北京：作家出版社，1956 年）。

[4]　参见三联书店 1955—1956 年刊行的八辑《胡适思想批判》。

空间——只要政治形势变迁，《尝试集》就可以毫不费力地重返文学史。

接下来的故事很具戏剧性，中国共产党十一届三中全会确定改革开放路线后，"忽如一夜春风来"，正面评价胡适的论文大量出现在大陆报刊上——此前二十多年，只有台湾、香港地区和日本有过若干像样的研究论著。而最早集中出现"平反"声音的，莫过于《尝试集》研究。单是 1979 年，就先后有蓝棣之、秦家琪、文振庭、龚济民、周晓明、朱德发、亦坚等分别撰文"重新评价"《尝试集》[1]，这还不包括若干讨论五四文学革命或新文化运动中的胡适的文章。最后提及的亦坚之作，题为《从鲁迅为胡适删诗说起》，是一则不到五百字的短文，但很值得玩味。该文借用胡适《〈尝试集〉四版自序》的叙述，指出，"单是五四时期鲁迅为胡适删诗一事"，就足以说明鲁迅与胡适的关系非同一般。以鲁迅的崇高地位，来为胡适的重新出场提供合法性，实在是妙不可言。另外几篇论文，也都在论述中提及此充满玄机的逸事。

此后二十年，随着中国现代文学史的讲授与著述日趋成熟，作为新诗开创者之一，胡适的贡献得到了充分肯定[2]，《尝试集》也就成

---

[1]　参见刊于《四川师院学报》1979 年 2 期的《中国新诗的开步——重评胡适的〈尝试集〉和他的诗论》（蓝棣之）、《南京师院学报》1979 年 3 期的《重评胡适的〈尝试集〉》（秦家琪）、《江汉论坛》1979 年 3 期的《胡适〈尝试集〉重议》（文振庭）、《辽宁大学学报》1979 年 3 期的《评胡适的〈尝试集〉》（龚济民）、《破与立》1979 年 5 期的《重新评价胡适的〈尝试集〉》（周晓明）、《山东师院学报》1979 年 5 期的《论胡适早期的白话诗主张与写作》（朱德发）和《上海师大学报》1979 年 2 期的《从鲁迅为胡适删诗说起》（亦坚）。

[2]　进入 1990 年代，胡适作品大量刊行，最有影响的当属（北京）中华书局陆续推出的《胡适学术文集》、（合肥）黄山书社 1994 年版《胡适遗稿及秘藏书信》（42 册）、北京大学出版社 1996 年版《胡适书信集》（3 册）、北京大学出版社 1998 年版《胡适文集》（12 册）、（北京）光明日报出版社 1998 年版《胡适精品集》（16 册）、（北京）人民文学出版社 1998 年版《胡适文集》（7 册）和（合肥）安徽教育出版社 1999 年版《胡适著译精品选》（19 册）。

了每个受过高等教育的人所必须知道的"文学常识"。只要白话诗的路子不被完全否定，这所谓的"新诗的老祖宗"就不可能被一笔抹杀。许多比胡适更有天赋的诗人，比如朱湘，也不可能取而代之。在这个意义上，《尝试集》确实成了"经典之作"。

诗人兼批评家艾略特（T. S. Eliot）在《什么是经典作品》中，曾区分绝对的与相对的两种不同的经典作品，主要着眼点在作品的魅力与生存时空。"其一是普遍的经典作品"，不受时间与地域的限制，永久地为全人类所欣赏；"其二是那些相对于本国语言中其他文学而言的经典作品，或者是按照某一特定时期的人生观而言的经典作品"。除了个人才华，"普遍的经典作品"之得以产生，还有赖于某一文明、语言、文学乃至心智与习俗的"成熟"。[1] 在这一论述框架中，经典的产生明显受制于政治生态及文化霸权。比如，在欧美文化占据主导地位的 19、20 世纪，中国作家的想象与表述，便因与之密不可分的文明、语言、心智、习俗的"不成熟"，而在很多论者看来不可能具有"普遍性"。美国学者布鲁姆（H. Bloom）所设想的走向经典之路——与政治利益无涉，乃纯粹的美学竞争 [2] ——在东西文化、南北经济尚存在巨大落差的今日，是不太现实的。

即便将论题局限在同一文化传统，经典的推举，也不可能完全摆脱政治权力的渗透与时代思潮的激荡。尤其是当世人谈论"经典"时，实际上是将"阅读趣味"与"文化记忆"混合起来。许多耳熟能详的作家与作品，并没有真正进入当代人的阅读视野；而不少当代读者欣

---

[1]　参见艾略特《什么是经典作品》，王恩衷编译《艾略特诗学文集》188—205 页，北京：国际文化出版公司，1989 年。

[2]　参阅 Harold Bloom, *The Western Canon* (New York : Harcourt Brace & Company , 1993) 15—41 页。

赏的作品，又未能登大雅之堂。这种"历史的"与"审美的"视角之相对分离，在某种意义上说是合理的，因其所设想的目标并不相同。必须经由很长时间的对话与磨合，两条视线才有可能基本重叠——到那时候，专家与公众的趣味依然有异，那是另一个问题。在此之前，作品距离我们太近，其流风余韵依旧影响着今日的文学创作，论者在为某一文学现象、流派、风格、文体追根溯源时，很容易将其作为"鼻祖"或"祸首"来褒贬抑扬。再加上文学史家的推波助澜，我们所面对的，其实并非素面的，而是经由多重化装，因而有着巨大的光环或阴影的作品。

正如本文所着力阐发的，《尝试集》之所以成为现代中国文学史上声名显赫的"经典之作"，主要不系于胡适本人的才情，很大程度是"革新与守旧""文言与白话""诗歌与社会"等冲突与对话的产物。在史家眼中，与文学生产同样重要的，是文学接受的历史。而制约着公众趣味与作品前程的，包括若干强有力者的独立判断与积极引导（比如周氏兄弟之应邀删诗），以及作为知识传播的大学体制（比如"中国新文学"课程的开设）。[1] 至于因意识形态纷争而导致某部作品"突然死亡"或"迅速解冻"，使得 20 世纪中国的文学接受史显得扑朔迷离，因而也更具戏剧性，更值得追踪与玩味。

除此之外，还有一点同样值得我们深思：在经典形成的过程中，作者并非毫无可为。像胡适那样借助于自我完善（不断修订自家作品）、自我阐释（撰写《尝试集》三序）以及自我定位（关于"胡适之体"的论述），有效地影响读者的阅读与史家的评价，这在文学史上既

---

[1]　参见 John Guillory，"Canon"，*Critical Terms for Literary Study* (Edited by Frank Lentricchia and Thomas McLaughlin，Chicago: The University of Chicago Press，1995) 233—249 页，中译本见《文学批评术语》（张京媛等译，香港：牛津大学出版社，1994 年）319—340 页。

非前无古人，也不是后无来者。因此，在讨论文学生产、文学接受以及文本阐释时，我们会惊讶地发现，已被"杀死"了好多次的"作者"依旧顽强地活着，并迫使史家无法完全漠视其存在。

2000 年 10 月初至 2001 年 1 月底，

撰于北京—海德堡—东京

第六章　写在"新文化"边上
——旧纸堆里的新发现

谈论五四"新文化",有人擅长高屋建瓴,有人喜欢体贴入微,可以说是"萝卜白菜各有所好"。前者关注天下大势,难免多点逻辑推演;后者侧重史料钩沉,必须有多少证据说多少话。自承写在"边上",也就没有义务承担全面论述"新文化"的重任。热衷于琐碎的资料考辨,希望借此贴近研究对象,这也是"触摸历史"的题中应有之义。若傅斯年批注本《国故论衡》、法兰西学院汉学研究所图书馆藏老北大讲义、吴梅的《中国文学史》,还有梁启超关于中学语文教学的文稿等,所有这些"旧纸堆里的新发现",都部分颠覆或修正了我们原先的文学史／文化史想象。

既然是"琐琐碎碎"的考辨,不妨采用"轻轻松松"的笔墨。至于压在纸背的心情,包括学术史眼光以及现实关怀,不经意间透露了一个小小的秘密——今人之谈论五四,不仅仅是在与"过去的历史"对话。

一　失落在异邦的"国故"

去年(2001)夏天,访问伦敦大学期间,在亚非学院(SOAS)图书馆里，发现不少值得一读的奇书，很是得意。这些奇书，有无关宏旨，只适合于个人把玩的；也有关系重大，值得向学界认真推荐的。比如眼前这册据考属于傅斯年的批注本《国故论衡》，便可归入后一类。

发现此《国故论衡》批注本，实属偶然。还像往常一样，每进一图书馆，不问三七二十一，先转悠一圈，看看有无"特殊情况"，而后再寻求重点突破。就是这第一次的"徜徉书海"，竟与这册上海右文社1915 年刊行的"章氏丛书"本《国故论衡》相遇。不是我有特异功能，而是众多竖立的平装书里，不时夹杂一两册本该平置的线装书，实在太碍眼。想帮它顺一顺，拿起来一看，是章太炎的《国故论衡》，没什么稀奇的。可此书明明有三册，为何除头去尾，只剩下中册？再一翻，扉页上有题词：

> 颉刚一日谓我云：太炎所最攻之人，即其所从以得力最多之人，昭明、实斋、芸台、定庵是也。此言愈思愈信。

以章太炎、顾颉刚在现代中国学术史上的显赫地位，不难猜想此批注者大有来头。若能考出此书的来龙去脉，也算学术史上的一段佳话。

伦敦一月，白天参观博物馆，晚上乱翻杂书，悠哉游哉，不亦乐乎。眼看归期将至，妻子追问，当初借回那册奇书时，你不是说定能考出批注者吗，结果如何？书前书后没有可供考据的签名或藏书章，单凭墨迹很难猜出其人——除非批注者是书法名家或刚好是自家的研究对象。图书馆电脑显示，该馆所藏《国故论衡》，确实只有孤零零的中册。至于该书何时入藏，是友人捐赠还是购自中国，没有相关线索。如此专业著述，又有相当内行的批注，不像是留英学生的课外读物。要说乃伦敦大学当初在中国所购之书，却不该只收中册。玩味再三，百思不得其解，可口头上还是不肯认输，这才招来妻子的嘲笑。

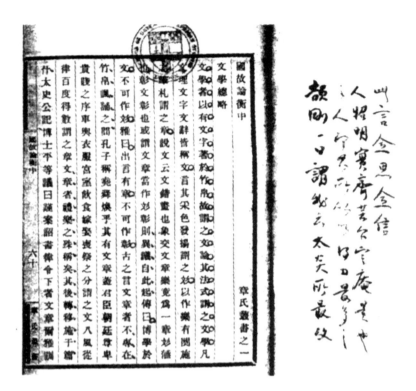

图 15　傅斯年在《国故论衡》上的批语

归期在即，再不服气也没有办法，收拾起整整一背包所借书籍，送回图书馆去。一路上自怨自艾，很是懊恼。路经罗素公园，停下来，就算是"告别演出"吧，在树荫底下再读一会儿书。虽说地处市中心，四周车水马龙，公园里却很幽静。男女老少，有的端坐长凳，有的横卧草地，各读各的书，互不相扰。很快凝神入定，重新翻阅即将归还的《国故论衡》。翻到《辨诗》一文，见有两处批语："本书未改本有韵者下有皆字年校""以下不另行年校"。脑际掠过一如雷贯耳的大名——傅斯年（1896—1950）。没错，应该就是他！当初舍近求远，到处搜集线索，反而忽略了近在眼前的"年校"二字。

一旦想通，所有原先隐而不露的资料，全都被激活了。扉页提到"颉刚一日谓我云"，书末又有"民国五年三月三十日至四月一日读通卷"，当系傅斯年就读北京大学预科时的旧物——书中的批注，与我们所知其时傅斯年的思想及学术状态若合符节。1919 年夏天，傅斯年毕业于北京大学国文系；第二年初春，以官费留学生的身份，来到伦敦大学的大学学院（University College）学习实验心理学，此书于是随主人漂洋过海。1923 年 6 月，主人转赴德国柏林大学研习近代物理学和比较语言学，该卷没有随行，就此流落异乡。好在落户同属伦敦大学的亚非学院，也算是得其所哉。前半截的考证，应该说是板上钉钉；后半截虽属假设，却也合情合理。

暂且按下"国故"何以失落，先说说此批注本如何有助于我们了解"傅斯年前史"。归国以后的傅斯年，其巨细无遗的大量资料现存台湾的"中央研究院"史语所，故杜正胜、王汎森等学者得以借助此"傅斯年档案"，成功地构建学术史、思想史乃至生活史上的傅斯年形象。至于作为五四新文化运动时期迅速崛起的"新秀"，有《新青年》及《新潮》上的 51 则文章——其中入选《中国新文学大系·建设理论集》的就有《文学革新申议》《文言合一草议》《汉语改用拼音文字的初步谈》《白话文学与心理的改革》《怎样做白话文》《戏剧改良各面观》《论编制剧本》等七文——傅斯年的贡献更是早就为文学史家所关注。诚如王汎森所言，"重构傅斯年的生命史时，最为困难的是他的少年时代及在英、德读书的七年"[1]。可后者毕竟还有若干笔记本及大量藏书被保留下来，学者仍可借以探测傅氏其时的学思状态。只有前者，除了若干友人的回忆文章，基本上是一片空白。

---

[1] 王汎森：《中国近代思想与学术的系谱》312 页，石家庄：河北教育出版社，2001 年。

我想略微延伸王君的思路，对于傅斯年，我们最缺的，其实还不是 5 岁入私塾，或 12 岁津门求学的经历，而是从 1913 年夏考取北大预科，到 1918 年在新文化运动中脱颖而出这几年的资料。因为，六年求学北大的经历，对于傅斯年学识、思想及趣味形成所起的作用，实在非同小可。从为《新青年》撰稿，到主编《新潮》杂志，再到担任 1919 年 5 月 4 日学生游行总指挥，后两年的傅斯年，既在众目睽睽之下，也有自家文章为证。前四年呢？傅乐成所撰《傅孟真先生年谱》，对于 18—22 岁的傅君生活，除了节引当年同学毛子水、罗家伦、伍俶的回忆文章，未能提供进一步的资料。[1] 可有了这三则原刊《傅故校长哀挽录》的文章 [2]，再加上顾颉刚的《古史辨第一册自序》[3]，我们总算对傅先生就读北大时的精神状态略有了解。将这四位老同学的回忆与批注本《国故论衡》相比勘，不难有所发现。

1917 年胡适归国任教以前的中国学界，经学上的今文古文之争，以及与之相关的章太炎、康有为的对立，依旧是中心话题，吸引众多文史学者。辛亥革命胜利后，章氏弟子的大举入京，占据北大讲坛；再加上太炎先生本人的“时危挺剑入长安”[4]，先在化石桥共和党本部讲授国学，后又因反袁被囚禁，使其声望如日中天，北大学生更是以阅读《国故论衡》等为荣。在《古史辨第一册自序》中，顾颉刚强调 1913 年 12 月随毛子水听章太炎系统讲授国学对于自家学术意识萌现的意义。当然，基于其疑古辨伪的功业与立场，顾氏最终还是落实在 1915 年开始接触康有为，明白了今文学家自有立足点，并非像章太

[1]　参见傅乐成《傅孟真先生年谱》，载《傅斯年全集》第 7 册，台北：联经出版公司，1980 年。

[2]　《傅故校长哀挽录》，台湾大学刊本，1951 年。

[3]　顾颉刚：《古史辨第一册自序》，《古史辨》第 1 册，上海：上海古籍出版社，1982 年。

[4]　章太炎：《时危四首》原载《雅言》第 11 期（1914 年 12 月），收入上海右文版《太炎文录》初编，其一云：“时危挺剑入长安，流血先争五步看。谁道江南徐骑省，不容卧榻有人鼾。”

炎所攻击的那么浅薄无聊，转而意识到"古文家的诋毁今文家大都不过为了党见，这种事情原是经师做的而不是学者做的"，故对太炎先生的爱敬之心日渐低落。[1]

顾颉刚称，只因国文教师、文字学教师等都是章氏弟子，再加上当面听过章先生讲演，得到一回切实的指导，"因此，我自己规定了八种书，依了次序，按日圈点诵读"。这八种书是《史记》《文心雕龙》《史通》《文史通义》《中国历史教科书》《国故论衡》《大乘起信论》《新旧约圣经》。[2] 前四种在意料之中，后四种方才显出顾氏读书特色。阅读《大乘起信论》乃是因章太炎演讲时大力推荐，了解《新旧约圣经》则缘于夏曾佑"讲中国古代史时常常用旧约作比较"。也就是说，后两种之进入"按日圈点颂读书目"，其实是《国故论衡》和《中国历史教科书》思路的延伸。比顾颉刚低两级、1915 年进入北大预科的陶希圣，在《北京大学预科》一文中称，是国文教师沈尹默"叫我们买太炎先生的《国故论衡》读习"，并且指点我们阅读《吕氏春秋》和《淮南子》《论六家要旨》《文心雕龙》《史通》《日知录》《十驾斋养新录》《文史通义》《国故论衡》等。[3] 相比之下，顾的特异之处，在于其读书不只带章门烙印，还深受夏曾佑的影响。而后者，按周予同的说法，其功绩在于"接受经今文学的启示，编写普通的历史教材，使转变期的新史学普及于一般青年们"[4]。

顾颉刚称"我的读书，总喜欢把自己的主张批抹在书上，虽是极

---

[1]　参见顾颉刚《古史辨第一册自序》23—26 页，《古史辨》第 1 册。

[2]　参见顾颉刚《古史辨第一册自序》27 页，以及顾潮《顾颉刚年谱》36 页，北京：中国社会科学出版社，1993 年。

[3]　陶希圣：《北京大学预科》，（台湾）《传记文学》3 卷 4 期，1963 年 10 月。

[4]　参见《周予同经学史论著选集》530 页，上海：上海人民出版社，1996 年。

佩服的人像太炎先生，也禁不住我的抨击"[1]，接下来便是大段关于《国故论衡》中《文学总略》篇的批评。同样才气横溢的好友傅斯年，想来也在此潮流中。当年同学伍俶在《忆孟真》中追忆[2]，1916年下半年，北大校园里有个大胖子同学很特别，常常在同学的包围中议论风生：

> 我就很欣赏他的风度，到他台子上一看，放了几本《检论》，上面有了红色的批点，却没有仔细去看他。

《检论》的批注本至今没发现，眼前这册《国故论衡》，倒确实是"红色的批点"。仔细品味，傅斯年也像顾颉刚一样，对太炎先生既"极佩服"，也不无"抨击"之语。而且，明显是借用今文家的眼光，来评估古文大家章太炎的论述。

傅斯年之批注《国故论衡》，目前存留下来的，主要分为论文与治经两类。先说前者。《文学总略》"《文心雕龙》云，今之常言，有文有笔"句上有批注：

> 彦和标文笔之分，不仅存时论，且驳之矣。故曰文以足言，理兼诗书，别立两目，自近代耳。其下文又驳颜延年以文笔分经传之讹，更抒己说，以为言翰之分，口舌笔墨间耳，初不可以有韵无韵当之，更不可以经传区之而判优劣。此为太炎之说所自本，读者宜审焉。

---

[1] 参见顾颉刚《古史辨第一册自序》27—28 页，《古史辨》第 1 册。

[2] 伍俶：《忆孟真》，《傅故校长哀挽录》62—64 页。

同文"犹耳目不可只，而胸腹不可双"句有批注：

> 此即李申耆骈散不分之说。

《论式》一文细圈密点，不难推知批注者对此文格外青睐。在"雅而不核，近于诵数，汉人之短也"处有批语：

> 通篇精旨。

同文"大氐近论者取于名，近诗者取于纵横"句的批注为：

> 此论自章实斋启之，详《文史通义·诗教篇》。然柳子厚云，文有二道，著作比兴云云，实为以论诗二系别文章之先河。

《辨诗》"因缘绪言，巧作刻削"句，也有批语：

> 此病六朝人最重，甚且改易古人名字。唐宋人殊少也。如"姬旦"可谓奇谈。

以上三文的批注，基本上属于读书札记，并没有太多发挥。

相对来说，《原经》一文的批注更值得重视，因其牵涉民初学术潮流，起码可以让我们了解北大校园里的今、古文之争。此文开篇即有总评，表明北大预科即将毕业的傅斯年，其眼光已逐渐从古文经学向今文经学转移：

> 以下三篇多深抑今文之辞，余为经学，殊不专信古文，而年

来更喜公羊家言，宜不相入也。然学问之道，非浅学者所可测。辨章然否，姑俟诸成学之日耳。

在"尹吉甫《史籀》之成式"句上有批注：

《春秋》之书，杜征南谓周公之旧章，犹可取《左传》昭二年韩起语为证也。此谓尹吉甫《史籀》，似臆度之辞，求诸典籍，无此说也。

在"今以《春秋》经不为史"句的批注是：

以《春秋》经不为史，清代治今文者多持此说，而最前者孔众仲也。

在"然《春秋》所以独贵者"句，有批语：

以今文家而推崇丘明者，无过龚定庵。其尊史之旨，略同太炎。

在"故六经皆孔子臆作"句批语：

持此说者康长素为力，其《孔子改制考》前数卷皆谓诸子托古，上古无稽，其说多不可信，虽今文师亦且驳之。然有两事可注意者，一儒家实改制度。孟子"吾先君莫之行，吾宗国鲁先君亦莫之行也。"此三年之丧出孔氏之明徵。其他盖亦量是。又所谓"古之道术，有在于是者"，亦不可以为一切皆凭虚之言（此今文家最坏之论）。详札记。

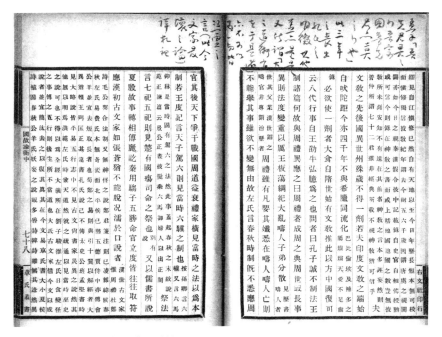

图 16　傅斯年在《国故论衡》上的批语

虽说《孔子改制考》卷十一、卷十三两次引录《孟子·滕文公上》关于丧礼的这段话，但均作"吾宗国鲁先君莫之行，吾先君亦莫之行也"[1]，可见傅斯年并非抄书，靠的是平日读书的积累。

"殊不专信古文"的傅斯年，在《国故论衡》中再三引录今文家的意见；但自称"年来更喜公羊家言"的傅氏，照样攻击"今文家最坏之论"。可惜详细记录傅斯年当初思考的"札记"没能保存下来，笔者不便多作发挥，以免"过度阐释"之讥。但北大预科三年级学生傅斯年之不专信古文或今文，这一基本立场，还是明显地呈现出来了。

---

[1]　康有为：《孔子改制考》272、307 页，北京：中华书局，1958 年。

这或许是当初北大文科的基本风貌。与傅斯年同时进入北大预科的同学沈德鸿（雁冰），即后来成为著名作家的茅盾，在其回忆录《我走过的道路》中，提及国文教师陈汉章曾撰文回答学生关于经今古文之争的提问：

> 这是一篇骈文，每句都有他自己作的注解。全文记不清楚了，大意是：他推重郑康成，主张经古文派和今文派不宜坚持家法，对古文派和今文派的学说，应择善而从。他对康有为的《新学伪经考》很不满意……[1]

其时的北大教授，有各自鲜明的学术倾向，但已不再谨守今文或古文家法，甚至有借今、古文的缝隙，凸显自家的学术思考的。最能体现这一特色的，莫过于章氏门生而又接受崔适影响的钱玄同，据说他曾这样教诲顾颉刚：

> 我们今天，该用古文家的话来批评今文家，又该用今文家的话来批评古文家。把他们的假面目一齐撕破，方好显露出他们的真相。《聊斋志异》上记着一段故事，说有一个桑生，先后接纳了两个奔女，不久莲香指李女为鬼，李女指莲香为狐；桑生初疑她们是嫉妒性的攻击，但经历了长时期的考验，就证明了莲香果真是狐，李女果真是鬼。我们今天，正该从今、古文两派的相互指摘之下接受他们双方的结论。[2]

---

[1] 茅盾：《我走过的道路》上册 94 页，北京：人民文学出版社，1981 年。

[2] 参见顾颉刚《秦汉的方士与儒生》之"序"，上海：群联出版社，1955 年。

单从互相撕破假面目这一角度看，钱说是站得住脚的。而且，如此读书，不失为一种取巧的办法。因为，没有比论敌更热心于钻研对方著作并发掘谬误的了。民初北大文科学生，很可能正是从解读经今、古文论战中，获得独立思考的空间，并培养某种程度的怀疑精神。比如，傅斯年发表在《新潮》创刊号上的《清梁玉绳著〈史记志疑〉》，便是从清学脉络推论"可知学术之用，始于疑而终于信，不疑无以见信"，"与其过而信之，毋宁过而疑之"。[1]

这种怀疑精神，既指向作为学派的今文与古文，也指向原先崇拜的著名学者。对太炎先生的学说，由热情拥抱转为挑战与质疑，在傅氏批注《国故论衡》时，已有明显表露。两个月后，傅斯年以优异成绩毕业于北大预科，升入本科国文门（即后来的中国文学系）。随着眼界的日渐开阔，加上胡适归国任教所带来的新鲜气息，傅斯年不再满足于列太炎先生门墙或承某一学派衣钵。罗家伦在《元气淋漓的傅孟真》中[2]，有一段颇富戏剧性的悬想：

> 当时的真正国学大师如刘申叔（师培）、黄季刚（侃）、陈伯弢（汉章）几位先生，也非常之赞赏孟真，抱着老儒传经的观念，想他继承仪征学统或是太炎学派等衣钵。孟真有徘徊歧路的资格，可是有革命性，有近代头脑的孟真，决不徘徊歧路，竟一跃而投身文学革命的阵营了。

刘师培是否有意传衣钵于傅斯年，其实没有任何可供实证的资料。只是因傅氏国学修养深厚，在同学中颇有声誉，故罗家伦所论，其实是

---

[1]　孟真：《清梁玉绳著〈史记志疑〉》，《新潮》1 卷 1 号，1919 年 1 月。

[2]　罗家伦：《元气淋漓的傅孟真》，《傅故校长哀挽录》41—46 页。

傅是否具有继承衣钵的"资格"。在罗氏的论述框架中，新旧截然对立，承太炎学派衣钵乃"徘徊歧路"，与"革命性"和"近代头脑"背道而驰。如此立论，过于看重此举之意识形态内涵，虽属政治家之"高瞻远瞩"，却难免生拉硬扯之嫌。

对于傅斯年日后之不大谈论太炎先生及其学说，我以为老同学毛子水《傅孟真先生传略》中的分析[1]，更为切合实际：

> 当时北京大学文史科学生读书的风气，受章太炎先生学说的影响很大。傅先生最初亦是崇信章氏的一人。终因资信卓荦，不久就冲出章氏的樊笼；到后来提到章氏，有时不免有轻蔑的语气。与其说这是辜负启蒙的恩德，毋宁说这是因为对于那种学派用力较深，所以对那种学派的弊病也看得清楚些，遂至憎恶也较深。

这一论述，与傅斯年批注本《国故论衡》扉页所记顾颉刚之言，可谓异曲同工。遥想当初顾、毛、傅三人关系密切，所谓"太炎所最攻之人，即其所从以得力最多之人"，很可能是朋友聊天时的话题之一。几十年后，轮到为老友写悼文，毛子水对于傅氏不谈章太炎的解释，我以为是相当准确的。不是古已有之于今尤烈的"忘恩负义"，也很难套用时尚的"影响的焦虑"[2]，我同意毛子水的说法，确实是用力较深，知其利也知其弊，故很难盲目崇拜。

与此相联系的，是傅斯年对北大文科教育的批评。1920 年 8 月 1 日，进入伦敦大学研习实验心理学不久的傅斯年，致信胡适，"回想在大学时六年，一误于预科一部，再误于文科国文门，言之可叹"。这两

---

[1] 毛子水：《傅孟真先生传略》，《傅故校长哀挽录》1—3 页。

[2] 参阅哈罗德·布鲁姆著、徐文博译《影响的焦虑》，北京：三联书店，1989 年。

句常被论者引用的名言，听起来惊心动魄。可联系上下文，问题便没那么严重了。脱离作为政治运动中心的北京，傅斯年开始潜心读书，"近来很不想做文章"，"于科学上有些兴味，望空而谈的文章便很觉得自惭了"。至于选择心理学作为主攻方向，认定"以此终身，到也有趣"，必定使得其读书范围及方法改弦易辙。明白这一点，对下面这段抱怨，当不会觉得过分突兀："近中温习化学、物理学、数学等，兴味很浓，回想在大学时六年，一误于预科一部，再误于文科国文门，言之可叹。"[1]

如此辩解，并非完全抹杀傅斯年对北大文科教育的批评。只是此信之讨论国文教育，很大程度缘于俞平伯的"不辞而别"。1920 年 1 月，傅斯年与俞平伯等一行乘船离沪，前往英国留学。海上漂泊将近两个月后，终于抵达英国港口利物浦，次日便乘车前往伦敦。可抵英不到两周，俞平伯因不习惯留学生活，悄悄乘船归国。傅斯年得到消息，急忙乘火车赶去马赛拦截，可惜未能追上。否则，以傅之热心与俞之固执，说不定还有一场"恶战"。

俞平伯的半途而返，让傅斯年大为感慨。虽然也承认俞氏此次归国"未必就是一败涂地"，因"'输入新知'的机会虽断，'整理国故'的机会未绝"，可还是耿耿于怀。出国前一年，傅斯年曾在《新潮》上发表《故书新评·小引》，称："应当先研究西洋的有系统的学问，等到会使唤求学问的方法了，然后不妨分点余力，去读旧书。"[2] 依此思路，俞平伯的放弃留学，实在是没出息的表现。其实，以俞平伯的性情，勉为其难去读洋书，考博士，并非最佳选择。不过，在五四一

---

[1] 《傅斯年致胡适》，参见《胡适来往书信选》上册 102—106 页，北京：中华书局，1979 年；《胡适遗稿及秘藏书信》第 37 册 348—354 页，合肥：黄山书社，1994 年。

[2] 傅斯年：《故书新评·小引》，《新潮》1 卷 4 号，1919 年 4 月。

代青年看来，留学乃向西方寻求真理的不二法门，俞氏之退却，实在太不明智。责任感很强的傅斯年，于是进而思考俞平伯留学失败的原因：

> 俞平伯人极诚重，性情最真挚，人又最聪明，偏偏一误于家庭，一成"大少爷"，便不得了了；又误于国文，一成"文人"，便脱离了这个真的世界而入一梦的世界。我自问我受国文的累已经不浅，把性情都变了些。如平伯者更可长叹。但望此后的青年学生，不再有这类现象就好了。[1]

傅斯年这封撰于1920年8月1日的长信，既是向师长汇报学习及生活状态，也是在努力清理自家思路，寻找安身立命之所。

留欧七年，傅斯年涉猎众多学科，由心理学而物理学而历史语言学，直到最后阶段，方才转向日后纵横驰骋的历史学。从伦敦大学转到柏林大学时，傅斯年大概不会料到自己日后还会与人文学术打交道，没有随身携带自家批注的《国故论衡》，一点也不奇怪。即便一开始在伦敦大学读的就是语言学或历史学，我猜想，以傅斯年的天分与志气，也可能照样遗失章氏为代表的"国故"——那是整个时代的文化氛围和学术潮流决定的，个人很难超脱。

留学归来，傅斯年重返文史研究领域，其眼光与趣味，已与出国前大相径庭，在"无中生有"创建中央研究院历史语言研究所时，更是刻意与"国故"／"国学"等划清界限。[2] 替院长拟致研究员聘书时，傅

---

[1] 《傅斯年致胡适》，《胡适来往书信选》上册103页。

[2] 参见《历史语言研究所工作之旨趣》，《国立中央研究院历史语言研究所集刊》第1卷第1分，1928年10月。

氏以一贯的决绝口吻，直截了当地表明其对于"国学"的不满：

> 现在中央研究院有历史语言研究所之设置，非取抱残守缺、发挥其所谓国学，实欲以手足之力，取得日新月异之材料，借自然科学付与之工具而从事之，以期新知识之获得。材料不限国别，方术不则地域；既以追前贤成学之盛，亦以分异国造诣之隆。[1]

这种学术上的国际视野，确实与章太炎等老一辈"国学大师"迥异。但傅氏对于史学研究中自然科学方法之迷信，以及对国学家"抱残守缺"之讥讽，同样不无可议处。走出国故，拥抱西学——以及作为西学分支之海外汉学，对于留学生来说，乃是顺理成章。反而是如何理解、体贴传统中国及其学术，成了归国后必须"恶补"的功课。傅斯年那代学人，毕竟有过崇信并苦读《国故论衡》的阶段，即便"到后来提到章氏，有时不免有轻蔑的语气"，问题也不大。倒是从不屑于了解传统中国学问路数，满足于"分异国造诣之隆"者，谈论中国时，很容易出乖露丑——如此说来，不是每个留学生都有"资格"像傅斯年那样，果敢地将"国故"遗失在异国他乡。

　　原先只是争强斗胜，因跟妻子打赌而开始大海捞针。幸亏运气好，侥幸被我考出了批注者，于是想入非非，开始拾遗补阙，为学界提供"傅斯年前史"。最后思路陡然一转，变成追问傅斯年为何将此藏书遗留在伦敦，此举有无象征意义。如此峰回路转，一波三折，像是在读一部精彩的侦探小说，自觉很过瘾。只是轮到落笔为文，却感觉并不轻松。

---

[1] 转引自杜正胜《无中生有的志业——傅斯年的史学革命与史语所的创立》，《古今论衡》1期，1998年10月。

附录：本抄录辑自英国伦敦大学亚非学院图书馆藏上海右文社1915 年所刊《章氏丛书》本《国故论衡》中册上傅斯年的批语。

扉页

颉刚一日谓我云：太炎所最攻之人，即其所从以得力最多之人，昭明、实斋、芸台、定庵是也。此言愈思愈信。

《文学总略》

（《文心雕龙》云，今之常言，有文有笔）彦和标文笔之分，不仅存时论，且驳之矣。故曰文以足言，理兼诗书，别立两目，自近代耳。其下文又驳颜延年以文笔分经传之讹，更抒己说，以为言翰之分，口舌笔墨间耳，初不可以有韵无韵当之，更不可以经传区之而判优劣。此为太炎之说所自本，读者宜审焉。

（犹耳目不可只，而胸腹不可双）此即李申耆骈散不分之说。

《原经》

（开篇）以下三篇多深抑今文之辞，余为经学，殊不专信古文，而年来更喜公羊家言，宜不相入也。然学问之道，非浅学者所可测。辨章然否，姑俟诸成学之日耳。

（尹吉甫史籀之成式）《春秋》之书，杜征南谓周公之旧章，犹可取《左传》昭二年韩起语为证也。此谓尹吉甫《史籀》，似臆度之辞，求诸典籍，无此说也。

（今以春秋经不为史）以春秋经不为史。清代治今文者多持此说，而最前者孔众仲也。

（然春秋所以独贵者）以今文家而推崇丘明者，无过龚定庵。其尊史之旨，略同太炎。

（故六经皆孔子臆作）持此说者康长素为力，其《孔子改制考》前数卷皆谓诸子托古，上古无稽，其说多不可信，虽今文师亦且驳之，然有两事可注意者，一儒家实改制度。孟子"吾先君莫之行，吾宗国鲁先君亦莫之行也。"此三年之丧出孔氏之明徵。其他盖亦量是，又所谓"古之道术，有在于是者"，亦不可以为一切皆凭虚之言（此今文家最坏之论）。详札记。

《论式》
（雅而不核，近于诵数，汉人之短也）通篇精旨。

（大氐近论者取于名，近诗者取于纵横）此论自章实斋启之，详《文史通义·诗教篇》。然柳子厚云，文有二道，著作比兴云云，实为以论诗二系别文章之先河。

《辨诗》
（有韵者为诗）本书未改本"有韵者"下有"皆"字。年校。

（因缘绪言，巧作刻削）此病六朝人最重，甚且改易古人名字。唐宋人殊少也。如"姬旦"可谓奇谈。

（唯汉初高祖孝文或亲自作诏耳。诔亦视此）以下不另行。年校。

（文末）民国五年三月三十日至四月一日读通卷

二 在巴黎邂逅“老北大”

海外读书的最大乐趣，莫过于时有出其不意的“艳遇”。如此意外的惊喜，比如在哈佛大学找到梁启超的《读书法讲义》，在伦敦大学阅读同治十年羊城惠师礼堂刊本《天路历程土话》，在哥伦比亚大学见识 1907 年刊行于北京的《益森画报》、在海德堡大学使用众多晚清报刊等，都是在进入书库的情况下才可能做到。这一前提条件，在法国不具备。因为，按照规定，即便教授也无法自由进出本校图书馆的书库。查卡片借书，与在书库里徜徉，二者的功效不可同日而语。在密密麻麻如森林般的书架中巡视，猛然间发现或曾耳闻，或根本没听说过的书刊，这样的经历，方才称得上“惊喜”。我对于法国“陈规陋习”的抨击，因朋友的热心传播，辗转到达法兰西学院汉学研究所所长魏丕信（Pierre Étienne Will）先生的耳朵里。于是，奇迹发生了——藏书丰富的汉学研究所，破例允许我入库读书。

1927 年由伯希和（Paul Pelliot）与葛兰言（Marcel Granet）创立的高等汉学研究所，1972 年起隶属于法兰西学院；其附设的图书馆，现在已是欧洲汉学藏书的重镇。尤其是 1951 年接收当时驻北京之巴黎大学汉学研究中心藏书，大大提升了其收藏质量。2002 年中华书局出版的《法兰西学院汉学研究所藏汉籍善本书目提要》，以及魏丕信所撰序言，使我们对此图书馆的藏书特点及其来龙去脉，有相对的了解。也曾按图索骥，兴致勃勃地翻阅其收藏的明万历四十三年苏郡刻本《陈眉公集》、明崇祯六年墨绘斋刻本《天下名山胜概记》、清乾隆三十八年红树楼刻本《历朝名媛诗词》等，但真正让我惊叹不已的，是另外一些根本不入藏书家眼的“奇书”。汉学所的“善本”，我在北大也能看到，只是取阅不如这里方便而已。至于“奇书”的价值，纯粹因人而异。比如老北大的讲义，对于他人无足轻重，对我来说却是如获至宝。

几年前撰写《新教育与新文学——从京师大学堂到北京大学》[1]，从新式学堂的科目、课程、教材的变化，探讨新一代读书人的"文学常识"。从一代人"文学常识"的改变，到一次"文学革命"的诞生，其间有许多值得大书特书的曲折与艰难；但推倒第一块多米诺骨牌的，我以为是后人眼中平淡无奇的课程设计与课堂讲授。具体论述时，略感遗憾的是，我所使用的老北大教材，大部分是日后整理出版的著述，而非最初的讲义本。比起课程设计或专业著述来，讲义无疑最能体现老北大的课堂氛围。可惜，此类当年发给学生的讲义，即便北大校史馆，也都很少收藏。

说来真是神了，远隔千山万水的法兰西学院，居然收藏着几十册早年北大的讲义，而且"养在深闺无人识"。这些讲义，版式统一，有油印，也有铅印，封面上写着课程名称以及讲授者的姓，正文偶有与封面不太一致的。此前学界对于鲁迅 1920 年后在北大教小说史时所发讲义有所考辨[2]，一见这些昏黄且略显残破的线装书，我当即判定，这就是我寻觅多年的新文化运动时期北京大学的讲义。

没必要大发感慨，还是转入关于这些讲义的介绍。油印讲义共 7 种 12 册，分别是：钱玄同《说文学》一、二（内文《说文段注小笺》）、朱宗莱《文字学》、黄侃《中国文学》（内文《文钞》）、黄侃《文式》、吴梅《词余讲义》、吴梅《中国文学》（内文《词余讲义》）、吴梅《词

---

[1] 此文初刊《学人》第 14 辑（南京：江苏文艺出版社，1998 年 12 月），后收入《北大精神及其他》（上海：上海文艺出版社，2000 年）和《中国大学十讲》（上海：复旦大学出版社，2002 年）。

[2] 参见路工《从〈中国小说史大略〉到〈中国小说史略〉》，《访书见闻录》214—217 页，上海：上海古籍出版社，1985 年；单演义《关于最早油印本〈小说史大略〉讲义的说明》，《鲁迅小说史大略》119—128 页，西安：陕西人民出版社，1981 年。

图 17　巴黎藏老北大讲义

选》（内文《诗余选》）、吴梅《中国文学》（内文《诗余选》）、吴梅《中国文学史》一、二、三。铅印讲义共 5 种 14 册，分别是：钱玄同《文字学》（内文《文字学讲义》）、刘师培《中古文学史》（内文《中国中古文学史讲义》）、沈（尹默）《学术文录》、叶浩吾《学术史》（内文《中国学术史》）、陈汉章《中国通史》（史学门一年级四册、二年级四册、三年级二册，共 10 册）。铅印本有标明出版或使用时间的，如刘师培《中古文学史》1920 年 6 月由北京大学出版部刊行，陈汉章《中国通史》则是"民国八年十月至九年六月"的教材；油印本只在夹缝中注明使用教材的年级，如朱宗莱《文字学》为文法预科二年级所用，黄侃《文式》则是中国文学一、二、三年级的教材。据 1918 年 3 月 15 日《北京大学日刊》，因印刷品日渐增多，校方决定，将收发讲义室改为出版部，仍隶属图书馆。[1] 由北大出版部刊行的，学术上比较成熟，可在校外流通，故有定价。[2] 油印本讲义则是随写随印，只发给修课的学生，连学校也都没有留底。因此，像刘师培的《中古文学史》、陈汉章的《中国通史》，还能在北大图书馆或中国国家图书馆找到；至于黄侃的《文式》或吴梅的《中国文学史》，此前我们毫不知晓。

吴梅所编《中国文学史》"不该被遗忘"的理由，将在下节陈述；这里简要介绍的，是其余各家讲义。考虑到诸君多为当世名人，随便拉出一个，便是一连串"老北大的故事"，此处谨守边界，将笔墨集中在课堂教学。

唐兰曾这样谈论中国文字学的研究范围："民国六年时，北京大学的文字学，分由两位学者担任，朱宗莱做了一本讲义，叫《文字学形义篇》，钱玄同做的是《文字学音篇》。后来，许多学者常采用这个方法，只讲形义，避免了不太内行的音韵。"[3] 由于在新文化运动中的杰出表现，钱玄同（1887—1939）的大名广为人知。除了畅快淋漓、有时为追求效果而剑走偏锋的杂文，钱玄同的真正功业在文字学。黎锦熙在《钱玄同先生传》中提到[4]，从 1917 年起，钱玄同在北大教音韵学这门课："编的两大册《音韵学讲义》，排比旧说，略加评按，他早已不要了；后来节编为《文字学音篇》（北大排印本），不久他又不满意，常说要大改一下子才正式出版，但终于没有动手。"[5] 至于朱宗莱

---

[1]　参见王学珍等主编《北京大学纪事》46 页，北京：北京大学出版社，1998 年。

[2]　参见《北京大学出版部出版书目》，载王学珍等主编《北京大学史料》第 2 卷 2068—2071 页，北京：北京大学出版社，2000 年。

[3]　参见唐兰《中国文字学》（上海：上海古籍出版社，1979 年）的"前论"部分。

[4]　黎锦熙的《钱玄同先生传》，1939 年撰于陕西城固，排印本流传甚少，现收入曹述敬《钱玄同年谱》作为"附录"。

[5]　参见曹述敬《钱玄同年谱》187 页，济南：齐鲁书社，1986 年。

（1881—?），号蓬仙，浙江海宁人，1908年与钱玄同、鲁迅、周作人、许寿裳、朱希祖等同在东京听章太炎讲学。这个每周一次在《民报》社开讲的八人小班，日后成为现代学术史上不可复制的神话。由北大出版部刊行于1918年的《文字学形义篇》，流传甚广，好多国内外图书馆都有收藏。中国国家图书馆共藏有朱著13种，全是此书不同时期的刊本，想来此君信奉的是"一本书主义"。[1]

沈尹默（1883—1971），浙江吴兴人，又名君默，日后以书法及书论著称于世，当年在北大教的是文预科。这册《学术文录》，作者只署"沈"，至于"尹默"二字，是我加的。该书目录和正文差异甚大，体例也颇为杂乱，大概是临时写印，日后杂凑而成。这册文录，依次收有章太炎《文学略》、《韩非子·显学》《礼记·礼运》、陆机《文赋》、《史通·模拟》、范晔《狱中与诸甥侄书》、章学诚《诗教》、《庄子·天下》《史记·游侠列传》《礼记·中庸》《典论·论文》《日知录·文人求古之病》《检论·儒侠》《国故论衡·论式》《孔子世家》等。如此"学术文录"，章太炎的色彩很浓。也难怪，民初北大的文科教员，多为章门弟子。沈尹默在《我和北大》中谈到，他虽未从太炎先生受业，因其弟兼士列太炎门墙，加上他本人确曾在日本读书，被误认为章门弟子。于是，他挂了这"章氏"招牌进入北大。[2] 陶希圣晚年忆旧，提到当年在北大念预科，给他们讲国学的沈尹默、沈兼士"都是章太炎先生的门下士"。"尹默先生给我的教益很多。他指点我们读这样的几部书，就是《吕氏春秋》和《淮南子》。太史谈《论六家要旨》，刘勰《文

[1]　前些日子上网检索，发现孔夫子网的自由拍卖区有"早期线装北大讲义二册"，即钱玄同、朱宗莱二君的文字学讲义。可惜不懂操作，无法参加竞拍，不知这两册小书最后"花落谁家"。
[2]　沈尹默：《我和北大》，见陈平原、夏晓虹编《北大旧事》163—178页，北京：三联书店，1998年。

心雕龙》，刘知几《史通》，顾亭林《日知录》，钱大昕《十驾斋养新录》，章实斋《文史通义》与章太炎《国故论衡》。这几部书确能将中国文史之学的源流及其演变，摆在读者的面前。"到了预科二、三年级时，"沈尹默先生继续讲授国学。他先讲陆机《文赋》，然后选择文史著作的一些文章，作为《文赋》每一段甚至每一句的注脚。这种讲授方法，给我的益处很大"。[1] 几十年后追忆，具体细节不免有出入，但借助陶氏的回忆，我们还是能大致明了当初沈尹默讲课的情况，也得以判断此《学术文录》乃沈在北大预科的讲义。

熟悉老北大史事的，对当年文科的两位老教授，叶浩吾和陈汉章，当并不陌生。叶瀚（1861—1933），字浩吾，浙江仁和（今杭州）人，早年也曾奔走国事，参加爱国学社及兴中会等，先后任北京大学、浙江大学教授，有《中国美术史》《中国通史》《中国学术史长编》等著述。[2] 陈汉章（1863—1938），字伯弢，浙江象山人，举人出身，曾任北京大学教授，后任中央大学史学系主任，著述甚丰，有《经学通论》《辽史索隐》《苏诗注补》《列女传斠注》《历代车战考》等。谈及"老北大的故事"，不能不牵涉这位博学而好古的老先生。沈尹默曾提及他进北大预科教书的那一年，"见到差一年就要毕业的一位大名鼎鼎的老学生陈汉章"。原本被请来教书，可陈更愿意当学生，因"平生有一大憾事，就是没有点翰林"，"当时流行一种看法：京师大学堂毕业生，可称为洋翰林，是新学堂出来的，也是天子门生"。可惜等到毕业时，已入民国，京师大学堂改为国立北京大学，陈的"翰林梦"彻

---

[1]　参见陶希圣《北京大学预科》，（台湾）《传记文学》3卷4期，1963年10月。

[2]　好多年前就听说，叶瀚（浩吾）的《晚学庐丛稿》，正由某学术单位整理，可惜至今尚未面世。

底破灭。好在北大践前约，聘他教历史。[1] 这十册《中国通史》，便是其在北大教书的讲义。

中年教授刘师培（1884—1919）、黄侃（1886—1935）、吴梅（1884—1939）等，因跟五四新文化运动有很深的纠葛，其事迹广为人知。这里仅从教学方面入手，略作考辨。

黄侃 1914 年秋应聘北大，讲授中国文学，而不是他最擅长的文字音韵之学；1919 年春，拜仅年长自己两岁的老朋友刘师培为师。同年 10 月，因老母年迈，加上学校里人事复杂，不甚快意，黄侃决意归乡，于是应武昌高等师范学校（今武汉大学）之聘。黄焯《黄季刚先生年谱》本年有云："先生居京日记，今不可见。《说文》《尔雅》《广韵》三书，在此数年中续有校文。诗文词共得数百首，而诗尤多。所撰稿如《咏怀诗补注》《诗品讲疏》（《讲疏》全稿今不可见）《文心雕龙札记》，皆为授课所编讲章。"[2] 关于季刚先生讲学北大的情况，弟子刘赜的回忆可作旁证："私门讲肄之勤，虽夕不休。往往柝声四起，校舍键闭不得入，先师辄辟室授餐，以家人畜之。每值良辰，则率众游豫。京华名胜，寻访殆遍。尝集宋人词句为联云：'芳草游踪，春风词笔'。'落花心绪，流水年华'。可想见当时风趣。……尝谓：为学须天资、人力与师承三者并备，而师承不过聊助启发，非即学问，至讲堂中之讲义，尤非学问所在，首宜举而焚之，自求多识。"[3] 课堂上以骂人出名（尤其是骂同门钱玄同），私下里读书教学却很认真。这跟季刚先生才子风流的习性有关，可同时牵涉其对新式学堂的看法。1932 年，杨伯

[1]　参见沈尹默《我和北大》，陈平原、夏晓虹编《北大旧事》167 页。

[2]　参见黄焯《黄季刚先生年谱》"1919 年"则，黄侃、黄焯《蕲春黄氏文存》154 页，武汉：武汉大学出版社，1993 年。

[3]　刘赜：《师门忆语》，《量守庐学记》114 页，北京：三联书店，1985 年。

峻希望拜师学艺，得叔父杨树达的指点，向黄侃呈上红纸封套里的十块大洋，再跪下去磕一个头，才被认作"真正的门生"。关于门生与学生的区别，以及他自己的学问也是磕头得来的，杨伯峻转述黄侃的说法，甚是有趣。[1]

那些不被看好的"课堂讲义"，其中也有学术分量很重的。比如黄侃在北大讲《文心雕龙》，其《文心雕龙札记》便可称传世之作。至于另外两种讲义，确实显示编者的漫不经心。《中国文学》（即《文钞》）一书的目录页，后有"右文百三十五篇，凡《文选》所具者不更缮印，此略依时序编次，讲授则依照便宜为后先"字样。《文式》包括赋颂第一、论说第二、告语第三、记志第四等，规模颇大，可也只是作品选。目录后照样有曰："凡《文选》所具者不更缮印，讲授次叙从便宜进退之。"不管是《文钞》《文式》还是《文心雕龙札记》，都属体味、欣赏乃至追摹的"中国文学"，而不是强调历史变迁的"中国文学史"。

刘师培 1917 年秋应聘任北京大学文科教授，1919 年 11 月 20 日在北京和平医院病逝，时年 36 岁。生命的最后两三年，刘师培原本希望潜心讲学著述，可无意中还是卷入了政治风潮。1919 年 1 月国故月刊社成立，刘师培、黄侃被推为总编辑。虽然该社的简章经蔡元培过目，出版经费也由北京大学垫付，《北京大学日刊》还做了正面的报道。可同年 3 月《公言报》的一篇报道，还是一下子把刘师培推到了风口浪尖。表彰过《新青年》《新潮》的提倡新文化，接下来便是："顾同时与之对峙者，有旧文学一派。旧派中以刘师培氏为之首。其它如黄侃、马叙伦等，则与刘氏结合，互为声援者也。……盖学生中固亦分新旧两派，而各主其师说者也。两派杂志，旗鼓相当，互相争辩，

---

[1]　杨伯峻：《黄季刚先生杂忆》，原载《学林漫录》二集，1981 年，见《量守庐学记》161—165 页。

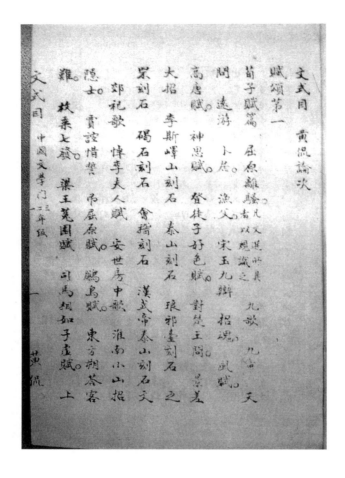

图 18　巴黎藏老
北大讲义

当然有裨于文化。"[1] 即便说者无心，听者也有意，如惊弓之鸟的刘师培，当即站出来反驳："鄙人虽主大学讲席，然抱疾岁余，闭关谢客，于校中教员素鲜接洽，安有结合之事？又《国故》月刊由文科赏发起，虽以保存国粹为宗旨，亦非与《新潮》诸杂志互相争辩也。"[2] 辩解之

---

[1]　《请看北京学界思潮变迁之近状》，1919 年 3 月 18 日《公言报》。

[2]　《刘师培致公言报函》，1919 年 4 月 24 日《北京大学日刊》。

辞有真有假，可如此介意被划归旧派，已显示当年刘师培在北大的尴尬处境。时人确实有对其历史污点耿耿于怀的，比如同事黄节便致书校长，称"申叔为人，反复无耻"，"不当引为师儒，贻学校羞"。[1] 鲁迅给钱玄同写信，对此"卖过人肉的侦心探龙"，更是热讽冷嘲。[2]好在蔡元培惜才，学生们对刘师培的学问也相当佩服，要不真的难以为继。

在文科研究所国文门，刘师培负责指导的科目最多，包括经学、史传、中世文学史、诸子四门。至于正式讲授的课程，则是中古文学史和中国文学两门。作为一代名篇，刘师培的《中国中古文学史》一直受到学界的高度评价。就连鄙薄其为人的鲁迅，也对此书褒奖有加。1928 年 2 月 24 日，当被问及何种文学史最好时，鲁迅的回答是："我看过的已刊的书，无一册好。只有刘申叔的《中古文学史》，倒要算好的，可惜错字多。"[3] 此前一年，在广州作题为《魏晋风度及文章与药及酒之关系》的专题演讲时，鲁迅也曾多次征引此书。除了这广为人知的《中国中古文学史》，刘师培在北大的讲义，还包括由罗常培记录整理的《汉魏六朝专家文研究》。此书抗战后期刊行于重庆，现收入辽宁教育出版社"新世纪万有文库"本《中古文学论著三种》。二书对照阅读，可见刘师培思路，也可见老北大教学特色。

单看章节，你也能大致明白《汉魏六朝专家文研究》的特点："学文四忌""论谋篇之术""论文章之转折与贯串""论文章之音节""论文章有生死之别"等。引一段第七节"论文章有生死之别"的文字，以见此书风格："文章有生死之别，不可不知。有活跃之气者为生，无

---

[1] 参见万仕国《刘师培年谱》263—264 页，扬州：广陵书社，2003 年。

[2] 参见《鲁迅全集》第 11 卷 351 页，北京：人民文学出版社，1981 年。

[3] 同上书，609—610 页。

活跃之气者为死。文章之最有生气者，莫过于'前三史'。……大抵记事文之生死皆系于用笔；善用笔者，工于摹写神情，故笔姿活跃；不善用笔者，文章板滞，毫无生动之气，与抄书无异。"[1] 如此挥洒自如，明显不同于《中国中古文学史》的持论谨严。而这，正好对应了刘师培在北大开设的"文学"与"文学史"两门性质截然不同的课程。

法兰西学院所藏老北大讲义，数吴梅编撰的最多。三册《中国文学史》虽系初次发现，值得认真钩稽，但学术上的功绩，其实不及《词余讲义》。供给"文科文学门一二三年级"修习的《词余讲义》，日后改为《曲学概论》，1935 年由商务印书馆出版，流传甚广，影响也很大。为文本科一、二、三年级编的《诗余选》（即《词选》），目录前有小引："词之为道，意内言外。五季北宋，上涉风骚。二白中仙，大启轨范。元明以还，此道几衰。清代诸家，嗣响两宋。唯乐谱沦亡，无从按拍。才士藻饰，仅及词工。生今之世，莫可如何也。今自青莲、白傅而下，迄于清季，各选若干首，以饷同嗜之君子。" 法兰西学院所藏《词余讲义》和《诗余选》，各有一种封面题为《中国文学》，这与三册《中国文学史》，又构成了一种对称。

当年阅读北京大学档案馆里所藏 1918 年《北京大学文科一览》，其中关于国文系教员的教学情况不甚了然：刘师培：中国文学（6）、文学史（2）；黄侃：中国文学（10）；吴梅：词曲（10）、近代文学史（2）。括号里的数字代表周学时，这很好理解；让我略感疑惑的是，这"中国文学"与"文学史"两门课程，边界在哪？有了这回发现的巴黎所藏老北大讲义，终于恍然大悟。

回头看 1918 年北大发布的《文科国文学门文学教授案》，其中明

---

[1]　刘师培：《中古文学论著三种》118 页，沈阳：辽宁教育出版社，1997 年。

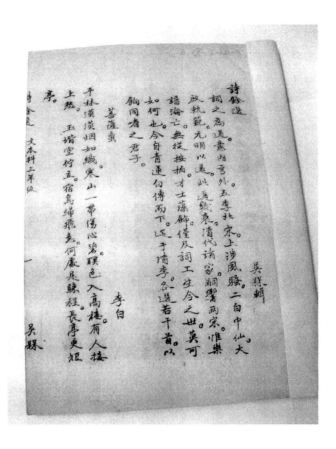

图 19　巴黎藏老
北大讲义

确规定："文科国文门设有文学史及文学两科，其目的本截然不同，故教授方法不能不有所区别。"前者的目的是"使学者知各代文学之变迁及其派别"，后者的功用则为"使学者研寻作文之妙用，有以窥见作者之用心，俾增进其文学之技术"。所谓的"中国文学"，分文、诗赋、词曲三类教授（小说课程必须等 1920 年鲁迅讲授中国小说史起，才正式成型）。按照该"教授案"的规定："第一第二两学年各类文（文、诗赋、词曲）皆当教授。第三学年用选科制，使学生就文、诗赋、词曲三类中，各以性之所近选择一类或二类精心研习。一类中又可分时代家数，或专习一代，或专习一家。"[1]一年半后，国文教授会再次讨论教材及教授法之改良，到会十五人，包括钱玄同、刘半农、吴梅、马幼渔、沈兼士、朱希祖等。为便于交流磋商，此次教授会甚至决定"教员会分五种"：文学史教员会、文学教员会、文字学教员会、文法教员会、预科国文教员会。[2]真没想到，新文化运动时期，北大国文门的教学，"文学史"与"文学"两门课程，竟然分得这么清。1925年和1934年，北大中文系的课程有过两次较大规模的调整，眼看教学体制日趋完备，专业分工日见细密，选修课越开越多，但文学类的必修课包括"中国文学"和"中国文学史"两者，这点没有变化。

一讲历史演变，一重艺术分析，在早年北大的文学教育中，二者各司其职，各得其所。记得胡适晚年曾称自己的小说考证"完全是文学史的看法，不是研究文学的看法"[3]。此文因系答问，并非正式论述，有点语焉不详；可细察胡适一贯思路，不难明白他是将系统的、科学（实证）的、侧重历史演进的、可以"拿证据来"的研究，称为"文学史的看法"；而将零碎的、感悟式的、侧重审美批评的、无法"拿证据来"的研究，称为"研究文学的看法"。当初以为是胡适的个人偏好，现在看来，那很可能是五四时期北大学人的共同趣味。

大学中文系的文学教育，"文学"与"文学史"并重，这本来是个很好的设计。可惜的是，1950年代以后，随着"文学史"课程的一家独大，文学教育出现了很大的偏差。教师蜻蜓点水，学生走马观花，只记得一大堆关于文学流派、文学思潮以及作家风格的论述，却没有

---

[1] 《文科国文学门文学教授案》，1918年5月2日《北京大学日刊》。

[2] 《国文教授会开会纪事》，1919年10月17日《北京大学日刊》，见王学珍等主编《北京大学史料》第2卷1709—1711页。

[3] 《什么是"国语的文学"、"文学的国语"》，《胡适讲演》274页，北京：中国广播电视出版社，1992年。

阅读作品沉潜把玩的功夫，故常识丰富，趣味欠佳。关于这一点，我曾撰文讨论[1]；可惜当时没有追溯到新文化运动时期的课程设计，否则会有更好的发挥。

行文至此，不妨略做摇曳。在巴黎阅读早年北大讲义，如遇故人，感慨良多。除了文学教育该如何设计，还有就是明白何谓"新青年"。为了考察这些讲义的主人，翻阅《国立北京大学廿周年纪念册》(1918)，发现其中有"现任职员录"。略做编排，文本科及预科的教员中，年龄最大的崔适 67 岁，其次辜鸿铭 62 岁，57 岁的叶瀚和 54 岁的陈汉章，也都已经是老教授了。其他的著名教授，黄节 41 岁，朱希祖40 岁，吴梅 39 岁，朱宗莱 38 岁，章士钊 37 岁，沈尹默 36 岁，刘师培 35 岁，周作人 35 岁，马叙伦 34 岁，黄侃 33 岁，钱稻孙 33 岁，钱玄同 32 岁，陈大齐 32 岁，沈兼士 32 岁，陶孟和 31 岁，王星拱 30 岁，何炳松 29 岁，胡适 28 岁，刘半农 28 岁，朱家华 26 岁，梁漱溟 26 岁，徐宝璜 25 岁。这里所报的，有虚岁也有实岁，照录当年表格，以资考证。只有吴梅多报了 5 岁，是个特例，必须纠正。据说脾气很大的刘文典，当年也才 28 岁。至于没填岁数的刘师培，时年虚岁 35。管理层中，校长蔡元培 50 岁，文科学长陈独秀 40 岁，图书主任李大钊 30 岁。以今天的眼光来衡量，这是一个何等年轻的学术队伍！可正是这些"新青年"，开启了政治、思想、学术上的新时代。此系闲话，就此打住。

三 不该被遗忘的"文学史"

谈论现代中国的文学史书写，一般都会提及两个教育机构——北

---

[1]　参见拙文《"文学"如何"教育"》，2002 年 2 月 23 日《文汇报》。

京大学和东吴大学。这自然是因为，两部国人所撰最早的《中国文学史》，是由这两所大学的教员——福建闽侯人林传甲（字归云，号奎腾，1877—1922）和江苏常熟人黄人（原名振元，中年改名人，字慕韩，号摩西，1866—1913）——所完成的。关于这一点，学界多有评说。[1] 其实，还有另外一位与这两所大学都有瓜葛的著名学者，同样对早期的文学史书写做出过很大贡献，那就是江苏吴县人吴梅（1884—1939）。

1917—1922 年之出任北大教授，确实使得吴梅大展身手[2]；可此前之执教东吴，作为学者的成长历程，同样值得关注。1905 年，年仅22 岁的吴梅，因好友黄摩西的举荐，得以进入东吴大学任教习。虽然任教东吴那几年（中间曾赴开封游幕），吴梅收入低微，生活及情绪均很不稳定，但结识了诸多诗文词曲名家，对其日后在北京大学、中央大学等的良好发展，有着直接的关联。其中最有意义的，是与小说批评家兼文学史家黄人的深入交往。

此前，愤于戊戌变法失败，六君子被杀，吴梅撰《血花飞》传奇，黄摩西为之作序。传奇因惧祸被烧，黄序则幸而保存下来。照吴梅自己的说法，他之专攻词曲，"又得黄君摩西相指示，而所学益进"[3]。

---

[1] 参见黄霖《近代文学批评史》第九章（上海：上海古籍出版社，1993 年），夏晓虹《作为教科书的文学史——读林传甲〈中国文学史〉》（《文学史》第 1 辑，北京：北京大学出版社，1995 年），王永健《"苏州奇人"黄摩西评传》（苏州：苏州大学出版社，2000 年），戴燕《文学史的权力》附录一、三（北京：北京大学出版社，2002 年）和陈国球《文学史书写形态与文化政治》第二章（北京：北京大学出版社，2004 年）等。

[2] 王卫民：《吴梅评传》（石家庄：河北教育出版社，2002 年）称："总而言之，这五年时间是他一生中最愉快向上的五年。在学术界和戏曲界知名度越来越高，影响也越来越大。"（26 页）

[3] 参见《奢摩他室曲话·自序》，《吴梅全集·理论卷》1139 页，石家庄：河北教育出版社，2002 年。另，金天羽《天放楼续文言》卷四《苏州五奇人传》中谈及黄人："传奇倚声，与吴梅伯仲，二子友好无间。慕韩于律度不能沉细，若丰文逸态往往驾吴梅而上。"

在连载于《小说月报》第 4 卷 9—12 号的长篇笔记《蠡言》中，吴梅也曾专门谈及"余主教东吴时老友"黄慕韩（摩西）：

> 为人奇特，丁内艰后，即蓄发，蓬蓬然招摇过市，人皆匿笑之。其于学也，无所不窥，凡经史、诗文、方技、音律、遁甲之属，辄能晓其大概。故其为文，操笔立就，不屑屑于绳尺，而光焰万丈，自不可遏。
>
> ……大抵慕韩词境，舛于律而妙于语，故长调往往有疏误处，盖才大而心粗，可定其为人矣。闻近发癫疾，未始非好奇之害中之也。[1]

欣赏老友之于学"无所不窥"、为文"操笔立就"，但对其"才大而心粗"，则又不无微词。这段人物品鉴，相当精到；更重要的是，让我们明白吴梅的诗文及学术趣味——追求专精而不是广博，讲究细密而不是粗疏。

这与现代学术之专业化趋向，可谓不谋而合。后世的研究者，大都对吴梅在词曲创作及研究方面的贡献赞不绝口。这当然没错，在现代中国学术史上，我们确实只能谈论吴梅所专擅的词曲研究。可现实生活中的大学教授吴梅，除了词曲，还教诗文，还讲文学史。抹去了这些边边角角，只谈其主要功业，既非"全人"，也非"全文"。

就以讲学北大五年为例，被记忆的，都是吴梅最为擅长的词曲之学。及门弟子任中敏在《回忆瞿庵夫子》中，谈及蔡元培长校时北大文科之兴盛："当时中国文学之教授，有刘申叔师教文；黄晦闻师教

---

[1] 《蠡言》，《吴梅全集·理论卷》1466—1470 页。

诗；瞿庵夫子教词曲。"[1] 这与吴梅本人在《仲秋入都别海上同人》诗注所说的若合符节："时洪宪已罢，废国学，征余授古乐曲。"这一讲授，因有《词余讲义》传世，广为人知。此书日后改订为《曲学通论》，由商务印书馆刊行，与《顾曲麈谈》《南北词简谱》鼎足而三，成就吴梅"曲学大师"的盛名。[2] 而 1919 年北京大学出版部刊行的《词余讲义》，前有吴梅本人自序，交代此书的写作经过：

> 丁巳之秋，余承乏国学，与诸生讲习斯艺，深惜元明时作者辈出，而明示条例，成一家之言，为学子导先路者，卒不多见。又自逊清咸同以来，歌者不知律，文人不知音，作家不知谱，正始日远，牙旷难期，亟欲荟萃众说，别写一书。[3]

自序所说的丁巳之秋（1917）讲学，己未仲冬（1919）成书，明白无误地告诉我们，此书与当年北大的课程建设有直接关联。

可一查北大当年的课程表及教员名录，马上发现一个有趣的问题：吴梅在北大讲授的课程，不仅仅是其最为擅长的"词曲"。《国立北京大学廿周年纪念册》中《现任职员录》称，时年 39（实为 35）、原籍江苏吴县的吴梅，住地安门内二道桥本校职教员宿舍，乃"文本科教授兼国文门研究所教员"[4]。至于吴梅在"文本科"讲授的是什

---

[1] 参见任中敏《回忆瞿庵夫子》，王卫民编《吴梅和他的世界》102 页，石家庄：河北教育出版社，2002 年。

[2] 浦江清：《悼吴瞿安先生》（《戏曲》1 卷 3 辑，1942 年 3 月）一文，如此称颂吴梅："热心教学者前后二十余年，为海内一致推崇之曲学大师"；"治曲之书则有《顾曲麈谈》、《曲学通论》、《南北词简谱》等，而以《南北词简谱》尤为重要。"

[3] 《曲学通论·自序》，《吴梅全集·理论卷》161 页。

[4] 《现任职员录》，载王学珍等主编《北京大学史料》第 2 卷 348 页，北京：北京大学出版社，2000 年。

么课程，在"国文门研究所"指导的又是何等科目，有两份档案，可以帮助我们"解密"。

北京大学档案馆所藏《北京大学文科一览》（1918），提及国文系教员吴梅讲授的课程包括："词曲"，每周十节课；"近代文学史"，每周两节课。而据《国立北京大学廿周年纪念册》中的《各研究所研究科目及担任教员一览表》，文科研究所国文门共开列十个专门科目，吴梅担任指导教授的是"文学史""曲"两门。[1]换句话说，吴梅当年在北大，不管是课程讲授，还是研究指导，都是兼及"文学史"和"词曲"。

北大讲学期间，吴梅除了撰写《词余讲义》，还校勘或编选了《词源》《古今名剧选》《词选》（《诗余选》）等，可谓硕果累累。至于文学史，则似乎没有任何著述。其实，按照当时北大校方的规定，教授讲课，必须发放讲义，像刘师培的《中国中古文学史》、鲁迅的《中国小说史略》以及吴梅的《词余讲义》等一代名著，最初都是发放给听课学生的讲义。念及此，偶尔也会遥想以词曲名家的吴梅，其讲授中国文学史，究竟是何等模样。

一个偶然的机遇，使我得以梦想成真。今年（2004）春天，在法兰西学院汉学研究所的图书馆里，我居然"邂逅"了吴梅当年在北大讲授中国文学史课程时的讲义。说"邂逅"，是因为虽有预感，但不敢确认天底下真有此书。北大档案馆、图书馆里没有收藏，各种传记及书目里也未见提及，我只是凭常理推测。没想到，这一猜真猜对了。

做过大学史研究，对早年北大的文学课程建设颇多了解，再加上读过关于鲁迅油印本《小说史大略》的介绍，在一大堆杂书里，我一眼就盯上了吴梅的《中国文学史》。这是当年老北大讲义的统一格式，

---

[1] 《各研究所研究科目及担任教员一览表》，载王学珍等主编《北京大学史料》第2卷359页。

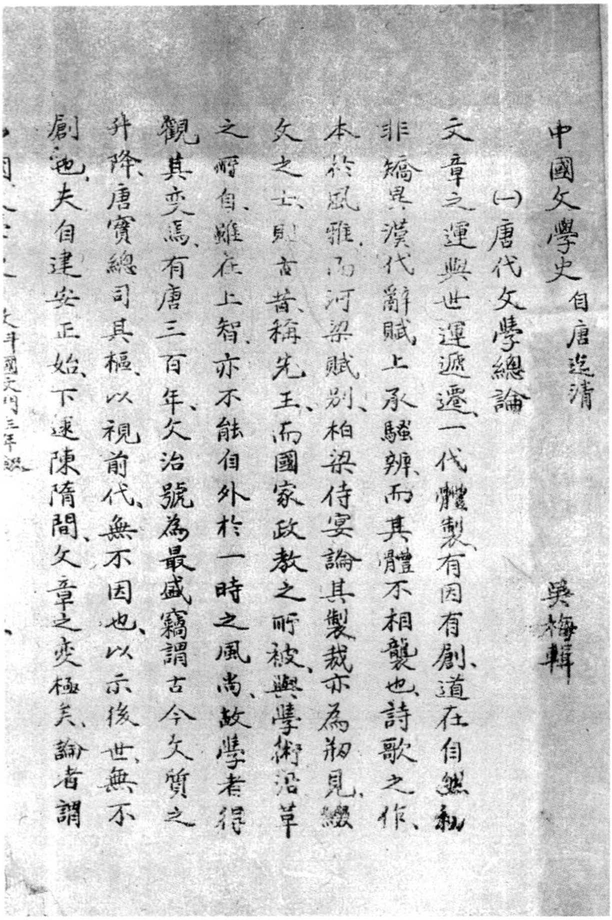

中國文學史 自唐迄清
吳梅輯
(一)唐代文學總論
文章之運與世運遞遷，一代體製有因有創，道在自然，非矯異。漢代辭賦上承騷辨，而其體不相襲也。詩歌之作，本於風雅，而河梁賦別，柏梁侍宴，論其製裁，亦為初見。綴文之士，則古昔稱先王，而國家政教之所被，與學術沿革之所自，雖在上智，亦不能自外於一時之風尚，故學者得觀其變焉。有唐三百年，文治號為最盛，竊謂古今文質之升降，唐實總司其樞，以視前代，無不因也，以示後世，無不創也。夫自建安正始，下逮陳隋間，文章之變極矣，論者謂
文科國文門三年級

图 20　吴梅《中国文学史》

即用毛笔蘸硝镪水抄写在透明纸上，油墨印刷，黄色的毛边纸，双面折叠，每面 10 行，每行 20 至 24 字，骑缝上写“中国文学史　文科国文门三年级 吴梅”字样，表示讲授的课程、学生的级别、著述及教授者。中间部分标有页码，偶尔也会露出不同誊写者的姓氏，那是为了学校与抄工结算方便。

这套《中国文学史》，共三册， 封面署名“吴”；内文则是“中国

文学史——自唐迄清"，署"吴梅辑"。这里的"中国文学史——自唐迄清"，正是《北京大学文科一览》标明的吴梅负责讲授的"近代文学史"。早年模仿日本人著作而编撰的文学史，颇有分上古、中古、近古，而且以唐代作为近古的起点的。[1] 查 1917 年北京大学的课程表，中国文学门共讲授三个学年的"中国文学史"，每周三学时，其中第一学年讲"上古迄魏"，第二学年讲"魏晋迄唐"，第三学年讲的正是"唐宋迄今"。[2]

这套为中国文学门三年级学生编撰的《中国文学史》，其实只讲到了明代；而且，三册之中，有一册半是作品选。其中文学史论述分三部分：（一）唐代文学总论，共 68 页；（二）宋元文学总论，共 35 页；（三）明文学总论，共 45 页。其中（一）（二）合为第一册，（三）和"中国文学史附录"的唐代篇（共 81 页）合为第二册，"中国文学史宋元篇附录"加上"附录的附录"——"明人传奇目"和"明人杂剧目"，共 95 页，独立成为第三册。

单是章节安排，也能约略看出吴撰《中国文学史》的基本构架。"唐代文学总论"分为：（甲）文、（乙）诗、（丙）词、（丁）史、（戊）小说、（己）缁徒文学，共六节；"宋元文学总论"分为：（甲）文、（乙）诗、（丙）词、（丁）曲、（戊）史、（己）语录、（庚）小说、（辛）时文，共八节；"明文学总论"分为：（甲）文、（乙）诗、（丙）词曲、（丁）道学、（戊）制艺、（己）小说，共六节。今天的读者可能感到诧异的是，吴梅将史著、语录、道学、制艺等，放到文学史中来加以论述。但如果熟悉早年的文学史书写，比如林传甲、黄人、曾毅、谢无量、胡怀琛等人的

---

[1]　参见上海泰东图书局 1915 年刊行的曾毅著《中国文学史》和上海中华书局 1918 年刊行的谢无量著《中国大文学史》。

[2]　朱有瓛主编：《中国近代学制史料》第 3 辑下册 99 页，上海：华东师范大学出版社，1992 年。

著作，你就能坦然面对这种"体例的混乱"，甚至反过来思考：近百年来以西方"纯文学"观念为尺度，剪裁而成的"中国文学史"，或许是一种削足适履？具体论述可以商榷，但谈中国古代文学，不能完全脱离史著、语录、道学、制艺等"杂文学"（借用五四新文化人的术语），这点我同意。

1930 年代，吴梅为郑振铎编《清人杂剧》二集作序，其中有云："摩西谓明人之制艺传奇，清之试帖诗，皆空前之作。余深韪其言。"[1] 实际上，黄、吴各自所撰《中国文学史》讲义，在关注八股这点上 [2]，多有相通处。不过，与其探讨吴梅之"时文""制艺"观，还不如关注其关于小说戏曲的意见，那更是其本色当行。

这里选两段关于唐传奇以及元杂剧的评述，希望能大致显示吴梅《中国文学史》讲义的写作风格及学术品位：

> 唐人小说，多成于下第之士，及失职侘傺者，以仙侠神怪闺襜姚冶，寄其无聊不平之感，盖属写情派，而非如前代小说之仅事叙述者可比，故小说升（？）至唐而始广。唯作者多无根据，仍胚胎于诗赋，词藻虽可动人，而考订竟成凿空。其弊则绮靡繁冗，绝少蕴藉，此固根于风会之升降。而其旨趣尤多轻薄逸荡，其简删之多，门类之繁，比诸前世实不可同年而语矣。唯其间有一大别者：唐以前之小说，为《虞初周说》之遗，《艺文》所录，实资考证者也；唐以后之小说，则变为俗语，而以子虚乌有之

---

[1] 《清人杂剧二集序》，《吴梅全集·理论卷》1019 页。

[2] 黄人：《中国文学史》第二编"略论"中称明代文坛最值得关注的有二：一是无韵之八股，一是有韵之传奇。前者之所以重要，原因是"三百年来十八行省之儒冠儒服者，毕生精力集此一点，取精多而用物宏，自当化臭腐为神奇，于文学界上别树一帜"。见黄人著、江庆柏等整理《黄人集》343 页，上海：上海文化出版社，2001 年。

词，以肆其抑塞不偶之旨，如金元诸作是也。（"唐代文学总论"第65页）

> 元小说戏曲家，大都穷处民间，不屑干禄胡人之朝。而以游戏笔墨描写社会状，以发其郁勃不平之气，兼资劝惩，斯亦其人之高志。而自《西厢》《琵琶》而后，学者各从其性之所近而从事摹效。其学《西厢》者，如《幽闺》《拜月》直至临川四梦、粲花五种是也；其学《琵琶》者，如《荆钗》《杀狗》《白兔》是也。愿就余鄙见论之：学《琵琶》者易失俚俗，学《西厢》者易涉纤浮。二者皆有偏弊，而学《西厢》则不失正音。盖纤浮可改，而俚俗则深入骨髓，不可洗伐焉。（"宋元文学总论"第18页）

小说非吴梅所长，涉及唐人传奇时，不免多有借鉴；而谈论戏曲，对于吴梅来说，无疑更为得心应手。若学《西厢》与学《琵琶》之差异，便非常人所能道。在北大讲坛上纵论南曲北曲、杂剧传奇，吴梅可谓如鱼得水。因为，当年他正是凭借这本《顾曲麈谈》（上海：商务印书馆，1916年），作为"古乐曲教授"，昂然走进这最高学府的。[1] 不过，《中国文学史》之谈论词曲，与《顾曲麈谈》重叠的地方很少；反过来，倒是讲课时的不少奇思妙想，影响其日后的相关著述。比如以下这段评论汤显祖《玉茗堂四梦》的文字，日后几乎原封不动地进入《中国戏曲概论》（上海：大东书局，1926年），成为"卷中"第三节"明人传奇"中的"《四梦》总论"[2]：

---

[1]　陈舜年回忆吴梅自述云："一九一七年，吴梅三十四岁，当时北京大学校长蔡元培，在旧书肆中，购得《顾曲麈谈》一书，阅览之后，颇为赞赏。时值陈独秀主持北大文科，特出面礼聘至北大任古乐曲教授。"参见《吴梅全集·日记卷》936页。

[2]　参见《中国戏曲概论》卷中第三节，《吴梅全集·理论卷》286页。

及至茗四梦出，奇情壮采，卓立词家之上，后有作者，不能过也。明之中叶，士大夫好谈性理，而多矫饰，科第利禄之见深入骨髓。若士一切鄙夷，故假曼倩诙谐、东坡笑骂，为色庄中热者下一针砭。其自言曰：他人言性，吾言情。又曰：理之所必无，安知情之所必有。又曰：人间何处说相思，吾辈钟情知（似）此。盖为至情可以超生死，通真幻，忘物我，而永无消灭。否则形骸尚虚，何论勋业；仙佛皆妄，况在富贵？世之持买椟之见者，徒赏其节目之奇，词藻之丽；而鼠目寸目（光）者，则诃为绮语，诅以泥犁，尤为可笑。夫寻常传奇，必尊生角。而《离（还）魂》柳生，则秋风一棍，黑夜发邱，而俨然状头也；《邯郸》卢生，则奁具夤缘，徼功纵敌，而俨然功臣也。若十郎慕势负心，襟裾牛马，废弁贪酒纵欲，匹偶虫蚁，一何深恶痛绝之至于此乎！故就表面言之，则四梦中之主人，为杜女也，霍郡主也，卢生也，淳于棼也；即在深知文义者言之，亦不过曰，《还魂》鬼也，《紫钗》侠也，《邯郸》仙也，《南柯》佛也。此说固善。而在作者之意，则以冥判、黄衫客、吕翁、契立（玄）为主。人所谓鬼侠仙佛，竟是曲中主意，而非寄托。盖前四人为场中之傀儡，而后四人则提掇线索者也；前四人为梦中之人，后四人为梦外之人也。既以鬼侠仙佛为主，则主观的主人即属于冥判等，而杜女诸人仅为客观的主人而已。玉茗天才，所以超出寻常传奇家百倍者，即在此处，非"词藻胜人"四字可以尽之也。宁庵守律，兢兢寸黍，以较海若，不特婢子之与夫人，直是小巫之见大巫（注略）。而世以汤沈并称，可谓拟非其伦矣。（"明文学总论"第23页）

值得注意的是，这段论述日后进入《中国戏曲概论》时，"宁庵守律"这几句被删去。在《顾曲麈谈》中，吴梅对"于音律一道，独有神悟"

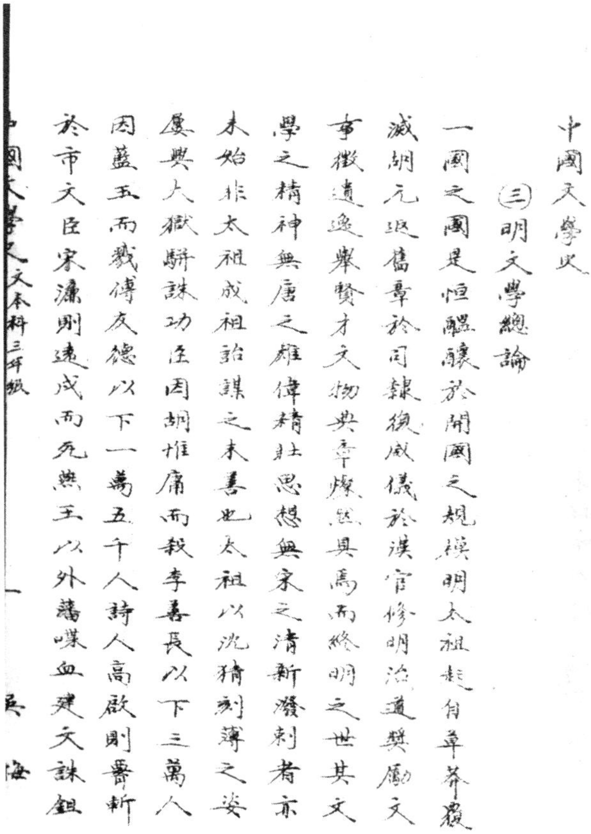

中國文學史

(三)明文學總論

一國之風氣恒醞釀於開國之規模明太祖起自草莽滅胡元退舊章於司隸復威儀於漢官修明治道獎勵文事徵遺逸舉賢才文物典章燦然具焉而終明之世其文學之精神無唐之雄偉精壯思想無宋之清新潑剌者亦未始非太祖成祖詒謀之未善也太祖以沈猜刻薄之姿屢興大獄駢誅功臣因胡惟庸而殺李善長以下三萬人因藍玉而戮傅友德以下一萬五千人詩人高啟則腰斬於市文臣宋濂則遠戍而死燕王以外藩喋血建文誅鉏

中國文學史 文本科三年級 一 吳梅

图 21　吴梅《中国文学史》

的沈璟（字伯英，号宁庵，世称词隐先生）评价很高，并将其与汤显祖相提并论：

> 余谓二公譬如狂狷，天壤间应有两项人物，倘能守词隐先生之矩镬，而运以清远道人之才情，岂非合之两美乎？[1]

[1]　《顾曲麈谈》第四章，《吴梅全集・理论卷》148 页。

以吴梅对于曲律的重视，欣赏沈璟，本在意料之中。反而是北大讲学时之刻意贬抑，颇为出人意外。这大概只能解释为当年北大重自然、尊个性、反格律的风气使然。

毕竟是讲义，此书还是明显带有急就章的成分。比如，明明知道"有唐一代，文学极盛之时也，而其垂范后世者，尤莫若韵文"（49页），可论及唐诗，作者仅用了10页的篇幅，这与讨论唐文的整整47页，实在太不成比例了。如果作者"重文轻诗"，故意要这么做，那也是一种说法；可如果是这样，怎么解释唐文47页，宋文5页半？关于唐文的论述，占去整部文学史将近三分之一。如此比例失调，并非代表吴梅本人的艺术趣味，更大的可能性是：一开始，作者备课十分认真，讲稿写得很细；可很快地，发现时间紧迫，根本无法仔细斟酌从容撰述，于是只好匆促上阵。

其实，不完全是时间问题；在我看来，更大的危机在于，吴梅的学术路数，与那个时候在北大占主流地位的"文学史"想象，有很大的缝隙。1918年5月2日的《北京大学日刊》上，曾刊出是年4月30日国文教授会议议决的"文学教授案"，称"文科国文门设有文学史及文学两科，其目的本截然不同，故教授方法不能不有所区别"。依此标准，吴梅在北大所承担的两门课程，一属"文学史"（"近代文学史"），一属"文学"（"词曲"）。若《词余讲义》之"明示条例，成一家之言，为学子导先路"，以及"大抵作词规范，粗具本末"，那是吴梅的拿手好戏；至于像《中国文学史》那样，辨析什么"文章之运与世运递迁，一代体制，有因有创，道在自然，初非矫异"，确实非吴梅所长。[1]

如果真像吴梅所概括的，黄人文章的特点是"不屑屑于绳尺"，那么，吴梅本人著述的特点，则是"不屑屑于考据"。我相信浦江清、

---

[1]　参见吴梅《词余讲义·自序》以及《中国文学史》讲义第1页。

钱基博以及唐圭璋的说法，近代研究戏曲贡献最大的，当推王国维和吴梅二人——前者重历史考证，后者重戏曲本身。能作、能谱、能唱、能演的吴梅先生，其对于戏曲艺术本身的领会与体悟，明显在王国维之上[1]；但若谈及现代中国学术之建立，则王国维的贡献更为人称道。

相对而言，吴梅更像是艺术修养很高的传统文人，一旦进入专业著述（比如撰写文学史或戏曲史），其治学的随意和考证的疏忽，这方面的缺失便暴露无遗。叶德均称作为戏曲史专家的吴梅，只关注曲文是否合谱合律，没有更广阔的学术视野；凭感觉随意下断语，有时甚至是漫不经心一挥而就。[2] 这样的批评，并非毫无道理。[3] 长于"研寻作文之妙用"的吴梅，其实不太适合于"述明文章各体之起源及各家之流别，至其变迁"。明白这一点，对刚刚发现的《中国文学史》讲义，不必抱过高的企望——此书可以让我们更好地理解吴梅的学术思路，但不至于"重塑"吴梅学术形象。

接下来的问题是：吴梅本人以及当年的众多学生，为何有意无意地遗漏其"中国文学史"课程与撰述？[4] 先说吴梅本人。文学史乃学

---

[1]　参阅浦江清《悼吴瞿安先生》，见《吴梅和他的世界》61—63 页；钱基博《现代中国文学史》313 页，长沙：岳麓书社，1986 年；唐圭璋《回忆吴瞿安先生》，见《吴梅和他的世界》83—88 页。

[2]　参见叶德均《吴梅的〈霜厓曲跋〉》，《戏曲小说丛考》484—494 页，北京：中华书局，1979 年。

[3]　邓乔彬：《吴梅研究》（上海：华东师范大学出版社，1990 年）大致赞同叶德均的意见，引录叶文后称：吴梅"于批评不乏卓见，于考证则失于随意，粗疏"（109 页）；任中敏则对叶德均的批评非常反感，在《回忆瞿庵夫子》（《吴梅和他的世界》102—105 页）一文中，骂叶为"妄人"，还在注释中揭发其"于 1957 年自杀"（据赵景深《〈戏曲小说丛考〉序》，叶于 1956 年 7 月 6 日去世），顺带讥讽代编遗著的赵景深"对外隐瞒其自杀"。所谓"'有识之士'又何以终于自杀？真正费解之至"——如此反批评，实在过于刻毒。

[4]　王卫民编《吴梅和他的世界》一书，收录五十多篇师友追忆及研究文章，多提及吴梅的北大讲学，但又都遗忘其"文学史"课程。

校规定的必修课程，作为教员，不管你喜欢或不喜欢，你都必须认真准备，并按时走上讲台。或许，"文学史"更适合于"才大而心粗"的黄摩西，而不是性格沉潜、风流蕴藉、更喜欢专精之学的吴梅。因此，不管是早年任教北大、中大，还是抗战中流徙广西、云南，吴梅都不曾提及其北大时期的文学史著述。去世前几个月，吴梅给弟子卢前写信，作身后之托：

> 计生平撰述，约告吾弟，身后之托，如是而已。《霜厓文录》二卷未誊清，《霜厓诗录》四卷已成清本，《霜厓词录》一卷已成清本，《霜厓曲录》二卷已刻，《霜厓三剧》三种附谱已刻。此外如《顾曲麈谈》、《中国戏曲史》、《辽金元文学史》，则皆坊间出版，听其自生自灭可也。唯《南北词简谱》十卷，已成清本，为治曲者必需之书，此则必待付刻，与前五种同此行世。[1]

回首平生，清点自家著述，居然只字未及《中国文学史》，可见这三册讲义，在吴梅心目中没有什么地位。

无论是及门弟子，还是后世的研究者，都称吴梅为词曲研究大家。其实，这一当之无愧的"赞誉"，还可以进一步细化。在我看来，同是词曲研究，《顾曲麈谈》《曲学通论》《词学通论》等"创作论"，明显优于《中国戏曲概论》《元剧研究》《辽金元文学史》等"文学史"。换句话说，需要广博学识以及专精考辨的文学史著述，非吴梅所擅长。当年任教北大，因课程设置的缘故，曾经勉为其难，编撰了日后遗失在海外，而又被我捡回的这三册《中国文学史》。

记得钱穆《师友杂忆》最后一章，有这么一句妙语："能追忆者，

---

[1] 《与卢前书》，《吴梅全集·理论卷》1135 页。

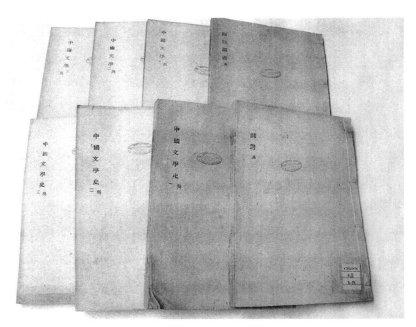

图 22　巴黎藏老北大讲义

此始是吾生命之真。其在记忆之外者，足证其非吾生命之真。"[1] 不只
讲学南京时不追忆，流徙西南时也不提及，北大版《中国文学史》，看
来没有能够成为吴梅先生"生命之真"。行文至此，平添几分懊丧：
焉知我兴奋不已的发掘，不是吴梅所要刻意抹去的？即便不是刻意抹
去，如此无意的遗忘，也都值得细细体味。

　　不想刻意拔高这失落在海外的《中国文学史》，我只把它作为一代
戏曲研究大家曾经有过的"飞鸿踏雪泥"。而这依稀的印记，对于我们
理解早年的文学史教学与著述，自信还有一定的意义。

---

[1]　钱穆：《八十忆双亲·师友杂忆》320 页，长沙：岳麓书社，1986 年。

四 八十年前的中学国文教育之争

2002年春夏间，收藏家程道德教授给我看了装裱好的八页梁启超（1873—1929）手稿，后面有文物鉴定专家史树青先生的跋，称"此梁任公先生手书清华学校讲稿也。……任公此文写于民国十四年任教时，谓学生作文不拘文白，亦先生生平为文主张也"。因术业有专攻，史先生跋语中间部分的铺陈多有失误；至于断此乃梁启超手书，我是信服的。除了纸张及书风，我更看重文稿的内容，并认定这方面的考辨更有价值。八纸文稿背后，隐含着一段现代思想文化史上引人注目的故事，其所涉及的中学国文教育，时至今日仍是个棘手的难题。前几年的中学语文教学之争，放在历史上看，乃是其流风余韵。

以下先谈这八页手稿，考定其写作时间及机缘，努力回到当初争辩的现场，最后再引出此话题的现实意义。

文稿写在"清华学校用笺"上，第一页还圈着"接笔记稿"四字；页数有两套系统，一是汉字的一至八，一是阿拉伯数字的26至33。此细节提醒我们，这不是完整的文章，必须考出其来龙去脉，方能准确理解梁启超的思路。

梁启超1925年起出任清华学校研究院国学门导师，这点世人皆知。故一见八行笺上有"清华学校用笺"字样，史先生当即断言："任公此文写于民国十四年任教时。"但依我的看法，此文的写作时间应提前，很可能撰于1922年的秋冬之际，地点是南京的东南大学。

单从用笺本身，其实无法判定此文的写作时间；因梁氏之使用清华用笺，早在出任清华国学院导师十年以前。1914年冬天，梁启超辞币制局总裁职，假馆于北京西郊清华学校，著《欧洲战役史论》；1920年春天欧游归来，梁启超更是多次在清华学校讲学。而据丁文江、赵

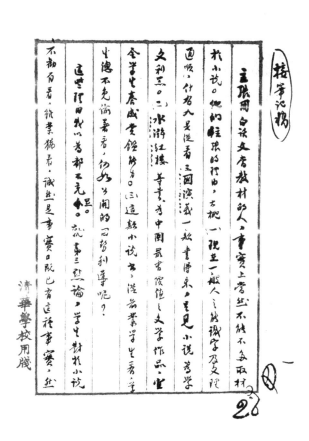

图23　梁启超手稿

丰田编《梁启超年谱长编》，1922年春天，"先生在清华学校讲学"；4月起则辗转于北京、天津、济南、南京、上海、南通等地，为各学校及社会团体做专题演讲。其中，在南开大学、东南大学暑期学校所作的系列讲演，均以"中学以上作文教学法"为题。[1]

这两次系列讲演，恰好都有文章传世，拿来与这回发现的八页手

[1]　参见丁文江、赵丰田编《梁启超年谱长编》949—977页，上海：上海人民出版社，1983年。

稿相对照，很容易发现三者之间互相勾连。八张文稿所表达的主要意见，与1936年上海中华书局出版的《饮冰室合集·专集》第十五册《作文教学法》，以及1925年上海中华书局出版的《（梁任公先生讲）中学以上作文教学法》，有很多相近或相通处，但又明显有所区别，很像是对前两者的补充说明。

《作文教学法》初刊《改造》4卷9号时，题为《中学以上作文教学法》（全文共12节，此处只刊9节）。此号《改造》明显脱期，不可能像其标明的那样，出版于1922年5月15日。梁启超喜欢在演讲中插入本地风光，所谓"例如作一篇南开暑期学校记"云云，可以帮助我们确定《改造》版《中学以上作文教学法》的写作时间。1922年7月24日梁氏《与佛苏吾兄书》，提及其在南开暑期学校的讲学任务7月29日方才完成，"而弟现时预备讲义夜以继日"[1]，更是证明讲稿不可能在此之前发表。

《（梁任公先生讲）中学以上作文教学法》中有四处提到东南大学或南师附中，不难判断，此乃1922年8月梁启超在东南大学暑期学校的讲演。这一点，因笔记者卫士生、束世澂的序言交代得很清楚，学界早已了如指掌。这两个讲稿大不一样，一是自己撰写，一是他人笔录。判别讲演者有无现成讲稿，只看论述的语气以及使用的资料，也能猜个八九不离十。关于后者，梁启超曾说登台前没有准备，那是有点夸大其词；但手头没有现成讲稿，却是真的。天津讲演的稿子已经交给《改造》杂志，南京的讲演于是多有发挥，也多凭记忆。两次讲演"中学以上作文教学法"，大的思路是一致的。不过，后者明显旁枝逸出，峰回路转，成了新的著述。梁氏允许其单独刊行，不无道理。

讲演者的现场发挥，到了整理成文时，常常需要改头换面，或者

---

[1]　丁文江、赵丰田编《梁启超年谱长编》961页。

严加约束。因脱口而出的妙语，现场效果很好，可换一个场合，很可能不合时宜。说者无心，"读者"有意，说不定会引起不必要的纠纷。尤其是新旧文化论争正烈之际，梁启超跑到《学衡》派的大本营来谈论文言与白话，无论如何表态，都会得罪人。随便讲讲还可以，一旦落实为文字，不能不有所顾忌。这也是梁启超犹豫再三，没有马上答应笔记者刊行讲稿的要求，而是称需要修改乃至重写的缘故。

在东南大学暑期学校讲演"中学以上作文教学法"时，梁启超围绕文言与白话，将南北两大学的论争拉扯进来：

> 我主张高小以下讲白话文，中学以上讲文言文，有时参讲白话文。做的时候文言白话随意。以为"辞达而已"，文之好坏，和白话文言无关。现在南北二大学，为文言白话生意见；我以为文章但看内容，只要能达，不拘文言白话，万不可有主奴之见。[1]

如此"严守中立"，"不拘文言白话"，估计北京大学与东南大学的先生们都不领情。但此时此地做如此表态，梁启超主要针对的，并非明显处守势的《学衡》诸君，而是风头正健的新文化人。

当笔记者提出将此讲稿公开刊行时，梁启超在回信中单挑国文教学中的"文白之争"，再次表明自己的态度：

> 中学作文，文言白话都可；至于教授国文，我主张仍教文言文。因为文言文有几千年的历史，有许多很好的文字，教的人很容易选得。白话文还没有试验的十分完好，《水浒》、《红楼》固然

---

[1] 梁任公讲演、卫士生等笔记：《中学以上作文教学法》53 页，上海：中华书局，1925 年。

是好的；但要整部的看，拆下来便不成片段。[1]

这段话必须与任公先生发表在《改造》上的《中学以上作文教学法》对照阅读，方能明白其真实的意旨。后者第一节上有一关键性的注释，值得抄录：

> 有人主张拿几部有名的小说当教材。我认为不妥。因为教授国文的目的，虽不必讲什么"因文见道"，也应该令学生连带着得一点别的智识，和别的科学互相补助。像那纯文学的作品，《水浒》《红楼》之类，除了打算当文学家的人，没有研究之必要。此其一。要领略他文章妙处，非全部通读不可。如此庞大的卷帙，实不适学堂教科之用。此其二。体裁单纯，不彀教授举例。此其三。[2]

这里所说的"有人"，明显指的是胡适。因此前两年，胡适撰《中学国文的教授》，其中提及"国语文的教材与教授法"，第一要点便是"看小说"：

> 看二十部以上，五十部以下的白话小说。例如《水浒》、《红楼梦》、《西游记》、《儒林外史》、《镜花缘》、《七侠五义》、《二十年目睹之怪现状》、《恨海》、《九命奇冤》、《文明小史》、《官场现形记》、《老残游记》、《侠隐记》、《续侠隐记》等等。此外有好的

---

[1]　参见卫士生、束世澂：《〈中学以上作文教学法〉序言一》，《中学以上作文教学法》。

[2]　梁启超：《中学以上作文教学法》，《改造》4卷9号，1922年5月15日（延期出版）。

短篇白话小说，也可以选读。[1]

单看这段话以及梁启超的反驳，你会觉得胡适未免太过分，将一己推崇"白话文学"的主张，贯彻到千百万中学生的阅读中。让学生们整天抱着《水浒》《红楼》，就能学好国文？其实，问题没那么严重。胡适"假定的中学国文课程"，五分之三学古文，五分之二学国语、文法、演说、作文等。[2] 只不过其以章回小说作为中学国文教材的主张更具冲击力，故引起极为广泛的关注。

就在梁启超在东南大学讲演前后不久，胡适就此问题重新阐释。据《胡适的日记》，1922 年的 7 月 6 日上午，"在寓作《再论中学国文的教授》"，下午四时在山东省议会讲演；8 月 17 日"整理在济南的演说辞，重做了二千字"。[3] 这篇刊于 1922 年 8 月 27 日《晨报副刊》的《再论中学的国文教学》，日后收入《胡适文存二集》。在这则由讲演改写的文章中，胡适对前说做了若干修正，最关键的是以下两点。首先，贬低古文教学："三四年前普通见解总是愁白话文没有材料可教。现在我们才知道白话文还有一些材料可用，到是古文竟没有相当的教材可用。"不是古人没留下好东西，而是"古书现在还不曾经过一番相当的整理"，故学生无法自修。一方面为自家提倡的"整理国故"做铺垫，另一方面也是为了强调白话文大有可教。其次，关于国语文教材，前三部分按兵不动，增加了第四部分"古白话文学选本"："依时代编纂，约自唐代的诗，词，语录起，至晚清为止。"[4] 将"选本"

---

[1]　胡适：《中学国文的教授》，《胡适文存》卷一 308 页，上海：亚东图书馆，1921 年。

[2]　同上书，303—324 页。

[3]　参见《胡适的日记》下册 394、430 页，北京：中华书局，1985 年。

[4]　《再论中学的国文教学》，《胡适文存二集》卷四 245—259 页，上海：亚东图书馆，1924 年。

与"史著"结合起来，使得大学教授的专深研究与中小学教员的课堂教学相勾连，此乃胡适等新文化人获得成功的重要保证。

就在这则《再论中学的国文教学》中，有一段十分有趣的插曲。为了说明"吾道不孤"，胡适引证了黎锦熙的意见：

> 这次本社年会国语国文教学分组里，黎锦熙先生提了一个议案，他说："中学作文仍应以国语文为主……愿意学习文言文者，虽可听其自由，但只可当作随意科……"，可以做个参考。[1]

可读胡适 1922 年 7 月 5 日日记，发现在中华教育改进社第一次年会期间，为黎锦熙的议案，胡适与之"辩论甚烈，几乎伤了感情"。黎锦熙所提"议案主文"为：

> 现制高小国文科讲读作文均应以国语文为主；中等各校讲读应以文言文为主，作文仍应以国语文为主；新学制国文课程依次类推。[2]

黎氏的这一主张，与梁启超的设想十分接近。但这一带有"折中色彩"的主张，受到胡适的坚决抵制；适之先生要求将其修改为："当小学未能完全实行七年国语教育之时，中等各校国文科讲读作文亦应以国语文为主。"[3] 这里的差别在于，黎、梁等更多考虑中学教育的特点，以传播知识培养人才为目标；而胡适则担心好不容易取得胜利的白话

---

[1] 《再论中学的国文教学》，《胡适文存二集》卷四 247 页。

[2] 黎锦熙所提"议案主文"，见中华书局版《胡适的日记》下册 394 页。

[3] 参见《胡适的日记》下册 394 页。

文，在其立足未稳之时，会被传统的中小学教育架空。

回过头来，讨论所谓的"接笔记稿"，到底接的是谁家的笔记，以及如何接方才"天衣无缝"。卫、束二君撰于1923年11月的《〈中学以上作文教学法〉序言一》称："这本书是梁任公先生去年在东大暑校讲演的笔记。去年秋梁先生在东大讲学，我们把这篇稿子给他看过，并且告诉他，我们预备刊单行本的意思，他说可以刊的。"先是口头答应，后又改口说准备自己重写，这中间，梁启超必定认真审查过卫、束二君的笔记稿，很可能还动手做了若干修改。只是因工作太忙，加上不久就累倒了，任公先生才没能完成此计划。

任公先生最后还是被笔记者说服，同意刊行此讲义。就在这封写于1924年3月的允许刊行讲义的信件中，梁启超提到最近被邀重讲此课，"我正在要想请两君把笔记稿子寄来当参考品，免得另起炉灶呢"[1]。既然同意印行，而且要求出版后多寄几份当资料，可以判断回到天津以后的梁启超，手头并无此稿。而如果是书出版后所做的校改，则文稿上不该有"接笔记稿"字样。因此，我判断，最大的可能性是，这八页文稿乃1922年秋冬之际，任公先生在东南大学讲学期间所撰。

现在发现的这两千言，应该是插在关于"中学以上讲文言文"那一段。那是此次讲演最容易引起争议的地方，难怪梁先生格外在意。手稿主要讨论"小说是大学文科里主要的研究品，用作中学教材，无论从那方面看，都无一是处"；结尾处的发挥，尤能见出任公先生的自信与风趣："你看国内做白话文做得最好的几个人，那一个不是文言文功夫用得狠深的？你怕学生们多读几篇《史记》《汉书》，便变成《镜花缘》里咬文嚼字的'君子国'吗？不会的。放心罢！"这一补充说明，

---

[1]　参见卫士生、束世澂：《〈中学以上作文教学法〉序言二》，《中学以上作文教学法》。

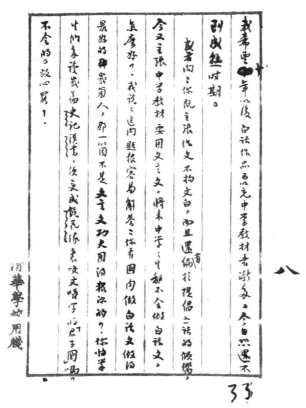

图24　梁启超手稿

与收入《饮冰室合集·专集》十五册里的《作文教学法》相同，只不过意思表达得更为显豁，针对性也更强。或许正因如此，梁启超觉得在充分论证之前，不便公开发表，免得与胡适等新文化人发生激烈的冲撞。

　　其实，在1920及1930年代，关于写好白话是否需要有文言根底的争论，发生过不止一次，而且争论双方都是现代中国文化界举足轻重的人物。比如，朱光潜十分欣赏周作人的文体试验，1926年撰《〈雨天的书〉》，给予大力表彰。文章特别提醒读者：

> 想做好白话文，读若干上品的文言文或且十分必要。现在白话文作者当推胡适之、吴稚晖、周作人、鲁迅诸先生，而这几位先生的白话文都有得力于古文的处所（他们自己也许不承认）。[1]

未见同是新文化运动主将的胡适、周作人对此说发表异议，只有敏感的鲁迅不只"不承认"，还将此番言论与复古思潮联系起来，称此乃"新文艺的试行自杀"。在《写在〈坟〉后面》中，鲁迅批评"青年作者又在古文，诗词中摘些好看而难懂的字面，作为变戏法的手巾，来装满自己的作品"。自认为"从旧垒中来，情形看得较为分明，反戈一击，易制强敌的死命"，鲁迅因此坚持"青年少读，或者简直不读中国书"的说法，而且说，这是"用许多苦痛换来的真话，决不是聊且快意，或什么玩笑，愤激之辞"。不谈思想，单以文章论，鲁迅也主张"博采口语"，而不是阅读古书。[2]

　　1934年，也就是朱光潜发表《〈雨天的书〉》并受到鲁迅严厉批评的八年后，章太炎在纵论"白话与文言之关系"时，称"以此知白话意义不全，有时仍不得不用文言也"；"白话中藏古语甚多，如小学不通，白话如何能好？"[3]此语同样招来白话文提倡者的批评，鲁迅也对其师之"把他所专长的小学，用得范围太广大了"表示不以为然。[4]

---

[1]　明石（朱光潜）：《〈雨天的书〉》，《一般》1卷3号，1926年11月。

[2]　《写在〈坟〉后面》，《鲁迅全集》第1卷282—287页。

[3]　章太炎：《白话与文言之关系》，章太炎主讲、曹聚仁记述《国学概论》（香港：学林书店，1971年）附录，见该书113—121页。

[4]　《名人和名言》，初刊《太白》2卷9期（1935年7月），见《鲁迅全集》第6卷361—364页。

鲁迅等新文化人之所以如此敏感，有文体学方面的考虑，但更主要的，还是基于思想史意义上的"反复古"。

随着时光的流逝，文言白话之争变得越来越遥远，以致逐渐被学者和大众所遗忘。可仔细倾听，你依然能够发现不少隐约的回音。只不过这回更多的是梁启超、朱光潜的意见，而不是胡适或者鲁迅的声音。不见得认定白话文写得好者，文言文功夫必深；但中学语文教育之注重文言文，却是不争的事实。除了"文革"十年，这一主流意见似乎没有受到太多的挑战。最近几年，方才有中学是否需要教学文言的争辩。挑战者称，"古代汉语已经失去了工具效应"，而文言文在中学语文教材中"所占篇幅为三分之一"，为了避免"浪费孩子的青春和民族的智力投入"，不如干脆放弃。[1] 紧接着发表的两则商榷文章，呼吁"勿做汉语的不肖传人"者，用心良苦，可语调过于悲愤；至于主张"应该退出的是现代汉语文章"，则有点"对着干"的味道。[2]

贯穿整个20世纪的"文白之争"，折射出整个中国思想文化界的波澜起伏。此类论争，容易引起研究者的极大兴趣，并被迅速纳入已经定型的"宏大叙事"中。正因为此话题"关系重大"，人们往往更看好高瞻远瞩者，比如像胡适、鲁迅那样着眼于整个思想文化潮流。至于章太炎、梁启超、朱光潜之兼顾文字改革、中学教育或文体实验，则因其稍嫌专业化，而不怎么被社会大众理解，也不怎么受研究者欣赏。

如何调适中学语文课里的文言与白话，作为一种迫在眉睫的教育实践，其实是需要认真对待的。相对来说，此类时尚话题，容易引起史家的注意；而我以为，更值得推荐的，当属梁氏另外两个容易被忽

---

[1]　摩罗：《请文言文退出基础教育》，《粤海风》2001年5期。

[2]　参见刊于《粤海风》2001年6期的《勿做汉语的不肖传人》（王晓华）和《应该退出的是现代汉语文章》（蒋寅）二文。

视的见解。一是强调中学生需要培养欣赏美文的能力，"但中学目的在养成常识，不在养成专门文学家，所以他的国文教材，当以应用文为主而美文为附"。一是主张"学文以学叙事文为最要"，但不应该从小说入手。所谓"有名的史家或叙事文大家，大抵不会做小说；而叙事文的技术，绝非从小说可以学得来"，或许说得过于绝对，但强调叙事文的写作训练，主要在于观察生活与整理资料，而不是驰骋想象力，却是个值得注意的思路。只要对前几年中学语文教学的争辩略有了解，或者对目前散文写作之趋向于虚构有所反省，当能明白我为何关注梁启超的这两段话。

斗换星移，物是人非，八十年前的老古董，不可能成为今人前进的路标；但作为晚清重要的思想家与文体家，梁启超的思考，还是值得我们认真品味。只是有一点必须提醒：讨论任公先生后期的文体意识与教育观念，必须将《中国韵文里头所表现的情感》（1922）、《要籍解题及其读法》（1923）、《国学入门书要目及其读法》（1923）等，以及其在各大学的诸多讲演考虑在内，方能有比较通达的见解。

附　录

中学国文教材不宜采用小说[1]

梁启超

主张用白话文当教材的人，事实上当然不能不多取材于小说。他

---

[1]　题目为编者代拟。

们主张的理由，大概（一）现在一般人之能识字及文理通顺，什有九是从看《三国演义》一类书得来，足见小说为学文利器。（二）《水浒》《红楼》等书，为中国最有价值之文学作品，宜令学生养成赏鉴能力。（三）这类小说书，从前禁学生看，学生总不免偷着看，何如公开的因势利导呢？

这些理由我以为都不充足。就第三点论，学生对于小说不劝自看，虽禁犹看，诚然是事实。既已有这种事实，然则让学生们多这一门课外自修不更好吗？何必占正课的时间？须知学生在校中学文的时候本就不多，我们对于时间经济不能不顾虑，如何才能利用这时间令学生对于本科或与本科联络各科发生最大效力，正是我们的责任。

再论第二点，问题益复杂了。学生须相当的有欣赏美文的能力，我是承认的；但中学目的在养成常识，不在养成专门文学家，所以他的国文教材，当以应用文为主而美文为附。除却高中里头为专修文学的人作特别预备外，我以为一般中学教材，应用文该占百分之八十以上，纯文学作品不过能占一两成便了。此一两成中，诗词曲及其他美的骈散文又各占去一部分，小说所能占者计最多不过百分之五六而止。若把小说占教材中坚位置，稍有教育常识的人，谅来都不能赞成。

在这成数占得极少里头来选择适用的纯文学作品，那更难之又难了。老实说，凡绝好的文学总带几分麻醉性，凡有名的文学家总带几分精神病。我们以中学教课为立场，对于这些青春期的学生，虽然不可以过分的压抑他的情感，要不可不常常加以节制，令情感变为情操，往健全路上发展。所以偏于幻想及刺激性太重的文，总不能认为适当。诸君啊！我绝不像老学究们的头脑，骂《红楼》《水浒》为诲淫诲盗；我是笃嗜文学的人，这两部书我几乎倒背得出，其他回肠荡气的诗词剧曲，几于终日不离口。但为教中学生起见，我真不敢多用这种醉药。晁盖怎样的劫生辰纲，林冲怎样的火并梁山泊，青年们把这种模范行为装满在脑中，我总以为害多利少。我们五十多岁人读《红楼梦》，有时尚能引起"百无聊赖"的情绪，青年们多读了，只怕养成"多愁多病"的学生倒有点成绩哩！

关于第一点，我们教中学学生作文，不但希望他识字及文理通顺便了，总要教他如何整理自己的思想，用如何的技术来发表他，简单说，我们要教他以作文的理法。《水浒》《红楼》固然是妙文，但总要通看全部，最少也拿十回八回作一段落，才能看出他的妙处。学校既没有把全部小说当教材的道理，割出一两回乃至在一回里头割出一两段，试问作何教法？用什么方法令学生在这一回或一段里领略全书的真价值且学得作文的技术？

或者说：学文以学叙事文为最要，小说正是绝好的叙事文，为什么不学他呢？我说：这种论点完全错了，叙事文的性质和小说的性质恰立于正反对的两极端：叙事文是印写客观的事实，小说是表现主观的想象力，（即最极端的写实小说，也不过用想象力摄取社会魂影！）作法根本不同。叙事文对于客观资料要绝对的忠实服从，受严格的束缚，技术在摄收整理；小说是要骋想象力去构造，绝对的自由，技术在迸发表现。所以有名的史家或叙事文大家，大抵不会做小说；而叙事文的技术，绝非从小说可以学得来。

总而言之，小说是大学文科里主要的研究品，用作中学教材，无论从那方面看，都无一是处。

语录小说既都不适用，剩下的只有近人白话文了。近人白话文我看见不多，未敢轻下批评；但据我的忖想，最少也有三个缺点：第一，叙事文太少，有价值的殆绝无。第二，议论文或解释文中虽不少佳作，但题目太窄，太专门，不甚适于中学生的头脑。第三，大抵刺激性太剧，不是中学校布帛菽粟的荣养资料。我希望十年以后白话作品可以充中学教材者渐多，今日恐还不到成熟时期。

或者问：你既主张作文不拘文白，而且还有偏于提倡白话的倾向，今又主张中学教材要用文言文，将来中学学生都不会做白话文，怎么好？我说：这问题狠容易解答：你看国内做白话文做得最好的几个人，那一个不是文言文功夫用得狠深的？你怕学生们多读几篇《史记》《汉书》，便变成《镜花缘》里咬文嚼字的"君子国"吗？不会的。放心罢！

附录一　关于《章太炎的白话文》

山不在高，有仙则名；书不在厚，有气则灵——这是我杜撰出来的新"格言"。在普遍崇尚"皇皇巨著"的今日（不到三五百页的书，很难再入高人眼），我却依旧怀念那些有新意、见性情的小书。此类书可遇而不可求，更因其不修边幅或颇多疵漏而容易被人横挑鼻子竖挑眼，比如《章太炎的白话文》，便是这样的小册子。此书可与同期章氏所撰《国故论衡》等相对照，对于理解太炎先生的学术思想十分重要，因而我在拙著《中国现代学术之建立》中多有引证；此书更促使我重新反省晚清"演讲"之蔚然成风对于五四白话文运动的意义，以及"述学文体"之不同于论事或抒情之作的嬗变过程；当然，最为直接的理由，还是让我真正领悟章氏讲演时的奇特风采。

太炎先生的东京讲学，经由周氏兄弟的渲染，早已成为学界普遍知晓的传奇故事。[1] 而当年也曾在东京听过章氏讲演的任鸿隽，几十年后大发感慨："若是把他的说话记录下来，可以不加修改便成一篇很好的白话文章。后来先生把这个讲演写了出来，成为他的《国故论衡》，可惜他写成古文以后，反而失掉了讲时的活泼风趣。"[2] 古文与

---

[1]　参见鲁迅《关于太炎先生二三事》，《鲁迅全集》第6卷545—547页，北京：人民文学出版社，1981年；《周作人回忆录》203—205页，长沙：湖南人民出版社，1982年。

[2]　任鸿隽：《记章太炎先生》，见陈平原等编《追忆章太炎》266—270页，北京：中国广播电视出版社，1997年。

白话、论著与讲演，各自承担的功能不同，体式自然有异，没必要厚此薄彼。但单读渊深博雅的《章氏丛书》，确实很难体会许寿裳、曹聚仁所说的太炎先生讲课时之既"新谊创见，层出不穷"，又"诙谐间作，妙语解颐"[1]，以及"论学论事，如说家常，时常插入风趣的谈话，浅易处常有至理"[2]。

第一次获得此书，记得是在 1993 年年底，地点是台北的大安出版社附设门市"书巢"。这册由台北艺文印书馆 1972 年重排的小书，在原本基础上增加了一篇《我的平生与办事方法》（实即 1906 年 7 月刊于《民报》第 6 号上的演说辞）。书前有出版者所撰的说明文字，强调"六十年前章先生对于'留学'、'教育'、'中国文化'等问题，均有精辟之见解；今方加强民族精神教育之际，先哲谠论，尤堪重视"，并称此书"对于研究章氏早年之学术思想，关系至巨"。[3] 捧读之下，大致同意这一判断，认定此书不该被埋没。此后，颇为留意该书的初刊本，可惜一直未能如愿。直到去年秋天，方才在东京大学东洋文化研究所的"仓石文库"里，找到 1921 年 6 月 20 日由上海泰东图书局出版的《章太炎的白话文》。欣喜之余，加以标点校勘，并补充同期所撰相关文章，交给贵州教育出版社刊行。

书尚未正式出版，便在今年第二期的《鲁迅研究月刊》上，读到刘思源君的《旧籍重翻：〈章太炎的白话文〉》。难得发现同好，本该欢欣鼓舞才是；可拜读之后，发现刘先生对此书的内容其实不感兴趣，甚至断言，如果不是因著作权的纠纷，"也许它根本不会有屡屡被

---

[1]　许寿裳：《从章先生学》，见陈平原等编《追忆章太炎》259—262 页。

[2]　曹聚仁：《章氏之学》，章太炎主讲、曹聚仁记述《国学概论》附录，见该书 167 页，香港：学林书店，1971 年。

[3]　见《章太炎的白话文》卷首，台北：艺文印书馆，1972 年。

学者们提起的幸运"。到底此书是因著作权之争而"得益"还是"受害"，以及如此"薄薄的一本小册子"是否值得一提，因着眼点不同，尽可见仁见智。我这里想略为分辨的，仅限于史实。

刘先生有幸见到钱玄同收藏的《章太炎的白话文》，发现钱在目录上补充了漏收的《论文字的通借》，"尤其重要的是，他仅把《中国文字略说》用红笔框起来标上'钱玄同撰'的字样，则其它各文俱是章文就不言自明了"[1]。此前虽也有若干确凿无疑的论述，但能找到钱先生的藏书，证明《章太炎的白话文》一书的著作权并非像黎锦熙、萧一山等人所推想的属于钱玄同[2]，毕竟是件大好事。不过，在具体论说过程中，刘文过多依赖曹述敬的《钱玄同年谱》，而对章太炎以及近代报刊史方面的研究著作未曾涉及，因而出现若干纰漏，有必要略加补正。

刘文称"此书收集的是1909、1910年间发表在《教育今语杂识》上的章太炎演讲录"，首先是时间肯定有误，而后是名称容可商榷。《教育今语杂志》乃"共和纪元二千七百五十一年岁次庚戌正月二十九日"——即公元1910年3月10日创刊于东京[3]，这一点，周作人在《〈中国新文学大系·散文一集〉导言》中早有说明[4]，而且也为此后的不

---

[1] 刘思源：《旧籍重翻：〈章太炎的白话文〉》，《鲁迅研究月刊》2001年2期。

[2] 1939年，黎锦熙在《钱玄同先生传》中首先提出此话题（黎传见曹述敬著《钱玄同年谱》附录，171页，济南：齐鲁书社，1986年）；萧一山早年沿袭黎说（见《清代学者著述表》，商务印书馆，1944年），后改弦易辙，在《清代通史》第5卷589页（北京：中华书局，1986年；此乃据台湾商务印书馆1980年修订本第五版影印）中提及章太炎著述，即包含此曾被误断为"伪书"的《章太炎的白话文》。

[3] 作为月刊的《教育今语杂志》，头四册尚能准时出版；至于5、6册合刊的出版时间，则是相隔半年后的1911年1月。

[4] 周作人：《〈中国新文学大系·散文一集〉导言》，《中国新文学大系·散文一集》，上海：良友图书公司，1935年。

少报刊史著作及编目所证实。因而，章太炎不可能 1909 年便在此杂志上发表文章。至于到底是"杂识"（此处的"识"做"记载"解，音同"志"）还是"杂志"，本来两可，因原刊封面题为前者，而内里用的却是后者。[1] 可考虑到刊物的封面上还有英文名称 *The Educational Magazine*，编辑体例也明显地从属于刚刚崛起的现代报刊，而并非古代中国读书人所熟稔的杂记体式（比如宋人周密的《癸辛杂识》，或清人纳兰性德的《渌水亭杂识》），因而，我觉得还是采纳通常所说的《教育今语杂志》好些。

刘文引录黎锦熙《钱玄同先生传》、萧一山《清代学者著述表》中关于《教育今语杂志》上"凡署名'太炎'的各篇"均为钱玄同所撰的说法，并加以辩驳，可说来说去，没有触及问题的核心：《教育今语杂志》上根本就没有署名"太炎"的文章。章氏发表在《教育今语杂志》上的文章（包括"社说"），全都署名"独角"。这一点，只要翻阅一下《中国近代期刊篇目汇录》第四册、《辛亥革命时期期刊介绍》第三集，或者汤志钧的《章太炎年谱长编》[2]，便能一目了然。

我之所以说"刘文过多依赖曹述敬的《钱玄同年谱》"，是因为这段"公案"，曹著的辨析，远不及此前早已问世的《章太炎年谱长编》（汤志钧）和约略同时出版的《章太炎年谱摭遗》（谢樱宁）。为"大师"编文集或修年谱者，容易犯贪多求全的毛病，一来心存景仰，二来资

---

[1]　周作人在《〈中国新文学大系·散文一集〉导言》中提及《教育今语杂志》时，一会儿说"杂识"，一会儿又变成"杂志"；而钱玄同为《章太炎的白话文》所撰题记中，也以"杂识"为名。至于其他著述，则多称"杂志"。刘文将其统一为《教育今语杂识》，而不是依样画葫芦，可见作者对此颇为用心。

[2]　上海图书馆编：《中国近代期刊篇目汇录》第 4 册，上海：上海人民出版社，1982 年；丁守和主编：《辛亥革命时期期刊介绍》第 3 集，北京：人民出版社，1983 年；汤志钧：《章太炎年谱长编》322—331 页，北京：中华书局，1979 年。

料得之不易，故多取"宁信其有不信其无"的态度。曹著已经引录钱玄同的《答顾颉刚先生书》(1923)和周作人的《〈中国新文学大系·散文一集〉导言》(1935)，关于《教育今语杂志》的撰稿人为章太炎、陶成章、钱玄同等，《章太炎的白话文》中虽杂入钱玄同一文（即《中国文字略说》），但全书作者仍系太炎先生，这个结论已经呼之欲出。可惜曹先生太热爱钱玄同了，在如此明确的证据面前，还在坚持黎锦熙、萧一山等人的错误论断。[1] 而在此之前，汤志钧其实已经做了相当精细的辨析，并且得出了正确的结论。

正因为未曾细读汤、谢二书，刘文在批评曹著"引用了黎说而未加辨正"时，立说的根基显得不太坚实。这里暂不涉及考据之作该如何步步为营，单是其过于"大胆的假设"，以及考据之作中阑入杂文笔调，便让人很不放心。以下这段话，便显得严谨不足，而随意发挥有余：

> 他（按：指章太炎）自己根本不看重这些下里巴人的东西，文集从来不收，以后也没有再写。没想到可恶的白话党，偏偏要把这些陈芝麻烂谷子扒拉出来，并且还借尸还魂用它来为白话文张目。可以想见，章老先生那时一定是气得哭笑不得而大呼冤哉枉也。

将此书的出版归结为白话文提倡者借以讥讽章太炎（刘文称之为"很有些即以其人之道还治其人之身的味道"），或者推想章太炎对此书的出版大为恼火，二说都缺乏事实根据。相反，汤志钧《章太炎年谱长编》中提及，张静庐曾面告，此书是他"在章氏沪寓索得付印的"[2]。

---

[1]　参见曹述敬《钱玄同年谱》13—15 页，济南：齐鲁书社，1986 年。

[2]　参见汤志钧《章太炎年谱长编》622 页。

当事人的回忆并非天经地义，论者当然可以质疑，但在没有考辨清楚张说是非之前，便贸然为章太炎喊冤叫屈，有欠妥当。

谢樱宁倒是提到聂绀弩在《论乌鸦》中将《章太炎的白话文》的编辑出版，归之于曹聚仁。[1] 但此说明显有误，我怀疑聂是将同由上海泰东图书局出版的《章太炎的白话文》和章太炎主讲、曹聚仁记述的《国学概论》混为一谈了——二者出版时间相差只有一年。《章太炎的白话文》一书所署"编纂者吴齐仁"，不可能是曹聚仁，有一确凿的证据：曹自称第一次晤见太炎先生，是在他发表章氏国学讲演的记录稿之后 [2]；而我们都知道，此次在上海举行的系列讲演是《章太炎的白话文》出版将近一年后才开始的。即使不考虑张静庐直接从章寓取得稿子的追忆，单是此前一年四川出版收入《教育今语杂志》上章氏六文的《太炎教育谈》[3]，而未见太炎先生表示任何异议，也可见"章老先生"一见《章太炎的白话文》便"气得哭笑不得而大呼冤哉枉也"的假设，很难站得住脚。

我怀疑刘文之所以敢如此"大胆假设"，是受胡适将章太炎作为清代学术史及古文学的"押阵大将"，称"他的成绩只够替古文学做一

---

[1]　参见谢樱宁《章太炎年谱摭遗》108 页，北京：中国社会科学出版社，1987 年。

[2]　参见曹聚仁《关于章太炎先生的回忆》和《回想四十八年前事》二文，载陈平原等编《追忆章太炎》304—308 页。

[3]　庚申仲春（1920）观鉴庐刊行的《太炎教育谈》，原书未见，据汤志钧《章太炎年谱长编》介绍，此书共收入原载《教育今语杂志》的六文，即《论文字历史哲理的大概》《说文字的通借》《论常识》《论群经的大意》《论诸子的大概》《论教育的根本当从自国自心发出来》。各文题目与杂志原刊略有出入，而且漏了发表在第四册的《留学的目的和方法》。刊于四川的《太炎教育谈》抽去《留学的目的和方法》，而上海出版的《章太炎的白话文》则以此作为开篇，其中的差异大可玩味。

个很光荣的下场"一说的影响 [1]。关于章氏文章并非像胡适所设想的那样"及身而绝",我在《中国现代学术之建立》第八章中已有所辨正 [2],此处不赘。需要略为补充的是,借助于辛亥革命后众弟子的讲学北大,太炎先生对于五四新文化运动(包括思想革命及文学革新)曾产生十分深刻的影响。这一点,目前尚未得到学界的充分重视。

章氏擅长博雅渊深的魏晋之文,确实与胡适之推崇"明白如话"异趣,可新文化运动兴起时,太炎先生不但没像林纾一般公开向新文化人提出挑战,甚至连严复那样的背后讥笑也难得一见。[3] 一来其时太炎先生正忙于军国大事,无暇及此;二来白话文的积极提倡者中,不少是其及门弟子;当然,最为关键的,还是取决于其史家的胸襟以及相当开放的文体观念。1906 年章太炎撰《文学论略》,开宗明义曰:"何以谓之文学?以有文字,著之竹帛,故谓之文。论其法式,谓之文学。"[4] 你可以批评太炎先生的"文学"家族过于庞杂(其实大有深意在),可很难从文体是否"纯粹"来立论,因那本就不是其特色所在。辨文学应用或述文章源流时,太炎先生从来都是骈散文白各有定位,而非独尊某体某家。大概是其修辞必原本小学、穷理方能为玄言方面的论述太出色,过多吸引了读者的注意力,以致其文各有体,不能强求一律的主张,往往被忽视。也是在《文学论略》中,有这么一大段

---

[1]　胡适《五十年来中国之文学》,见《胡适古典文学研究论集》127 页,上海:上海古籍出版社,1988 年。

[2]　参见陈平原《中国现代学术之建立》330—403 页,北京:北京大学出版社,1998 年。

[3]　林纾之撰《论古文之不当废》《论古文白话之相消长》以及小说《荆生》《妖梦》等,因各种《中国现代文学史》的引述批驳而广为人知;至于严复,则在《与熊纯如书》中留下如此妙语:"须知此事,全属天演,革命时代,学说万千,然而施之人间,优者自存,劣者自败,虽千陈独秀,万胡适、钱玄同,岂能劫持其柄,则亦如春鸟秋虫,听其自鸣自止可耳。林琴南辈与之较论,亦可笑也。"(《严复集》第 3 册 699 页,北京:中华书局,1986 年)

[4]　章绛:《文学论略》(上),《国粹学报》第 21 期,1906 年 10 月。

话，值得论者深思：

> 是则古之公牍，以用古语为雅；今之公牍，以用今语为
> 雅。……近世小说，其为街谈巷语，若《水浒传》、《儒林外史》，其
> 为神怪幽秘，若《阅微草堂》五种，此皆无害为雅者。若以古艳相
> 矜，以明媚自喜，则无不沦入恶道。故知小说自有雅俗，非有俗无
> 雅也。公牍、小说，尚可言雅，况典章、学说、历史、杂文乎？[1]

与一般人想象的相反，作为古文大师的章太炎，并不排斥，甚至欣赏
《水浒传》那样采用白话的章回小说。在太炎先生看来，"工拙者系乎
才调，雅俗者存乎轨则"，而"俗而工者，无宁雅而拙也"。[2] 承认各
种文学体裁都有其规定性（包括对于文体的特殊要求），所谓的骈散文
白，其实并没有绝对价值。作家的首要任务是遵循"文章轨则"，而后
才是发挥自家才情，这种趋向于守旧的文学观念，对突破边界的创新
可能造成某种压抑，但好处是尊重各体裁内在的发展逻辑，故思想通
达，较少独尊一家一体者容易养成的褊狭与固执。如此说来，表彰"径
直易知"的《革命军》与"文亦适俗"的《洪秀全演义》[3]，以及出版《章
太炎的白话文》，对于太炎先生来说，并非那么不可思议 [4]。

---

[1] 章绛：《文学论略》（下），《国粹学报》第 23 期，1906 年 12 月。

[2] 同上。

[3] 参见章太炎《〈革命军〉序》（《章太炎政论选集》192—193 页，北京：中华书局，1977 年）
和《〈洪秀全演义〉序》（《二十世纪中国小说理论资料》第 1 卷 338—339 页，北京：北京大
学出版社，1989 年）二文。

[4] 当然，论及自家文章，章太炎最得意的，还是其"文实闳雅"的《訄书》等，而不是"其
辞取足便俗"的"论事数首"（参见《与邓实书》，《章太炎全集》第 4 卷 169 页，上海：上海人
民出版社，1985 年）。不同于时人之以文言白话分高低，章太炎更注重论学之文与论事之文的
区别。

刘文称章太炎"主张文言文反对白话文"，因没来得及具体论述，我不知道典出何处。我只记得1935年章太炎纵论"白话与文言之关系"时，有"今人思以白话易文言，陈义未尝不新，然白话究能离去文言否"的追问，结论是："以此知白话意义不全，有时仍不得不用文言也"；"白话中藏古语甚多，如小学不通，白话如何能好？"[1]此语确曾引起白话文提倡者的不满，并招来新文化人的若干批评。比如修辞学家陈望道便将此等"非深通小学就不知道现在口头语的某音，就是古代的某音，不知道就是古代的某字，就要写错"的说法，嘲讽性地称为"保守文言的第三道策"[2]。鲁迅也对乃师之"把他所专长的小学，用得范围太广大了"表示不以为然，并做了进一步的分疏：

> 太炎先生的话是极不错的。现在的口头语，并非一朝一夕，从天而降的语言，里面当然有许多是古语，既有古语，当然会有许多曾见于古书，如果做白话的人，要每字都到《说文解字》里去找本字，那的确比做任用借字的文言要难到不知多少倍。然而自从提倡白话以来，主张者却没有一个以为写白话的主旨，是在从"小学"里寻出本字来的，我们就用约定俗成的借字。……所以太炎先生的第三道策，其实是文不对题的。[3]

不过，有一点值得注意，此文重点在破除中国人根深蒂固的"名人"迷信，强调"名人的话并不都是名言"，故虽涉及章之"攻击现在的白

---

[1]　章太炎：《白话与文言之关系》，章太炎主讲、曹聚仁记述《国学概论》附录，见该书113—121页。

[2]　南山（陈望道）：《保守文言的第三道策》，《太白》2卷7期，1935年6月。

[3]　《名人和名言》，初刊《太白》2卷9期，1935年7月，见《鲁迅全集》第6卷361—364页。

附录一　关于《章太炎的白话文》　　　　　　　　　　　　383

话"，却并不热讽冷嘲。相反，在文章结尾处，鲁迅还对"这回时时涉及了太炎先生"表示些许歉意。

不在文白新旧尖锐对立的五四时期公开表态，而是在事过境迁、白话早已在教育体制与文学表达方面占据主流地位的 1930 年代中期发言，这很可能包含章太炎的策略选择。一贯特立独行、喜欢语出惊人的太炎先生，其实并不鲁莽行事。比如，他第一篇公开批评新式学堂的文章《与王鹤鸣书》写于 1906 年，便绝非偶然。早年也曾极力主张废科举兴学堂，可一旦清政府诏准自丙午（1906）科起停办科举，太炎先生倒转而挑剔起新式学堂的诸多弊病来。如此永远地"不合时宜"，与其奇特的论学思路有关：

> 虽然，学术本以救偏，而迹之所寄，偏亦由生。[1]

不相信任何凝固不变的事物或学理，对任何"救弊"之举都保持必要的警惕，防止其成为新的"独裁"——若依照这一思路，1930 年代的中国，也该切实反省已成"文学必用之利器"的白话文。不否认章氏在"救学弊"时，过于卖弄自家专长，因而效果适得其反；这里所要分辨的是，不该因此文而将太炎先生送入白话文反对派的行列。

要说章太炎屡次大加讥讽的，其实不是白话文，而是白话诗。那是因为，太炎先生严守"有韵为诗无韵为文的界限"，因而认定"现在白话诗不用韵，即使也有美感，只应归入散文，不必算诗"。[2] 其实，二三十年代著名的文人学者中，对新诗不押韵心存疑虑的，远不止章

---

[1] 章太炎：《致国粹学报社书》，《章太炎政论选集》498 页，北京：中华书局，1977 年。

[2] 参见章太炎主讲、曹聚仁记述《国学概论》78 页、92 页、25 页。

太炎一人。[1] 新诗该往何处去，是可以、也应该认真讨论的，这与在思想文化层面上支持或反对白话文运动，二者不可同日而语。

讲演记录本就与独立撰写的专业著述异趣，如何论述方才恰如其分，有待日后进一步探究。这里想指出的是，章太炎平生讲演极多，各种记录稿水平参差，故晚年主编《制言》时曾"屡戒少登演讲记录"，但《章太炎的白话文》不在此"告戒"之列。借用其晚年弟子沈延国的辨析，此书当属第一、第三类讲演记录——"自撰讲稿"或弟子记录后"由师审正"，故可以作为研究章太炎思想的可靠资料来引用和论析。[2] 作为章氏第一种讲学记录，《章太炎的白话文》与日后由吴承仕记录整理的《菿汉微言》，曹聚仁记录整理的《国学概论》，王乘六、诸祖耿等记录整理的《国学讲演录》，共同构成"学问家兼教育家"章太炎的有机组成部分。此四书，固然不若《訄书》《国故论衡》《文始》《齐物论释》等体制谨严，但同样新见迭出。对于选择独立讲学而非进入现代大学体制的太炎先生来说，这些"薄薄的一本小册子"，实在不可藐视。

至于晚清"演讲学"的崛起与白话文运动形成的关系，以及"论学之文"与"文艺之文"的不同发展路径，因牵涉甚广，当另文论述。

2001 年 4 月 23 日于京北西三旗

（原刊《鲁迅研究月刊》2001 年 6 期）

---

[1] 参见拙文《经典是怎样形成的——周氏兄弟等为胡适删诗考》第五节"胡适的自我调整"，刊《鲁迅研究月刊》2001 年 5 期。

[2] 沈延国《章太炎先生在苏州》一文对五类章氏讲演记录的分辨，值得参考。见陈平原等编《追忆章太炎》392—394 页。

附录二 鲁迅为胡适删诗信件的发现

    鲁迅、周作人等曾为胡适删诗，此事即便算不上"路人皆知"，也已不是什么文坛秘密。因为此等雅事，搁在"我的朋友胡适之"那里，不可能藏而不露。果不其然，在《〈尝试集〉四版自序》中，就有如下详尽的表述：

>   删诗的事，起于民国九年的年底。当时我自己删了一遍，把删剩的本子，送给任叔永、陈莎菲，请他们再删一遍。后来又送给"鲁迅"先生删一遍。那时周作人先生病在医院里，他也替我删一遍。后来俞平伯来北京，我又请他删一遍。他们删过之后，我自己又仔细看了好几遍，又删去了几首，同时却也保留了一两首他们主张删去的。[1]

胡适大举宣传的"删诗事件"，很可惜，在周氏兄弟的日记及书信集，竟没留下任何蛛丝马迹。弟弟好说，这段时间刚好生病，三个月没记日记；哥哥呢，日记在，可就是不提。这也难怪，鲁迅记日记历来十分简要，不像李慈铭、胡适等之喜欢抄上谕、贴剪报，将日记作为著

---

[1]   胡适：《〈尝试集〉四版自序》，《尝试集》，上海：亚东图书馆，1922 年 10 月增订四版。

述来经营。可还是有例外，比如此前几天复胡适关于《新青年》编辑方针信，日记中便有记载。[1]

一个偶然的机缘——北大图书馆新发现一批胡适遗物，其中包括当年删诗的底本，以及周氏兄弟的来信，使得揭穿谜底成为可能。

北大图书馆新发现的《尝试集》删改本，以 1920 年 9 月再版本做底本，封面上有如下三处或红或黑的题签：

> 九，十二，廿四，用红笔删改一过。
>
> 十，一，一，用墨笔又删去两首。
>
> 叔永，莎菲，豫才，启明各删定一遍。

叔永等四人竖排并列，加一大括号，表明全都参与；改为横排，只好添上三个逗号。其余的标点，均属原有。如此密集的逗号与句号，可见适之先生"尝试"使用白话及标点符号信心之坚定。

该书的目录上布满大大小小的红圈、黑圈，有代表胡适本人意见的，也有陈衡哲（莎菲）、任鸿隽（叔永）等的选择。目录页旁边，贴一小纸片，上写俞平伯的删改意见，系胡适的笔迹。另有二纸周作人的信，当系他人代笔。最令人兴奋的是，目录页前，还粘贴着一署"树"的信笺，用的是"绍兴府中学堂试卷"纸，乃鲁迅笔迹无疑。

这封新发现的 1921 年 1 月 15 日鲁迅致胡适的信，全文如下：

> 适之先生：
>
> 今天收到你的来信。《尝试集》也看过了。

---

[1] 《鲁迅日记》1921 年 1 月 3 日则有曰："午后得胡适之信，即复。"见《鲁迅全集》第 14 卷 407 页，北京：人民文学出版社，1981 年。

我的意见是这样：

《江上》可删。

《我的儿子》全篇可删。

《周岁》可删；这也只是《寿诗》之类。

《蔚蓝的天上》可删。

《例外》可以不要。

《礼！》可删；与其存《礼！》，不如存《失望》。

我的意见就只是如此。

启明生病，医生说是肋膜炎，不许他动。他对我说，"《去国集》是旧式的诗，也可以不要了"。但我细看，以为内中确有许多好的，所以附着也好。

我不知道启明是否要有代笔的信给你，或者只是如此。但我先写我的。

我觉得近作中的《十一月二十四夜》实在好。

树　一月十五日夜

三天后（即 1921 年 1 月 18 日），病中的周作人，还是给胡适去了信，表明其对此事相当重视。本文的主要目的在于介绍鲁迅遗札，故任、陈、俞以及周作人的意见，只是捎带涉及。

在增订四版《尝试集》中，《江上》仍被保留，对此，胡适的解释是："我因为当时的印象太深了，舍不得删去。"[1]

《我的儿子》不只鲁迅主张删，周作人、俞平伯和莎菲也都主张删，没有回旋余地。

《周岁》是为祝贺《晨报》一周年而作，共三节，请看最后一节："我

---

[1]　胡适：《〈尝试集〉四版自序》。

再贺你一杯酒，／祝你奋斗到底：／你要不能战胜病魔，／病魔会战胜了你！"是白话，但很难说是诗。更重要的是，鲁迅显然对刚诞生的白话诗有可能成为新的应酬工具保持高度的警惕，故特别点出此乃源远流长因而极易复辟的"寿诗"传统。此诗本系胡适的心爱之作，听从鲁迅的意见，忍痛割爱。之所以这么说，是因为此前两年，在《〈尝试集〉再版自序》中，胡适怕被误读，"因此，我老着面孔，自己指出那几首诗是旧诗的变相，那几首诗是词曲的变相，那几首是纯粹的白话新诗"[1]。他所郑重推荐的十四首"真正白话的新诗"，在增订四版中，除《周岁》外，全都赫然在目。

在目录页《蔚蓝的天上》后，有胡适批注："豫才删，启明以为可存。莎菲删，叔永以为可删。"三比一，少数服从多数，删。

《例外》则只有鲁迅一人提意见，胡适没做解释，将其保存下来。

《礼！》以叙事的口吻，对世俗之以礼责人大加嘲讽，所谓"你们串的是什么丑戏，也配抬出'礼'字的大帽子"，在胡适肯定是有感而发，可鲁迅出于对诗歌特性的考虑，不主张收入。对此，胡适不以为然，在《〈尝试集〉四版自序》中做了辩解："又如《礼》一首（初版再版皆无），'鲁迅'主张删去，我因为这诗虽是发议论，却不是抽象的发议论，所以把他保留了。"

胡适对周氏兄弟的意见，可说是"分外重视"。查《胡适来往书信集》，1921 年 2 月 14 日，胡适曾致信周作人，转达燕京大学的邀请，后有一"附启"：

> 你们两位对于我的诗的选择去取，我都极赞成。只有《礼》一首，我觉得他虽是发议论而不陷于抽象说理，且言语也还干

---

[1]　胡适：《〈尝试集〉再版自序》，《尝试集》，上海：亚东图书馆，1920 年 9 月。

净，似尚有可存的价值。其余的我都依了你们的去取。[1]

　　胡适之所以特别看重这两位北大同事的意见，是因为在他看来："我所知道的'新诗人'，除了会稽周氏兄弟之外，大都是从旧式诗、词、曲里脱胎出来的。"[2]

　　胡适尊重周氏兄弟的删改，更关注周氏兄弟的表彰。鲁迅肯说出"我觉得近作中的《十一月二十四夜》实在好"这样的话，肯定让胡适欢欣鼓舞。更何况，周作人的信中，也有类似的表述："你近作的诗很好，我最喜欢最近所作的两首。"1921 年 1 月 1 日出版的《新青年》8卷 5 号，刊有胡适写于 1920 年 10 月 10 日的《梦与诗》和写于 1920 年 11 月 25 日的《礼！》和《十一月二十四夜》。所谓"最近所作的两首"，当系《礼！》和《十一月二十四夜》无疑。这么说来，胡适之所以坚持保存《礼！》，或许还基于周氏兄弟意见并不一致的缘故。十几年后，"胡适之体"新诗早已被超越，可由于陈子展的文章[3]，一时间又成了热门话题。可惜，论者贬多而褒少。这时，胡适站出来，发表《谈谈"胡适之体"的诗》，表白"我做诗的戒约至少有这几条"："第一，说话要明白清楚"；"第二，用材料要有剪裁"；"第三，意境要平实"。胡适抱怨自己的追求不太被时人所理解，称《尝试集》中最能代表其努力方向的，不是那些常被选家看中的，而是《十一月二十四夜》。此文引录全诗，然后颇为自得地称："这诗的意境颇近于我自己欣羡的平实淡远的意境。十五年来，这种境界似乎还不曾得着一般文艺批评家

---

[1]　《胡适来往书信选》上册 124 页，北京：中华书局，1979 年。

[2]　胡适：《谈新诗》，《胡适文存》卷一 235 页，上海：亚东图书馆，1921 年。

[3]　陈子展：《略论"胡适之体"》，1935 年 12 月 6 日《申报·文艺副刊》第 6 期。

的赏识。"[1] 这里所说的"一般文艺批评家",当不包括周氏兄弟。甚至可以这么说,正是由于周氏兄弟的欣赏,使得自认"提倡有心,创造无力"的适之先生,这回一反常态,自我表扬起来,底气十足。

周氏兄弟一致叫好,不像是客套话。事情已经过去了八十年,应该说尘埃早已落定。仔细品味,这首写于 1920 年 11 月 25 日、刊于《新青年》8 卷 5 号的《十一月二十四夜》,确实写得不错。起码在适之先生一生的创作中,属于难能可贵。

> 老槐树的影子,
> 在月光的地上微晃;
> 枣树上还有几个干叶,
> 时时做出一种没气力的声响。
>
> 西山的秋色几回招我,
> 不幸我被我的病拖住了。
> 现在他们说我快要好了。
> 那幽艳的秋天早已过去了。

至于周氏兄弟之所以一致叫好,除了胡适自称的"平实淡远的意境",以及难得的不抽象说理外,很可能还有一个因素,即当时的启明先生,也正是"不幸我被我的病拖住了"。

鲁迅信中转达的关于删去《去国集》的意见,周作人在三天后的信中,做了更正:"我当初以为这册诗集既纯是白话诗,《去国集》似可不必附在一起;然而豫才的意思,则以为《去国集》也很可留存,

---

[1] 胡适:《谈谈"胡适之体"的诗》,《自由评论》第 12 期,1936 年 2 月。

可不必删去。"话说得很委婉，但意思是明确的，即同意保留旧体诗词的《去国集》。这一建议，倒是很符合胡适一再表示的，《尝试集》的初版、再版和增订四版，可以"代表'实验的精神'"[1]、"含有点历史的兴趣"[2]，以及"可以使人知道缠脚的人放脚的痛苦"[3]。

2000 年 10 月 17 日于京北西三旗

（原刊《鲁迅研究月刊》2000 年 10 期）

---

[1]　胡适：《〈尝试集〉自序》，《尝试集》，上海：亚东图书馆，1920 年 3 月。

[2]　胡适：《〈尝试集〉再版自序》。

[3]　胡适：《〈尝试集〉四版自序》。

附录三 台湾版《触摸历史与进入五四》自序

五四新文化运动，对我来说，既是历史，也是现实；既是学术，也是精神；既是潜心思索的对象，也是自我反省的镜子。问学二十几年，经历诸多曲折，五四始终是我的"最佳对话者"——其具体思路及举措，不无可议处；但作为整体的生气淋漓与丰富多彩，至今仍让我歆羡追慕不已。

十年前，我曾写过一则短文，题为《走出"五四"》，大意是说，五四所建立的学术范式（如西化的思想背景，专才的教育体制，泛政治的学术追求，以"进化""疑古""平民"为代表的研究思路等），虽曾发挥很大作用，也产生若干流弊；可即便如此，我还是不敢"遗忘五四"，理由是：

> "五四"那代人迫于时势，采取激进的反传统姿态，现在看来流弊不小。今日反省"五四"新文化（包括学术范式），我想，不该再采取同样的策略——尽管那样做更有"轰动效应"，也更能引起传媒的关注。除了学理以外，我只提"走出"，而不敢轻言"决裂"、"超越"或"扬弃"，固然包含我对"五四"那代人的尊重与理解，更重要的是，意识到"路漫漫其修远兮"，实在没有口出狂言的勇气。这一点，与我选择学术史研究作为"走出'五四'"的桥梁，大有关系。

基于"希望超越'五四'者，必须先理解'五四'"这一预设，我旧事重提，开始以平常心直面那早已被神话化了的五四。

为了"走出"而"走进"，在世纪之交，我花了五年时间，选择若干专题，与五四展开学术以及心灵上的对话。集合在本书的，便是其中比较有代表性的成果。你或许说，这回的研究，有接受美学、新历史主义、福柯的知识考古学，以及麦克卢汉的媒介研究等的印记，在我，则只是一如既往，以研究对象为中心，拒绝为任何精彩的理论做证。

在我看来，1919年5月4日发生在北京的学生大游行，刊行于1915—1922年的《新青年》杂志前九卷，以及1920年初版、1922年增订四版的第一本白话诗集《尝试集》，分别代表了"政治的五四""思想的五四"以及"文学的五四"。而这正是解读五四新文化运动的三个最重要的角度。选择对于"五四叙事"来说至关重要的三个案，强调"回到现场"，暂时搁置"伟大意义""精神实质"之类的论争，目的是突破凝定的阐释框架，呈现纷纭复杂的五四场景，丰富甚至修正史家的某些想象。

以下三段话，虽卑之无甚高论，却大致代表了我的工作策略。脱离了具体语境，任何论述都可能是偏颇的；这里只是作为"内容提要"，以便读者对本书的基本框架"一目了然"：

> 谈论"五四"游行对于中国社会的巨大冲击，历来关注的是学生、市民、工人等群体的反应，而我更看重个体的感觉。众多当事人及旁观者的回忆录，为我们进入历史深处——"回到现场"，提供了绝好的线索。几十年后的追忆，难保不因时光流逝而"遗忘"，更无法回避意识形态的"污染"。将其与当年的新闻报道以及档案资料相对照，往往能有出乎意料之外的好收获。

谈论《新青年》之历史功绩，从文学史、还是从思想史、政治史角度立论，会有相当明显的差异。本文综合考虑《新青年》同人的自我定位、后世史家的持续研究，以及我对"五四神话"的独特理解，希望兼及思想史与文学史——首先将《新青年》还原为"一代名刊"，在此基础上，发掘其"思想史视野中的文学"所可能潜藏的历史价值及现实意义。

　　《尝试集》之所以成为现代中国文学史上声名显赫的"经典之作"，主要不系于胡适本人的才情，很大程度是"革新与守旧""文言与白话""诗歌与社会"等冲突与对话的产物。在史家眼中，与文学生产同样重要的，是文学接受的历史。而制约着公众趣味与作品前程的，包括若干强有力者的独立判断与积极引导（比如周氏兄弟之应邀删诗），以及作为知识传播的大学体制（比如"中国新文学"课程的开设）。至于因意识形态纷争而导致某部作品"突然死亡"或"迅速解冻"，使得20世纪中国的文学接受史显得扑朔迷离，因而也更具戏剧性，更值得追踪与玩味。除此之外，还有一点同样值得我们深思：在经典形成的过程中，作者并非毫无可为。像胡适那样借助于自我完善（不断修订自家作品）、自我阐释（撰写《尝试集》三序）以及自我定位（关于"胡适之体"的论述），有效地影响读者的阅读与史家的评价，这在文学史上既非前无古人，也不是后无来者。因此，在讨论文学生产、文学接受以及文本阐释时，我们会惊讶地发现，已被"杀死"了好多次的"作者"依旧顽强地活着，并迫使史家无法完全漠视其存在。

　　《新青年》同人"自我建构"的能力很强，其"五四叙事"异彩纷呈，令人叹为观止。对于此等由当事人提供的"证词"，不可不信，也不可全信。小心翼翼地爬梳资料，细心体会文本的表里与内外，调动自家的生活体验与想象力，复原那些早已消逝的历史情景，这一过程，不仅仅是学术劳作，更包含某种艺术享受。

正因如此，本书的写作，既很辛苦，也很愉快。其感觉，一如晋人王献之说的，"从山阴道上行，山川自相映发，使人应接不暇"（《世说新语·言语篇》）。当然，这指的是研究者的精神状态，而不是白纸黑字的著述。写作的人都明白，了然于心者，未见得就能了然于手与口。本书之是否"有趣"，仍有待读者的检验。

2003 年 1 月 10 日于台大长兴街客舍

附录四 《触摸历史与进入五四》英译本序

五四之所以能吸引一代代读书人，不断跟它对话，并非"滥得虚名"，主要还是事件本身的质量决定的。必须承认，一代代读者都与它对话，这会造成一个不断增值的过程；可只有当事件本身具备某种特殊的精神魅力以及无限丰富性，才可能召唤一代代的读者。当然，会有这么一种情况，事件本身具有巨大的潜能，但因某种限制，缺乏深入的持续不断的对话、质疑与考问，使得其潜藏的精神力量没有办法释放出来。比如说"文化大革命"，这绝对是个"重大课题"，

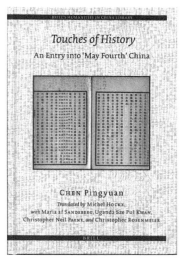

Touches of History: An Entry into 'May Fourth' China, translated by Michel Hockx，LEIDEN·BOSTON: Brill Academic Publishers，2011.

只是目前我们没有能力直面如此惨淡的人生。五四不一样，几乎从一诞生就备受关注，其巨大潜能得到了很好的释放。九十年间，五四从未被真正冷落过，更不要说遗忘了。我们不断地赋予它各种意义，那些汗牛充栋的言说，有些是深刻挖掘，有些是老调重弹，也有些是过度阐释。说实话，我担忧的是，过于热闹的"五四纪念"，诱使不同政治力量都来附庸风雅，导致"五四形象"夸张、扭曲、变形。

回过头来看，20 世纪中国，就思想文化而言，最值得与其进行持续对话的，还是五四。所谓的"五四运动"，不仅仅是 1919 年 5 月 4 日那一天发生在北京的学生抗议，它起码包括互为关联的三大部分：思想启蒙、文学革命、政治抗议。虽然此后的中国发生了翻天覆地的变化，但那个时候建立起来的思想的、学术的、文学的、政治的立场与方法，至今仍深刻地影响着我们。一代代中国人，从各自的立场出发，不断地与五四对话，赋予它各种"时代意义"，邀请其加入当下的社会变革；正是这一次次的对话、碰撞与融合，逐渐形成了今天中国的思想格局。

看待历史事件，每代人都会戴上自己的有色眼镜，或者说"前理解"。这是所有历史学家都必须面对的困境与宿命。"所有的历史都是当代史"，这名言有其合理性；但沉湎于此，很容易变得自负、专横。历史学家所面对的，只是一堆五彩斑斓的"文明的碎片"；我们凭借专业知识，力图用这些有限的"碎片"来拼接、还原、重构历史，这本来就有很大的危险性。你要是心高气傲，根本不把古人放在眼里，肆意挥洒自己的才情与想象力，不扭曲那才怪呢。我们确实无法完全呈现早就失落的历史场景，但因此就应该彻底舍弃吗？作为训练有素的观察者，我们有义务努力穿越各种迷雾，走近 / 走进那个事件的内核，跟历史对话。某种意义上，我们之"重返现场"，是知其不可而为之——借助这一寻寻觅觅的过程，与五四新文化人进行直接的心灵对话。这样的"对话"，既五彩缤纷，也充满动感，还跟每个寻觅者的心路历程联系在一起。这样的五四，方才"可信"，而且"可爱"。

感谢贺麦晓（Michel Hockx）教授以及 Brill 出版公司，正是由于他们的慷慨相助，我与五四的对话，方才可能走出国门，为英语世界的读者所了解。

2009 年 9 月 4 日于香港中文大学客舍

引用及参考书目

《申报》

《时务报》

《新小说》

《教育世界》

《神州丛报》

《时报》

《神州女报》

《小说林》

《国粹学报》

《民报》

《河南》

《教育今语杂志》

《民国日报》

《晨报》

《大公报》

《时事新报》

《公言报》

《神州日报》

《甲寅》

《新青年》

《新潮》

《北京大学日刊》

《努力周报》

《每周评论》

《国故》

《语丝》

《学衡》

《清华周刊》

《东方杂志》

《现代评论》

《星期评论》

《文学周刊》

《创造周报》

《自由评论》

《文艺月刊》

阿英：《阿英文集》，北京：三联书店，1979 年。

艾柯（Umberto Eco）等著、王宇根译：《诠释与过度诠释》，北京：三联书店，1997 年。

艾略特（T. S. Eliot）著、王恩衷编译：《艾略特诗学文集》，北京：国际文化出版公司，1989 年。

白吉庵：《胡适传》，北京：人民出版社，1993 年。

北冈正子著、何乃英译：《〈摩罗诗力说〉材源考》，北京：北京师范大学出版社，1983 年。

北京师范大学校史资料室编：《五四运动与北京高师》，北京：北京师范大学出版社，1984 年。

北社同人：《新诗年选》，上海：亚东图书馆，1922 年。

冰心：《冰心文集》1—6 卷，上海：上海文艺出版社，1982 至 1993 年。

皮埃尔·布迪厄（Pierre Bourdieu）著、刘晖译：《艺术的法则》，北京：中央编译出版社，2001 年。

艾伦·布鲁姆（Allan Bloom）著、缪青等译：《走向封闭的美国精神》，北京：中国社会科学出版社，1994 年。

Harold Bloom, *The Western Canon*, New York: Harcourt Brace & Company, 1993.

哈罗德·布鲁姆（Harold Bloom）著、徐文博译：《影响的焦虑》，北京：三联书店，1989 年。

蔡建国编：《蔡元培先生纪念集》，北京：中华书局，1984 年。

蔡元培：《蔡元培全集》2—6 卷，北京：中华书局，1984 至 1988 年。

草川未雨：《中国新诗坛的昨日今日和明日》，北平：海音书局，1929 年。

曹聚仁：《文思》，北新书局，1937 年。

曹述敬：《钱玄同年谱》，济南：齐鲁书社，1986 年。

程千帆等编：《量守庐学记》，北京：三联书店，1985 年。

陈独秀：《陈独秀文章选编》，北京：三联书店，1984 年。

陈独秀：《陈独秀书信集》，北京：新华出版社，1987 年。

陈国球：《文学史书写形态与文化政治》，北京：北京大学出版社，2004 年。

陈聆群等编：《萧友梅音乐文集》，上海：上海音乐出版社，1990 年。

陈平原：《中国小说叙事模式的转变》，上海：上海人民出版社，1988 年。

陈平原：《二十世纪中国小说史》第 1 卷，北京：北京大学出版社，1989 年。

陈平原：《中国现代学术之建立》，北京：北京大学出版社，1998 年。

陈平原：《中华文化通志·散文小说志》，上海：上海人民出版社，1998 年。

陈平原：《老北大的故事》，南京：江苏文艺出版社，1998 年。

陈平原：《文学史的形成与建构》，南宁：广西教育出版社，1999 年。

陈平原：《北大精神及其他》，上海：上海文艺出版社，2000 年。

陈平原：《中国大学十讲》，上海：复旦大学出版社，2002 年。

陈平原、夏晓虹编：《二十世纪中国小说理论资料》第 1 卷，北京：北京大学出版社，1989 年。

陈平原、杜玲玲编：《追忆章太炎》，北京：中国广播电视出版社，1997 年。

陈平原、郑勇编：《追忆蔡元培》，北京：中国广播电视出版社，1997 年。

陈平原、王枫编：《追忆王国维》，北京：中国广播电视出版社，1997 年。

陈平原、夏晓虹编：《北大旧事》，北京：三联书店，1998 年。

陈平原、夏晓虹编：《触摸历史——五四人物与现代中国》，广州：广州出版社，1999 年。

陈崧编：《五四前后东西文化问题论战文选》，北京：中国社会科学出版社，1985 年。

陈万雄：《五四新文化的源流》，北京：三联书店，1997 年。

陈西滢：《西滢闲话》，上海：新月书店，1931 年 3 版。

陈寅恪：《金明馆丛稿初编》，上海：上海古籍出版社，1980 年。

陈寅恪：《金明馆丛稿二编》，上海：上海古籍出版社，1980 年。

陈寅恪：《寒柳堂集》，上海：上海古籍出版社，1980 年。

陈子展：《最近三十年中国文学史》，太平洋书店，1937 年。

戴鹏海等编：《萧友梅纪念文集》，上海：上海音乐出版社，1993 年。

戴燕：《文学史的权力》，北京：北京大学出版社，2002 年。

邓乔彬：《吴梅研究》，上海：华东师范大学出版社，1990年。

邓云乡：《增补燕京乡土记》，北京：中华书局，1998年。

丁守和主编：《辛亥革命时期期刊介绍》，北京：人民出版社，1985年。

丁文江、赵丰田编：《梁启超年谱长编》，上海：上海人民出版社，1983年。

方汉奇：《中国近代报刊史》，太原：山西人民出版社，1981年。

傅斯年：《傅斯年全集》，台北：联经出版公司，1980年。

《傅故校长哀挽录》，台湾大学刊本，1951年。

福柯著（M. Foucault）、王德威译：《知识的考掘》，台北：麦田出版公司，1993年。

高平叔：《蔡元培年谱长编》，北京：人民教育出版社，1996—1998年。

戈公振：《中国报学史》，北京：三联书店，1955年。

顾潮：《顾颉刚年谱》，北京：中国社会科学出版社，1993年。

顾颉刚编著：《古史辨》第一册，上海：上海古籍出版社，1982年。

顾颉刚：《秦汉的方士与儒生》，上海：群联出版社，1955年。

顾炎武：《日知录集释》（黄汝成集释），郑州：中州古籍出版社，1990年。

《光辉的五四》，北京：中国青年出版社，1959年。

郭湛波：《近五十年中国思想史》，济南：山东人民出版社，1997年。

《国立北京大学廿周年纪念册》，北京大学刊本，1918年。

《国立北京大学概略》，北京大学刊本，1923年。

《国立北京大学校史略》，北京大学刊本，1933年。

《国立北京大学五十周年纪念一览》，北京大学刊本，1948年。

哈贝马斯（Juergrn Habermas）著、曹卫东等译：《公共领域的结构转型》，上海：学林出版社，1999年。

郝斌、欧阳哲生编：《五四运动与二十世纪的中国》，北京：社会科学文献出版社，2001年。

何炳松：《何炳松论文集》，北京：商务印书馆，1990年。

侯仁之主编：《北京历史地图集》，北京：北京出版社，1988年。

胡适：《尝试集》，上海：亚东图书馆，1920年3月初版；1920年9月再版；

1922 年 10 月增订四版。

胡适：《胡适文存》，上海：亚东图书馆，1921 年。

胡适：《胡适文存二集》，上海：亚东图书馆，1924 年。

胡适编选：《词选》，上海：商务印书馆，1927 年。

胡适：《白话文学史》，上海：新月书店，1928 年。

胡适编选：《中国新文学大系·建设理论集》，上海：良友图书公司，1935 年。

胡适：《胡适留学日记》，上海：商务印书馆，1947 年。

胡适：《胡适之先生诗歌手迹》，台北：商务印书馆，1964 年。

胡适：《胡适的日记》，北京：中华书局，1985 年。

胡适：《胡适的日记》（手稿本），台北：远流出版公司，1990 年。

胡适：《胡适来往书信选》，北京：中华书局，1979 年。

胡适：《胡适遗稿及秘藏书信》，合肥：黄山书社，1994 年。

胡适：《胡适讲演》，北京：中国广播电视出版社，1992 年。

胡适：《胡适古典文学研究论集》，上海：上海古籍出版社，1988 年。

胡适：《胡适文集》，北京：北京大学出版社，1998 年。

胡适：《胡适口述自传》（唐德刚译述），北京：华文出版社，1992 年。

胡适纪念馆编：《论学谈诗二十年——胡适杨联陞往来书札》，台北：联经出版公司，1998 年。

《胡适思想批判》（共八辑），北京：三联书店，1955—1956 年。

胡颂平编著：《胡适之先生年谱长编初稿》，台北：联经出版公司，1984 年。

胡颂平编：《胡适之先生晚年谈话录》，北京：中国友谊出版公司，1993 年。

黄锦珠：《晚清时期小说观念之转变》，台北：文史哲出版社，1995 年。

黄侃：《黄侃论学杂著》，上海：上海古籍出版社，1980 年。

黄侃：《黄季刚诗文钞》，武汉：湖北人民出版社，1985 年。

黄侃、黄焯：《蕲春黄氏文存》，武汉：武汉大学出版社，1993 年。

黄霖：《近代文学批评史》，上海：上海古籍出版社，1993 年。

黄人：《黄人集》（江庆柏等整理），上海：上海文化出版社，2001 年。

黄修己：《中国新文学史编纂史》，北京：北京大学出版社，1995年。

黄延复、马相武编著：《梅贻琦与清华大学》，太原：山西教育出版社，1995年。

吉田熊次著、华文祺等编译：《德国教育之精神》，上海：商务印书馆，1916年。

蒋梦麟：《西潮》，台北：远流出版公司，1990年。

姜德明编：《北京乎》，北京：三联书店，1992年。

Clark Kerr著、陈学飞等译：《大学的功用》，南昌：江西教育出版社，1993年。

马泰·卡林内斯库（Matei Calinescu）著、顾爱彬等译：《现代性的五副面孔》，北京：商务印书馆，2002年。

康白情：《草儿》，上海：亚东图书馆，1923年。

康来新：《晚清小说理论研究》，台北：大安出版社，1986年。

康有为：《孔子改制考》，北京：中华书局，1958年。

康有为：《长兴学记·桂学答问·万木草堂口说》，北京：中华书局，1988年。

康有为：《康南海先生自编年谱》（外二种），北京：中华书局，1992年。

赖光临：《中国近代报人与报业》，台北：商务印书馆，1980年。

赖芳伶：《清末小说与社会政治变迁》，台北：大安出版社，1994年。

勒高夫（Jacques le Goff）等主编、姚蒙编译：《新史学》，上海：上海译文出版社，1989年。

黎锦熙：《国语运动史纲》，上海：商务印书馆，1935年。

黎锦熙：《钱玄同先生传》（收入曹述敬《钱玄同年谱》作为"附录"）。

李大钊：《李大钊全集》，石家庄：河北教育出版社，1999年。

李又宁主编：《胡适与他的朋友》第一集，纽约：天外出版社，1990年。

李孝悌：《清末的下层社会启蒙运动》，台北："中央研究院"近代史研究所，1992年。

李宪瑜：《〈新青年〉研究》，北京大学博士论文，2000年，未刊。

梁启超：《饮冰室合集》，上海：中华书局，1936 年。

梁任公讲演、卫士生等笔记：《中学以上作文教学法》，上海：中华书局，1925 年。

梁启超：《中国历史研究法》，上海：上海古籍出版社，1987 年。

梁漱溟：《忆往谈旧录》，北京：中国文史出版社，1987 年。

梁漱溟：《梁漱溟全集》1—4 卷，济南：山东人民出版社，1989 年。

林纾：《林琴南文集》，北京：北京市中国书店，1985 年。

刘半农编：《初期白话诗稿》，北平：星云堂影印，1932 年。

刘半农：《扬鞭集》，北新书局，1926 年。

刘大白：《旧梦》，上海：商务印书馆，1923 年。

刘师培：《中国中古文学史·论文杂记》，北京：人民文学出版社，1959 年。

刘师培：《中古文学论著三种》，沈阳：辽宁教育出版社，1997 年。

刘师培：《刘师培论学论政》（李妙根编），上海：复旦大学出版社，1990 年。

刘师培：《刘申叔遗书》，南京：江苏古籍出版社，1997 年。

刘绶松：《中国新文学史初稿》上卷，北京：作家出版社，1956 年。

吕芳上：《从学生运动到运动学生》，台北："中央研究院"近代史研究所，1994 年。

吕芳上、张哲郎编：《五四运动八十周年学术研讨会论文集》，台北：政治大学文学院，1999 年。

罗尔纲：《师门五年记·胡适琐记》（增补本），北京：三联书店，1998 年。

罗志田：《权势转移：近代中国的思想、社会与学术》，武汉：湖北人民出版社，1999 年。

鲁迅：《鲁迅全集》，北京：人民文学出版社，1981 年。

鲁迅：《鲁迅小说史大略》，西安：陕西人民出版社，1981 年。

鲁迅博物馆和鲁迅研究室合编：《鲁迅年谱》（增订本），北京：人民文学出版社，2000 年。

路工：《访书见闻录》，上海：上海古籍出版社，1985 年。

Frank Lentricchia and Thomas McLaughlin (editor),*Critical Terms for Literary*

Study, Chicago: The University of Chicago Press, 1995(Second Edition)；中译本《文学批评术语》，张京媛等译，香港：牛津大学出版社，1994 年。

马叙伦：《我在六十岁以前》，北京：三联书店，1983 年。

麦克卢汉（M. McLuhan）著、何道宽译：《理解媒介》，北京：商务印书馆，2004 年。

茅盾：《我走过的道路》，北京：人民文学出版社，1981 年。

毛子水等著：《学府纪闻·国立北京大学》，台北：南京出版公司，1981 年。

毛子水：《师友记》，台北：传记文学出版社，1967 年。

Milena Doleželová—Velingerová(editor)，*The Chinese Novel at the Turn of the Century*, University of Toronto Press,1980；中译本《从传统到现代——世纪转折时期的中国小说》，伍晓明译，北京：北京大学出版社，1991 年。

潘荣陛、富察敦崇：《帝京岁时纪胜　燕京岁时记》，北京：北京古籍出版社，1981 年。

彭明：《五四运动史》（修订本），北京：人民出版社，1998 年。

彭明：《五四运动在北京》，北京：北京出版社，1979 年。

钱基博：《现代中国文学史》，长沙：岳麓书社，1986 年。

钱理群：《周作人传》，北京：十月文艺出版社，1990 年。

钱理群等：《中国现代文学三十年》，北京：北京大学出版社，1998 年。

钱穆：《八十忆双亲·师友杂忆》，长沙：岳麓书社，1986 年。

钱穆：《现代中国学术论衡》，长沙：岳麓书社，1986 年。

钱玄同：《钱玄同文集》，北京：中国人民大学出版社，1999 年。

钱锺书：《七缀集》（修订本），上海：上海古籍出版社，1994 年。

钱锺书：《写在人生边上》，北京：中国社会科学出版社，1990 年。

钱锺书：《石语》，北京：中国社会科学出版社，1996 年。

清华大学校史编写组：《清华大学校史稿》，北京：中华书局，1981 年。

秋瑾：《秋瑾集》，上海：上海古籍出版社，1979 年。

舒新城编：《中国近代教育史资料》，北京：人民教育出版社，1961 年。

宋教仁：《我之历史》，台北：文星书店，1962 年。

苏云峰：《从清华学堂到清华大学》，台北："中央研究院"近代史研究院，1996年。

唐德刚：《胡适杂忆》，台北：传记文学出版社，1980年。

唐兰：《中国文字学》，上海：上海古籍出版社，1979年。

唐文权、罗福惠：《章太炎思想研究》，武汉：华中师范大学出版社，1986年。

汤志钧：《章太炎年谱长编》，北京：中华书局，1979年。

David Der-wei Wang, *Fin-de-siècle Splendor:Repressed Modernities of Late Qing Fiction*, 1849—1911, Stanford University Press,1997；中译本《被压抑的现代性——晚清小说新论》，宋伟杰译，北京大学出版社，2005年。

王汎森：《章太炎的思想》，台北：时报文化出版公司，1985年。

王汎森：《中国近代思想与学术的系谱》，石家庄：河北教育出版社，2001年。

王枫：《新文学的建立与现代书面语的产生》，北京大学博士论文，2000年，未刊。

王国维：《王国维遗书》，上海：上海古籍出版社，1983年。

王卫民：《吴梅评传》，石家庄：河北教育出版社，2002年。

王卫民编：《吴梅和他的世界》，石家庄：河北教育出版社，2002年。

王晓明：《刺丛里的求索》，上海：上海远东出版社，1995年。

王学珍等主编：《北京大学纪事》，北京：北京大学出版社，1998年。

王学珍等主编：《北京大学史料》第2卷，北京：北京大学出版社，2000年。

王瑶：《鲁迅作品论集》，北京：人民文学出版社，1984年。

王瑶：《中国现代文学史论集》，北京：北京大学出版社，1998年。

王永健：《"苏州奇人"黄摩西评传》，苏州：苏州大学出版社，2000年。

王哲甫：《中国新文学运动史》，北平：杰成印书局，1933年。

汪东：《寄庵随笔》，上海：上海书店，1987年。

汪毓和：《中国近现代音乐史》，北京：人民音乐出版社，1984年。

汪原放：《回忆亚东图书馆》，上海：学林出版社，1983年。

万仕国：《刘师培年谱》，扬州：广陵书社，2003年。

微拉·施瓦支（Vera Schwarcz）著、李国英等译：《中国的启蒙运动——知识分子与五四遗产》，太原：山西人民出版社，1989年。

闻一多：《闻一多全集》，北京：三联书店，1982年。

吴梅：《吴梅全集》，石家庄：河北教育出版社，2002年。

夏晓虹：《诗骚传统与文学改良》，杭州：浙江文艺出版社，1998年。

夏晓虹：《晚清社会与文化》，武汉：湖北教育出版社，2001年。

夏晓虹：《晚清女性与近代中国》，北京：北京大学出版社，2004年。

萧超然：《北京大学与五四运动》，北京：北京大学出版社，1986年。

萧超然等编著：《北京大学校史》，上海：上海教育出版社，1981年。

萧一山：《清代学者著述表》，北京：商务印书馆，1944年。

萧一山：《清代通史》第5卷，北京：中华书局，1986年。

谢冕、钱理群编：《百年中国文学经典》，北京：北京大学出版社，1996年。

谢无量：《中国大文学史》，上海：中华书局，1918年。

谢樱宁：《章太炎年谱摭遗》，北京：中国社会科学出版社，1987年。

《新诗年选》，上海：亚东图书馆，1922年。

许德邻编：《分类白话诗选》，上海：崇文书局，1920年。

许寿裳：《章炳麟》，重庆：重庆出版社，1987年。

许寿裳：《亡友鲁迅印象记》，北京：人民文学出版社，1977年。

徐宝璜：《新闻学》，北京大学出版部，1919年。

雅斯贝尔斯（Karl Jaspers）著、邹进译：《什么是教育》，北京：三联书店，1991年。

严复：《严复集》（王栻编），北京：中华书局，1986年。

杨亮功、蔡晓舟编：《五四——第一本五四运动史料》，台北：传记文学出版社，1982年。

杨亮功：《早期三十年的教学生活》，台北：传记文学出版社，1980年。

杨振声：《杨振声选集》，北京：人民文学出版社，1987年。

俞平伯：《冬夜》，上海：亚东图书馆，1922年。

余英时：《犹记风吹水上鳞——钱穆与现代中国学术》，台北：三民书局，1991年。

余英时：《中国近代思想史上的胡适》，台北：联经出版公司，1984年。

袁进：《中国小说的近代变革》，北京：中国社会科学出版社，1992年。

叶德均：《戏曲小说丛考》，北京：中华书局，1979年。

章念驰编：《章太炎生平与学术》，北京：三联书店，1988年。

章太炎：《国故论衡》，上海：大共和日报馆，1912年；上海：右文社，1915年；上海：上海古籍出版社，2003年。

章太炎：《太炎文录》初编，上海：右文社，1915年。

章太炎：《菿汉微言》，北京铅印本，1916年。

章太炎：《菿汉三言》，沈阳：辽宁教育出版社，2000年。

章太炎：《太炎教育谈》，观鉴庐刊本，庚申仲春（1920）。

章太炎：《章太炎的白话文》，上海：泰东图书局，1921年；台北：艺文印书馆，1972年；贵阳：贵州教育出版社，2001年。

章太炎：《太炎先生自定年谱》，香港：龙门书店，1965年。

章太炎：《章太炎先生自定年谱》，上海：上海书店，1986年。

章太炎主讲、曹聚仁记述：《国学概论》，香港：学林书店，1971年。

章太炎：《章太炎全集》3—6卷，上海：上海人民出版社，1984至1986年。

章太炎：《章太炎政论选集》（汤志钧编），北京：中华书局，1977年。

章太炎：《章太炎先生家书》（汤国梨编次），上海：上海古籍出版社，1985年。

章太炎：《章炳麟论学集》（吴承仕藏），北京：北京师范大学出版社，1982年。

张毕来：《新文学史纲》，北京：作家出版社，1955年。

张国焘：《我的回忆》，北京：东方出版社，1998年。

张灏著、高力克等译：《危机中的中国知识分子》，太原：山西人民出版社，1988年。

张静庐辑：《中国现代出版史料》甲编，北京：中华书局，1956年。

张京媛主编：《新历史主义与文学批评》，北京：北京大学出版社，1993 年。

张元济：《张元济日记》，北京：商务印书馆，1981 年。

张允侯等编：《五四时期的社团》，北京：三联书店，1979 年。

张宗平等译：《清末北京志资料》（即服部宇之吉主编《北京志》中译本），北京：燕山出版社，1994 年。

曾毅：《中国文学史》，上海：泰东图书局，1915 年。

郑观应：《郑观应集》上册，上海：上海人民出版社，1982 年。

郑振铎：《中国文学研究》，上海：商务印书馆，1927 年。

郑振铎编选：《中国新文学大系·文学论争集》，上海：良友图书印刷公司，1935 年。

郑振铎：《郑振铎文集》，北京：人民文学出版社，1985 至 1988 年。

中国科学院历史研究所第三所编辑：《庚子记事》，北京：科学出版社，1959 年。

中共中央马恩列斯著作编译局研究室编：《五四时期期刊介绍》，北京：三联书店，1978 年。

中国社会科学院近代史所编：《五四爱国运动》，北京：中国社会科学出版社，1979 年。

中国社会科学院近代史所编：《五四爱国运动档案资料》，北京：中国社会科学出版社，1980 年。

中国社会科学院近代史所编：《五四运动回忆录》，北京：中国社会科学出版社，1979 年。

中国社会科学院近代史所编：《五四运动回忆录》（续），北京：中国社会科学出版社，1979 年。

《中央公园廿五周年纪念刊》，北平：中央公园事务所，1939 年。

周策纵著、周子平等译：《五四运动：现代中国的思想革命》，南京：江苏人民出版社，1996 年。

周予同：《周予同经学史论著选集》（增订本），上海：上海人民出版社，

1996 年。

周作人：《谈虎集》，上海：北新书局，1928 年。

周作人编选：《中国新文学大系·散文一集》，上海：良友图书印刷公司，1935 年。

周作人：《风雨谈》，上海：北新书局，1936 年。

周作人：《苦竹杂记》，上海：良友图书印刷公司，1936 年。

周作人：《知堂乙酉文编》，上海：上海书店，1985 年。

周作人：《知堂回想录》，香港：三育图书公司，1980 年。

周作人：《周作人回忆录》，长沙：湖南人民出版社，1982 年。

周作人：《周作人日记》，郑州：大象出版社，1996 年。

朱湘：《中书集》，上海：生活书店，1934 年。

朱有瓛主编：《中国近代学制史料》1—4 辑，上海：华东师范大学出版社，1983 至 1992 年。

朱自清：《朱自清全集》2—8 卷，南京：江苏教育出版社，1988 至 1993 年。

朱自清编选：《中国新文学大系·诗集》，上海：良友图书印刷公司，1935 年。

樽本照雄：《清末小说论集》，京都：法律文化社，1992 年。

索　引

触摸历史与进入五四

触摸历史与进入五四

后　记

　　自 2003 年 6 月《博览群书》上刊出我的短文《〈触摸历史与进入五四〉自序》，便不断有朋友前来索要"新书"。也有细心的，注意到我自序的是台版，于是建议赶紧修订扩充，以便在大陆印行。其实，这正是我的设想——先"繁"（体字）后"简"（体字），薄厚有序。只可惜手脚不麻利，设想又太多，岁月蹉跎，一晃眼两年半过去了。

　　好在五四是个常谈常新的题目，不争这一朝一夕。就我个人来说，这题目，过去谈过，以后也还会涉及。这里只是将近年的所读所感、所考所论，做个小结。

　　二鱼文化版的《触摸历史与进入五四》，有个副题，就叫"一场游行、一份杂志、一本诗集"，不用说，所收三文，当为此书的第一、二、五章。虽然各章日后都做了修订，但大的格局没变。除了这回补充的第三、四、六章，关于五四新文化运动，我还有不少论述。之所以自我设限，不把书做得"更有分量"，目的是保持论述风格的相对统一——必须是选择特定对象，依靠"触摸历史"而"进入五四"的，方才收录。至于其他综论、短评，或时段稍微靠前靠后的，留待日后再结集出版。

　　关于本书的写作宗旨及论述策略，"导言"及台湾版"自序"已做了交代，这里主要讲讲文章周边的故事。

第一章的主体部分（即一、二、三节），原是《触摸历史：五四人物与现代中国》（广州出版社，1999 年）一书的"总说"，后才独立成文。此书的撰稿人，除作为主编的我和夏晓虹外，还有王枫、郑勇、苏生文、赵爽、杨早、颜浩等年轻朋友。该书"后记"中有这么一段话，颇能显示其撰述特色：

> 在本书的写作过程中，我曾带领包括本书作者在内的若干研究生，沿着当年北大学生的游行路线，用将近五个小时的时间，从沙滩红楼一直走到因被学生"火烧"而名扬天下的赵家楼。一路上走走停停，指指点点，不时以历史照片比照或补充当下景象，让思绪回到八十年前那个激动人心的春夏之交。此举说不上有何深刻寓意，只是希望借此触摸那段已经永远消逝的历史。[1]

没想到，如此低调的叙述，还是招来一阵上纲上线的批判。[2] 好在时代变了，人没被一棍子打死，书反而在南方获奖。还有一个意想不到的，那就是此书出版后，"触摸"一词竟不胫而走。或许，这得益于其"兼及文史"的风格。此文同时在海峡两岸粉墨登场——以《五月四日那一天》为题，刊于《北京文学》1999 年 5 期；以《触摸历史与进入五四》为题，收入《五四运动八十周年学术研讨会论文集》（台北：政治大学文学院，1999 年 6 月）。至于第四节，原是独立的文章，题为《鲜活的"五四"》，初刊香港《纯文学》复刊第 12 期（1999 年 4 月），

---

[1]　《〈触摸历史：五四人物与现代中国〉后记》，《触摸历史：五四人物与现代中国》351 页，广州：广州出版社，1999 年。

[2]　关于此次风波的原委，参见拙著《北大精神及其他》（上海：上海文艺出版社，2000 年）一书的《后记》，以及书中收录的《"触摸历史"之后》。

后才整合进去的。

第二章初刊《中国现代文学研究丛刊》2002 年 3 期、2003 年 1 期，约略同时，收入我和山口守主编的《大众传媒与现代文学》（北京：新世界出版社，2003 年）。到目前为止，这是我写作时间最长的一篇"文章"，2001 年 5 月开笔，到 2002 年 10 月方才尘埃落定。在此期间，与日本大学山口守教授合作，召开中日"大众传媒与现代文学"研讨会，以及会后编辑出版论文集，是此文得以最终完稿的重要因素。而研讨会上，我以《文学史家的报刊研究》为题[1]，大谈王瑶先生以降的北大中文系诸君如何注重报刊与现代文学的联系，也算是自报家门。

第三章乃典型的"集合之文"，第一节《"兼容并包"的大学理念》，初刊《方法》1998 年 5 期和《文汇读书周报》1998 年 6 月 6 日，后收入拙著《北大精神及其他》（上海：上海文艺出版社，2000 年）和《中国大学十讲》（上海：复旦大学出版社，2002 年）；第二节《北大传统：另一种阐释》，初刊《文史知识》1998 年 5 期，后收入拙著《老北大的故事》（南京：江苏文艺出版社，1998 年）；第三节《蔡元培与老北大的艺术教育》，初刊《现代中国》第五辑（武汉：湖北教育出版社，2004 年），后收入拙著《文学的周边》（北京：新世界出版社，2004 年）。之所以新旧杂糅，整合成文，主要是考虑到蔡元培在五四新文化运动中的重要性。至于强调蔡先生作为教育家而不是政治家的突出贡献，是我的一贯思路；此前此后，还有若干论述。

第四、第五两章，并非只是延续拙著《中国现代学术之建立——以章太炎胡适之为中心》（北京：北京大学出版社，1998 年）的思考，而是另有渊源。1993 年年底，我第一次访问台湾，在台北的"书巢"

---

[1]　参见《文学史家的报刊研究——以北大诸君的学术思路为中心》，2002 年 1 月 9 日《中华读书报》。

购得艺文印书馆 1972 年版《章太炎的白话文》，当即下决心追寻此书的"前世"与"今生"；2000 年春夏间，北大图书馆馆长戴龙基邀我帮助鉴定馆藏胡适文物，以新发现的鲁迅书札为契机，我得以步步为营，展开日渐深入的探索。在此期间，承蒙贵州教育出版社奚晓青、卓守忠二君不弃，让我主持"二十世纪中国人的精神生活"丛书，并具体负责《尝试集·尝试后集》《章太炎的白话文》二书的"选编"与"导读"。二书的导读部分，略做删改，便成了以下三文：《令人神往的"提奖光复未尝废学"——章太炎的东京讲学》（《文史知识》2001 年9 期）、《学问该如何表述——以〈章太炎的白话文〉为中心》（《现代中国》第二辑，武汉：湖北教育出版社，2002 年 3 月）、《经典是怎样形成的——周氏兄弟等为胡适删诗考》（《鲁迅研究月刊》2001 年 4、5 期）。

第六章乃集合四则考证文而成，具体出处如下：《失落在异邦的"国故"》与《在巴黎邂逅"老北大"》，分刊《读书》2002 年 6 期与2005 年 3 期；《不该被遗忘的"文学史"——关于法兰西学院汉学研究所藏吴梅〈中国文学史〉》，刊《北京大学学报》2005 年 1 期；《八十年前的中学国文教育之争——关于新发现的梁启超文稿》，刊 2002 年8 月 7 日《中华读书报》。稍有经验的读书人都明白，所谓"旧纸堆里的新发现"，事关"才学"，但"机缘"更要紧。念及此，我十分感激英国伦敦大学亚非学院贺麦晓（Michel Hockx）教授和法国东方语言文化学院何碧玉（Isabelle Rabut）教授，正是他们的盛情邀请，使我得以利用访问／讲学的机会，在伦敦大学亚非学院图书馆和法兰西学院汉学研究所图书馆里优哉游哉地翻书，并有所发现。另外，北大法律系退休教授、收藏家程道德先生提供梁启超的未刊文稿，也是我展开相关研究的必要前提。

记得是 2002 年的七八月间，一天清晨，接到余英时先生从美国打来的越洋电话，说是刚读了我在《读书》上发表的那篇《失落在异邦的"国故"》，很感兴趣。略为寒暄几句，余先生终于进入正题：拿着放大镜，仔细端详文中所附影印件，发现"佥思佥信"四字，应该是"愈思愈信"。末了，余先生不无得意地说："对于傅先生的墨迹，我看得多，自信还有几分把握。"余先生的意见是对的，我除了照改，更想表达谢意。

除了上述诸君，还得感谢三位台湾友人：邀我赴台讲学、使我得以完成《新青年》研究长文的台湾大学中文系教授梅家玲，寄我《自彊轩日记》的台湾"中山大学"中文系教授陈燕，以及为我刊行台版《触摸历史与进入五四》的"中央大学"中文系教授焦桐。

当然，最应该感谢的，还是我的妻子夏晓虹——正是由于她的理解、帮助与鼓励，才使我得以完成一本本小书。

2005 年 6 月 6 日于京西圆明园花园